国有资产与经济安全管理研究

罗　翔　张国富　杨　帆　主编

文化发展出版社
Cultural Development Press

图书在版编目（CIP）数据

国有资产与经济安全管理研究 / 罗翔，张国富，杨帆主编 .—北京：文化发展出版社有限公司，2019. 6

ISBN 978-7-5142-2595-2

Ⅰ. ①国… Ⅱ. ①罗… ②张… ③杨… Ⅲ. ①国有资产管理—研究②经济安全—安全管理—研究 Ⅳ. ① F20 ② F114. 32

中国版本图书馆 CIP 数据核字（2019）第 052517 号

国有资产与经济安全管理研究

主　　编：罗　翔　张国富　杨　帆

责任编辑：张　琪　　　　责任校对：岳智勇

责任印制：邓辉明　　　　责任设计：侯　铮

出版发行：文化发展出版社有限公司（北京市翠微路 2 号　邮编：100036）

网　　址：www. wenhuafazhan. com　www. printhome. com　www. keyin. cn

经　　销：各地新华书店

印　　刷：阳谷毕升印务有限公司

开　　本：787mm×1092mm　1/16

字　　数：378 千字

印　　张：20.25

印　　次：2019 年 9 月第 1 版　2021 年 2 月第 2 次印刷

定　　价：52. 00 元

I S B N：978-7-5142-2595-2

◆ 如发现任何质量问题请与我社发行部联系。发行部电话：010-88275710

编委会

作　者	署名位置	工作单位
罗　翔	第一主编	航天钧和科技有限公司
张国富	第二主编	浙江悦天投资有限公司
杨　帆	第三主编	哈尔滨工程大学
莫云雄	副 主 编	中铁广州工程局集团有限公司
王永强	副 主 编	国网咸宁供电公司
江　波	副 主 编	中国轻工业出版社
刘　岗	副 主 编	中车四方车辆有限公司
倪立坤	编　委	华北水利水电大学
高　丽	编　委	潍坊市奎文区价格认证中心
王振宇	编　委	内蒙古蒙电华能热电股份有限公司

前　言

国有资产管理核算必然以企业整体资产价值为基础，否则不能客观、完整反映国有企业真实价值。过去，我国对国有资产管理一直片面强调财务报告下资产保值与增值，对于企业整体资产价值的管理、核算还存在认识上误区，因此，在今后较长时期，加强国有企业整体资产管理与考核任重道远。

国有企业整体资产包括有形资产和无形资产，无形资产又分为外购无形资产和自创无形资产。现行企业财务制度仅对有形资产和外购无形资产进行核算、管理、考核，而对在企业经营中起着重要作用的自创无形资产价值却关注不够，主要是因为：自创无形资产没有具体形态，难以明确管理及货币计量；现行资产观认为资产都应该是企业过去的交易或事项所取得的。即使企业拥有了某项未来经济利益，如果没有明确的交易或事项，也不能确认为资产。这使得自创无形资产被排除在企业资产之外，从而使国有企业的自创无形资产未能得到真实的反映。换言之，现行国有企业资产核算没有真实反映国有企业整体资产价值。因此，现行国有企业财务管理还存在一定的缺陷和漏洞，其提供的相关信息可靠性、相关性失真。社会经济发展到今天，知识经济时代已经到来，企业的类型呈现多样性的特点，传统企业主要以制造业为主，以生产、销售商品为经营方式赚取利润，资产形式主要是有形资产；而知识类企业主要以提供高附加值的服务获得利益，一般不进行生产、制造，其资产形式主要以无形资产为主，表现在：品牌、经营理念、管理制度、营销方式、人力资源等，以微软、思科、搜狐、网易等信息技术为代表企业，其无形资产是企业的核心资产。随着社会经济的发展，知识类企业呈迅猛发展态势，代表未来世界经济发展方向，因此企业无形资产价值日趋重要，如按传统财务核算这类企业资产价值则大打折扣，从而使国有企业整体价值不能得到真实的反映。我们认为，国有资产核算与管理必然以企业整体资产价值为落脚点，并将企业自创无形资产纳入企业常态化管理当中，确保国有企业整体资产保值与增值。

我国正致力于建设社会主义市场经济，政府对经济的控制力较强。根据财政部2009年的财政收支统计数据，我国政府收入占GDP的比例为20%，政府支出占GDP的比例22%，与其他国家相比政府财政收支尤其是支出规模较大。为提高政府财政的绩效和加强监管，我国政府亟需一种评价与监督机制，国家审计自然担负起对政府收支进行审计的使命。

同时，由于政府财政控制了国家机器的运转和包括航空航天、重工业、资源类、金融行业等关乎国家经济命脉、国计民生和国家竞争力的关键领域和重要行业，其中，一些行业形成了自然的垄断地位。政府财政控制的各级组织和企业事关国家经济安全，加强对政府财政的审计具有十分重要的战略意义。

虽然本书编写时各作者通力合作，但因编写时间和理论水平有限，书中难免有不足之处，我们诚挚地希望读者给予批评指正。

《国有资产与经济安全管理研究》编委会

目 录

第一章　国有资产管理概论

第一节　国有资产管理的概念

一、国有资产的定义

国有资产是指在法律上由国家代表全民拥有所有权的各类资产。具体来讲，是指国家以各种形式投资及其收益、拨款、接受馈赠、凭借国家权力取得或者依据法律认定的各种类型的财产或财产权利。这是广义的国有资产概念，既包括经营性国有资产，也包括非经营性国有资产，以及以自然资源形态存在的国有资产。狭义的国有资产是指投入社会再生产过程，从事生产经营活动的资产，存在于各类国有及国家参股、控股的企业中。在日常经济生活中，在不同领域，这两种口径往往在同一年度使用，需要注意其特定场合的含义。

到2010年年底，我国国有企业资产存量达50万亿元之多，国有大中型企业掌握着国民经济命脉，控制着能源、交通、原材料、军工、城市公用设施等重要行业。在国有经济战略性重组和国有企业现代企业制度改造完成后，资产总量可能会有所下降，行业与地域分布或有所收缩，但由于我国继续坚持走中国特色社会主义道路，经济社会发展仍处于发展中国家水平，在今后一个较长时期内，国有资产存量还将保持一定水平，其在国民经济中的战略地位不会下降。因而，国有资产管理及其效益，对我国经济发展和社会进步具有十分重要的意义。

所谓国有资产管理，是指对所有权属于国家的各类资产的经营和使用，进行组织、指挥、协调、监督和控制的一系列活动的总称。国有资产管理既有一般经济管理的普遍特征，又有其特殊性。在宏观领域，国有资产管理是政府经济管理的重要内容，国有资产管理体制是经济管理体制的重要组成部分，与政府财政管理体制关系密切。

国有资产管理覆盖国有资产运营的各个环节、各个方面，包括国有资产的投资管理、经营管理、收益分配管理及产权处置管理等，主要体现见表1-1。

表 1–1　国有资产管理的内容

项目	内容
国有资产的经营管理	国有资产的经营管理，是指为实现国有资产的保值、增值，提高国有资产运行的经济效益、社会效益及生态效益而选择恰当的经营方式，考核评价经营者的业绩，取得最佳资产收益的管理活动。随着市场经济的发展，我国公有制实现形式多样化，国有资产经营也可以选择各种不同的方式，如股份经营、委托经营、联合经营、承包经营、租赁经营等，以适应各类不同资产的性质、特点、行业分布，实现收益的最大化
国有资产的收益分配管理	国有资产的收益分配管理，是指国家作为资产所有者，依法取得资产收益并对收益进行分配、处置的管理活动。在生产经营中凭借资产的所有权，占有企业实现的利润，并进行合理分配，是国有产权在经济上的体现，也是国家的主要经济权益。在现代市场经济条件下，股份制是国有经济的主要经营形式，因而国有资产收益分配管理的重点是，维护国有股的合法权益，如依法取得国有股的股息、红利收入；享受同等的送股配股权利；在企业购并、破产清算中保护国家股的利益，等等。当然，国家在依法取得国有资产收益并对其支配、处置时，也要重视企业的长远发展及自我积累、自我更新、自我发展的能力的提高
国有资产的产权处置管理	国有资产的产权处置管理，是指国家根据国民经济运行的客观需要及国有经济的战略布局，对国有资产存量及时调整，对部分国有资产依法进行收购、兼并、拍卖、出售，优化资产结构，盘活资产存量，提高资产运行效益，防范国有资产流失的管理活动。在市场经济发展中，产权处置是一种正常的、经常性的经营行为，也是国家调控国民经济运行，实现国家宏观经济政策意图，维护国家权益的重要手段
国有资产的投资管理	国有资产的投资管理，是指国家根据国民经济发展战略目标，合理确定国有资产投资规模、结构，提高投资效益，兴建独资、合资、股份制等各类国有企业，调控国民经济运行，实现国家宏观经济政策目标的管理活动。国有资产投资管理涉及经济领域许多重大关系的调整，如投资管理体制的建立，财政部、发展和改革委员会、政策性银行、各主管部门之间关系的协调，投资决策、投资收益、投资风险的结合等许多问题。在社会主义市场经济体制下，这些问题有待进一步探索

除以上表中的主要环节外，还有国有资产的界定、评估、登记、审核、统计等国有资产管理的基础工作。国有资产的界定，是指对属国家所有的资产依法明确其产权归属并由国有资产管理部门进行登记。由于历史的原因，我国不少国有企业曾试行过“一厂两制”，举办过“大集体”企业等经济组织，确实存在产权不清的问题，需要明确界定。国有资产评估是指运用一定的科学方法对国有资产的真实价值及其收益进行评价估算。这项工作一般委托会计师事务所等社会中介组织进行，但国有资产管理部门必须履行监督职责。国有资产登记、审核、统计等管理工作按国家有

关法规制度办理。

二、国有资产管理要素

1. 国有资产管理主体。即由谁来代表国家管理国有资产。按照国有资产管理层次，可划分为产权管理主体（或宏观管理主体）和国有资产经济管理主体。在国家国有资产管理委员会（简称国资委，下同）成立之前，国有资产产权管理呈现政出多门的状况，财政部、发展和改革委员会（计委）、国家开发银行、各业务主管部门都参与国有产权管理，造成谁都管，谁都不管，不能完全承担责任的局面，理论界称之为“产权虚位”现象。针对这些问题，国务院制定了《企业国有资产监督管理暂行条例》（以下简称《条例》），《条例》规定，国务院，省、自治区、直辖市人民政府，设区的市、自治州级人民政府，分别设立国有资产监督管理机构。考虑到目前有些市（地）企业国有资产数量较少的实际情况，《条例》还规定，企业国有资产较少的设区的市、自治州，经省、自治区、直辖市人民政府批准，可以不单独设立国有资产监督管理机构。《条例》规定，国有及国有控股企业、国有参股企业中的国有资产的监督管理，适用本条例；金融机构中的国有资产的监督管理，不适用本条例；行政事业性国有资产、资源性国有资产不适用本条例，但由企业开发、经营的资源性国有资产已经成为企业国有资产的重要组成部分，其监督管理适用本条例。同时，企业国有资产中的土地等资源性国有资产在转让、处置等方面的活动，还要遵守国家有关法律、法规的规定。2008 年 10 月 28 日第十一届全国人民代表大会常务委员会第五次会议通过《中华人民共和国企业国有资产法》，自 2009 年 5 月 1 日起施行。可见，在现行国有资产管理体制下，企业中经营的国有资产，统一由国务院，省、自治区、直辖市人民政府，设区的市、自治州级人民政府国有资产管理委员会行使所有者的职责，它们成为这类国有资产产权管理的主体，国有及其控股企业是国有资产的经营主体；而行政事业性国有资产、资源性国有资产仍由各主管部门管理。

2. 国有资产管理的客体。国有资产管理的客体即管理的对象，从一般意义上讲，是指所有产权归国家所有的所有资产。如按国有资产与社会经济活动的关系划分，可分为经营性国有资产、非经营性国有资产及资源性国有资产。上述各类资产都构成国有资产管理对象。但从目前我国国有资产管理的现状分析，无论是理论研究，还是制度建设和具体管理，社会各界关注的焦点仍是国有企业中的经营性国有资产。当然，从经营性国有资产在国有资产总和中的比重以及目前我国经济社会发展的突出矛盾看，这种状况无疑具有合理性，但应加强非经营性国有资产及资源性国有资产管理的力度，特别是在国有经济战略性调整逐步完成后，管理重点应适度向非经营性国有资产及资源性国有资产转移，以充分发挥这两类资产在提供社会公共服务、体现社会公平、实现经济社会可持续发展方面的功能。

3．国有资产管理的目标。我国国有资产分布广泛，既有生产经营领域的国有资产，又有非生产经营领域的国有资产，还有自然资源形态的国有资产。国有资产管理的目标，可分为总体目标与具体目标。总体而言，国有资产管理要维护国有产权的合法权益，保卫资产安全，实现资产价值的保值、增值，提高资产利用效率，为政府宏观经济政策目标服务，充分发挥国有资产对国民经济运行和社会发展的调控功能。具体而言，经营性国有资产的管理目标是，保护国有产权，实现资产价值的保值、增值，以最少的资产消耗取得最大的经济效益，为政府提供更多的财政收入；对非生产经营领域的国有资产，主要是政府部门和非营利组织占有的国有资产，其管理目标是，维护国有资产的安全性、完整性，提高资产利用效率，以最少的资产占用为社会提供最大限度的公共服务；对资源性国有资产而言，其管理目标是，维护国有产权的合法权益，实现资源的有序、合理利用，治理环境污染，对可再生资源实现利用与开发的良性循环，对不可再生资源提高资源利用率，尽可能延长利用时间，走经济、资源和环境可持续发展的道路。

4．国有资产管理的手段。国有资产管理的手段主要包括法律手段、经济手段和行政手段。法律手段主要是政府通过建立健全国有资产法律、法规体系，依法打击各类瓜分国有资产、侵犯国有资产利益的违法违纪行为，维护国有资产权益。在市场经济条件下，国有资产管理法律、法规，是国家法律体系的重要组成部分，是保护国有资产权益的重要手段。在我国，国有资产管理法律、法规包括两类，一是专门的国有资产管理法律，法规；二是相关法律法规。前者如《企业国有资产法》《土地法》《矿产资源法》等；后者如《公司法》《会计法》等。国有资产管理的经济手段，是指国家运用税收、财政补贴、利润分配、工资制度等工具，为国有资产管理服务。如政府对因执行国家经济政策而形成亏损的国有企业给予补贴或税收减免；对国有企业经营管理人员根据其业绩给予高低不同的报酬，充分调动其经营管理积极性。在市场经济条件下，对利益的追求是企业和个人行为的基本动机，经济手段便成为政府管理国有资产的重要手段。而行政手段则是政府利用行政权力和命令，强行改变国有企业生产经营行为的方式，如对企业进行关、停、并、转等。在国有资产管理中，行政手段和法律手段、经济手段相比，具有行动迅速、政策见效快等特点，可在很短的时间内，迅速纠正违反国有资产合法权益的行为，保护国有资产的完整性、安全性。但行政手段容易产生政府过多干预企业生产经营行为或干预不当的问题。因此，国有资产管理以法律、经济手段为主，配合必要的行政手段，提高资产利用效率，维护国有资产合法权益。

三、国有资产管理与一般资产管理的异同

资产一般是指各类经济社会主体拥有或控制的，能以货币计量的经济资源，包括各种财产、债券和其他权利。就具体用途而言，资产可分为经营性资产和非经营性资产。经营性资产是指投入生产经营过程，能为企业和个人带来经济利益的经济资源。非经营性资产是指为政府或非营利组织占有，用于为社会提供行政管理、教育、文化、科技、卫生等社会公共服务的经济资源。国有资产与一般资产的区别，实际上就是所有权主体不同而已，因而两者在管理上既有相同点，又有不同点。

1．国有资产管理与一般资产管理的相同点

资产作为一种经济资源，能够在未来带来收益或者可为社会提供公共服务，在管理过程中必然要求达到以下目标：（1）资产价值上的保值、增值。在信用货币条件下保证资产的价值不受损失，尽可能达到价值的增值，以维护所有者的合法权益。（2）在实物形态上保证资产的安全性、完整性。防止出现意外被盗、丢失、损失等，丧失其使用价值。（3）资产收益的最大化或者效用的最大化。对在生产经营领域的资产，要求为所有者提供更多的利润收入；对在非生产领域的资产，要求在单位时间内为社会提供更多的公共服务。

2．国有资产管理与一般资产管理的不同点

由于受国家在经济社会发展中的地位制约，国有资产管理既有一般资产管理的共同特征，又有其特殊性。（1）国有资产权益代表了社会公共利益。由于国有资产是政府代表社会所有成员拥有其所有权，因而是社会公共利益的体现，国有资产管理的出发点就是如何维护公共利益。其与追求私人利益最大化的个人资产管理之间存在根本区别。（2）执行政府经济社会政策。国有资产由政府代表全民拥有其产权，而政府各项经济社会政策也是为公共利益服务的，因而国有资产管理就有执行政府经济政策、充当政策工具的义务。国有及国有控股企业因执行政府经济政策而发生亏损时，政府应给予财政补贴。（3）国有资产存在的主要领域是关系国计民生的重要行业和领域。非国有资产可根据企业个人生产经营的需要，自由出入于国家法律制度允许的任何行业和领域，而国有资产由于其特殊的地位和管理的要求，主要存在于关系国家政治、经济及国防安全的领域。（4）国有资产是社会主义制度的重要经济基石。作为公有制的一种实现形式，国有资产对社会主义制度的发展壮大具有十分重要的意义。

第二节 国有资产分类

如前所述，国有资产分布广泛，性质各异。为进一步开展国有资产理论研究，加强国有资产管理，提高运营效益，还需要从不同角度侧面，按照不同标准，对国有资产进行分类，以分析研究各类国有资产运动变化的规律。

一、按与社会经济活动的关系划分

按与社会经济活动的关系，国有资产可分为经营性国有资产、非经营性国有资产及资源性国有资产。

经营性国有资产是指国家作为投资，投入到社会再生产领域，从事生产经营活动的各类资产。具体表现为国有独资企业、合资合作企业、股份制企业中国有股份所代表的各类资产，如固定资产、流动资产、递延资产等。对于这类资产，国家作为所有者，依法享有合法权益，要求经营者承担资产保值、增值责任，并以利润最大化为目标，实现更多的盈利，提高资产运营效益。

非经营性国有资产是指机关、团体、部队、学校、医院、科研机构所拥有的各项国有资产，如房屋、建筑物、设备等固定资产和各项经费等。这些资产主要用于国家行政管理、国防建设及发展科技、教育、文化卫生等各项社会事业发展的需要，不以盈利为目标，但要求有效、合理、节约使用，提高利用效率。

资源性国有资产是指国家依据宪法和法律所拥有的各类自然资源，如森林、矿产、海洋、河流、荒山、荒地等。资源性国有资产的合理开发、有效使用，可使再生资源得到补偿和不可再生资源得到替代开发，形成良性循环，实现经济社会可持续发展的主要目标。

将国有资产分为经营性国有资产、非经营性国有资产及资源性国有资产，可以分析国有资产在国家经济社会发展中的作用。如根据上述资料可知，目前我国国有资产主要存在于生产经营领域，且工商企业占绝大部分，表明国有经济仍在广泛的领域参与市场竞争。

二、按存在的形态划分

按存在的形态划分，国有资产可分为固定资产、流动资产、无形资产及其他资产。固定资产是指使用年限在一年以上，单位价值在规定限额以上的劳动资料，如机器设备、厂房、建筑物、铁路、桥梁等；流动资产是指可以在一年内或长于一年的一个营业周期内变现或运用的资产，一般包括现金、银行存款、短期投资、应收及预付款项、存货等；无形资产包括专利权、商标权、著作权、土地使用权、非专利技术、商誉等；其他资产包括特准储备物资、银行冻结存款、冻结物资、待处理财产等。

按存在的形态划分国有资产，可分析国有资产内部结构是否合理。

三、按管理体制划分

按管理体制划分，国有资产可分为中央国有资产、地方国有资产。

根据现行国有资产管理体制，由国务院和省、自治区、直辖市人民政府和设区的市、自治州级人民政府分别代表国家对国有及国有控股、国有参股企业，履行出资人职责。国务院代表国家履行出资人职责，所管理的资产为中央国有资产，省、自治区、直辖市人民政府和设区的市、自治州级人民政府分别代表国家对国有及国有控股、国有参股企业，履行出资人职责的国有资产，为地方国有资产。具体分工为：国务院代表国家对关系国民经济命脉和国家安全的大型国有及国有控股、国有参股企业，重要基础设施和重要自然资源等领域的国有及国有控股、国有参股企业，履行出资人职责。国务院履行出资人职责的企业，由国务院确定、公布。省、自治区、直辖市人民政府和设区的市、自治州级人民政府分别代表国家对由国务院履行出资人职责以外的国有及国有控股、国有参股企业，履行出资人职责。其中，省、自治区、直辖市人民政府履行出资人职责的国有及国有控股、国有参股企业，由省、自治区、直辖市人民政府确定、公布，并报国务院国有资产监督管理机构备案；其他由设区的市、自治州级人民政府履行出资人职责的国有及国有控股、国有参股企业，由设区的市、自治州级人民政府确定、公布，并报省、自治区、直辖市人民政府国有资产监督管理机构备案。国务院，省、自治区、直辖市人民政府，设区的市、自治州级人民政府，分别设立国有资产监督管理机构。国有资产监督管理机构根据授权，依法履行出资人职责，依法对企业国有资产进行监督管理。企业国有资产较少的设区的市、自治州，经省、自治区、直辖市人民政府批准，可以不单独设立国有资产监督管理机构。

将国有资产分为中央国有资产、地方国有资产，可分析中央政府与地方政府，以及地方政府与地方政府之间国有资产的分布状况，并且明确在国有资产管理中应承担的责任。

四、按产业划分

按产业划分，国有资产可分为第一产业的国有资产、第二产业的国有资产、第三产业的国有资产。

第一产业的国有资产主要是在农业等部门的国有资产。改革开放以前，我国在农村实行集体所有制，农业投入以集体和农民为主，除部分国有农场外，国有资产存量较少。1978年以后，我国在农村实行家庭联产承包责任制，政府主要对一些大型农业基础设施进行投资，国有资产增加不多。第二产业的国有资产主要是存在于工业等部门的国有资产。这是我国国有资产分布量最大的领域。因为我国尚未完成工业化的历史任务，国有经济还承担着特殊的使命。第三产业的国有资产是指分布在商业、金融、公用事业等服务业领域以及政府等部门的国有资产。

将国有资产按产业划分为第一产业的国有资产、第二产业的国有资产、第三产业的国有资产，可分析国有资产对产业结构以及整个国民经济结构的调控功能。从上述分析可以看出，我国国有资产主要存在于第二、三产业，经营性国有资产主要分布在第二产业，反映了我国目前的经济社会发展水平和历史任务。

五、按存在的部门划分

按存在的部门划分，国有资产可分为工业部门国有资产、农业部门国有资产、商务部门国有资产、交通运输部门国有资产、建筑部门国有资产以及企业社会服务部门国有资产。

将国有资产特别是经营性国有资产按国民经济部门划分，可具体分析国有经济对各个部门的调控程度，以及国家宏观经济政策重点。一般而言，国家对哪些部门投资多，哪些部门的发展就快。在社会主义市场经济条件下，政府不再投资于一般性竞争领域，现有国有资产存量经过战略性调整后，主要分布于控制国民经济命脉、关系国计民生的重要行业。通过国有资产部门结构分析，可以观察国家上述政策意图是否得到实现，或者在多大程度上得到落实。

六、按存在于国内或国外分类

按存在于国内或国外分类，国有资产可分为国内国有资产和境外国有资产。

国内国有资产是指存在于我国境内的各类经营性国有资产、非经营性国有资产以及资源性国有资产。境外国有资产是指国有企业开展跨国经营，在国外投资所形成的国有资产，以及我国政府在国外有关机构所拥有的国有资产。

将国有资产分为国内国有资产和境外国有资产，可分析国有企业参与国际竞争的程度，考核其经营效益和竞争力，并加强境外国有资产管理，防止资产流失。

第三节 中国国有资产的形成

我国社会主义性质的国有资产，最早可追溯到革命根据地时期的公营企业。而目前构成我国国民经济主体，掌握国民经济命脉，决定我国经济社会制度性质的庞大的国有资产存量，则是新中国成立后通过社会主义改造、大规模的社会主义建设特别是国家财政多年投资积累形成的。

一、革命根据地时期的公营企业

新中国成立前，在中国共产党领导下的各个时期的根据地，建立了公营企业，由党政机关和部队经营一些农业、工业和商业，主要从事军工、被服等军需民用物资的生产，用于部队前线作战的需要和根据地的建设。这些公营企业的资产，是我国最早具有社会主义性质的资产，在各个历史时期为革命战争和根据地建设发挥了重要作用。公营企业的经营和管理，为新中国成立后大规模建立国有企业、管理国有资产积累了宝贵的经验。

二、没收官僚资本，改造民族资本，建立国营企业

没收官僚资本，改造民族资本，建立国营企业所形成的国有资产，是新中国成立初到社会主义改造完成阶段国有资产形成的重要来源。

1. 没收官僚资本，建立国营企业，掌握国民经济命脉

没收官僚资本主要是指随着解放战争的胜利、新中国的成立，没收国民党政府及“四大家族”的资本为国家所有。早在 1946 年解放哈尔滨时，人民政权就开始没收官僚资本企业。辽沈战役结束后，在没收东北全境官僚资本企业的同时，接管了敌伪经营的全部企业。到 1949 年年底，除台湾以外的大陆上所有的官僚资本企业，由人民政府相继接管。在没收的官僚资本企业中，包括金融、工矿、交通运输、商业等部门的企业。

金融方面的企业主要有：四大家族把持下的“四行两局一库”，即中央银行、中国银行、交通银行、中国农民银行、中央信托局、邮政储金汇业局和合作金库，以及国民党省市地方银行系统的共 2400 多家银行。

工矿方面的企业主要有：控制全国资源和重工业生产的国民党政府资源委员会，垄断全国纺织工业的中国纺织建设公司，国民党兵工系统和军事后勤系统所办的企

业，国民党政府交通部、粮食部和其他部所办企业，以及其他官僚资本所办企业，合计共有企业 2858 家，职工 129 万人。

交通运输方面的企业有：国民党政府交通部、招商局所属全部运输企业，即铁路 2 万多公里，机车 4000 多台，客车约 4000 辆，铁路和船舶制造工厂约 30 个，各种船舶 20 多万吨。

商业方面的企业有：复兴、富华、中国茶叶、中国石油、中国盐业、中国蚕丝、中国植物油、孚中、中国进出口、金山贸易、利泰、扬子建业、长江中美事业等几十家垄断性的贸易公司。

通过没收官僚资本企业，建立国营企业，新中国在成立初就控制了国民经济命脉，为恢复国民经济、建立社会主义制度以及进行大规模经济建设奠定了基础。

2. 改造民族资本，建立社会主义制度经济基础

新中国成立后，与没收官僚资本不同，对民族资本企业实施了利用、限制和改造的政策，通过赎买，将其转化为国营企业。在过渡时期，利用民族资本主义工商业有利于国计民生的积极作用，限制其消极作用，对民族资本主义工商业实行社会主义改造，实行和平赎买的政策。为配合社会主义改造，在税收政策上实行公私区别对待、繁简不同的政策。对不同行业、不同产品，采用轻重不同的税率。最初引导民族资本主义工商企业接受国家订货、统购包销等，后来发展到公私合营，并由个别企业的公私合营发展到全行业的公私合营。对公私合营的私股推行定息的办法，即赎买资本家所有的生产资料，付给他们股息。据统计，在 1956 年的工业总产值中，国营企业占 67.5%，公私合营企业占 32%，私营企业所剩无几。到 1956 年年底，已经实现公私合营的工业企业，占年初原有私营工业企业户数和职工人数的 99%，占总产值的 99.6%。在私营商业企业中，已纳入各种形式的户数、从业人员和资本额的比重，分别达到 82.2%、85.1% 和 93.1%。到 1956 年年底，全国公私合营企业的私股共 34 亿元，其中，工业 25 亿元，商业、饮食服务业 8 亿元，交通运输 1 亿元，领取定息的股东 114 万人，国家财政每年付出的定息资金 1.7 亿元。1956 年我国基本上完成了对资本主义工商业的社会主义改造，将其转变为国营企业，成为国有资产的重要组成部分。

三、财政投资

财政投资是指国家以各种形式的投资和拨款所形成的各类资产，包括国家以财政预算拨款、通过政策性银行贷款给建设单位所形成的国有资产以及各部门、单位以财政资金性的预算外资金所形成的各类财产。这是我国国有资产形成的主渠道。

四、国有企业积累

国有企业积累是指国有资产收益所形成的资产，主要指凭借国有资产的所有权或出资权而取得的税后利润、股息、红利、股权证转让收入、国有资产转让收入和依法取得的其他收益，以及用这些收益进行的投资等。这也是目前国有资产的主要来源。改革开放后，随着扩大企业自主权，实行政企分开，资产所有权与经营权分离，进行现代企业制度改造，国有企业逐步成为自主经营、自负盈亏、照章纳税的生产经营实体，企业不仅利用税后利润投资，而且利用银行贷款等方式进行融资，扩大生产规模，成为社会市场投资主体之一。国有及国有控股企业的资产收益及其投资积累，成为现阶段国有资产形成的主要渠道。

五、国家依法认定的国有资产

国家依法认定的国有资产是指凭借国家权力及法律取得的资产，主要包括法律规定的各类属于国家所有的自然资源，税务、工商、海关、公安、法院等执法机关上缴的罚没收入、赃款及赃物的拍卖收入等。我国《宪法》第九条规定，矿藏、水流、森林、山岭、草原、荒地、滩涂等自然资源，都归国家所有；由法律规定属于集体所有的森林、山岭、草原、荒地、滩涂等除外。第十条规定，城市土地属于国家所有。

六、外国政府、企业、其他组织和个人捐赠的资产

外国政府、企业、其他组织和个人捐赠的资产，是指在国际交往中，外国政府、企业、其他组织和个人捐赠给我国政府、国有企业和事业单位的资产，这种捐赠一般带有友好援助的性质，数量不多。

通过上述对国有资产来源的分析，我们可以看出新中国成立以来我国国有资产的形成渠道以及目前国有资产增量的构成，从而便于进一步加强国有资产的存量与增量调整，优化资产结构，提高资产使用效益。

第二章　国有资产管理体制与基础

第一节　国有资产管理体制

一、国有资产管理体制的内涵

1. 国有资产管理体制的含义

国有资产管理体制是在中央与地方之间及地方各级政府之间划分国有资产管理权限，建立国有资产经营管理机构与体系的一项根本制度。它是我国经济管理体制的重要组成部分。通过建立科学、合理的国有资产管理体制，有效解决国有资产管理的产权代表方式、经营机构、经营形式以及相应的责、权、利关系等重大问题，贯彻国家有关国有资产管理的各项方针政策、法律法规，巩固和发展国有经济，实现国家经济发展战略目标。

建立与社会主义市场经济相适应的国有资产管理体制具有十分重要的意义。首先，通过建立健全国有资产管理体制，划分各级政府国有资产管理权限，建立国有资产经营管理体系，理顺国有产权领域关系，加强国有资产管理。其次，选择恰当的经营方式，明确国有资产所有者、经营者、生产者之间的责、权、利关系，保证国有资产的保值、增值，有效防范国有资产流失，维护国有资产合法权益，努力提高国有资产运行效益，实现其预定的经济、社会和环境政策目标。同时，为国家提供更多的财政收入，增加公共积累。再次，建立国有资产管理体制，提高资产运营效率,有利于充分发挥国有经济的主导地位,保证国民经济的性质与正确的发展方向，并为国家宏观经济管理服务。

2. 我国国有资产管理体制的历史演变

我国的国有资产管理体制是随着社会主义经济制度的确立而建立的，最早可追溯到中国共产党领导下的各个历史时期革命根据地的公营企业管理体制。新中国成立后，我国国有资产管理体制的演变，大体可分为两个历史时期，一是传统计划经济体制下的国有资产管理体制；二是改革开放后，在探索建立社会主义市场经济过程中，对国有资产管理体制的调整、改革。现分别描述如下：

（1）计划经济体制下的国有资产管理体制（1950—1977 年）

实际上，在传统的计划经济体制下，尽管存在对国有资产的有效管理，但并没有国有资产及其管理体制的概念。当时，国有企业称为“全民所有制企业”或“国营企业”，其含义是这些资产是国家代表全国人民拥有所有权，并直接组织其生产经营活动，即所有权与经营权合二为一，且认为国有经济是公有制的高级形态。与高度集中的计划经济管理体制相适应，国有资产管理实行高度集中的分级归口管理体制。国有资产是各级财政连年投资的结果，与企业利润全额上缴财政相适应，固定资产由国家财政无偿投资，流动资金主要由财政无偿拨款，临时性资金需要由银行贷款来解决。国有资产由各级政府的业务主管部门归口管理，大中型企业主要集中在中央和省、市、自治区一级，特别是中央政府，实行集中统一管理。在国有经济内部，由于企业不是独立的经济实体，在国民经济调整期间对国有企业进行关、停、并、转时，国有资产在中央与地方以及部门、行业和企业之间，实行无偿划拨制度。在这一时期，国家在国民经济调整期间，曾多次调整国有企业管理体制以及国有资产管理体制，但大都是通过大批国有企业上收和下放地方的方式来进行，并没有从根本上改变上述基本格局。

上述国有资产管理体制，在当时恢复国民经济、建立社会主义经济制度等方面发挥了积极作用，但在今天看来，其历史局限性也十分明显，如过高的国有经济比重，超越了我国生产力发展的现实；所有权、经营权不分离，资产国家所有国家直接经营的模式，随着国有经济规模的扩大，弊病日益明显；国有资产无偿调拨制度，排斥商品经济的发展，等等。

（2）改革开放后的国有资产管理体制

改革开放后，我国国有资产管理体制从最初的放权让利，扩大企业自主权，到所有权与经营权适度分离，实行各种形式的责任制，再到建立现代企业制度，对国有经济布局进行战略性调整，在不断探索中发生了深刻的变化。主要分为以下几个阶段：

1）1978—1984 年，对国有企业放权让利，扩大企业自主权。针对传统计划经济体制下，国家对企业实行高度集中的管理体制，政企不分，企业实际成为政府机关的附属物，窒息了企业和职工积极性的弊病，改革开放后，最初的改革便从矛盾最突出的地方开始，对国有企业放权让利，扩大企业自主权，使企业及其主管部门在不改变国有资产所有权的条件下，拥有较多的资产使用权。这一时期改革的内容主要包括：在完成国家计划的前提下，允许企业根据燃料、动力、原料、材料的条件，按照生产建设和市场的需要，制订补充计划。实行企业基金制度和利润留成制度。1978 年实行企业基金制度，1979 年进行了改进。企业全面完成产量、质量、利润（包括实现利润和上缴利润）和供货合同四项计划指标的，可按照职工工资总额的5%提取企业基金。企业基金用于加强职工福利设施，发放职工劳动竞赛奖金和改进生产技术措施等项开支。主管部门或企业还可以从超计划利润中再提一定比例的企业基金。同时，恢复了职工奖金制度，可以在成本中按工资总额的10%～12%提取奖金，用于职工奖励。1979年在部分试点企业中实行全额利润留成制度，即按照企业1978年的职工福利费、职工奖金、企业基金、国家拨付的科研经费和职工培训费加上一定数额的新产品试制费，同企业实现的利润挂钩，换算出一个留成比例。比例确定后，原则上三年不变。企业用利润留成建立生产发展基金、职工福利基金和企业奖励基金。实行利润留成后，原来从成本中开支的福利基金、奖励基金，改由利润留成中开支，不得再从成本中开支。逐步提高固定资产折旧率。折旧基金大部分归企业支配，小部分按企业隶属关系，由企业主管部门调剂使用。实行固定资产有偿占用制度。鼓励企业研发新产品。有关费用，按一定比例，从实现利润中留用。企业有权向中央或地方有关部门申请出口自己的产品，并按国家规定取得外汇分成。给企业在劳动用工和干部任免方面一定的自主权。从1981年开始，在工业企业中实行各种形式的经济责任制，如“全民所有、企业经营”“全民所有、企业承包经营”，“利润递增包干”等。

2）1985—1987年，增强企业活力，转换企业经营机制。1984年，党的十二届三中全会通过《中共中央关于经济体制改革的决定》，提出社会主义经济是有计划的商品经济，国有企业改革进入新阶段，从简政放权逐步发展到企业经营机制的改革。这一时期的国有资产管理体制改革，基本沿着党政分开、政企分开和所有权与经营权相分离的原则推进。在国有资产经营中，进一步扩大企业自主权，如缩小指令性计划，在价格、产品销售、材料采购、利润分配、用工、投资等方面给企业较大的权利，以增强企业活力。在企业内部管理体制上，从1986年开始推行厂长（经理）负责制，并建立职工代表大会制度。1986年12月6日第六届全国人民代表大会常务委员会第十八次会议通过了《中华人民共和国破产法（试行）》。上述改革使国有资产经营管理机制逐步向市场化方向发展。同时，各地区还进行承包制、租赁制及股份制等改革试点。

3）1988—1991年，对国有企业实行多种形式的承包经营责任制。在总结试点经验的基础上，从1988年开始，国家大规模地对国有企业实行多种形式的承包经营责任制，以处理国家、企业和职工之间的物质利益关系，探索国有资产经营管理的具体途径。承包经营责任制的基本原则是包死基数、确保上缴、超收多留、欠收自补。承包经营责任制的主要形式有：上缴利润递增包干；上缴利润基数包干，超收分成；上缴利润定额包干；亏损企业减亏（或补贴）包干，等等。这一时期国有资产管理方面的重大事件还有：1988年1月，国务院决定成立国家国有资产管理局，统一归口行使国有资产所有权管理职能。第七届全国人民代表大会第一次会议于 1988 年 4 月 13 日通过了《中华人民共和国全民所有制工业企业法》，自 1988 年 8 月 1 日起施行。

4）1992—2002 年，适应社会主义市场经济发展，对国有经济进行战略性调整，建立现代企业制度。1992 年邓小平南方谈话发表后，我国掀起了新一轮思想解放的浪潮，党的十四大提出经济体制改革的目标模式是建立社会主义市场经济体制，1993 年 11 月 14 日党的十四届三中全会通过的《中共中央关于建立社会主义市场经济体制若干问题的决定》明确提出，建立现代企业制度是我国国有企业改革的方向，指出现代企业制度的基本特征是“产权明晰、责任明确、政企业分开和管理科学”。从此，国有资产管理体制改革进入了以产权改革为核心，建立现代企业制度的新阶段。1997 年党的十四届五中全会通过的《中华人民共和国国民经济和社会发展“九五”计划和 2010 年远景目标纲要》提出，按照国家所有、政府分级监督、企业自主经营的原则，建立权责明确的国有资产管理、监督和运营体系。建立和完善产权登记、统计报告和资产评估等国有资产基础管理制度。2000 年 10 月 11 日，党的十五届五中全会通过的《中共中央关于制定国民经济和社会发展第十个五年计划的建议》指出，国有大中型企业要进一步深化改革，建立产权明晰、责任明确、政企分开、管理科学的现代企业制度，健全法人治理结构，成为市场竞争的主体，积极探索国有资产管理的有效形式，建立规范的监督机制。在这一时期，各地区进行了国有资产授权经营、建立产权交易中心、组建地方国有资产管理委员会、债转股、对国有经济战略性重组、抓大放小等一系列重要探索。

5）2003 年组建国家国有资产监督管理委员会，建立新型国有资产管理体制。国务院国有资产监督管理委员会（国资委）于 2003 年 4 月 6 日挂牌成立，其职责和任务是：由国务院授权代表国家履行出资人职责，监管国有资产，确保国有资产保值、增值，进一步搞好国有企业。国家实行由国务院和地方人民政府分别代表国家履行出资人职责，享有所有者权益，权利、义务和责任相统一，管资产和管人、管事相结合的国有资产管理体制，标志着我国国有资产管理体制进入了一个新的历史阶段。2008 年 10 月 28 日第十一届全国人民代表大会常务委员会第五次会议通过《中华人民共和国企业国有资产法》，自 2009 年 5 月 1 日起施行。

3．国有资产管理体制的现状

从总体上看，我国还处在建立与社会主义市场经济相适应的国有资产管理体制的探索阶段。目前，除一些基本的管理体制外，更多的则是制度创新中的摸索，许多制度带有明显的过渡色彩。

（1）国有资产管理体制具体形式的探索

由于我国还处在经济体制转轨的历史时期，国有经济的战略性重组和国有企业改革的任务远未完成，建立现代企业制度需要一个过程，目前也就不大可能形成较为稳定、规范和法制化的国有资产管理体制，只能是在坚持上述基本准则的前提下，鼓励各地区、各部门努力探索国有资产管理体制的具体有效形式。近年来，在国有资产管理体制方面的探索主要有：

1）建立国有资产的授权经营方式。国有资产的授权经营方式，是指对一些经济实力强、技术先进、管理水平高，具有较强市场开拓能力的国有大型企业集团或具有行业垄断性质的大型企业，经政府授权，由其作为国有产权代表，对下属企业的国有资产进行管理，以形成以产权为纽带的紧密性企业集团，提高企业市场竞争和国有资产运营效益的资产经营方式。从有关试点企业的情况看，这种国有资产管理体制，一般是由同级政府出面授权，国有资产管理部门或财政部门主要从事清产核资、产权界定、签发授权经营书等具体业务工作。从我国一些国有大型企业的具体情况看，该管理体制在一定范围内有较强的适应性，但需要相应的配套措施、法律制度，以防止旧体制的复归或使企业集团成为行政性的“翻牌公司”。

2）建立地方国有资产管理委员会，统一行使国有资产所有者的职能。国有资产管理委员会负责本级政府所管辖国有企业的国有资产产权管理，通过资产经营公司或投资公司，对国有企业进行控股经营，形成国资委——经营中介机构国有控股企业的三层国有资产管理体制。三个层次间具有较为明确的分工。国有资产管理委员会作为产权代表和管理机构，主要从政策、法规、制度方面进行管理；资产经营公司或投资公司受国资委委托，对国有企业进行投资、控股经营，具有独立的法人资格；企业以利润最大化为经营目标，实现国有资产的保值、增值，维护国有资产的合法权益。

3）建立国有资产经营公司或投资公司，负责国有资产的经营管理。一些地方建立国有资产经营公司或投资公司，负责国有资产的经营管理。这些公司有的还具有行政管理和产权管理双重职能。国有资产经营公司或投资公司的组建途径大致有两种，一种是财政部门或国有资产管理部门设立的资产经营公司或投资公司，另一种是行业主管部门在机构改革中改建为国有资产经营公司或投资公司。国有资产经营公司或投资公司对政府承担国有资产保值、增值的责任，对控股企业行使所有者的权利，向企业派出董事长、任命总经理，参与企业重大决策，依法取得国有资产收益。

4）向国有独资或控股企业派出稽查特派员，行使所有者的监督职责。在1994年《国有资产监督管理条例》发布后，国务院根据该条例的有关规定，向一部分国有独资或控股的大型企业派出了稽查特派员。稽查特派员主要负责对企业国有资产的保值、增值情况进行监督，评价企业管理人员的业绩，但不干预企业具体的生产经营活动。稽查特派员大都是长期在经济战线工作，具有丰富的经济管理经验，有扎实的专业理论知识，不少人曾长期担任省部级领导干部。

（2）国有资产管理体制运行中存在的问题

如前所述，现行国有资产管理体制是在改革开放后，一步一步从传统经济体制改革发展而来，经历了艰难的理论与实践探索。该体制在适应社会主义市场经济发展，发挥国有经济主导作用，维护国有资产合法权益的同时，还存在不少的问题，需要在国有经济战略性重组、深化国有企业改革、建立现代企业制度中逐步解决。

国有产权主体或代表“缺位”的问题有待进一步解决。国务院国资委成立后，根据全国人大授权，统一履行国有资产所有者的职责，初步解决了原先财政部、发展和改革委员会（计委、经贸委）、各主管部门都掌握着一部分国有资产产权管理职能，政出多门、分散管理的问题，但现实的困难或问题是，按现代企业制度运行要求，所有者的代表必须进入企业，以董事长、董事或监事的身份，行使所有者的权利，监督国有资产的运营，提高资产经营效益，维护国有资产的合法权益。很显然，这一问题的解决还需要一个过程。

国有资产监管不力，资产流失现象普遍存在。由于国有产权主体或代表“缺位”等问题的存在，在所有者、经营者和职工之间未形成有效的制约机制，在国有企业经营及改革过程中，普遍存在国有资产流失的问题，如在企业改制的过程中，低估国有资产价值、低价变卖国有资产，甚至把国有资产量化给个人，私分国有资产；在企业经营财务管理中，对国有资本金核算弄虚作假，资产的磨损得不到足额补偿，等等。国有资产的大量流失，损害了国家的整体利益，削弱了国有经济的市场竞争力。现有的国有资产存量，是国有经济单位和其他经济单位的劳动者，在剩余劳动时间里为社会创造价值的积累，国有资产的流失，就意味着对他们劳动成果的剥夺。同时，国有资产的大量流失，会造成社会财富和收入的分配不均，形成新的社会差距，引发新的社会矛盾，酿成社会不稳定因素。这是经济体制转轨、社会转型时期必须谨慎处理的重大问题。

国有资产的合法权益受到侵蚀。在各种经济成分并存，国有资产管理体制不健全，监管不力的情况下，容易诱发侵犯国有资产合法权益的行为。近年来出现了股份制企业中国有股与其他股份同股不同权，在派股、送股等方面享受不同等待遇，国有股不上市流通，而承受股市风险；国有企业承包经营中经营者包盈不包亏的问题；国有企业职工工资的增长速度超过了劳动生产率的增长速度，形成所谓工资侵蚀利润的现象，等等。这些行为，都使国有资产的合法权益受到侵害，是国有资产管理体制改革与完善的重要领域。

国有资产战略布局不合理，资产运营效益不高。在传统的计划经济体制下，片面追求所有制形式的高级化，国有经济在国民经济中占绝对优势，掌握着国民经济的命脉，国有资产遍布国民经济各行各业。改革开放后，多种经济成分共同发展，非国有经济得到迅速增长，适应了现阶段我国生产力的实际水平，但与我国的具体国情和市场经济发展需要相比，目前国有经济仍存在分布战线过长、结构不合理、资产运营效益不高的问题。因而，需要通过国有资产管理体制的改革，对国有经济进行战略性调整，国有经济逐步退出一般性竞争行业，重点加强掌握国民经济命脉、关系国计民生的重要行业和领域，充分发挥国有经济的主导作用。

二、建立国有资产管理体制的基本准则

探索建立适应市场经济发展的国有资产管理体制，是建设中国特色社会主义的重要组成部分。建立国有资产管理体制，既要总结我国几十年来社会主义经济建设的经验教训，又要借鉴市场经济发达国家国有资产管理的理论与实践。根据社会主义市场经济发展的客观要求，以及近年来对国有资产管理改革的探索，我们认为，建立合理的国有资产管理体制应遵循以下基本准则：

1. 政企分开

政企分开的准则，是指将政府的宏观经济管理职能、社会管理职能与企业的生产经营职能相分离。政府不直接干预企业的生产经营活动，不直接参与企业的人、财、物和供、产、销的管理。政府通过经济、法律、行政等政策工具，间接调控企业的微观经济活动，使之符合国家宏观经济管理要求。企业在国家法律法规规定的范围内，自主经营、自负盈亏、照章纳税、自我积累、自我约束、自我发展。政企分开的原则，从我国经济体制改革的初期，就一直是国有企业改革的重要目标之一，其改革的难点是，如何在社会主义市场经济条件下具体实现这一原则。从我国国有企业改革的实际进展分析，还需要一系列重大的理论与实践的突破，如如何解决承包制企业负盈不负亏的问题；国有产权代表如何进入企业，怎样维护国有产权的合法权益；企业家队伍的职业化与国有企业经营管理人的聘任、考核的市场化问题，等等。这些问题，需要在贯彻政企分开的原则中逐步探索解决。

2. 政府的社会公共管理职能与国有资产出资人职能分开

国务院国资委成立后，作为政府直属特设机构，专门履行出资人的职责，不再承担政府社会公共管理职能。政府此两种职能的分离，有利于国有资产管理部门专门行使国有产权管理，做到管资产和管人、管事相结合，实现国有资产的保值、增值，为政府经济社会政策目标服务，从而避免政府国有资产出资人职能与一般社会公共管理职能之间的矛盾与冲突。因为政府公共管理职能要求为所有市场主体创造公平的竞争环境，不能形成行政性垄断经营，在国有资产管理部门同时行使上述职能的条件下，要达到这一目标往往是困难的。

3. 所有权与经营权相分离

在国有资产管理中，将所有权的管理与国有资产经营权的管理相分离，由不同的部门及职能组织行使，相互制约、相互监督，提高国有资产的运行效益。所有权与经营权相分离，也是社会化大生产和商品经济的产物。在资本主义前期，资本的所有权与经营权是统一的，资本家既是资本的所有者，又是企业的经营者。随着资本主义商品经济的发展，特别是股份公司的出现，资本家个人已难以直接驾驭庞大的企业生产经营活动，于是聘用专门从事经营管理的人员管理企业，而资本家行使所有者的职责，考核、监督经营管理者，这样更有利于资本主义经济的发展，更有利于维护资本家的利益，因而出现了所有权与经营权分离的现象。国有资产经营管理与资本主义企业经营管理性质不同，但社会主义经济也是社会化大生产，是市场经济，因而国有资产管理也需实行所有权与经营权相分离，国家设立专门机构，代表国家行使所有者的职能，而经营权则由国有资产经营企业组织管理，既适应市场经济千变万化、竞争激烈，企业要面向市场及时决策为谁生产、生产什么、生产多少、何时生产等问题，又有利于维护国有产权的合法权益，努力提高资产运营效益。

4. 分级所有、分级管理

我国原有关资产管理的法规规定，国有企业财产属全民所有即国家所有，国务院代表国家统一行使对企业财产的所有权。在国务院统一领导下，国有资产实行分级行政管理。国务院授权有关部门或者有关机构，对指定的或所属的企业财产的经营管理实施监督。根据国务院的授权，省、自治区、直辖市人民政府可以确定有关部门或者有关机构，对指定的或者其所属的企业财产的经营管理实施监督。实践表明，上述规定在理论上有其依据，但在具体实际操作过程中存在很多问题。因而新型国有资产管理体制坚持分级所有、分级管理的原则。即在中央、省市自治区和设区的市及自治州三级政府中，分别设立国资委，管理本级国有资产，但发生战争、严重自然灾害或者其他重大、紧急情况时，国家可以依法统一调用、处置企业国有资产。坚持这一准则，可进一步加强各级政府对国有资产的监管力度，维护国有资产权益。

5. 正确处理所有者、经营者、生产者（企业职工）之间的物质利益关系

要提高国有资产运行效益，就必须通过国有资产管理体制，建立所有者、经营者、生产者（企业职工）之间的制约机制，正确处理他们之间的物质利益关系，充分调动各方面的积极性，搞好国有资产的经营管理。国家作为国有资产的所有者，必须依法取得国有资产收益，拥有资产最终处置权，监督国有资产经营者的行为，维护国家利益。国有资产经营者必须承担国有资产保值、增值的责任，在国家授权和法律、法规规定的范围内，面向市场，有效运用国有资产，开展生产经营活动，追求利润的最大化。对完成各项考核指标，业绩优良的经营者，按合同或有关规定兑现其报

酬，有突出贡献者给予奖励甚至重奖。对业绩不佳，没有完成经营目标，甚至造成国有资产流失的，要按规定给予处罚，情节恶劣、损失严重的，要追究其法律责任。从市场经济的实践分析，建立一支训练有素、专门从事国有资产经营的企业家队伍，是十分重要的。在制定科学、合理的国有资产管理体制，保护所有者利益，调动经营者积极性的同时，要维护生产者即企业职工的合法权益。企业职工是国家的主人，是社会财富的创造者，而且建立社会主义公有制，发展国有经济最根本的目的，是为了不断提高人民的物质文化生活水平，因而在国有资产管理中，要重视保护职工利益，特别是在承包制、租赁制等经营形式中，经营者不能为完成承包利润、租赁金而损害职工的合法权益。这也是与我国的根本社会制度及国家的性质相违背的。

6．实现资产运营效益最大化

资产运营效益最大化，就是以最小的国有资产投入，在经营中取得最大的经济、社会和生态效应。这是国有资产经营最基本的原则。社会主义市场经济条件下，国有经济掌握着国民经济命脉，在经济运行中发挥主导作用，也是国家财政收入的重要支柱。国有经济的战略地位客观上要求建立科学、合理的国有资产管理体制，最大限度地提高国有资产运营效益，为实现国家经济社会发展战略目标服务。我国目前是世界上最大的发展中国家，在今后较长的一段时间内，处于社会主义初级阶段，国家面临着繁重的现代化建设任务，要努力实现经济社会发展的工业化、现代化、信息化。国有资产运营效益的提高，不仅可以运用有限的社会资源为市场提供更多的有效商品与劳务，最大限度地提高全社会的福利水平，而且有利于增加国家财政收入，为我国现代化建设提供更多的资金积累。

三、国有资产管理体制的内容

2008 年 10 月 28 日第十一届全国人民代表大会常务委员会第五次会议通过《中华人民共和国企业国有资产法》，自 2009 年 5 月 1 日起施行，对现行国有资产管理体制的主要内容进行了规范。

1．中央与地方国有资产管理权限的划分

国务院代表国家对关系国民经济命脉和国家安全的大型国有及国有控股、国有参股企业，重要基础设施和重要自然资源等领域的国有及国有控股、国有参股企业，履行出资人职责。国务院履行出资人职责的企业，由国务院确定、公布。

省、自治区、直辖市人民政府和设区的市、自治州级人民政府分别代表国家对由国务院履行出资人职责以外的国有及国有控股、国有参股企业，履行出资人职责。其中，省、自治区、直辖市人民政府履行出资人职责的国有及国有控股、国有参股企业，由省、自治区、直辖市人民政府确定、公布，并报国务院国有资产监督管理机构备案；

其他由设区的市、自治州级人民政府履行出资人职责的国有及国有控股、国有参股企业，由设区的市、自治州级人民政府确定、公布，并报省、自治区、直辖市人民政府国有资产监督管理机构备案。国务院，省、自治区、直辖市人民政府，设区的市、自治州级人民政府，分别设立国有资产监督管理机构。国有资产监督管理机构根据授权，依法履行出资人职责，依法对企业国有资产进行监督管理。企业国有资产较少的设区的市、自治州，经省、自治区、直辖市人民政府批准，可以不单独设立国有资产监督管理机构。

2．国有资产管理部门的职责

国务院国有资产监督管理机构是代表国务院履行出资人职责、负责监督管理企业国有资产的直属特设机构。省、自治区、直辖市人民政府国有资产监督管理机构，设区的市、自治州级人民政府国有资产监督管理机构，是代表本级政府履行出资人职责、负责监督管理企业国有资产的直属特设机构。上级政府国有资产监督管理机构依法对下级政府的国有资产监督管理工作进行指导和监督。

国有资产监督管理机构的主要职责是：（1）依照《中华人民共和国公司法》等法律、法规，对所出资企业履行出资人职责，维护所有者权益；（2）指导推进国有及国有控股企业的改革和重组；（3）依照规定向所出资企业派出监事会；（4）依照法定程序对所出资企业的企业负责人进行任免、考核，并根据考核结果对其进行奖惩；（5）通过统计、稽核等方式对企业国有资产的保值、增值情况进行监管；（6）履行出资人的其他职责和承办本级政府交办的其他事项。国务院国有资产监督管理机构除规定职责外，可以制定企业国有资产监督管理的规章、制度。

国有资产监督管理机构的主要义务是：（1）推进国有资产合理流动和优化配置，推动国有经济布局和结构的调整；（2）保持和提高关系国民经济命脉和国家安全领域国有经济的控制力和竞争力，提高国有经济的整体素质；（3）探索有效的企业国有资产经营体制和方式，加强企业国有资产监督管理工作，促进企业国有资产保值、增值，防止企业国有资产流失；（4）指导和促进国有及国有控股企业建立现代企业制度，完善法人治理结构，推进管理现代化；（5）尊重、维护国有及国有控股企业经营自主权，依法维护企业合法权益，促进企业依法经营管理，增强企业竞争力；（6）指导和协调解决国有及国有控股企业改革与发展中的困难和问题。

3．国有资产管理部门资产监管的内容

（1）企业负责人管理

国有资产监督管理机构应当建立健全适应现代企业制度要求的企业负责人的选用机制和激励约束机制，依照有关规定，任免或者建议任免所出资企业的企业负责人：（1）任免国有独资企业的总经理、副总经理、总会计师及其他企业负责人；（2）任免国有独资公司的董事长、副董事长、董事，并向其提出总经理、副总经理、总会计师等的任免建议；（3）依照公司章程，提出向国有控股公司派出的董事、监事人选，推荐国有控股公司的董事长、副董事长和监事会主席人选，并向其提出总经理、副总经理、总会计师人选的建议；（4）依照公司章程，提出向国有参股公司派出的董事、监事人选。

国有资产监督管理机构应当建立企业负责人经营业绩考核制度，与其任命的企业负责人签订业绩合同，根据业绩合同对企业负责人进行年度考核和任期考核，确定所出资企业中的国有独资企业、国有独资公司的企业负责人的薪酬；依据考核结果，决定其向所出资企业派出的企业负责人的奖惩。

（2）企业重大事项管理

国有资产管理机构对企业重大事项的管理，主要包括以下内容：

国有资产监督管理机构负责指导国有及国有控股企业建立现代企业制度，审核批准其所出资企业中的国有独资企业、国有独资公司的重组、股份制改造方案和所出资企业中的国有独资公司的章程。

国有资产监督管理机构依照法定程序决定其所出资企业中的国有独资企业、国有独资公司的分立、合并、破产、解散、增减资本、发行公司债券等重大事项。其中，重要的国有独资企业、国有独资公司分立、合并、破产、解散的，应当由国有资产监督管理机构审核后，报本级人民政府批准。

国有资产监督管理机构依照法定程序审核、决定国防科技工业领域其所出资企业中的国有独资企业、国有独资公司的有关重大事项时，按照国家有关法律、规定执行。

国有资产监督管理机构依照《公司法》的规定，派出股东代表、董事，参加国有控股公司、国有参股公司的股东会、董事会。

国有控股公司、国有参股公司的股东会、董事会决定公司的分立、合并、破产、解散、增减资本、发行公司债券、任免企业负责人等重大事项时，国有资产监督管理机构派出的股东代表、董事，应当按照国有资产监督管理机构的指示发表意见、行使表决权。

国有资产监督管理机构决定其所出资企业的国有股权转让。其中，转让全部国有股权或者转让部分国有股权致使国家不再拥有控股地位的，报本级人民政府批准。

国有资产监督管理机构依照国家有关规定组织协调所出资企业中的国有独资企业、国有独资公司的兼并破产工作，并配合有关部门做好企业下岗职工安置等工作。

国有资产监督管理机构依照国家有关规定拟订所出资企业收入分配制度改革的指导意见，调控所出资企业工资分配的总体水平。国有资产监督管理机构出资企业中的国有独资企业、国有独资公司经国务院批准，可以作为国务院规定的投资公司、控股公司，享有《公司法》第十二条规定的权利；可以作为国家授权投资的机构，享有《公司法》第二十条规定的权利。

国有资产监督管理机构可以对所出资企业中具备条件的国有独资企业、国有独资公司进行国有资产授权经营。被授权的国有独资企业、国有独资公司对其全资、控股、参股企业中国家投资形成的国有资产依法进行经营、管理和监督。被授权的国有独资企业、国有独资公司应当建立和完善规范的现代企业制度，并承担企业国有资产的保值、增值责任。

（3）企业国有资产管理

国有资产监督管理机构从以下几方面对企业国有资产进行管理：

国有资产监督管理机构依照国家有关规定，负责企业国有资产的产权界定、产权登记、资产评估监管、清产核资、资产统计、综合评价等基础管理工作。

国有资产监督管理机构协调其所出资企业之间的企业国有资产产权纠纷。

国有资产监督管理机构应当建立企业国有资产产权交易监督管理制度，加强企业国有资产产权交易的监督管理，促进企业国有资产的合理流动，防止企业国有资产流失。

国有资产监督管理机构对其所出资企业的企业国有资产收益依法履行出资人职责：对其所出资企业的重大投融资规划、发展战略和规划，依照国家发展规划和产业政策履行出资人职责。

国有资产监督管理机构所出资企业中的国有独资企业、国有独资公司的重大资产处置，需由国有资产监督管理机构批准的，依照有关规定执行。

（4）企业国有资产监督

国有资产监督管理机构对企业国有资产的监督，主要体现在以下方面：

各级人民代表大会常务委员会通过听取和审议本级人民政府履行出资人职责的情况和国有资产监督管理情况的专项工作报告，组织对《企业国有资产法》实施情况的执法检查等，依法行使监督职权。

国务院国有资产监督管理机构代表国务院向其所出资企业中的国有独资企业、国有独资公司派出监事会。监事会的组成、职权、行为规范等，依照《国有企业监事会暂行条例》的规定执行。

地方人民政府国有资产监督管理机构代表本级人民政府向其所出资企业中的国有独资企业、国有独资公司派出监事会，参照《国有企业监事会暂行条例》的规定执行。

国务院和地方人民政府审计机关依照《中华人民共和国审计法》的规定，对国有资本经营预算的执行情况和属于审计监督对象的国家出资企业进行审计监督。

国务院和地方人民政府应当依法向社会公布国有资产状况和国有资产监督管理工作情况，接受社会公众的监督。

国有资产监督管理机构依法对所出资企业财务进行监督，建立和完善国有资产保值、增值指标体系，维护国有资产出资人的权益。

国有及国有控股企业应当加强内部监督和风险控制，依照国家有关规定建立健全财务、审计、企业法律顾问和职工民主监督等制度。

（5）法律责任

企业国有资产监督管理机构和国有企业有关人员，在国有资产管理过程中，拥有法律赋予的权利，同时，还要承担相应的法律责任。

国有资产监督管理机构不按规定任免或者建议任免所出资企业的企业负责人，或者违法干预所出资企业的生产经营活动，侵犯其合法权益，造成企业国有资产损失或者其他严重后果的，对直接负责的主管人员和其他直接责任人员依法给予行政处分；构成犯罪的，依法追究刑事责任。

国有独资企业、国有独资公司未按照规定向国有资产监督管理机构报告财务状况、生产经营状况和国有资产保值、增值状况的，予以警告；情节严重的，对直接负责的主管人员和其他直接责任人员依法给予纪律处分。

国有及国有控股企业的企业负责人滥用职权、玩忽职守，造成企业国有资产损失的，应负赔偿责任，并对其依法给予纪律处分；构成犯罪的，依法追究刑事责任。

国有独资企业、国有独资公司、国有资本控股公司的董事、监事、高级管理人员违反《企业国有资产法》规定，造成国有资产重大损失，被免职的，自免职之日起5年内不得担任国有独资企业、国有独资公司、国有资本控股公司的董事、监事、高级管理人员；造成国有资产特别重大损失，或者因贪污、贿赂、侵占财产、挪用财产或者破坏社会主义市场经济秩序被判处刑罚的，终身不得担任国有独资企业、国有独资公司、国有资本控股公司的董事、监事、高级管理人员。

4. 企业组织形式及其国有资产管理职责

在市场经济运行中，国有资产是由企业具体运营，为市场提供商品和劳务的。国有资产的有效管理，还需要选择恰当的企业组织形式，明确其国有资产管理职责。

（1）企业组织形式

在现代市场经济中，企业具体组织形式较多，如股份制、合伙制、独资等，其中，规范的股份有限公司和有限责任公司是现代企业制度的主要形式。而经营国有资产的企业组织形式的选择，需要考虑国有经济的战略地位、国有资产所在行业的性质、国有资产的存量以及国家产业政策等宏观经济政策的要求等诸多因素。

国有独资企业。国有独资企业是指企业资产全部属于国家所有的企业。从企业性质分析，国有独资企业主要是由于这类企业关系到国家的国防、经济安全，或者不适合于其他企业组织形式但又要求政府控制的行业、部门，如军工企业、邮政企业、一些重要的公用企业等。这类企业性质特殊，在国有企业中只占少数。国有独资企业的资产全部属于国家所有，企业管理人员由国有资产经营机构直接任命，企业内部不一定设立董事会、监事会等机构，但国有资产经营机构可以采用委派财务总监、稽查特派员等方式，对国有资产经营状况进行监督，评价管理人员的工作业绩，并通过职工代表大会制度，发挥职工民主监督的功能。

国有控股企业。国有控股企业是指在股份有限公司或有限责任公司中，国有股份占控股地位的企业。从理论上讲，所谓国家控股，是指国有股份所占比重超过了51%，但在投资主体多元化、股权分散的条件下，实际上不需要那样高的比重，只要是第一大股东即可，甚至5%的股份即可控制一个企业。国家之所以对国有资产采用国有控股企业的方式经营，主要是为了控制一些掌握国民经济命脉、关系国计民生的重要行业和领域，发挥国有经济在国民经济中的主导作用，体现社会公平，执行国家的宏观政策，巩固社会主义制度的经济基础。在国有控股企业内部，按照现代企业制度要求，建立完整的法人治理结构，国有产权代表依法进入董事会、监事会，通过股东大会行使所有者的职能。由于国家股处于控股地位，实际上掌握着任命企业管理人员，决定企业发展战略等重大决策的权利。至于目前国有股份在许多股份制企业处于控股地位且国有股还不能上市流通，是体制转轨时期的一种过渡现象，不具有普遍性。

国家参股企业。国家参股企业是指在股份有限公司或有限责任公司中，具有一定数量的国有股份，但国有股份不占控股地位的企业。这类企业大体处在一般性竞争领域，各类企业根据国家法律规定可自由进入和退出，国家不必要控制或通过国有企业垄断经营。之所以存在国家参股企业，一是因为在传统计划经济体制下，国有经济在国民经济中占绝对优势，国有资产遍布各行各业，资产存量庞大，国有经济的战略性调整和重组需要一个过程，这样，在较长时间内，许多行业存在一定数量的国有股份是普遍现象；二是为增加国有资产收益，为国家多上缴财政收入，国有资产经营部门也可以投资于一些经济效益较好的竞争性行业，与其他经济成分开展公平竞争。在国家参股企业中，国有产权代表依法进入董事会、监事会，参与企业重大生产经营决策，选举董事长，选择企业管理人员，维护国有产权的合法权益。

（2）企业组织的国有资产管理职能

企业是运用国有资产的微观主体。在国有资产管理体系中，企业承担着与国有资产行政管理机构、资产经营机构不同的职能。各项国有资产管理的方针、政策、制度、法律和法规是否能够得到贯彻执行，最终还是取决于在企业组织层次的落实情况。

具体来说，企业组织的国有资产管理职能主要有：

执行国家有关国有资产管理的方针、政策、制度、法律和法规，以及国家宏观经济政策。企业使用和管理国有资产，要遵守作为所有者的国家制定的各项方针、政策、制度、法律和法规，维护国有资产的合法权益。同时，国家承担的一般经济社会管理职能，使国有企业具有一定的公共性，需要为社会提供相应的公共物品服务，国有企业的生产经营活动要贯彻国家的各项宏观经济政策，参与政府调控经济运行过程。

拥有“法人财产权”，依法从事生产经营活动，承担民事法律责任。国家投资于企业的国有资产，企业拥有“法人财产权”，依法占有、使用和支配国有资产，开展各项生产经营活动，国有资产所有权可以转让、拍卖，但国家不能收回投资于企业的各项资产。企业以包括国有资产在内的所有资产为依据，对外签订各类生产经营合同。

在财务会计管理中，认真做好国有资产的核算工作，做到账实相符、账账相符、账表相符，向国有资产经营部门及时报送会计资料，保持国有资产物质上的完整性、价值上的足额补偿。企业财务会计管理是国有资产管理的基础性工作，要及时反映和监督国有资产的运行状况和使用效益，为政府加强国有资产管理提供准确的经济信息，同各种侵蚀、损害甚至瓜分国有资产的行为作斗争。

努力提高国有资产经营效益，及时上缴国有资产收益。以执行政策性业务为主的国有独资、控股企业，在努力实现国家宏观经济社会政策目标，提高国有资产运营的社会效益、生态效益的同时，也要努力提高国有企业的市场竞争力，增加经济效益，增加国家财政收入，发展和壮大国有经济；对处在一般性竞争领域的国有控股企业、国家参股企业，要以利润最大化为目标，面向市场，努力开展生产经营，提高国有资产收益率。同时，也使企业在市场竞争中不断发展壮大，增加职工收入，改善职工生活。

根据国有资产行政管理部门和资产经营机构的要求，做好国有资产产权登记、统计、清产核资等各项管理工作。

第二节　国有资产管理基础

一、国有资产产权界定

1. 产权理论概述

20 世纪 80 年代后期，随着现代产权经济学和现代制度学派的引进，“产权”

这一概念开始在我国出现，并被广泛接受，产权制度改革被认为是我国国有企业改革的突破口。随着国有企业改革的不断深化，以产权制度改革为核心进行的国有资产管理体制改革，已经成为中国经济体制改革的重要内容。认识产权、产权功能、国有资产产权以及与产权相关的各种产权关系的基本内涵，是国有资产产权管理的基础。

（1）产权及其构成要素

所谓产权，是指一定经济主体依法对特定经济客体（资产）所有、使用、处分并获取相应收益的权利。具体而言，产权是财产所有权以及与财产所有权有关的各项权能的总和。与财产所有权有关的权能包括对财产的经营权、占有权、使用权、收益分配权和处分权等一系列财产权利。

我国《民法通则》第 5 章第 1 节第 71 条规定：“财产所有权是指所有权人依法对自己的财产享有占有、使用、收益和处分的权利。”因此，无论何种性质的财产所有权，都是产权。所有权是产权的主要形式，其他形式的产权都是由财产所有权派生出来的。而这种派生的产权是在所有权部分权能与所有人发生分离的基础上产生的，是指非所有人在所有人财产上享有占有、使用以及在一定程度上依法享有收益或处分的权利。在现代经济条件下，财产所有者可以根据法律或合同等形式，把财产所有权的部分权能让渡给非所有者行使。所有者在掌握体现财产所有权的某些收益或处分决定权的前提下，一般不实际占有或使用其财产。

从法律上讲，物权就是产权。所谓物权，是指对物的直接管理和支配，并排除他人干涉的民事权利，属财产权。物权可以分为自物权和他物权。自物权是指权利主体对自己的所有物所享有的权利。他物权是指在他人所有权上设立或享有的权利。产权中的所有权相当于自物权，而与所有权相关的权能相当于他物权。企业作为他物权人，对国家授予其经营的财产享有独立支配、自主经营的权利，这种财产权利不仅排除第三人的妨害，同时也可以抗辩所有权人。在这种他物权合法存续期内，除对所有人承担法定或约定的义务外，在相对于其他权利主体的情况下，与所有权并无实质的差别。由于享有经营权的他物权人不能随意而只能依法处分属于所有者的财产，因此可以把他物权说成是一种“限制物权”。但是所有者的这部分财产一旦设置了经营权以后，作为财产所有者拥有的权利，也已经是一种不完全的所有权，即受限制的自物权。在这种情况下，如果认为所有者的所有权仍然具有占有、使用、收益和处分的四项完整权能，就可能导致直接干预企业经营权的后果。

必须强调的是，所有权与产权是既统一又有区别的两个概念。二者都反映财产关系。所有权表示财产主体享有的对物或其他要素的排他性的处置、使用、支配以及受益权利。在商品经济尚不发达的阶段，所有权与经营权并未分开，土地或手工作坊的所有者同时也是土地或手工作坊的经营者，因此自然也就拥有关于自己财产的一切权利，因而这时的所有权与产权是统一的。当人类社会发展到商品经济较为发达的阶段后，随着信用制度的发展和社会分工的细化，传统意义上的所有权开始分解，出现了资产所有权与使用权、经营权的分离，并由不同的当事人主体来执行，所有权随之具体化为产权，而与各项权能相对应的是产权责任，并由此形成了具体的产权制度和产权关系。因此，产权源于所有权。

虽然产权来自所有权并以所有权为核心，但产权并不等同于所有权，所有权性质决定着产权性质，甚至可以决定产权的存在与否。产权与所有权的差别可以归纳为以下几个方面（见表 2–1）。

表 2–1 产权与所有权的差别

差别	内容
权利的运动形态不同	所有权在转化为股权的形式后，其运动的形式是股票转让，而相关产权的运动则表现为企业资产实际运营
存在的经济条件不同	所有权是经济制度的一般范畴，就是说，在除去商品经济的社会里也会存在；而产权则是商品经济的特有范畴，商品经济不选择经济制度本身，但要选择既定经济制度下的产权制度
权能不同	所有权转化为股权后，其权能是股票转让和股东大会表决权；而相关产权则具有原来所有权对财产的经营、占有、使用、收益和处分等全部职能
权利的形态不同	所有权在产权出现后，其掌握的财产形态不再是资产，而是资产的价值或信用形式。其他相关产权则表现为对企业资产的实际支配权。原来自然人所有权单纯拥有的各种权能，如今成为产权的内容，即产权的权能是经营权、占用权、使用权、收益权与处分权的集合

构成产权的基本要素有三个，即产权主体、产权客体和产权权利。

所谓产权主体，是指享有或拥有财产所有权或具体享有所有权某一项权能，以及享有与所有权有关的财产权利的自然人、法人。在古代，当财产所有权各项权能还未发生分解时，产权主体就是运用财产各项权能的人，该主体拥有完全的财产所有权。而在现代，财产所有权各项权能发生了分解，不同的人享有同一财产上的不同权能，此时，产权的主体就不一定拥有完全的财产所有权，它可能是财产支配权的主体，可能是使用权的主体，也有可能是享有收益权的主体等，或者是财产所有权某项或几项权能的支配者和享有者。国家是产权的特殊主体。

所谓产权客体，是指产权权能所指向的标的。具体而言，就是产权主体可以控制、支配或享用的具有价值的物质资料以及各类无形资产。一切供人类使用或实际已成为人类享用对象的物质，都可以成为产权客体。一般认为，只有具备两个因素，才能成为产权客体。一是要能够实际为人们支配和享用，即能够用现代技术取得并为人类所用的物质；二是资源的稀缺，人们为了占有、支配和使用某种物，彼此要分出你我他，而不是无条件供一切人享用，这种物才能成为产权客体。产权客体有时就是某项行为权利本身，在商品经济条件下，产权的买卖实际上是权利的买卖，是某种行为性权利的买卖。因此，产权客体不仅仅表现为实物形态，有时也表现为某种特定权利。可以说，产权客体是随着社会的发展而不断变化的。

作为产权主体，通常拥有四项最基本的权利，即财产的所有权、使用权、处分权和收益权。其中收益权是产权最本质的权利。

（2）产权关系

所谓产权关系，是产权主体之间在财产占有、使用、收益、处分中发生的各种关系的总和，包括所有者与经营者的关系或所有者与使用者的关系，所有者与所有者之间的关系，所有者内部各种监督管理主体之间的关系，经营者与经营者之间的关系或使用者与使用者之间的关系，经营者与使用者的关系。产权不仅包括财产所有权，也包括财产所有权派生的各种财产权，因此，凡是财产所有者以及财产的经营者、使用者，都是产权主体，他们之间在财产的占有、使用、收益、处分中发生的关系，就是产权关系。财产的占有、使用、收益和处分，是所有权的权能，这些权能可以部分与所有者分离，并在分离后，通过不同的组合，形成不同的财产权。如占有、使用和依法处分三项权能相结合构成了企业的经营权；使用和收益两项权能相结合构成采矿权；占有、使用和收益三项权能相结合构成承包经营权；占有、使用两项权能相结合构成行政事业部门的财产使用权等。所以，各个产权主体之间的关系，都是围绕财产的占有、使用、收益和处分形成的。

产权关系是在社会经济运行中由法律界定和法律维护的经济当事人对财产的权利关系。由于产权关系产生于社会经济运行的横向过程中，财产运动和经济当事人的权利关系变化多端，极其复杂，如果经济当事人的权益关系缺乏界定和协调，所有者不愿将财产让渡给他人使用，经营者不愿利用他人的财产，商业信用关系就难以形成，金融信贷关系也难以发育，要实现资源的有效配置和激发企业活力就会十分困难。因而运用适当的机制来界定、维护和协调各经济当事人对财产的权利关系，是使经济有序进行，激发企业活力，有效配置资源的客观要求。依法合理界定和维护产权关系，对促进现代市场经济的顺利发展具有十分重要的意义。

（3）产权的基本特征

一般而言，产权具有以下基本特征（见表 2-2）。

表 2–2 产权的基本特征

特征	内容
产权具有独立性	即产权关系一经确立，产权主体就可以在合法的范围内自主地行使对资产的各项权利，谋求资产收益最大化，而不受同一财产上其他财产主体的随意干扰
产权具有明确性	产权体现的是资产归谁所有及归谁支配、运营这样一组经济法律关系，因此，产权主体明晰，资产归属明确是产权的基本特征之一。它同时包含着两个方面的内容：一是明确所有者主体，即资产归谁所有、归谁使用等；二是明确所有者客体，即归某个所有者占有、使用和支配的是哪些资产和哪些权利
产权具有收益性	它是指产权所有者凭自己对财产的所有、使用而获取收益的权利，是产权所有者谋取自身利益，实现资产增值的主要手段。失去了收益性，所有权就没有任何经济意义，因此马克思主义经济学通常把产权的收益性称为所有权在经济上得以实现的形式
产权具有责任性	即产权的所有者不仅有对资产获取收益的权利，同时也要对其占有、使用的资产承担风险和责任。它包括两种责任：一种是资产所有者的责任，即资产所有者通过自己拥有的资产权利对资产经营者的影响力，造成决策失误所承担的责任；另一种是资产经营者因经营不善而造成的财产损失所应承担的责任
产权具有法律性	产权关系是法律确认的各种经济利益主体之间对财产的占有、使用、收益和处分而发生的权利、义务关系，这是一定历史时期所有制形式在法律上的表现。产权强调财产交易过程中必须遵循法则和规范，因此，产权的确定必须以国家法律为前提。同样，产权主体行使职能，产权客体发挥作用，都必须在国家有关法律的监督和保护下进行
产权具有转让性	产权是商品经济高度发展的产物，它体现在资产交易市场中的动态性财产关系上，还规定了交易过程中的资产权利界区。产权的转让有两种形式：一种是包括所有权各项权能在内的整个所有权体系的转让；另一种是保留所有权而将资产的占有、使用、收益与处分权进行转让，形成法人资产权

（4）产权的功能

所谓产权的功能，是指通过一定的手段使产权明晰之后，在国民经济发展中具有的效能和作用。它是由产权范畴固有的属性所决定的，随商品生产和商品交换的发展而发展。产权功能在现代经济中的地位越来越重要，关系到资源配置和经济发展的有效性。产权的功能主要有：

保护资产所有者主体利益的功能。资产所有者对资产所拥有的权利，本质上是一种经济权利，受到法律保护。当所有者对生产资料或产品拥有的权利通过法律形式宣称不可侵犯时，投资主体在生产经营中的资产以及收益便会得到保护。

促使资产所有者高效使用资产的功能。资产所有权在市场经济下是一种经济利益的表现。产权一旦受到法律保护，那么所有者便可以拥有管好其财产的权利，同时，市场经济体制也促使其加强管理，提高资产的使用效率。具体表现为：

1）对所有者而言，可以在法律允许的范围内自由支配其所有的财产，发挥所有者主权。

2）所有者主体能够获得资产带来的利益，具有很强的物质刺激，能够调动其主观能动性。

3）资产的支配主体拥有资产的支配权，这个支配权与所有者的权益相互依存、相互制约，在一定条件下可以相互分离，从而抵制各方面的侵权行为。

推动市场经济发展的功能。市场经济体系要求必须有各类市场的存在。金融市场、生产资料市场、消费品市场、劳动力市场、房地产市场、技术市场、信息市场等，都是市场经济中的必要组成部分。在这些市场中，明晰的产权关系是基础条件，没有这一条件，交易将无依据，交易的公平、公正也无法实现。由于市场经济下的交易是在利益绝对独立、产权关系明晰的条件下进行的，因而要使我国市场经济能够正常发展，必须明晰产权，从而避免出现利益不公正的交易行为。

约束财产支配者经济行为的功能。产权是所有权、经营权、占有权、使用权、收益分配权和处分权的总和。在产权关系明晰的前提下，所有者的权利至高无上。所有者可以对其所拥有的资产进行独立支配，独占资产收益，同时还对其所拥有的资产具有排他性所有，在法律允许的范围内可以随意处置其拥有的资产，如转让、赠送等。但是，在市场经济条件下，资产所有者往往不是自己直接支配其资产，特别是在现代企业制度下，资产的所有者经常将其资产份额交由企业来支配，允许它们在法律许可的范围内自主地进行生产经营活动。同时，在法律上，一旦企业成为法人，那么其将享有自己的民事权利，它的收益状况与投资者的收益状况既相互联系，又相互分离。尽管投资者不能直接支配其投入到企业中的资产，但他可以转变投资份额来保护其资产，如此一来，将对企业经营形成强有力的约束作用。

2. 国有资产产权及其权益

产权可以划分为私有产权与公共产权。私有产权是将对某种财产的相关权利确定为某一特定主体拥有，由于该主体对此财产的私有权而限制了其他人对这项财产的财产行为。公共产权是指在某一公共的范畴内，产权在每个个体之间不具有排他性，每个个体可以为了同一个目标行使对某一资源的使用权。由于产权是共享的，因此，每个个体在根本上不拥有完整的产权，也不是独立的产权主体，即产权属于公共范畴，产权主体也属于这个公共范畴。

私有产权制度由于其产权的明确性和排他性，当事人直接承担了自身行为的结果（受益或受损），因而交易成本低，效率高。而在公共产权制度中，由于产权不具有排他性，谈判与监督的成本非常高，导致交易效率很低。公共产权制度安排的效率往往体现在可以实现社会价值最大化，私有产权制度下无法实现或不愿进入的领域，公共产权可以借助政府的强制力，克服私有产权交易中无休止的讨价还价造成的浪费，从而降低交易成本，提高资源的配置效率。

国有资产产权就是公共产权的一种制度安排。从理论上讲，每个公民对全民所有的国有资产都享有产权,但同时国有资产产权不属于公民个人所有,公民必须以"集体"的身份出现才能享有产权。也就是说，在国有产权制度中，每个个人并不直接拥有产权，不能任意使用国有资产，也不能直接享有国有资产收益，国有产权与公民个人的利益并不直接相关。同时，在国有产权制度中，只有全体公民才是国有产权的主体，在实际生活中必须产生一个产权代表主体——国家，由国家来代表全体公民行使产权主体的职责。这样，在国有产权范围内，在全体公民和国家之间就存在着委托—代理关系。

根据产权的含义，我们可以得出国有资产产权的概念。国有资产产权是指属于国家的财产所有权以及与国家财产所有权有关的各项权能的总和。

我国法律规定的与国有财产所有权相关的产权主要有以下几种：

（1）经营权

经营权是指国有企业对国有财产的经营权。《民法通则》第 5 章第 1 节第 82 条规定:"全民所有制企业对国家授予它经营管理的财产依法享有经营权,受法律保护。"《全民所有制工业企业法》第 2 条进一步规定：企业的财产经营权是"企业对国家授予其经营管理的财产享有占有、使用和依法处分的权利"。

所有权与经营相分离，是我国改革开放以来确立的一条重要原则。经营权是一种新型财产权，是针对国有企业长期由国家直接经营提出来的，具有十分深远的意义。经营权在法律上属于"与财产所有权有关的财产权"，这种财产权是相对独立的，它不仅可以排除第三者的妨害，而且还可以抗辩作为所有权人的国家。国有企业如果有了充分的经营权，作为所有权人的国家对这部分已经设立了经营权的财产则退到出资人的地位。除重大人事任免、取得资本收益、审批企业产权变动和资产经营形式外，不能再对企业占有、使用的财产行使直接支配的权利。《全民所有制工业企业转换经营机制条例》中规定了企业的生产经营、定价、销售、投资等 14 项经营权，就是为了划清所有权与经营权的界限，落实企业的经营权。属于企业经营范畴的事，国家不再干预，从而使企业真正成为自主经营、自在负盈亏、自我约束、自我发展的法人实体和市场竞争主体。

企业的以上经营权受法律保护，任何部门、单位和个人不得干预和侵犯。

我们强调所有权与经营权分离并不是绝对的，所有者不干预企业的经营权，同时，经营者也不能侵蚀所有者的所有权。因此，一方面要强调落实企业的经营权，另一方面也要强调保障所有者的所有权。在经营权逐步落实的情况下，加强所有权的监管是十分必要的。现实中，国有资产所有权被侵蚀的现象十分严重，一些企业不提或少提折旧，少摊成本，虚报利润，多发奖金的现象屡禁不止。一些经营者以各种形式挥霍国家资财，购买豪华轿车，大肆进行公款消费。还有一些企业，未经所有者批准，擅自转让企业的产权，或者不经评估，低价转让，造成国有资产的流失。所有这些现象，都是对所有者权益的侵犯，是不能允许的。因此，在研究所有权与经营权关系时，必须兼顾所有权和经营权两个方面，不能片面强调所有权而干预经营权，也不能片面强调经营权而侵蚀所有权。

（2）使用权

使用权是指法律允许全民和集体单位使用国有土地、森林、山岭、草原、荒地、滩涂、水面等，并取得收益的权利。我国《民法通则》第 5 章第 1 节第 80 条和第 81 条规定："国家所有的土地，可以依法由全民所有制单位使用，也可以依法由集体所有制单位使用，国家保护它的使用、收益的权利。""国家所有的森林、山岭、草原、荒地、滩涂、水面等自然资源，可以依法由全民所有制单位使用，也可以依法由集体所有制单位使用，国家保护它的使用、收益的权利。"此外，《土地管理法》《森林法》《草原法》《渔业法》等也都对这种使用权做了相应的规定。

（3）采矿权

采矿权是指法律允许单位或个人对国家所有的矿藏可以依法开采或采挖的权利。我国《民法通则》第 5 章第 1 节第 81 条规定："国家所有的矿藏，可以依法由全民所有制单位和集体所有制单位开采，也可以依法由公民采挖。国家保护合法的采矿权。"《矿产资源法》对此也做了相应的规定。

（4）承包经营权

承包经营权是指公民、集体以承包合同对集体所有或者国家所有由集体使用的土地、森林、山岭、草原、荒地、滩涂、水面等从事承包经营并获得收益的权利。我国《民法通则》第 5 章第 1 节第 80 条和第 81 条规定："公民、集体依法对集体所有或者国家所有由集体使用的土地的承包经营权，受法律保护。承包双方的权利和义务，依照法律由承包合同规定。""公民、集体依法对集体所有或者国家所有由集体使用的森林、山岭、草原、荒地、滩涂、水面的承包经营权，受法律保护。承包双方的权利和义务，依照法律由承包合同规定。"此外，《土地管理法》《森林法》《草原法》《渔业法》等，也都对承包经营权做了相应的规定。

3. 国有资产产权界定的标准与方法

（1）国有资产产权界定

所谓产权界定，是指国家依法划分财产所有权和经营权、使用权等产权归属，明确各类产权主体行使权利的财产范围及管理权限的一种法律行为。产权界定是产权基础管理工作的重要组成部分，是进行产权制度改革的前提和基础，是做到产权明晰化的关键所在。

产权界定主要包括财产所有权及与财产所有权相关的其他所有权的界定。对财产所有权的界定，是为了确定财产所有权的性质和价值量，从法律上确认财产所有权的最终归属，并明晰财产所有者对自己的财产所享有的权利。对非所有人对所有人的财产依法享有的其他财产权的界定，包括对同一财产的不同经济主体的责、权、利的界定。相对而言，所有权的界定较为简单，而产权关系中的不同经济主体的责、权、利的界定则相当复杂，必须在特定的资产经营方式中才能进行。

国有资产产权界定是对应属于国家所有的资产进行所有权确认，即界定属于国家所有的资产范围。

国有资产产权界定属于财产权界定的范畴，包括两方面的内容：一是国有资产所有权的界定，即界定是否属于国家所有的资产；二是与国有资产所有权相关的由国有资产所有权权能分离而产生的其他产权的界定，即界定国有资产各类经营、使用、管辖主体行使资产占有、使用和收益及依法处分权的界限范围和关系。

国有资产产权界定是国有资产管理的一项重要的基础工作，科学合理地界定国有资产产权对我国社会政治经济的发展具有重要意义。

国有资产产权界定是防止国有资产流失，维护国家利益的需要。我国在计划经济体制下，国有经济一统天下。改革开放以后，以全民所有制为主体的各种经济成分发展迅猛，全民所有制企业的资金来源渠道多元化，资金投入方式也相应多元化了。随着我国经济体制改革的不断深化和对外开放的逐步推进，出现了各种形式的联合联营企业、中外合资企业、合作企业和股份制企业，公司化改造也在逐渐进行，各种所有制也在相互渗透、相互交叉。在这一经济体制转换过程中，由于相应的政策和法规不到位，国家对国有资产监督管理不力，再加上其他原因，出现了国有资产产权关系混乱、模糊不清的局面，大量的国有资产流失。再者，国有企业实行两权分离，但由于产权边界不清，国有资产所有者、管理者以及经营者的责、权、利不明确，也就无法从根本上解决国有资产管理松懈和家底不清的问题，因而严格界定国有资产产权边界、理顺产权关系就显得尤为重要。

国有资产产权界定是深化经济体制改革的需要。产权制度改革是深层次的改革，牵扯到方方面面的切身利益，而产权界定是整个产权制度的重要组成部分，是进行产权制度改革的前提和基础，是明晰产权的关键所在。产权界定能够明晰产权边界，只有在产权边界清晰的基础上，才能搞好产权管理，才能在国有资产管理上将国家的所有者职能与社会管理者职能分离，才能使国有企业改革在深层次上有所突破。

如果企业产权主体不明，资产边界不清，将影响企业的后续发展，并将严重影响社会主义市场经济的发展，不利于深层次经济体制改革的进行。

国有资产产权界定有利于调动资产经营者的积极性。国有资产产权界定能够落实企业的法人财产权，调动资产经营者的积极性，使企业成为真正自主经营、自负盈亏的经济法人。在我国的企业改革中，产权制度的改革是无法回避的关键环节，通过产权制度改革，界定清楚各方面的产权关系，使企业资产的终极所有权与法人财产权分离和明晰，确立企业法人财产权，使出资者不仅按比例参与企业的利润分配，享有新增资产的所有权，而且按出资比例承担风险和亏损，从而体现权利与风险对等的原则。因此，产权界定既能维护国家作为所有者的权益，也能调动经营者的积极性，使其在经营范围内合法、有效地不受任何非正当干预地行使自主权，提高国有资产的经营使用效益。

国有资产产权界定是加强国有资产管理工作的需要。国有资产监督管理部门是国有资产管理的专门机构，代表国家行使国有资产所有权。如果不进行国有资产产权界定，就无法分清哪些是国家所有的资产，哪些是其他经济成分所有的资产，也就无法明确国有资产管理的对象及其总量，因而也就无法搞好国有资产管理工作。

国有资产产权界定有利于完善社会主义市场经济体系，维护正常的市场秩序。维护正常的市场秩序，发展和不断完善我国的社会主义市场体系是我国经济体制改革的目标之一。在转轨过程中，我国的市场秩序很不规范，特别是国有资产的产权交易比较混乱，直接导致大量的国有资产流失，损害了国家的利益。进行国有资产产权界定，不仅是要追索流失的国有资产及其所有者权益，更为重要的是要建立起规范的市场秩序，防止一些人或单位利用国有资产产权交易的时机侵占国有资产，致使国有资产流失。通过产权界定，确定市场经济当中的有偿、等价交换及公平交易等必须遵守的原则，使产权交易符合市场经济的运行规律，特别是使国有资产的产权交易必须遵守市场经济的一般规律，有利于建立和完善社会主义市场体系和市场规则，保证我国市场经济能够稳定发展。

国有资产产权界定是建立现代企业制度的前提和基础。“产权明晰，权责明确，政企分开，管理科学”是现代企业制度的基本要求。其基本特征包括政企职责分开，产权关系明确；企业拥有法人财产权，对出资者承担资产的保值、增值责任，出资者投入的资本额依法享有所有者权益，承担有限责任。而产权关系的明晰和法人财产权的确立，有赖于财产所有权归属的确定以及相关权能的划分。产权边界不清晰，就无法确定企业资产的终极所有者和法人财产权，也就无法很好地保障所有者的合法权益。如果企业整天纠缠于复杂的产权关系事务中，就不可能集中精力，按市场需求组织生产经营，企业的劳动生产率也就无法提高，会直接影响企业的经济效益。

因此，国有资产产权界定是建立现代企业制度的前提和基础。

有利于理顺中央与地方、政府与企业的产权关系，强化政府宏观调控功能。产权关系明晰，界定范围清楚，是产权管理的基础条件。同时，只有在这一基础上，才能理顺中央、地方、企业之间的产权关系。随着我国经济体制的改革，在国有资产关系上，政府和企业之间不再是行政隶属关系，而是一种产权关系，一方拥有所有权，一方拥有企业范围内的资产支配权，同时中央与地方也存在产权关系，当产权明晰后，能够进一步理顺中央与地方政府在国有资产管理上的产权关系。

（2）国有资产产权界定的标准

国有资产产权界定涉及全民所有制企业、集体所有制企业、中外合资企业、股份制企业等。国有资产产权界定的范围可以归结为三个方面的内容：一是原始投资主体为国家，则资产为国有资产；二是国家原始投资增值，为国有资产；三是国家优惠政策形成的资产，应区分不同情况，确定资产的归属。由此决定了国有资产产权界定的途径，即国家原始投资的确定、国家投资增值的确定和国家优惠政策形成的资产的确定。

国有资产产权界定的具体范围如下：国家机关及其所属事业单位占有、使用的资产及政党、人民团体中由国家拨款形成的资产的产权界定；代表国家以货币、实物、土地、知识产权向企业投资，这部分资本金的产权界定；国有企业运用国家资本金等在经营过程中形成的税后利润，以及从税后利润中提取的公积金、公益金、未分配利润的产权界定；以全民单位作担保，通过借入资金而创办的全民所有制企业，其积累的净资产的产权界定；全民所有制企业中党团工会组织等占用的企业财产的产权界定；在实施《企业财务通则》《企业会计准则》以前，全民所有制企业从企业留利中提取的职工福利基金、职工奖励基金和“两则”实施后，用公益金购建的集体福利设施的产权界定；全民所有制单位用国有资产在集体企业中的投资及按投资份额取得的资产收益所形成的资本金及其权益的产权界定；集体企业按国家规定享受减免税形成的资产的产权界定；中外合资企业中，中方以国有资产出资投入的资本金、企业注册资本增加时中方以分得利润向企业再投资或购买另一方股份所形成的资产、税后利润中提取的各种基金中方按投资比例所占有的份额、企业清算或解散时馈赠或无偿留给中方继续使用的各项资产等的产权界定；股份制企业中公积金、公益金、未分配利润，按照投资比重确定的资产的产权界定。

由于历史的原因，我国产权方面遗留的问题较多，全民、集体和其他经济成分都与国有资产产权界定关系密切，使产权界定成为一项非常敏感、非常复杂、政策性极强的工作。因此，在国有资产产权界定中必须遵守一定的原则，既要充分保护国有资产所有者的权益，又要兼顾其他经济成分的合法经济利益，以调动各方面的积极性，保证我国产权制度改革的顺利进行。

（3）国有资产产权界定应当遵循的原则

依据我国有关法律、法规和政策的规定，我国国有资产产权界定工作应当遵循以下几条主要原则（见表 2–3）。

表 2–3　我国国有资产产权界定工作应当遵循的原则

原则	内容
谁投资，谁拥有产权的原则	由于企业资产都是通过投资形成的，因此在产权界定中，不应以企业法人的登记性质来界定资产的性质，而要追溯企业初始投资资金的来源。必须根据原始取得来确定资产所有权和受益权，划清投资及其经济行为的关系，按照“谁投资、谁所有、谁受益”的原则，切实保障投资者的合法权益，确保客观、公正、准确地确定国有资产存量
坚持国家统一所有，政府分级行使出资人权利的原则	我国的国有资产属于全民所有，即国家所有。这是国有资产产权界定的前提和归宿。必须坚持全民财产的法律所有权，法律所有权是一种所有制关系的基本体现。全民所有权不能被分割，它所体现的是劳动人民的共同利益，而不是一些大的或小的利益集团的特殊利益。因此，国家是国有资产所有权的唯一主体，政府代表国家行使国有资产的所有权，国家对国有资产实行分级分工管理和监督。任何单位任何个人均无权肢解、分割、侵占国家财产。但从管理的角度看，由于我国国有资产分布地区的普遍性和参与领域的广泛性，决定了我国的国有资产必须由各级政府分别代表国家行使出资人权利
兼顾国家、企业和个人的原则	产权界定的实质是对各方物质利益的界定。产权的界定影响到每一个经济组织成员的切实利益。在一定程度上说，国有资产产权界定是国家、企业、个人三者利益的界定，因而要兼顾各方面的利益，正确处理好这三者之间的关系，以加强国有资产的管理，调动经营者和生产者的积极性，从而促进国民经济的快速健康发展
以事实为依据，以法律为准绳的原则	我国现有国有资产的历史成因复杂，转移变动相当频繁。由于年代久远，加之在计划经济时期不重视产权管理，有关资料档案不全，这给产权界定具体操作带来了很大难度。因此，在界定产权时，必须尊重客观历史事实，以客观历史事实为依据，避免人为因素影响资产界定的结果。同时，在国有资产产权界定中，还必须以国家的宪法、民法、经济法等法律以及相关的法规作为法律准绳，确实体现和维护法律的严肃性和权威性
保障经营者合法权益的原则	在国有资产产权界定中，保障经营者正当、合法地对国有资产的占有、使用以及部分收益和处分权，是产权界定的一个重要原则。国有资产经营权是由国有资产所有权部分权能分离出来的重要产权形式之一，是国家在行使所有权的前提下，把所有权的部分权能让渡给企业，形成了企业的国有资产经营权。它包括企业对国有资产享有占有、使用和依法处分权，企业产权或称法人产权实质上就是这种财产权。在国有资产产权界定中，一方面不能因为强调资产的所有权而忽视经营者在两权分离基础上的正当合法的财产权益，另一方面也不能因保障经营者的合法权益而侵害所有者权益。为此，必须彻底转变政府职能，真正实现政企、政资分离，以利于经营者更好地自主经营，参与市场竞争，给所有者以更好的投资回报

4. 国有资产产权界定标准与方法

（1）国有资产产权界定的标准

理论标准。马克思主义基本理论，特别是关于所有制和所有权的基本理论是产权界定的基本理论依据，中共中央关于改革开放的决定、关于建立社会主义市场经济体制的决定、两权分离理论、建设中国特色社会主义理论等，是进行产权界定的直接理论依据。特别是《中共中央关于建立社会主义市场经济体制若干问题的决定》，确立了建立社会主义市场经济体制的目标，为实现这一目标，要求进一步转换企业经营机制，建立现代企业制度，并明确指出“产权关系明晰”是现代企业制度的首要特征，企业中的国有资产属于国家。

法律标准。财产所有权是由法律加以保护的最高占有权，对所有权的界定，在各国的法律中都有所规定。在我国，宪法、民法和经济法及其他法律法规中，凡是有关产权的规定，均应作为所有权界定的法律依据。如我国《民法通则》第 5 章第 1 节第 71 条规定：“财产所有权是指所有人依法对自己的财产享有占有、使用、收益和处分的权利。”此外，《全民所有制工业企业法》《全民所有制工业企业转换经营机制条例》《国有企业财产监督管理条例》等对所有权、产权界定等方面也作了规定。这些都是产权界定所必须遵循的法律依据。

政策标准。新中国成立以来，我国制定了许多与所有权、经营权有关的政策，其中那些合理的并且适用于现有社会经济条件和环境的政策，可以作为产权界定的依据。例如，1991 年原国有资产管理局、财政部和国家工商行政管理局联合颁布的《企业国有资产所有权界定的暂行规定》、原国有资产管理局颁布的《关于国有资产开办的集体企业或经营单位产权归属问题的通知》，1992 年以后颁布的《国有资产产权界定和产权纠纷处理暂行办法》《关于加强国有资产管理工作的通知》以及 2003 年国务院颁布的《企业国有资产监督管理暂行条例》等。

事实标准。在进行产权界定和纠纷调处时，必须遵循以事实为依据，以法律为准绳的原则。由于我国国有资产的形成原因比较复杂，企业资产的转移变动较多，在进行产权界定时，有必要追溯历史考察现状，对资产的所有权界定必须按照实事求是的原则进行。

（2）国有资产产权界定的方法

根据谁投资、谁所有、谁受益的原则以及国有资产的具体成因，可从以下三个方面判定国有资产所有权的归属：

第一，如果原始投资是国家，则其形成的资产为国有资产；

第二，由国家原始投资形成的资产增值，应为国有资产；

第三，由国家优惠政策而形成的资产，如税前还贷、税收减免等形成的资产，应根据情况判定是否应为国家投资。

国有资产所有权界定的方法就是要通过适当的方式和途径获得以上资料。

国家原始投资的审查确定。国家原始投资的审查确定，涉及国有资产投资活动进行的方式。通常，国有资产投资是由政府的某一部门或某一国有企业、单位向拟建的企业、单位进行投资。其中投资主体称为“主办单位”，拟建的企业、单位称为“接受投入单位”。国有资产的投资活动，开始于主办单位，最后形成于投入单位。

对国家原始投资的确定，应按照以下方法进行：

首先，检查主办单位对接受投入单位投资的有关账目和原始凭证，清查时间从接受投入单位开办之日起至规定的清查时点为止。根据清查结果编制“国家原始投资查定明细表”，确定主办单位拨给接受投入单位的国家投资总额。

其次，检查接受投入单位接受投资的有关账目和原始凭证，时间从接受投入单位开办之日起至规定的清查时点为止。然后编制“国家原始投资查定明细表”，确定接受投入单位实际获得的国家投资总额。

最后，将以上获得的“国家原始投资查定明细表”进行核对，如核对无误，可将其收作“企业、单位国有资产所有权界定文本”。如发现存在重项或遗漏，应及时进行纠正。

国家原始投资增值的审查确定。国家原始投资增值，主要是指投资企业的经营积累，具体体现为企业税后利润提取的生产发展基金中没有按照投资比例应归国有的部分。由于经营积累是来自企业的生产经营活动，所以，查定国家原始投资的增值，需要查清接受投入单位的财会账目和原始凭证。在查清企业历年利润即利润分配情况后，编制“企业历年利润及利润分配明细表”，并汇总国家原始投资增值的总额，时间为企业开办之日至规定的清查时点。同时应将有关数据与财政、税务等部门进行核对，对遗漏或重复的项目进行调整。

国家优惠政策形成的资产的审查确定。国家优惠政策形成的资产，主要是指享受国家减税免税、税前还贷和以税还贷等政策而形成的资产。这部分资产的形成情况比较复杂，必须查清企业历年经营的累积情况，计算出企业自开办之日起到规定的清查时点止，国家优惠政策形成的资产总额。为确保数字的准确，应报企业主管部门财务机构审核批准。

（3）国有资产产权界定的有关规定

1）国有企业国有资产产权界定的规定。根据《国有资产产权界定和产权纠纷处理暂行办法》的规定，国有企业产权界定按下列规定办理：

国家授权投资的部门和机构，以货币、实物和所有权属于国家的土地使用权、知识产权等向企业投资构成的国有资本金，界定为国有资产。

国有企业运用国有资本金及借入的资金，通过生产经营活动所形成的税后利润经国家批准留给企业作为增加投资的部分，以及从税后利润中提取的盈余公积金、公益金和未分配利润等，界定为国有资产。

以国家机关和其他全民所有制单位名义担保，完全用国内外借入资金投资创办的或完全由其他单位借款创办的国有企业，其收益累积的净资产，界定为国有资产。

国有企业接受馈赠而增加的国有资本金及其权益，界定为国有资产。

在实行《企业财务通则》《企业会计准则》以前，国有企业用留利中提取的职工福利基金、职工奖励基金和在“两则”实施后用公益金购建的集体福利设施，相应增加的所有者权益，界定为国有资产。

国有企业中党、团、工会组织占用的财产，除由个人缴纳的党费、团费、会费以及按照国家规定由企业拨付的活动经费等的结余部分构建的之外，其余界定为国有资产。

上述规定也适用于全民所有制与其他所有制单位之间以及全民所有制各单位之间的国有资产产权界定及产权纠纷处理。

2）国有单位之间产权界定的规定。根据《国有资产产权界定和产权纠纷处理暂行办法》的规定，各个单位占用的国有资产，应按分级分工管理的原则，分别明确其与中央、地方、部门之间的管理关系，非经有权管理其所有权的人民政府批准或双方约定，并办理产权划转手续，不得变更资产的管理关系。

全民单位对国家授予其使用或经营的资产拥有使用权或经营权。除法律、法规另有规定者外，不得在全民单位之间无偿调拨其资产。

全民所有制企业之间是平等竞争的法人实体，相互之间可以投资人股，按照“谁投资、谁拥有产权”的原则，企业法人的对外长期投资或入股，属于企业法人的权益，不受非法干预或侵占。

依据国家有关规定，企业之间可以实行联营，并享有联营合同规定范围内的财产权利。

国家机关投资创办的企业和其他经济实体，应与国家机关脱钩，其产权由国有资产管理部门会同有关部门委托有关机构管理。

国家机关所属事业单位经批准以其占用的国有资产出资创办的企业和其他经济实体，其产权归该单位拥有。

对全民单位由于历史原因或管理问题造成的有关房屋产权和土地使用权关系不清或有争议的，依下列办法处理：

全民单位租用房产管理部门的房产，因各种历史原因全民单位实际上长期占用，并进行过多次投入、改造或翻新，房产结构和面积发生较大变化的，可由双方协商共同拥有产权；对数家全民单位共同出资或由上级主管部门集资修建的职工宿舍、办公楼等，应在核定各自出资份额的基础上，由出资单位按份共有或共同共有其产权；对有关全民单位已办理征用手续的土地，但被另一些单位或个人占用，应由原征用土地一方进行产权登记，办理相应法律手续。已被其他单位或个人占用的，按规定实行有偿使用；全民单位按国家规定以优惠价向职工个人出售住房，凡由于分期付款，或者在产权限制期内，或者由于保留溢值分配权等原因，产权没有完全让渡到个人之前，全民单位对这部分房产应视为共有财产。

国家机关及其所属事业单位占有、使用的资产以及政党、人民团体中由国家拨款等形成的资产，界定为国有资产。

3）集体所有制企业中国有资产所有权界定的规定。主要包括：

全民单位以货币、实物和所有权属于国家的土地使用权、知识产权等独资（包括几个全民单位合资，下同）创办的以集体所有制名义注册登记的企业单位，其资产所有权界定按照《国有资产产权界定和产权纠纷处理暂行办法》第8条的规定办理。但依国家法律、法规规定或协议约定并经国有资产管理部门认定的属于无偿资助的除外。

全民单位用国有资产在非全民单位独资创办的集体企业（以下简称集体企业）中的投资以及按照投资份额应取得的资产收益留给集体企业发展生产的资本金及其权益，界定为国有资产。

集体企业依据国家规定享受税前还贷形成的资产，其中属于国家税收应收未收的税款部分，界定为国有资产；集体企业依据国家规定享受减免税形成的资产，其中列为“国家扶持基金”等投资性的减免税部分，界定为国有资产。经国有资产管理部门会同有关部门核定数额后，继续留给集体企业使用，由国家收取资产占用费。上述国有资产的增值部分由于历史原因无法核定的，可以不再追溯产权。集体企业改组为股份制企业时，改组前税前还贷形成的资产中国家税收应收未收的税款部分和各种减免税形成的资产中列为“国家扶持基金”等投资性的减免税部分界定为国家股，其他减免税部分界定为企业资本公积金。

集体企业使用银行贷款、国家借款等借贷资金形成的资产，全民单位只提供担保的，不界定为国有资产；但履行了连带责任的，全民单位应予追索清偿或经协商转为投资。

供销、手工业、信用等合作社中由国家拨入的资本金（含资金或者实物）界定为国有资产，经国有资产管理部门会同有关部门核定数额后，继续留给合作社使用，由国家收取资产占用费。上述国有资产的增值部分由于历史原因无法核定的，可以不再追溯产权。

集体企业和合作社无偿占用国有土地的，应由国有资产管理部门会同土地管理部门核定其占用土地的面积和价值量，并依法收取土地占用费。集体企业和合作社改组为股份制企业时，国有土地折价部分形成的国家股份或其他所有者权益，界定为国家资产。

4）中外合资、合作经营企业中国有资产所有权界定的规定。主要包括：

中方以国有资产出资投入的资本总额包括现金、厂房建筑物、机器设备、场地使用权、无形资产等形成的资产，界定为国有资产。

企业注册资本增加，按双方协议，中方以分得利润向企业再投资或优先购买另一方股份的投资活动中所形成的资产，界定为国有资产。

可分配利润及从税后利润中提取的各项基金中中方按投资比例所占的相应份额，不包括已提取用于职工奖励、福利等分配给个人消费的基金，界定为国有资产。

中方职工的工资差额，界定为国有资产。

企业根据中国法律和有关规定按中方工资总额一定比例提取的中方职工的住房补贴基金，界定为国有资产。

企业清算或完全解散时，馈赠或无偿留给中方继续使用的各项资产，界定为国有资产。

5）股份制企业和联营企业中国有资产所有权界定的规定。主要包括：

国家机关或其授权单位向股份制企业投资形成的股份，包括现有已投入企业的国有资产折成的股份，构成股份制企业中的国家股，界定为国有资产；全民所有制企业向股份制企业投资形成的股份，构成国有法人股，界定为国有资产；股份制企业公积金、公益金中，全民单位按照投资应占有的份额，界定为国有资产；股份制企业未分配利润中，全民单位按照投资比例所占的相应份额，界定为国有资产。

（4）产权界定的组织实施

根据《国有资产产权界定和产权纠纷处理暂行办法》的规定，国有资产产权界定工作，按照资产的现行分级分工管理关系，由各级国有资产管理部门会同有关部门进行。

省级以上国有资产管理部门应当成立产权界定和产权纠纷调处委员会，具体负责产权界定及纠纷处理事宜。全国性的产权界定工作，可结合清产核资，逐步进行。

（1）占有、使用国有资产的单位，发生下列情形的，应当进行产权界定：

与外方合资、合作的；实行股份制改造和与其他企业联营的；发生兼并、拍卖等产权变动的；国家机关及其所属事业单位创办企业和其他经济实体的；国有资产管理部门认为需要界定的其他情形。

（2）产权界定依下列程序进行：

全民单位的各项资产及对外投资，由全民单位首先进行清理和界定，其上级主管部门负责督促和检查。必要时也可以由上级主管部门或国有资产管理部门直接进行清理和界定。

全民单位经清理、界定已清楚属于国有资产的部分，按财务隶属关系报同级国有资产管理部门认定。

经认定的国有资产，须按规定办理产权登记等有关手续。占用国有资产的其他单位的产权界定，可以参照上述程序办理。

5. 国有资产产权纠纷的调处

产权纠纷是指有关当事人对财产所有权或经营权、使用权等产权归属问题所发生的争议。产权纠纷既包括不同所有制主体之间因资产所有权归属而引起的纠纷，也包括国有单位之间在财产最终所有权属于国家的前提下因管辖权、经营权或使用权属不清而引起的纠纷。产权纠纷的处理应本着实事求是、公正、公平的原则依法进行。

随着国有资产管理体制改革的进行，有关国有资产产权纠纷也日益增多，使国有资产专职管理部门调处纠纷的工作也日益繁重。为此，国家规定要在省以上国有资产管理部门成立国有资产产权界定和产权纠纷调处委员会。调处委员会下设办事机构，负责受理立项，具体办理调查、取证、调处事宜，并写出处理或裁定意见，报调处委员会审查决定。必要时，经调处委员会授权，调查、取证等工作也可委托有关单位或社会公正性中介机构办理，并报调处委员会确认。

产权纠纷调处的程序一般如下：

全民所有制单位之间发生产权纠纷，先由当事人自行协商解决。协商解决不了的，应征求其上级主管部门意见后，向同级或共同上一级国有资产管理部门申请调解和裁定。国有资产管理部门决定受理后，开展调查取证、收集材料等工作，以查明事实，获取证据。然后依据法律、法规，在确定有关原则的基础上，召集有关当事人进行调解。如调解不成，则依法作出裁定。如当事人对国有资产管理部门的裁定不服，可以在收到裁定书之日起 15 日内，向上一级国有资产管理部门申请复议，上一级国有资产管理部门应当自收到复议申请之日起 60 日内作出复议决定。

对于全民所有制单位与其他经济成分之间发生的产权纠纷，由全民单位提出处理意见，经同级国有资产管理部门同意后，与对方当事人协商解决。不能协商解决的，则依司法程序处理。

5. 国有资产产权交易

国有资产产权交易是指必须经出资人代表审批（或授权）并经一定的法定程序，

由法定中介机构或政府委托机构进行的、以国有资产产权为对象的交易活动。其产权交易的对象既包括所有权的转让（出资者所有权转让），也包括经营权的转让（法人财产权转让既可以是国有资产整体产权转让，也可以是国有资产部分产权权能的转让；既可以在国有产权主体之间转让，也可以在国有产权主体和非国有产权主体之间转让。

（1）产权交易及其特点

1）产权交易。所谓产权交易，又称产权转让或产权流动，是指交易双方当事人依照法律的规定和合同的约定，通过购买、出售、兼并、拍卖等方式，将一方当事人所享有的企业产权的部分或者全部转让给另一方当事人，而使被交易企业丧失法人资格或改变法人实体的法律行为。

产权转让涉及不同产权主体之间的交易。产权交易的实质是企业产权的重新配置，只要涉及产权的变动和重新组合，无论是所有权还是与所有权有关的权能部分或全部发生交易，就是产权交易。因此，在资产重组中，除了企业内部负债结构的调整之外，其余重组行为都将涉及所有权与其相关权能的变动，都属于产权交易。也就是说，资产重新组合的实质是权利的重新组合。所以，资产重组的主要内容就是产权交易。

2）产权交易的特征。主要包括以下几方面（见表 2–4）。

表 2–4　产权交易的特征

特征	内容
产权交易主体多元化	在产权转让中，转让企业产权的交易主体，应当是被交易企业的所有者或所有者代表。交易双方主体既可以是国有单位，也可以是非国有单位和个人，或一方是国有单位，另一方是非国有单位和个人。法律允许企业产权在不同的所有者或经营者之间交易
产权交易一般是有偿的	在产权交易中，产权转让方要收回企业产权的资产价值，首先就应当进行资产价值的评估，并据此确定转让资产的底价，进行有偿转让。因此，产权交易区别于行政指令下的企业合并、撤销等变动方式
产权交易必须遵守市场法则	产权交易是一种将产权作为商品在市场中进行交换的经济行为，因此，在交易中必须遵守市场交易的法则，如自愿、互利、有偿、竞争等。这与行政指令下的产权变动有极大的区别
产权交易的对象，既可以是所有权也可以是与所有权相关的其他产权	产权交易是以企业的产权为交易标的物而进行的交易行为，包括所有权和经营权等权能。对产权的转让，既可以是全部权能的转让，也可以是部分权能的转让。它反映了社会经济活动中物质资料的转移和归属

3）产权交易的程序。产权交易是一个复杂的过程，大致应经过以下几个程序：

通过直接洽谈或产权交易市场，初步确定交易双方和被交易的企业；对被交易企业现有资产进行评估，清理债权债务，以确定资产或产权转让的底价；以底价为基础，通过协商、招投标等方式确定成交价格。被交易企业是全民所有制企业的，其成交价格要经产权归属的所有者代表确认；交易双方签署协议。协议内容包括：被交易企业概况、交易价格、付款方式、原有债权债务处理和双方商定的其他事项。产权交易协议应进行公证；产权交易成交后，交易双方应办理产权转让的交接、清算及法律手续。法律手续包括：办理产权和土地使用权转移手续；向工商行政部门申报换发营业执照，被交易企业的所有制性质随购买方所有制性质而定；办理其他有关法律手续。

4）产权交易的方式。产权转让的方式有多种，主要包括：

企业购并（或企业并购）。企业的兼并、合并和收购行为通常称为企业购并。

在西方国家，企业的合并划分成吸收合并和新设合并两种。其中，吸收合并就是我们所说的企业兼并。企业兼并是指一个优势公司吸收合并另一个或多个公司，保留优势公司的法人地位，而其他法人消失。在这类合并中，续存的公司仍然保持原有的公司名称，而且有权获得其他被吸收公司的资产和债券，同时承担其债务，被吸收公司从此不复存在。所谓新设合并，又称企业联合，是指两个或两个以上的公司通过合并同时消失，而在新的基础上形成一个新的公司，这个公司叫新设公司。新设公司接管原来几个公司的全部资产和业务，新组董事机构和管理机构等。一般来说，在企业合并中，以兼并为主要方式。

所谓企业收购，是指一家公司在证券市场上用现金、债券或股票购买另一家公司的股票或资产，以获得对该公司的控制权，该公司的法人地位并不消失。企业收购又分为资产收购和股份收购两种。资产收购是指一家公司购买另一家公司的部分或全部资产。股份收购则是指一家公司直接或间接购买另一家公司的部分或全部股份，从而成为被收购公司的股东。

企业改组。企业改组是指由法律规定的为避免企业破产倒闭，在宣告破产前的企业改组形式。它由法院主持，债务人与债权人达成改组企业的协定，一般由债权人变为企业所有人或股份持有者或经营者，资产运动的方向依照债权人的意向而变更。在美国，运用企业改组的方式，曾经使80%的要破产企业避免了破产倒闭的命运。

股权转让。这是相对于股份制而言的一种产权流动形式。在股份制企业中，股东的权益与股份是紧密相连的。股东一旦取得股份，便失去了对入股资金的支配权，但同时取得了股权以及与股权相关的公益权（选举权）和自益权（按股份取得红利和股份转让）。因此，当股东转让其拥有的股权时，就实现了对其资产的转让或交易。

产权拍卖。这是指资产所有者在公开市场上出售其资产所有权的行为。产权拍卖既可以是企业所有权的整体拍卖，也可以是企业部分所有权的拍卖。

企业承包。这是指以承包经营合同的形式确定所有者与经营者之间的责、权、利关系，是企业自主经营产权转让的方式。承包制的实质是资产经营权的暂时让渡。

企业租赁。这是指在不改变企业财产所有权的前提下，以支付租金方式改变企业经营主体的一种产权转让方式。其实质是对资产经营权的暂时让渡。

企业托管。这是指企业的法人财产权以契约形式委托给其他企业法人或自然人管理，并要求受托人在一定条件下实现委托资产的保值和增值。其根本宗旨是在保持原有产权不变的前提下，使出资者权利与法人财产权实现有条件的分离，实现企业法人财产权的重组和流动，以达到资源的合理配置。企业托管是我国国有资产管理改革中改革国有企业管理体制的一个新思路。它以企业法人财产权为基础，以有限责任为核心，以专家治理为特征，以委托管理为实现形式，克服了其他资本经营方式的某些缺点，是一种适合我国国情的、有效率的资本经营方式。

二、国有资产产权登记

1. 国有资产产权登记的含义

所谓国有资产产权登记，是指国有资产管理部门代表政府对占有国有资产的企业和行政事业部门国有资产的产权状况进行登记，依法确认产权归属关系的行为。国有资产产权登记包含两层含义：第一，国有资产产权登记是一种法律行为，具有法律效力并受法律保护。第二，国有资产产权登记是对国家取得所有权和授予企业、单位经营使用权两方面的同时确认。

产权登记与产权界定有着十分密切的联系。产权界定是划分财产所有权和经营权、使用权等权属关系的依据，是产权登记的前提和基础；产权登记则是对产权关系的确认，产权登记结果具有法律效力。也就是说，经过产权界定，可以依法划分财产的所有权、经营权、使用权等产权归属，之后，必须通过产权登记对业已界定的产权进行确认，从而使产权界定的结果得到法律的认可和保护，因此可以说产权登记是产权界定工作的延伸。

（1）国有资产产权登记的目的和任务

国有资产产权登记的目的，是为了明确国家作为国有资产所有者以及企业、单位作为国有资产的占有者、使用者所享有的权利和应承担的责任、义务。

国有资产产权登记的主要任务，是监督、保护企业、单位合法有效地经营、使用国有资产，防止国家所有者权益受到损害。

（2）国有资产产权登记的对象

国有资产产权登记的对象，是占有、使用国有资产的企业和行政事业单位。凡具有法人资格，占有、使用国有资产的企业和行政事业单位，都属于国有资产产权登记的范围。

1）进行国有资产产权登记的企业机构包括：国有企业和国有独资公司；国家授权投资机构；占有国有资产的集体企业；国有企业、国有独资公司投资设立的企业；以其他形式占有、使用国有资产的企业。

对不同组织形式的企业，国家进行了不同的规定，具体如下：

国有企业、国有独资公司（包括实行企业化管理的事业单位）。这两种企业只要取得法人资格，就要申办产权登记。

国家授权投资机构。对于符合规定的国家授权投资机构，应当按照规定进行产权登记。即国家授权投资机构应当到同级国有资产管理部门办理占有产权登记、变动产权登记、注销产权登记。国家授权投资机构设立的国有独资企业，由该独资企业办理上述产权登记。国家授权投资机构及其出资设立企业的产权登记年度检查，由国家授权投资机构一并向同级国有资产管理部门办理，其授权设立的企业不需单独到国有资产管理部门办理年度检查。

企业集团。通过资本纽带关系构成母子公司关系的企业集团，母公司要办理占有产权登记、变动产权登记和注销产权登记，子公司也要办理相应的产权登记；母公司、子公司新设企业要办理新设企业产权登记和占有产权登记；但产权登记年度检查，由母公司统一进行。没有母子公司关系的企业集团成员按一般企业的要求进行产权登记。

集体企业。凡占有国有资产的集体企业是进行产权登记的对象。但集体企业应当在产权界定的基础上申办产权登记。

有限责任公司、股份有限公司、中外合资合作经营企业和联营企业。由国有股股权单位申办产权登记或委托企业申办产权登记。国有股持股单位明确的，由持股单位申办产权登记，也可委托企业申办产权登记；国有股权持股单位不明确的，由企业办理产权登记。其中，由两个以上股东组建的有限责任公司、中外合资合作经营企业和联营企业，由产权登记机关按股权比例最大的国有股权持股单位的产权归属关系组织该企业的产权登记；若股权相等，则由推举的国有股权持股单位产权的归属关系组织该企业的产权登记。

邮电、铁路、金融等行业，根据管理需要办理国有资产产权登记。

2）行政事业单位产权登记的对象包括所有占有、使用国有资产的行政事业单位，这些单位应当按照规定向产权登记机关申请、办理产权登记。

行政事业单位国有资产产权登记的范围是：凡占有、使用国有资产的行政事业单位，不论其是否纳入预算管理，以及实行何种预算管理形式，都必须向国有资产管理部门申报、办理产权登记手续。新设的行政事业单位，应在正式成立后30日内，办理产权登记手续。行政事业单位分离、合并、改制、撤销，隶属关系、单位名称、地址、单位负责人发生变化，以及国有资产总额超过一定比例，应在主管部门或审批机关批准后30日内，办理产权变动登记或撤销产权登记手续。

（3）国有资产产权登记的种类

1）企业国有资产产权登记的种类。在《企业国有资产产权登记管理办法》及其实施细则中，规定了企业进行产权登记的行为，即新设企业产权登记、占有产权登记、变动产权登记和注销产权登记（其中新设企业产权登记和占有产权登记，也可以合并成一种产权登记行为），另外还规定了产权登记年度检查制度。

新设企业产权登记，适用于拟申请取得法人资格的企业。由产权登记主管机关审定的新设企业产权登记表和变动产权登记表，是国有企业办理相应工商登记必备的资信证明文件。国有企业无论是申请企业法人设立登记还是变更登记，工商机关只需要资信证明，不需要会计师事务所等机构出具的验资证明。所以，已通过国有资产产权登记的，在申请企业法人开业登记或变更登记时，申请单位只需提交经产权登记机关核准的国有资产产权登记表，就可以代替资金数额的证明文件。新设企业产权登记表只限于企业申请取得法人资格时使用，拟设立企业持该表到工商机关办理注册登记，待批准注册并取得企业法人资格后，再据此办理合法占有、使用国有资产的占有产权登记，领取产权登记证，这样可以防止未被批准注册的企业进行虚假的占有产权登记，扰乱国家工商管理和正常的经济秩序，保证占有国有资产产权登记的真实性。

占有产权登记，是对已在工商机关注册登记并取得法人资格的企业占有、使用国有资产的情况进行登记的表格，适用于所有占有、使用国有资产的法人企业。在实施产权登记之前已经取得法人资格的企业，应当补办占有产权登记。拟申请取得法人资格的企业，在取得企业法人资格后到原产权登记机关办理占有产权登记。

变动产权登记，适用于企业发生企业名称、住所或者法定代表人改变的，企业资本金增加或减少超过一定比例或国有资本金比例发生较大变化的，企业分离、合并或者改变经营形式的，以及产权登记机关规定的其他变动情形。

注销产权登记，适用于企业发生解散、被依法撤销或者依法宣告破产的，以及产权登记机关规定的其他情形。

产权登记年度检查，适用于已经办理了占有产权登记的企业。年度检查的主要内容是：出资人的资金实际到位情况；企业国有资产的结构变化，包括企业对外投资情况；国有资产增减、变动情况以及产权登记机关规定的其他事项。

2）行政事业性国有资产产权登记的种类。行政事业性国有资产产权登记的种类主要包括：设立产权登记、变动产权登记、撤销产权登记。

（4）产权登记机关

在《企业国有资产产权登记管理办法》及其实施细则中，明确规定了产权登记机关是县级以上各级政府负责国有资产管理的部门。财政部主管全国产权登记工作，统一制定产权登记的各项政策法规。上级产权登记机关指导下级产权登记机关的产权登记工作。

国有资产管理部门审定和颁发的中华人民共和国企业国有资产产权登记证（简称国有资产产权登记证），是依法确认企业产权归属关系的法律凭证和政府对企业授权经营国有资本的基本依据。国有资产产权登记证分为正本和副本，企业发生国有产权变动时，应当同时变更产权登记证正本和副本。

产权登记机关要依法履行下列职责：依法确认企业产权归属，理顺企业集团内部产权关系；掌握企业国有资产占有、使用的状况；监管企业的国有产权变动；检查企业国有资产经营状况；监督国家授权投资机构、国有企业和国有独资公司的出资行为；备案企业的担保或资产被司法冻结等产权变动事项；在汇总、分析的基础上，编报并向同级政府和上级产权登记机关呈送产权登记与产权变动状况分析报告。

企业提供担保、定金或设置抵押、质押、留置，以及发生资产被司法机关冻结情况的，应当在申办各类产权登记中如实向产权登记机关报告。企业以作为抵押、质押、留置、定金以及属于司法冻结的资产用于投资或进行产权（股权）转让时，必须符合《中华人民共和国担保法》等有关法律、法规的规定，否则，产权登记机关不予登记。

2. 国有资产产权登记的意义

产权登记是我国国有资产管理的一项重要的基础工作。从 20 世纪 90 年代初开始，产权登记工作已经走过了二十几个年头。实践证明，产权登记工作对于加强国有资产的监督管理、防止国有资产的流失，具有重要的意义。

（1）国有资产产权登记强化了国家所有权监管职能，促进了国有资产产权管理权责的落实。国有资产产权登记是在市场经济条件下，国家对占有、使用国有资产的各类企业和行政事业单位的资产经营和使用情况以及产权变动状况进行监督管理的重要手段。通过开展国有资产产权登记，能够摸清国有资产的总量以及占有、使用国有资产企业和行政事业单位的数量，为强化国家对国有资产的所有权，促进国有资产产权管理权责的落实，加强国有资产产权管理打下了良好的基础。

（2）国有资产产权登记能够了解和掌握国有资产的总量和结构，并为政府的宏观经济决策提供重要依据。国有资产产权登记的汇总数据，可以从企业组织形式、行业类别、产权经营层次、行政管理层次、区域层次等，分析国有资产的分布、增减、结构变化和发展趋势，从而进一步为政府的国有经济战略调整提供重要参考依据。

（3）国有资产产权登记可以监督国有企业的出资行为和产权变动过程，防止国有资产的流失。对国有资产产权登记的过程，也是政府对企业经营状况实施监督的过程。国有资产产权登记表记载着企业所有者权益、资产、负债等多项指标，通过这些信息能够反映企业的资产实力、获利能力、偿债能力和经营风险，可以对企业经营状况进行客观分析和评价，及早发现企业产权管理中存在的问题，解决可能造成的经济隐患。通过对行政事业单位进行产权登记，可以强化对这些单位国有资产使用、处置的监管作用，加强对非经营性资产转经营性资产的管理，提高行政事业性国有资产的使用效率。

（4）国有资产产权登记是落实国家所有权和企业法人财产权的有力保障。国有资产产权登记证是企业依法占有国有资产、享有相应权益的法律凭证，它为企业行使法人财产权提供了保障。产权登记从法律上确认了企业资产的归属关系，维护了国家作为资产所有者的合法权益，同时也明确了企业作为占有、使用国有资产的主体的合法权益，以及所承担的国有资产保值、增值责任，从而促进了国有企业产权关系的明晰化，为建立现代企业制度创造了条件。同时，通过产权登记能够揭示企业经营管理中存在的问题与不足，为促进企业加强经营管理，实现经营机制转换，提高经济效益创造了条件。因此，产权登记是保障国家所有权、落实企业法人财产权的具体形式。

3. 国有资产产权登记的内容

（1）产权登记表的种类

国有资产产权登记表是按照国家统一规定设置的，用于记录企业占有、使用国有资产状况的表格。国有资产产权登记表是国有资产产权登记的副本，是国家对企业行使国有资产所有权并进行监管的法律凭证，是企业对国有资产享有占有、使用权和对国家承担保值、增值责任的依据，是企业占有、使用国有资产的资信证明，是核发、换发或收回国有资产产权登记证的凭据，是产权登记机关和政府部门对企业国有资产占有、使用、变动情况进行汇总分析的原始文件资料。根据不同产权登记行为和产权登记年度检查制度，产权登记工作共有五种产权登记表，即新设企业产权登记表、占有产权登记表、变动产权登记表、注销产权登记表和产权登记年度检查表。

新设企业产权登记表。该表主要反映：拟设立企业的一般事项，包括拟设立企业的名称、申请住所、企业法定代表人、组织形式、主营范围、批准单位及文号等；企业资本金情况，包括国家、法人、外商、个人投入拟设立企业的初始资本金；出资单位有关情况，包括出资单位名称、地址、出资额等；拟设立企业的审批情况，包括主管部门的审查意见、产权登记主管机关的审定意见。

占有产权登记表。该表主要反映：占有国有资产企业的一般事项，即企业的名称、申请住所、企业法定代表人、组织形式、主营范围、批准单位及文号、产权登记编码等；国有企业资产占有状况，包括企业实有净资产的数额，企业实收资本、资本公积、盈余公积未分配利润等和企业占有国有资产的数额，以及国家资本、国有法人资本、其他国有资产、国家资本应享有的权益、国有法人资本应享有的权益、国有资产总额等；企业资产、负债、注册资本金及无形资产的有关情况；企业吸收投资的情况，包括出资单位的名称、地址、所属行业、投资额等；企业对外投资情况，包括接受投资单位的名称、地址、所属行业、投资金额等；企业主管部门的审查意见以及产权登记主管机关是否准予领取产权证的审定意见。

变动产权登记表。该表主要反映：企业产权变动前的一般情况，具体内容同占有产权登记表；企业发生变动的有关事项，包括企业实收资本、国家资本、国有法人资本、国家资本享有的权益、国有法人资本应享有的权益的变动情况，企业名称、法定代表人、地址、主管部门变动的情况等；企业国有产权变动的原因，包括增加变动和减少变动的各项原因、变动的数量等；企业变动后出资者的情况，包括出资单位的名称、投资额、股权比例等，以及企业变动后产权登记编码的变更；企业变动的批准情况，包括批准单位及文号、企业主管部门的审查意见、产权登记主管机关的审定意见。

注销产权登记表。该表主要反映：企业注销前的一般情况，具体内容同占有产权登记表；企业的资产、负债和所有者权益在不同时期的数量，包括上一次审定数、企业终止时账面数、清理结果评估确认数；企业注销前资产处置的各种方式及其数量；企业注销的批准情况，包括批准单位、文号及主要原因、企业主管部门的审查意见、产权登记主管机关的审定意见及产权登记证的回收情况。

产权登记年度检查表。该表主要反映：占有国有资产企业的一般事项，具体内容同占有产权登记表；本年度与上年度资产、负债和所有者权益等情况；企业对外投资情况，包括接受投资单位的名称、地址、所属行业、接受投资额等；审批情况，包括企业主管部门对企业上报事项的审批意见、产权登记机关的审定意见以及是否准予通过产权登记年检的意见。

（2）国有资产产权登记证

产权登记证是占有产权登记表的转化形式，是依法确认企业产权归属关系的法律凭证。产权登记证由产权登记主管机关依据审定的产权登记表等填写、核发。该证书一经核发，国家与企业的产权关系便予以确定。

三、国有资产清产核资

1. 清产核资的含义

所谓清产核资，是指国有资产监督管理机构根据国家专项工作要求或者企业特定经济行为需要，按照规定的工作程序、方法和政策，组织企业进行账务清理、财产清查，并依法认定企业的各项资产损益，从而真实反映企业的资产价值和重新核定企业国有资本金的活动。国有资产清产核资的目的，是为加强对企业的国有资产监督管理，真实反映企业的资产及财务状况，完善企业基础管理，为科学评价和规范考核企业经营绩效及国有资产保值、增值提供依据。企业清产核资工作的监督管理部门是各级国有资产监督管理机构。

新中国成立以来，我国已经进行了五次全国性的清产核资工作。第一次是从1951年开始，1952年结束，历时一年多。这次清产核资工作是在新中国刚刚成立的历史背景下进行的。新中国成立之后，国家没收了官僚资产阶级的财产归国家所有。这是为了查清这批资产的状况、数量，摸清国有资产的“家底”而进行的一次清产核资。第二次清产核资于1962年3月开始，9月底结束。这是在三年“大跃进”结束后，为贯彻中央提出的“调整、巩固、充实、提高”八字方针而进行的。清查的重点是工商企业的流动资产、库存产品，并核定了流动资金定额。第三次清产核资于1971年开始，1974年结束。当时的历史背景是正值“文革”时期，无政府主义思潮泛滥，经济工作和企业生产经营遭到严重破坏，企业物资资金浪费严重。此次清产核资的目的是摸清“家底”，核定资金定额，挖掘潜力，加强经济核算和企业管理。第四次清核资是在1978—1981年，为贯彻中共中央十一届三中全会精神，把党的工作重点转移到社会主义现代化建设上来而进行的。其目的是整顿企业，挖掘现有财力和物资的潜力，改善企业经营管理水平。第五次清产核资的时间是1992—1995年，是在改革开放的新形势下进行的。其目的是为了进一步深化经济体制改革，巩固社会主义经济基础。通过清产核资，摸清了国有资产的“家底”，理顺了企业的产权关系，也为按资本金效益考核和评价企业经营成果打下了基础。同时，还初步摸清了国有企业在资产、财务、经营管理等方面存在的问题，帮助企业解决了一些历史包袱和实际问题，为国家宏观经济决策提供了重要依据。

2. 清产核资的现实意义

（1）清产核资的原因

各级国有资产监督管理机构对符合下列情形之一的，可以要求企业进行清产核资：企业资产损失和资金挂账超过所有者权益，或者企业会计信息严重失真、账实严重不符的；企业受重大自然灾害或者其他重大、紧急情况等不可抗力因素影响，造成严重资产损失的；企业账务出现严重异常情况，或者国有资产出现重大流失的；其他应当进行清产核资的情形。

当出现以下情况需要清产核资时，可由企业提出申请，报同级国有资产监督管理机构批准：企业分立、合并、重组、改制、撤销等经济行为涉及资产或产权结构重大变动情况的；企业会计政策发生重大更改，涉及资产核算方法发生重要变化情况的；国家有关法律、法规规定企业特定经济行为必须开展清产核资工作的。

（2）清产核资的意义

首先，清产核资有利于摸清国情国力，为国家宏观决策提供依据。通过清产核资，能够对企业、单位占有、使用的国有资产进行全面的清查，对各项国家资金及各项债权、债务进行全面查证，可以搞清国有资产的数量、分布、结构、效益等情况，掌握基本的国情国力，使国家的宏观决策建立在切实可靠的基础之上，为国家科学制定国民经济和社会发展规划,研究制定切实可行的产业政策,合理规划生产力布局,促进产业结构优化，实现国有经济战略调整，发挥国有经济的主导作用提供可靠的依据。

其次，清产核资有利于解决国有资产管理中存在的矛盾和问题。新中国成立以来，国家以各种方式对国有经济注入了大量的资金，形成了庞大的国有资产。但是，长期以来，由于国有资产管理中的许多深层次问题没有很好地得到解决以及管理方式落后，致使国有资产管理中出现了较为严重的问题。如由于管理松弛，资产账账不符、账实不符、账外设账的情况十分普遍，国有资产状况不清，管理混乱；由于缺乏必要的产权约束机制，致使化大公为小公、化公为私的现象不断蔓延，严重侵蚀了国有资产的权益；因通货膨胀等方面因素的影响，致使企业固定资产账面价值与实际价值严重背离，不仅企业技术更新困难，而且造成了企业成本失真、利润虚增等现象；对国有资产的经营使用，缺乏严格有效的考核评价方法，国家资金投入与效益出现严重脱节等。要解决这些问题首先就要通过清产核资，在理顺企业产权关系的基础上，进一步研究和采取有效措施改善企业经营机制，调整产业结构、企业组织结构，改进企业经营管理和理顺分配关系。只有这样，才能促使企业的经济效益不断提高。

3. 清产核资的内容

根据国务院国有资产监督管理委员会颁布的《国有企业清产核资办法》，适用于国有资产清产核资的企业，包括由国务院，省、自治区、直辖市人民政府，设区的市、自治州级人民政府履行出资人职责的企业及其子企业或分支机构。

企业清产核资包括账务清理、资产清查、价值重估、损益认定、资金核实和完善制度等内容。

账务清理。所谓账务清理，是指对企业的各种银行账户、会计核算科目、各类库存现金和有价证券等基本财务情况进行全面核对和清理，以及对企业的各项内部资金往来进行全面核对和清理，以保证企业账账相符、账证相符，实现企业账务的全面、准确和真实。

资产清查。所谓资产清查，是指对企业的各项资产进行全面的清理、核对和查实。在资产清查中，把实物盘点同核实账务结合起来，把清理资产同核查负债和所有者权益结合起来，重点做好各类应收及预付账款、各项对外投资、账外资产的清理，以及做好企业有关抵押、担保等事项的清理。

企业对清查出的各种资产盘盈和盘亏、报废及坏账等损失按照清产核资要求进行分类排队，提出相关处理意见。

价值重估。所谓价值重估，是对企业账面价值和实际价值背离较大的主要固定资产和流动资产按照国家规定的方法、标准进行重新估价。

企业在以前清产核资中已经进行资产价值重估或者因特定经济行为需要已经进行资产评估的，可以不再进行价值重估。

损益认定。所谓损益认定，是指国有资产监督管理机构依据国家清产核资政策和有关财务会计制度规定，对企业申报的各项资产损益和资金挂账进行认证。

资金核实。所谓资金核实，是指国有资产监督管理机构根据企业上报的资产盘盈和资产损失、资金挂账等清产核资工作结果，依据国家清产核资政策和有关财务会计制度规定，组织进行审核并批复准予账务处理，重新核定企业实际占用的国有资本金数额。

企业占用的国有资本金数额经重新核定后，应当作为国有资产监督管理机构评价企业经营绩效及考核国有资产保值、增值的基数。

4. 清产核资的程序和步骤

《国有企业清产核资办法》明确规定，企业清产核资除国家另行规定外，应当按照下列程序进行：企业提出申请；国有资产监督管理机构批复同意立项；企业制定工作实施方案，并组织账务清理、资产清查等工作；聘请社会中介机构对清产核资结果进行专项财务审计和对有关损益提出鉴证证明；企业上报清产核资工作结果报告及社会中介机构专项审计报告；国有资产监督管理机构对资产损益进行认定，对资金核实结果进行批复；企业根据清产核资资金核实结果批复调账；企业办理相关产权变更登记和工商变更登记；企业完善各项规章制度。

企业实施清产核资应当按下列步骤进行：指定内设的财务管理机构、资产管理机构或者多个部门组成的清产核资临时办事机构，统称为清产核资机构，负责具体组织清产核资工作；制定本企业的清产核资实施方案；聘请符合资质条件的社会中介机构；按照清产核资工作的内容和要求具体组织实施各项工作；向同级国有资产监督管理机构报送由企业法人代表签字、加盖公章的清产核资工作结果申报材料。

企业清产核资实施方案以及所聘社会中介机构的名单和资质情况应当报同级国有资产监督管理机构备案。

企业清产核资工作结果申报材料主要包括：清产核资工作报告，主要反映本企业的清产核资工作基本情况，包括企业清产核资的工作基准日、范围、内容、结果，以及基准日资产及财务状况；按规定表式和软件填报的清产核资报表及相关材料；需申报处理的资产损益和资金挂账等情况，相关材料应当单独汇编成册，并附有关原始凭证资料和具有法律效力的证明材料；子企业是股份制企业的，还应当附送经该企业董事会或者股东会同意对清产核资损益进行处理的书面证明材料；社会中介机构根据企业清产核资的结果，出具经注册会计师签字的清产核资专项财务审计报告并编制清产核资后的企业会计报表；其他需提供的备查材料。

5. 清产核资的组织

《国有企业清产核资办法》规定，企业清产核资工作按照统一规范、分级管理的原则，由同级国有资产监督管理机构组织指导和监督检查。

各级国有资产监督管理机构负责本级人民政府批准或者交办的企业清产核资组织工作。

国务院国有资产监督管理委员会在企业清产核资中履行下列职责：制定全国企业清产核资规章、制度和办法；负责所出资企业清产核资工作的组织指导和监督检查；负责对所出资企业的各项资产损益进行认定，并对企业占用的国有资本进行核实；指导地方国有资产监督管理机构开展企业清产核资工作。

地方国有资产监督管理机构在企业清产核资中履行下列监管职责：依据国家有关清产核资规章、制度、办法和规定的工作程序，负责本级人民政府所出资企业清产核资工作的组织指导和监督检查；负责对本级人民政府所出资企业的各项资产损益进行认定，并对企业占用的国有资本进行核实；指导下一级国有资产监督管理机构开展企业清产核资工作；向上一级国有资产监督管理机构及时报告工作情况。

企业清产核资机构负责组织企业的清产核资工作，向同级国有资产监督管理机构报送相关资料，根据同级国有资产监督管理机构清产核资批复组织企业本部及子企业进行调账。

企业投资设立的各类多元投资企业的清产核资工作，由实际控股或协议主管的上级企业负责组织，并将有关清产核资结果及时通知其他有关各方。

6. 清产核资的要求

为保证企业国有资产清产核资的顺利进行和其结果的真实可靠，参与国有资产清产核资工作的有关各方必须遵守国家对清产核资工作的有关要求。

（1）各级国有资产监督管理机构

各级国有资产监督管理机构是企业清产核资工作的监督管理部门，其工作必须遵循以下要求：

各级国有资产监督管理机构应当加强企业清产核资的组织领导，加强监督检查和对企业清产核资工作结果的审核和资产损失的认定，并应当严格执行国家清产核资有关的法律、法规、规章和有关财务会计制度规定，严格把关，依法办事，严肃工作纪律。

各级国有资产监督管理机构应当对企业清产核资情况及相关社会中介机构清产核资审计情况进行监督，对社会中介机构所出具的专项财务审计报告的程序和内容进行检查。

（2）进行清产核资的企业

企业进行清产核资应当做到全面彻底、不重不漏、账实相符，通过核实“家底”，找出企业经营管理中存在的矛盾和问题，以便完善制度、加强管理、堵塞漏洞。

企业在清产核资工作中应当坚持实事求是的原则，如实反映存在的问题，清查出来的问题应当及时申报，不得瞒报虚报。企业清产核资申报处理的各项资产损失，应当提供具有法律效力的证明材料。

企业在清产核资中应当认真清理各项长期积压的存货，以及各种未使用、剩余、闲置或因技术落后淘汰的固定资产、工程物资，并组织力量进行处置，积极变现或者收回残值。

企业在完成清产核资后，应当全面总结，认真分析在资产及财务日常管理中存在的问题，提出相应的整改措施和实施计划，强化内部财务控制，建立相关的资产损失责任追究制度，以及进一步完善企业经济责任审计和企业负责人离任审计制度。

企业清产核资中产权归属不清或者有争议的资产，可以在清产核资工作结束后，依据国家有关法规，向同级国有资产监督管理机构另行申报产权界定。

企业对经批复同意核销的各项不良债权、不良投资及实物资产损失，应当加强管理，建立账销案存管理制度，组织力量或成立专门机构积极清理和追索，避免国有资产流失。

企业应当在清产核资中认真清理各项账外资产、负债，对经批准同意入账的各项盘盈资产及同意账务处理的有关负债，应当及时纳入企业日常资产及财务管理的范围。

企业对清产核资中反映出的各项管理问题应当认真总结经验，分清工作青任，建立各项管理制度，并严格落实。应当建立健全不良资产管理机制，巩固清产核资成果。

除涉及国家安全的特殊企业以外，企业清产核资工作结果须委托符合资质条件的社会中介机构进行专项财务审计。

进行清产核资的企业应当积极配合社会中介机构的工作，提供审计工作和经济鉴证所必要的资料和线索。企业和个人不得干预社会中介机构的正常执业行为。

企业应当根据会计档案管理的要求，妥善保管有关清产核资各项工作的底稿，以备检查。

企业清产核资清出的各项资产损失和资金挂账，应依据国家清产核资有关法律、法规、规章和财务会计制度的规定处理。

（3）社会中介机构

社会中介机构应当按照独立、客观、公正的原则，履行必要的审计程序，认真核实企业的各项清产核资材料，并按规定进行实物盘点和账务核对。对企业资产损益按照国家清产核资政策和有关财务会计制度规定的损益确定标准，在充分调查研究、论证的基础上进行职业推断和合规评判，提出经济鉴证意见，并出具鉴证证明。

社会中介机构的审计工作和经济鉴证工作享有法律规定的权利，承担法律规定的义务。

社会中介机构应当根据会计档案管理的要求，妥善保管有关清产核资各项工作的底稿，以备检查。

四、国有资产统计

1. 国有资产统计的含义

国有资产统计是指在一定时期内综合反映国有资产存量、分布、结构及其变动和国有资产运营效益等基本情况的基本文件。它包括国有资产统计报表和国有资产经营或使用情况的统计分析报告。

为加强企业国有资产监督管理，了解掌握企业国有资产运营等情况，建立全国国有资本金统计报告工作规范，依据《企业国有资产监督管理暂行条例》及国家有关财务会计制度，实行国有资产统计报告制度。国有资产统计报告制度是指通过填报国有资产统计报告，将国有资产管理工作纳入程序化、规范化、民主化和科学化轨道的基本管理制度。所谓国有资产统计报告，是指企业按照国家财务会计制度规定，根据统一的报告格式和填报要求，编制上报的反映企业年度会计期间资产质量、财务状况、经营成果等企业国有资产运营基本情况的文件。

国有资产统计报告制度必须坚持以下原则（见表 2–5）。

表 2–5　国有资产统计报告制度必须坚持的原则

原则	内容
统计数字真实可靠	为保证统计数字的真实可靠，要求各企业、行政事业单位必须按照规定的要求按期结账、对账，并进行资产的清查盘点，使账表相符、账实相符，报表与分析报告的数字要相衔接；必须保证统计数字的真实性，不能用估计数字或虚假数字来代替实际数字。报表的各级汇编单位要按照统一规定的编制要求和审核方法，对上报的各类报表、数据认真检查核对，做到层层数据真实、报表齐全、数据录入规范、汇总方法正确
统计表编报及时	企业、单位应按照国有资产统计制度的要求，在规定的期限内上报统计报表和统计分析报告，以便上级部门能够及时汇总上报，满足各级政府经济管理的需要。迟报、拒报与虚报、瞒报等同样是违法行为。各企业、单位应当做好日产统计管理基础工作，注意各种资料的收集、整理和保管，按规定及时做好编报国有资产统计报表和统计分析报告。必须严格遵守国家统计法规和国有资产统计报告制度，对违反国有资产统计报告制度的违法行为，必须追究其责任
统计指标内容完整	国有资产统计表有统一的格式和内容，各单位应将各种报表编报齐全，并按照要求将应填写的项目填报完整；对统计分析报告的编写，也应按规定的要求认真进行；报表的各级汇编单位应将需要汇总编制的项目、指标、情况进行全部汇总，不得缺报或漏报。统计资料应当翔实，指标内容完整

2. 国有资产统计的地位

国有资产统计报告制度既是国有资产管理的一项基础工作，也是国民经济统计的重要组成部分。统计工作实际上是对整个宏观经济和微观经济的综合反映，是经济管理的基础、决策的依据，是国家在市场经济的环境下对经济行为实施监督的基本手段。国有资产统计是国家实施国民经济管理不可替代的基本工具，为政府的经济管理工作的科学化、高效化奠定了基础。因此，国有资产统计在国家的国民经济管理以及国有资产管理中居基础地位。

（1）能够保证国有资产的安全和完整

国有资产统计中的资产存量变化能够反映国有资产的保值、增值指标。在日常的国有资产管理工作中，要求各占用、使用国有资产的企业和单位必须对国有资产的进出、转移、折旧、修理、处置等据实进行登记，做到账实相符，保管、使用责任明确。而国有资产统计报告制度，通过全面、系统、综合的反映和严格的监督，能够把各单位国有资产的运行置于规范、严密的监控之下，从而保证国有资产的安全与完整。

（2）为国家宏观决策和制定长期规划提供依据

通过建立国有资产统计报告制度，可以为国家及时、准确、连续、系统、全面地了解各部门、各单位、各行各业、各个经济领域国有资产的存量、分布、结构和效益情况，掌握必要的数据和资料，为进行国民经济结构调整，实现国有资产优化配置，编制国民经济计划，制定国家方针政策，发挥国有经济在国民经济中的主导作用提供重要依据。

3．国有资产统计报告的内容

1996 年，我国国有资产年度报表依据不同行业或管理性质分为六大类，即企业类、境外企业类、金融保险类、行政事业单位类、建设单位类和房产经营类。

根据国务院国有资产监督管理委员会颁发的《企业国有资产统计报告办法》的规定，国有资产年度统计报告由企业会计报表和国有资产营运分析报告两部分构成。

企业会计报表按照国家财务会计统一规定，由资产负债表、利润及利润分配表、现金流量表、所有者权益变动表、资产减值准备计提情况表及相关附表构成。企业会计报表应当经过中介机构审计。

国有资产营运分析报告是对本地区、本部门或者本企业占用的国有资产及运营情况进行分析说明的文件，具体包括：国有资产总量与分布结构；企业资产质量、财务状况及经营成果分析；国有资产增减变动情况及其原因分析；国有资产保值、增值结果及其影响因素分析；其他需说明的事项。

编制国有资产统计报告的企业包括：由国务院，省、自治区、直辖市人民政府，设区的市、自治州级人民政府履行出资人职责的具有法人资格、独立核算、能够编制完整会计报表的境内外国有及国有控股企业。

国有参股企业的国有资产及投资收益依据合并会计报表的规定，纳入国有投资单位的国有资产统计范围，原则上不单独编制国有资产统计报告。但对于重要参股企业，应当根据国有资产监管需要单独编制国有资产统计报告。重要参股企业的标准或者名单由相关国有资产监督管理机构确定。

企业国有资产统计报告基本填报单位的级次为：大型企业（含大型企业集团）为第三级以上（含第三级）各级子企业，第三级以下子企业并入第三级进行填报；中小型企业为第二级以上（含第二级）各级子企业，第二级以下子企业并入第二级进行填报。

企业应当组织做好总部及各级境内外子企业的国有资产统计报告编制工作，并编制集团或者总公司合并（汇总）的国有资产统计报告，以全面反映企业国有资产运营情况，并与所属境内外子企业的分户国有资产统计数据一同报送同级国有资产监督管理机构或者主管部门。

4. 国有资产统计报告的组织管理

企业国有资产统计报告工作应当遵循统一规范、分级管理的原则，按照企业的财务关系或者产权关系分别组织实施。

省级国有资产监督管理机构、各有关部门应当编制本地区、本部门所监管企业的汇总国有资产统计报告，并与所监管企业的分户国有资产统计数据一同报送国务院国资委。国务院国资委在企业国有资产统计报告工作中履行下列职责：

制定全国企业国有资产统计报告规章制度和工作规范；统一制定企业国有资产统计报告格式、编报要求和数据处理软件；具体组织实施所出资企业国有资产统计报告工作；负责收集、审核和汇总各地区、各有关部门国有资产统计报告，并向国务院报告全国企业国有资产运营情况；组织开展对企业国有资产统计报告质量监控工作，并组织开展企业国有资产统计报告编报质量的抽样核查。

省级国有资产监督管理机构在企业国有资产统计报告工作中履行下列职责：

依据统一的企业国有资产统计报告规章制度和工作规范，负责本地区监管企业国有资产统计报告工作的组织实施和监督检查；指导下一级国有资产监督管理机构开展企业国有资产统计报告工作；负责收集、审核、汇总本地区监管企业国有资产统计报告，并向同级人民政府报告本地区监管企业国有资产运营情况；负责向国务院国资委报送本地区监管企业国有资产统计报告；组织开展对本地区监管企业国有资产统计报告质量的核查工作。

各有关部门在企业国有资产统计报告工作中履行下列职责：

依据统一的企业国有资产统计报告规章制度和工作规范，负责本部门监管企业国有资产统计报告工作的组织实施和监督检查；负责收集、审核、汇总本部门监管企业国有资产统计报告；负责向国务院国资委报送本部门监管企业国有资产统计报告；组织开展对本部门监管企业国有资产报告质量的核查工作。

省级国有资产监督管理机构和各有关部门应当指定专门机构或者人员具体负责国有资产统计报告工作，并与国务院国资委建立相应的工作联系。

省级国有资产监督管理机构和各有关部门应当加强对企业国有资产统计报告相关数据资料的管理，做好归档整理、建档建库和保密管理等工作。

5. 国有资产统计报告的编报规范

企业应当在全面清理核实资产、负债、收入、支出并做好财务核算的基础上，按照统一的报告格式、内容、指标口径和操作软件，认真编制并按时上报企业国有资产统计报告，做到账实相符、账证相符、账账相符、账表相符。

企业应当严格按照国家财务会计制度和统一的编制要求，编制企业国有资产统计报告，做到内容完整、数字真实，不得虚报、漏报、瞒报和拒报，并按照财务关系或产权关系采取自下而上的方式层层审核和汇总。

企业应当在认真做好总部及各级子企业分户报表编制范围与编制质量的审核工作基础上，编制集团或总公司合并报表，并按照国家财务会计制度的统一规定，做好合并范围和抵消事项的审核工作，对于未纳入范围和未抵消或者未充分抵消的事项应当单独说明。

企业主要负责人对本企业编制的国有资产统计报告的真实性和完整性负责。企业财务会计等人员应当按照统一规定认真编制国有资产统计报告，如实反映本企业有关财务会计和国有资产运营信息。

省级国有资产监督管理机构和各有关部门应当加强对本地区、本部门监管企业国有资产统计报告工作的组织领导，加强督促指导，对企业报送的国有资产统计报告各项内容进行规范性审核。审核内容主要包括：编制范围是否全面完整；编制方法是否符合国家统一的财务会计制度，是否符合企业国有资产统计报告的编制要求；填报内容是否全面、真实；报表中相关指标之间、表间相关数据之间、分户数据与汇总数据之间、报表数据与计算机录入数据之间是否衔接一致。

省级国有资产监督管理机构和各有关部门应当认真做好本地区、本部门监管企业国有资产统计报告的审核工作，确保国有资产统计报告各项数据资料的完整性和真实性。凡发现报表编制不符合规定，存在漏报、错报、虚报、瞒报以及相关数据不衔接等情况，应当要求有关企业立即纠正，并限期重报。

企业国有资产统计报告采取自下而上、逐户审核、层层汇总方式收集上报。企业应当将国有资产统计报告经企业负责人、总会计师或主管财务工作负责人和报告编制人员签字并盖章后，于规定时间内上报。

中央企业国有资产统计报告工作应当遵守财务决算报告工作的相关规定。

第三章　国有资产投资管理

第一节　国有资产投资资金来源

国有资产投资是形成国有资产的起点，在国民经济和社会发展中具有举足轻重的作用。本节讨论有关国有资产投资的性质、作用和资金来源等问题。

一、国有资产投资的性质、作用

1. 国有资产投资的性质

（1）国有资产投资的概念。国有资产投资是政府或国有资产经营结构，根据国民经济和社会发展的需要，为取得预期的经济社会效益，将资金投入社会再生产领域和社会公共服务领域，形成国有资产的活动。也就是说，国有资产投资既包括生产性投资，也包括非生产性投资，这是由政府的经济社会管理职能决定的。至于资源性国有资产，国家则根据《宪法》规定的主权原则，拥有土地、森林、草地、海洋、矿藏等资源的所有权，一般不是国家投资的结果。在社会主义市场经济条件下，政府是重要的投资主体之一，有特定的投资领域和范围，与企业等民间投资形成互补优势，在优化社会资源配置，促进社会生产力发展方面有其独特的作用。

与国有资产投资相关的概念还有固定资产投资、基本建设投资等。在不少教材、著作以及人们的传统习惯中，讲国有资产投资时等同于固定资产投资，论述固定资产投资时又等同于基本建设投资。这种模糊的认识和误解，在一定条件下是可以理解的，如当国有企业流动资金全部由银行供给时，国有资产投资实际上就是固定资产投资；在新中国成立初期，新建大批国有企业且不需要进行更新改造时，固定资产投资基本上就是基本建设投资。但现在的问题是，在经济体制转轨速度加快，社会主义市场经济体制日益成熟的情况下，上述条件正在发生变化，甚至已不复存在，就需要及时界定、明确有关概念。国有资产投资除固定资产投资外，还应当包括流动资产投资、无形资产投资等；固定资产投资除基本建设投资外，还需要更加重视更新改造投资。

（2）国有资产投资的性质。国有资产投资的性质是由国有资产投资所在的领域决定的。政府或国有资产经营机构在生产领域的国有资产投资，是积累性的扩大再生产支出，即将当年新创造价值的一部分投入社会再生产过程，扩大生产规模，为市场提供更多的商品和劳务。政府或国有资产经营机构在生产领域的投资，是现代市场经济发展的需要。现代市场经济本质上是一种规模不断扩大的社会再生产，人口的增加、人民生活水平的提高、社会主义经济制度的巩固，都要求扩大生产经营规模，为市场提供更多的商品和劳务，满足日益增长的社会需要。而政府在教育、科技、文化、卫生、环境保护、行政管理等社会公共服务领域的投资所形成的非生产性国有资产，是一种社会财富的积累。这些国有资产用于满足社会公共部门提供公共服务的需要，虽然不直接创造物质财富，但国有资产不会在当年消耗掉，而是在较长时间内为社会提供服务，构成社会财富存量的重要组成部分。而且这些国有资产提供的社会公共服务，是经济发展和人民生活不可缺少的，有的服务如教育、科技、环境保护、社会保障等，是一个国家或地区文明进步水平的重要标志。因而在政府投资安排中，生产性国有资产投资和非生产性国有资产投资必须统筹兼顾、协调发展，不可偏废。

与此相关的一个问题是，目前实际存在对“科教兴国”战略含义的误解，以及对政府国有资产投资的误导。科学既包括自然科学，也包括人文社会科学；技术既包括以自然科学理论和生产实践为基础发展起来的各种生产工艺、技能，以及生产设备的性能等，也包括各种管理的方法、手段、制度等。我们所说的科学技术，是一种广义的概念，不是单纯的自然科学和技术。否则，我们就会“重理轻文”，重蹈目前发达国家经济社会发展的覆辙。从现在人们的普遍理解和国家投资的重点看，认为科学技术就是指自然科学和技术、科教兴国主要靠自然科学的倾向仍十分明显。近年来，政府及社会各界对社会科学投入不足，有些问题已开始凸显。这种现象应引起高度重视。我们发展经济，不仅要依靠科技进步，开发资源，加快发展，实现工业化、城市化和现代化，使人民摆脱贫穷走向富裕，而且要能够形成良好的社会风尚、高尚的道德伦理规范、文明有序的社会环境、积极向上的精神风貌，达到物质文明和精神文明成就的高度有机结合。我们不希望看到在经济迅速发展、物质财富不断增加、现代化水平快速提高的同时，社会风气却日益败坏、贪污腐化盛行、道德沦丧、社会秩序混乱、犯罪率居高不下，人民难以享受到社会文明进步的成果。

2. 国有资产投资的作用

在一个国家或地区经济社会发展中，国有资产投资是十分重要的，具有其他社会投资主体不可替代的功能。尽管在不同国家以及同一国家的不同时期的经济体制下，国有资产投资作用的重点、方式大不相同，但上述基本功能是一致的。在社会主义市场经济体制下，国有资产投资的作用具体表现为以下几方面：

（1）调节国民经济运行，执行国家宏观经济社会政策。国有资产投资是财政政策的重要政策工具，直接为国家的宏观经济社会政策目标服务。在开放经济条件下，国民经济运行受到国内外市场供求关系、经济周期、经济社会发展水平等多重因素制约，容易出现通货膨胀与通货紧缩、过度繁荣与严重衰退等较为剧烈的波动，导致社会总供给与总需求的总量与结构的严重失衡，给经济发展、人民生活及社会资源配置效率带来重大损失。政府可利用国有资产投资调节国民经济运行，执行国家宏观经济社会政策，在经济衰退、社会有效需求不足时，增加投资，刺激经济回升；在经济增长速度加快、通货膨胀严重时，减少国有资产投资，防止经济过热。这样，有利于保持宏观经济的均衡与稳定。近年来，我国政府实施积极的财政政策，治理通货紧缩，促进经济增长的成功实践也充分说明了这一点。

（2）壮大国有经济，巩固社会主义经济制度。以公有制为主体，多种经济成分并存，是我国社会主义初级阶段的基本经济制度，而国有经济是公有制的主要形式之一，在国民经济运行中处于主导地位。筹集资金，进行大规模国有资产投资，是发展和壮大国有经济的重要途径。

（3）调整经济结构，优化社会资源配置，促进社会生产力发展，增强国家综合经济实力。由于政府国有资产投资的特殊性，其在调整经济结构、优化社会资源配置方面，具有其他投资主体不可替代的功能。在产业结构调整中，国家通过国有资产投资，加快薄弱产业发展，克服“瓶颈”约束，优化产业结构，增加社会有效供给，满足社会需求。政府可投资于那些民间投资主体不愿或无力投资，而又是经济社会发展不可缺少的产业项目，如投资额大、技术要求高、建设周期长、投资效益见效慢，有些项目微利，甚至无利可图的重大基础产业、基础设施投资，高风险的高新技术产业投资等。近年来，国家对能源、交通、通信、农业、科技等领域的大量投资，对优化经济结构、促进国民经济持续快速增长发挥了重要作用；在区域经济结构中，政府国有资产投资对各地区经济协调发展，缩小区域发展差距具有至关重要的作用。新中国成立初期，国家对中西部地区的大量投资，为其工业化、现代化进程奠定了基础。改革开放后，国家在沿海地区的大量投资，有力地促进了“沿海开放战略”的实施。在中央作出西部大开发的战略决策后，国家将投资重点开始向中西部，特别是西部地区倾斜，可以预见，政府国有资产投资将在加快西部经济发展、缩小东西部地区差距方面作出更大的贡献。

（4）提供优质公共物品服务，提高人民福利水平。国家在科技、教育、文化、卫生、环境保护、社会保障领域的投资，为经济发展和人民生活提供良好的社会公共服务，有利于提高和改善人民的生活水平，实现发展社会主义经济的最终目的。根据各国经济发展的一般规律，在一个国家和地区基本上实现了工业化，建立了较为完整的国民经济体系，人民生活水平越过温饱线后，对社会服务业等第三产业的需求就会大幅度增加。而根据“十二五”计划及国民经济发展长远规划，我国在21世纪开始进入全面建设小康社会的历史时期，实现工业化、现代化、信息化的战略任务。国家在科技、教育、文化、卫生、环境保护、社会保障领域的投资，正是满足上述历史任务的需要。从近年来我国财政支出的具体情况分析，上述领域是财政支出增长速度最快的部分，特别是教育、科技等支出，受到《中华人民共和国义务教育法》等法律法规的有力支持，其支出增加较多，表明我国财政的公共服务性质进一步增强。

二、国有资产投资的资金来源

在明确了国有资产投资的概念、性质和作用后，我们再来分析国有资产投资的资金来源。从我国国有经济发展的历史过程看，国有资产投资的资金来源主要取决于国家经济管理体制，特别是财政管理体制的有关规定。从现行国家财政经济管理体制的有关规定分析，国有资产投资的资金来源主要有以下几类：

1. 财政预算拨款。财政预算拨款是指在每年的财政预算中，国家根据国民经济和社会发展的需要，安排一部分资金用于国有资产投资。在社会主义制度建立之初，财政预算拨款是国有资产形成的主要渠道。如前所述，1950—1978年国有资产投资在一般年份占财政支出的40% ~ 50%。改革开放后，一方面，经过几十年的建设，我国已建立比较完整的国民经济体系，国有经济占绝对优势，不需要再进行大规模投资；另一方面，以财政放权让利为经济体制改革的突破口，此后没有形成与改革经济运行机制相适应的财政运行机制，国家集中性财力不足，在一定程度上削弱了财政的国有资产投资能力，特别是地方财政，在不少欠发达地区实际上成为真正的“吃饭财政”。1979年以来国有资产投资占财政支出的比重呈大幅下降的趋势，既有合理性的一面，也有财政宏观调控能力下降的问题，其利弊得失，不能一概而论。

新中国成立后，财政预算用于国有资产投资支出的具体方式，经历了一个较为复杂的过程。1950—1978年期间，固定资产投资采用无偿拨款的办法；流动资金的定额流动资金（即满足企业正常生产经营所需要的资金）也采用无偿拨款的方式拨付给国有企业使用，临时性的超定额流动资金由银行贷款解决。在此期间，也曾经实行过短暂的流动资金全额信贷管理。改革开放后，开始进行“拨改贷”试点，即将原无偿拨付的固定资产投资改为贷款，由中国人民建设银行发放。1985年曾将所有固定资产投资都改为贷款，1986年调整为对有偿还能力的企业等单位实施“拨改贷”，对没有偿还能力的学校、行政机关等恢复无偿拨款方式。在建设银行停止执行财政职能后，有关业务由新成立的国家开发银行接管。实践表明，“拨改贷”在取得一定成效的同时，并没有从根本上解决国有经济投资领域的问题，并且加重了国有企业的经济负担。近年来又开始“债转股”“贷改投”的工作，按现代企业制度的要求，处理财政预算国有资产投资支出的具体方式问题。

2. 银行贷款。银行贷款是指国家独资、控股和参股的企业事业单位，凭借国有单位的信誉，或者以国有资产为抵押、担保，从商业银行取得贷款，进行投资和生产经营，在贷款偿还后形成国有资产的经济活动。如前所述，在 1978 年以前，国有资产投资主要采取财政无偿拨款方式，银行不得发放固定资产贷款，流动资金贷款也只起补充作用。改革开放后，除建设银行外，工商银行、农业银行、中国银行以及交通银行等股份制商业银行，开始发放固定资产贷款。1983 年以后，国有企业流动资金全部由银行提供，除个别行业和地方新建企业外，财政部门不再为国有企业供应流动资金。这样，随着财政预算内国有资产投资比例的下降，银行贷款成为国有资产形成的重要来源之一。

3. 自筹资金。自筹资金是指按照国家财政制度的规定，由各地区、各部门和各单位利用自己掌握的预算外资金、国有资产收益进行的投资。改革开放后，随着财政放权让利，企业逐步成为市场投资的主体，各部门、各单位预算外资金迅速增长。具体来说，自筹资金主要包括以下几类：

第一，地方财政自筹资金。地方财政自筹资金包括财政预算外资金、上年财政结余、财政预备费等地方机动财力。

第二，各主管部门自筹资金。各主管部门自筹资金主要是预算外资金，这是预算外资金中种类最多、管理较为复杂的部分。1993 年国家调整了预算外资金统计口径，1996 年国家又将 13 项重要的预算外资金纳入预算管理，预算外资金占预算内财政收入的比重有较大幅度的下降，但近年来又大幅回升。据统计，2002 年预算外资金为 3826.43 亿元，占预算内收入的 20.2%。这部分资金成为国有资产投资，特别是固定资产投资的重要渠道。

第三，企业、事业单位自筹资金。企业自筹资金主要包括企业所得税后提取的盈余公积金，以及折旧资金、资产处置收益等自有资金。当然，广义的企业自筹资金还应包括向银行贷款、发行企业债券、举借外债等，本节主要采用狭义的概念。事业单位自筹资金包括各种事业性收费、劳务收入、资产处置收入等。其中，按国家财政制度规定收取的事业性收费等预算外资金，是事业单位自筹资金用于国有资产投资的最主要来源。

4. 利用外资。利用外资是指国有企事业单位凭借国有经济单位信誉，或者由国家财政担保，以及以国有资产为担保，承担还本付息责任，以举借外债等方式利用外资进行的投资。外债一般分为对外贷款和在国外发行债券两种。国外贷款包括向国际金融组织、外国政府、银行、企业和个人的贷款等。在我国举借的外债中，世界银行、国际货币基金组织、亚洲开发银行、外国政府贷款等中长期优惠贷款一般占 60% 左右。改革开放以来，积极利用外资，在引进先进技术、设备、管理方法和人才，发展壮大国有经济方面发挥了重要作用。不过，在国有资产投资资金来源中，利用外资是主要的补充，不是主渠道。利用外资进行投资，必须要充分考虑项目的经济效益和偿还债务的能力，防范和化解债务风险。

第二节 国有资产投资方向、规模和结构

一、国有资产投资方向

在社会主义市场经济条件下，作为以政府为主体，形成国有资产，发展国有经济重要途径的国有资产投资，具有与非国有制经济主体投资行为不同的性质、地位与特点，也就决定了国有资产投资的特殊投资方向。

1. 决定国有资产投资方向的主要因素

具体来说，目前决定我国国有资产投资方向的因素主要体现在以下几个方面：

第一，国有经济在国民经济和社会发展中的战略地位。改革开放后，我国抛弃了脱离中国社会生产力发展实际，在所有制上片面追求“一大二公”的极左路线，解放思想，根据我国生产力发展的实际水平和社会发展阶段，鼓励集体、私营、个体、“三资”企业等非国有制经济，特别是非公有制经济的发展，形成多种经济成分共同发展、共同繁荣的局面，极大地促进了国民经济的迅速发展，城乡人民生活得到显著改善，国家综合国力进一步增强。但各种经济成分在国民经济和社会发展中的地位并不是平等的，公有制经济是主体且公有制经济中的国有经济是主导，这是我国自党的十一届三中全会以来一直坚持的一项基本经济制度。国有资产的投资方向，必然要求与国有经济的这一地位相适应。

第二，社会主义经济制度的规定性。我国的经济体制、政治体制改革的性质，是社会主义制度的自我完善，坚持走有中国特色的社会主义道路。尽管人们对社会主义的含义有不同的理解，但生产资料公有制仍是其最基本的属性，而国有经济又是公有制中较高形态的一种，我国坚持走有中国特色的社会主义道路，必然对国有资产投资的方向产生决定性作用。

第三，公共财政体制的规定性。经济实践表明，在市场经济条件下，建立公共财政体制是一种必然的选择。我国已将建立公共财政框架作为深化财政体制改革的

基点。而公共财政的核心，是通过政府的财政收支活动，为社会提供公共物品服务，克服市场失灵，优化社会资源配置，满足社会的公共需要。这一点与计划经济体制下社会财力高度集中的国家财政有根本区别。国有资产投资是财政支出的重要组成部分，公共财政的性质必然影响到国有资产的投资方向。

第四，我国的经济发展阶段和水平。我国目前仍是世界上最大的发展中国家，从整体上讲，还没有完成工业化、城市化的历史任务，距信息化和知识经济有相当大的差距，存在明显的“二元经济结构”，人均收入居世界后列，区域经济发展极不平衡。在此经济发展阶段和水平上，国家的宏观经济管理职能不完全等同于市场经济发达国家干预、调节市场失灵的范围，还需要承担部分本应可由市场微观主体承担的一般竞争性产业投资和基础产业、基础设施投资，以及环境保护、协调区域经济发展的投资，政府国有资产投资在财政支出中所占的比重高于发达国家的比重。

第五，国家在一定时期的宏观经济政策。国有资产投资，在较长时间内，对调整经济结构、促进经济增长具有决定性作用；在短期内，对治理国民经济周期性振荡也有明显的政策效果。因而国有资产投资是政府调节国民经济运行和社会发展的重要政策工具，国家在一定时期的宏观经济政策，是决定国有资产投资方向的重要因素。具体来分析，主要体现在：（1）国家产业政策。国家产业政策重点发展的领域，也就是国有资产投资重点选择的领域。（2）区域经济政策。如前所述，国有资产投资不仅要重视经济效益，更要考虑其社会效益和生态效益。国家一定时期的区域经济政策，是决定国有资产投资方向的重要因素。一般来说，国家区域经济发展的重点，也是国有资产投资的重点。如改革开放后，国家实施沿海开放战略，财政投资的重点在沿海地区。从 1999 年年底国家实施西部大开发战略以来，国家投资开始向西部地区倾斜。（3）调节国民经济运行的政策。调节国民经济运行，主要是指利用国有资产投资，熨平经济周期，促进经济持续、快速、稳定增长。在通货紧缩、社会有效需求不足时，国有资产投资增加向产业关联程度高、能有效刺激社会需求的产业投资；在经济过度繁荣、通货膨胀、物价上涨时，压缩国有资产投资，减少社会有效需求，保持经济的平稳增长。

2. 国有资产投资的主要方向

通过上述因素分析可以看出，在不同时期，国有资产投资有不同的重点，这些投资的重点可按不同的标准划分，如按第一、二、三产业划分，或者按具体的产业门类划分。按我国不同地域划分，可分为对东部、中部和西部的投资；按资产形式划分，可分为固定资产投资、流动资产投资和无形资产投资，等等。根据党的十七大报告、我国国民经济和社会发展“十二五”计划等近年来重要文件中有关国有企业改革与发展的精神，以及目前国有经济运行的实际状况，如按较为具体的产业划分，在“十二五”时期和之后一个较长时期内，国有资产投资的主要方向有以下几个方面（见表 3–1）。

表 3–1　国有资产投资的主要方向

项目	内容
基础设施	基础设施主要是指为经济发展和人民生活服务的各类经济社会设施，主要包括供电、供水、供气、邮电、道路、桥梁、港口、机场等。更广义的基础设施还包括学校、医院、公园、商业网点、银行、图书馆、博物馆等设施。基础设施之所以成为国有资产投资的重点方向之一，是因为基础设施服务具有公共物品或准公共物品的性质，即具有非竞争性、非排他性和效用的不可分割性，企业、个人不愿、无力或不宜投资（即有些产业具有自然垄断性），但这些设施是经济发展和人民生活所不可缺少的，且在一般情况下还需要一定程度的超前发展，需要政府投资，以满足社会的公共需要。从我国基础设施的供给情况分析，水平还比较低，特别是实施西部大开发战略，对基础设施的需求量更大，要求国家给予更多的投资
基础产业	基础产业是指在国民经济中对其他产业的生存和发展具有决定性影响以及带动作用的产业，如能源、原材料、化工等产业。其产品属上游产品，是其他产业消费的对象。这类产业投资一般具有投资额大、建设周期长、技术要求高、资金周转慢、规模效益较明显等特点，其发展直接影响到经济运行和人民生活的各个层次和方面。也就是说，关系到国计民生的重要产业，适合于政府投资。“十二五”期间，要支持国民经济持续健康发展，实现国家第三步战略目标，对基础产业有巨大的社会需求，基础产业构成国有资产投资的重点
环境保护投资	环境保护具有较明显的公共物品的特点，企业、个人往往无力或不愿投资，相当部分环境保护设施和产业投资需要政府来承担。从我国环境问题的现状来看，形势依然十分严峻，从水土流失、土壤沙化，到江河污染、大气污染和固体污染物排放，都不容乐观，局部地区还在恶化。此种形势将直接影响到我国经济社会的可持续发展以及人民生活水平的提高，需要政府加大投资力度进行治理
国防工业	由于历史的原因等因素，我国国防工业一直由国家直接经营管理，在此格局下，为加强国防现代化建设，国防工业也是国有资产投资的重点之一
高新技术产业等新兴产业风险投资	在现代市场经济中，科学技术是第一生产力，成为推动经济增长的主要因素。但在发展科学技术、开发高新技术产品的过程中，企业、个人面临着较大的市场风险，甚至超过了其承受能力。而这类高新技术产品一旦开发成功，产生新的产品和产业，则会给投资者带来可观的收益，给国家财政提供丰厚的税源，并对全社会的科技进步产生推动作用，具有较明显的外部正效应。在这些产业开发之初，政府通过国有资产投资的方式给予扶持是十分必要的。不过，在这些产业发展成熟后，政府可通过逐步出售国有股份的部分，使其走向市场化经营

二、国有资产投资规模

1. 国有资产投资规模的概念

国有资产投资规模是指一定时期内国有企业、事业单位和政府机关在国有资产再生产活动中投入的货币总量，也就是用货币表示的国有资产建设工作量。在国有资产投资管理中，投资规模是一个十分重要的经济变量。一定时期内国有资产投资规模的大小，从长远看，影响到国有经济的积累和发展能力，以及对经济结构的调整能力；在近期，它是社会有效需求的重要组成部分，关系到市场物价的稳定和供求关系的平衡，因而国有资产投资规模对投资结构、效益具有重要影响。在我国，由于国有经济在国民经济中的特殊地位，国有资产投资规模对整个国民经济和社会发展具有决定性作用。

国有资产投资规模还可从两个方面来理解：一是指当年国有资产投资规模，即本年度国有企业、事业单位和政府机关在国有资产再生产活动中实际完成的投资额，其反映一个国家或地区国有企业、事业单位和政府机关用于国有资产投资人力、物力和财力的数量。二是指在建投资规模，即一个国家或地区国有企业、事业单位和政府机关当年施工的建设项目全部建成交付使用所需要的投资额，其反映一定年份国有资产投资在全国实际铺开的建设战线的规模。在讲到国有资产投资规模时，需要注意结合实际分析其具体含义。

此外，国有资产投资规模可以按不同标准进行分类。按用途分，有经营性国有资产投资规模和非经营性国有资产投资规模；按性质分，有基本建设国有资产投资规模和更新改造国有资产投资规模；按建设时间分，有年度国有资产投资规模和在建国有资产投资规模；按地域分，有境内国有资产投资规模和境外国有资产投资规模。根据理论研究和国有资产管理的需要，还可以进行其他的分类。

2. 不同经济体制下国有资产投资规模控制机制

如前所述，国有资产投资规模是国有资产投资管理的重要内容，但在不同的经济体制下，规模控制的机制是根本不同的。

在传统的计划经济体制下，国有资产投资规模控制主要是通过编制、执行国民经济和社会发展计划，以行政命令的方式进行的。从 1950—1978 年有关年份经济运行实际情况分析，凡是国民经济比例关系严重失调、经济发展遭受重大挫折的年份，其共同的基本特征是，急躁冒进，国有资产投资中的基本建设投资规模过度膨胀，大大超过了国家人力、物力和财力的承受能力，迫不得已又进行国民经济调整。调整的主要手段，就是砍基本建设项目，即当时常说的“关”“停”“并”“转”。每次大的比例关系失调和调整，都给社会资源配置带来重大损失。在传统的计划经济体制下，基本建设投资规模失控是一个多年难以治愈的顽症，有人称之为“投资饥饿症”，许多学者进行了各种各样的解读，如国家对国有企业的“父爱主义”，等等。但基本建设投资规模失控的基本原因是，在计划经济体制下，企业不是独立的经济实体，是行政机关的附属物，国有资产投资决策、收益、风险相脱节。

在社会主义市场经济条件下，国有资产投资规模控制主要是通过市场机制进行的，并辅之法律和必要的行政手段。在市场经济条件下，国有企业是独立的经济实体，要对投资项目承担市场风险以及相应的法律责任，如因重大投资决策失误，造成企业经营陷入困境，资不抵债，企业就要依法破产倒闭。而国家以其在企业的投资股份承担有限责任，不再像传统体制下那样对企业亏损承担无限的补贴责任。从国有资产投资资金来源上分析，财政预算内资金只占较小的一部分，资金主要来自自筹和银行信贷资金，就充分说明了这一点。并且，各银行近年来大大强化了信贷资金的风险管理，进一步加强了国有资产投资规模的市场机制约束力量。除经营性国有资产投资直接受市场机制调控外，事业单位和行政部门的国有资产投资规模也间接受制于市场机制，因为这些事业单位和行政部门的设立和国有资产的投资，是由为社会提供的社会公共服务的需要量决定的。此外，国家还可以利用财政预算、金融调控等经济调控手段，国民经济和社会发展计划等必要的行政手段，以及法律手段等，对国有资产投资规模进行有效调控。

3. 合理确定国有资产投资规模的原则

总结我国国有经济发展的理论与实践，合理确定国有资产投资规模需要坚持以下原则（见表 3–2）。

表 3–2　合理确定国有资产投资规模的原则

原则	内容
瞻前顾后、统筹安排的原则	国有资产投资规模，不仅要考虑年度投资规模，还要考虑在建投资规模。国有资产投资项目在未建成投产之前，不向市场提供任何商品和劳务，还需要消耗大量的人力、物力和财力，影响市场供求关系和物价稳定。而有的建设项目不是一年或几年完成的，而是需要十几年、几十年才能完成，如三峡工程、南水北调工程等，所以，在决定这些大的项目上马时，不仅要考虑当年的投资规模，而且要考虑今后十几年、几十年的投资规模。因此，必须严格控制新开工项目，坚持三条原则：一是不搞无本投资，必须有一定比例资本金后，才能申请银行贷款；二是不能挪用流动资金贷款搞固定资产投资；三是必须打足铺底流动资金。此外，国有资产投资规模还需要在财政预算拨款、银行贷款、自筹资金和利用外资之间统筹兼顾，合理安排，保证国有资产投资的合理规模，落实投资资金来源

续表

原则	内容
合理界定积累率的高低	在国民收入一定的情况下，国有资产投资规模主要取决于积累和消费的比例，而这两者是此消彼长的关系。因此，正确处理积累和消费的关系，从根本上说，是保持国有资产投资规模在一个比较合理范围内的条件。在传统体制下，我国存在的主要问题是积累率偏高，仅基本建设支出就占财政支出的 30% ~ 40%，挤占了改善人民生活所需的支出。在我国市场化改革中，财政支出中投资性支出比例下降、消费性支出增加是正常的，但作为发展中国家，国有资产投资还是要保持一定的水平。目前，一些中西部地区地方财政困难，甚至连“吃饭财政”都难以保障，未必是件好事
量力而行的原则	坚持量力而行的原则，就是在一定时期安排国有资产投资时，充分考虑国有经济发展可用于国有资产投资的实际财力，不搞缺口预算。国有资产投资是国有经济扩大再生产的行为，其财力安排应当是根据当期实现的收入中扣除了简单再生产需要的价值补偿，满足上年已达到的消费水平（包括社会消费与个人消费），并有所提高，建立了必要的社会后备后所剩余的财力，即可运用的积累基金，再加上固定资产折旧资金。如果国有资产投资规模超过了国家财力，就必然挤占国家预算的支出，以及国有单位的有关支出，影响国民经济的协调发展。新中国成立后国有经济发展的历史反复证明，确定国有资产投资规模必须量力而行，否则就会欲速则不达。也就是说，坚持量力而行的原则，并不是消极保守，而是根据需要与可能坚持实事求是的工作思路

4. 合理调控国有资产投资规模的途径

国有资产投资规模的调控问题，在我国国民经济运行中已发生了重大变化。在传统的计划经济体制下和 1978—1998 年以市场化为导向的经济体制改革时期，我国在国有资产投资领域的主要矛盾是固定资产投资规模膨胀、管理失控，引发国民经济重大比例关系失调、通货膨胀和物价上涨。国家也采取了一系列的措施进行治理，如严格基本建设项目审批程序、按投资大小实行分级管理、开征固定资产投资方向调节税（前身为 1983 年开征的建筑税），从总体上看，这些措施的效果并不理想，国家最后的手段，仍是对基本建设项目关、停、并、转，治理成本很高。1998 年以后，我国国民经济运行状况发生了重大变化。经过多年的经济体制改革，国民经济运行机制市场化取得实质性进展，国有企业、商业银行的投资约束机制开始形成，买方市场已经出现，市场大部分商品和劳务供求平衡或供过于求。受东南亚金融危机和世界经济的影响，以及国内国有企业改革和经济结构调整力度的进一步加大，我国从 1998 年下半年开始出现了较明显的通货紧缩、市场疲软、社会有效需求不足、经济增长乏力的问题。中央审时度势，调整了在“九五”计划中确定的执行适度从紧的财政、货币政策，在 1998—2002 年连续扩大国债发行规模，增加基本建设投资，刺激社会有效需求，促进经济的较快增长。这是我国在国有资产投资规模控制领域的一个重大转折。也就是说，在社会主义市场经济条件下，国有资产投资规模的调控，不再是简单地控制其规模，抑制投资规模膨胀，而是要根据国民经济运行状况相机抉择。

根据国有资产投资的主要资金来源和现行的国有资产管理体制，调控国有资产规模的途径主要有：

（1）严格预算管理，完善复式预算。财政预算安排的国有资产投资支出，是国家一定时期重点建设项目的重要资金来源，要按照《预算法》的要求，严格预算管理，合理调控国有资产投资规模。预算批准的国有资产支出，按规定及时拨付资金，保证国有资产投资项目建设的顺利进行。国有资产支出的追加、追减，要按法定程序报请批准，维护国家预算执行的严肃性。同时，为使国家预算在社会财力分配中发挥主导作用，规范预算收支，加强财政监督，硬化预算约束，有必要将国家预算划分为公共预算、国有资本经营预算和社会保障预算三部分。国有资本经营预算是指管理国家以国有资产所有者身份取得的收入和国家用于经济建设及国有资产经营支出的预算。国家财政用于国有资产的投资，主要就是国有资本经营预算支出。通过国有资本经营预算，有效管理和调节国有资产投资规模。

（2）严格控制信贷规模。如前所述，国内银行贷款是国有资产投资的第二大来源。银行贷款除银行自有资金外，就是国家财政性存款和储蓄存款，其中，储蓄存款比例最大。国家只要控制了银行贷款这个源头，通过对资金供应的调节，使投资总规模保持在合理的范围之内，国有资产投资规模就会得到有力控制。国家要合理确定和严格控制银行投资贷款、债券和股票发行的总规模；银行和非银行金融机构要实行资产负债比例和贷款规模管理相结合的制度，并强化资产负债管理；要建立各种信贷的比例关系，如贷款占存款加资本金的最高比例，灵活运用准备金率、贴现率等手段，从源头上及时和灵活地调节流入固定资产投资领域的资金量，实现对投资总规模的控制。另外，可以通过调整利率来调整国有资产投资。当需求旺盛时，可以提高贷款利率，增大投资成本，同时提高存款利率，吸引更多的社会闲散资金用于固定资产投资；当需求不足时，可以降低贷款利率，减少投资成本，鼓励投资。这样，通过有关金融政策工具的运用，有效调节国有资产投资规模，达到国家的宏观经济政策目标。

（3）建立健全国有资产管理体制，形成经营性国有资产投资的风险约束机制。上述几种国有资产投资规模的途径，主要是政府利用其掌握的经济、法律和行政手段，对国有资产投资规模进行管理，实现国家宏观经济政策目标。而对经营性国有资产投资而言，除政府利用上述手段进行管理外，更重要的是通过建立健全国有资产管理体制，形成国有资产投资的风险内在约束机制，解决长期存在的国有资产投资决策、收益和风险相脱节的问题，从国有经济内部自动产生投资规模约束机制。即国有资产投资的决策者、经营者要为国有资产活动承担相应的经济、法律责任，为提高国有资产投资效益的最大化而努力。

三、国有资产投资结构

1. 国有资产投资结构的概念及分类

国有资产投资结构是指在一定时期国有资产投资总额中，各个组成部分所占的比例或数量关系。国有资产投资结构可以根据国有资产投资管理和理论研究的需要，选择不同的标准进行划分。如按产业划分，可分为国有资产在第一、二、三产业的投资；按具体部门划分，可分为国有资产对农业、工业、商业、建筑业、交通运输业等部门的投资；按地区划分，可分为国有资产在东部地区、中部地区和西部地区的投资，还可以进行更具体的划分；按技术水平划分，可分为国有资产为对技术密集型产业、资本密集型产业和劳动密集型产业的投资；按再生产性质划分，可分为外延性投资和内涵性投资；按组织结构划分，可分为对大型、中型和小型项目的投资，等等。在本节，我们重点研究国有资产投资的产业结构、部门结构和地区结构。

在国有资产投资规模一定的条件下，投资结构是否合理，是国有资产投资效益高低的决定性因素。国有资产投资要达到预期的目的，就要优化投资结构，为市场提供急需的商品和劳务，满足社会需求，提高投资效益。

2. 衡量投资结构是否合理的标准

优化投资结构是国有资产投资的主要内容。那么，衡量投资结构是否合理的标准是什么？第一，宏观经济标准，即国有资产投资结构是否有利于促进优化国民经济结构，合理配置社会资源，实现宏观经济的稳定与均衡。由于国有资产投资在经济社会发展中的特殊地位，其投资结构对整个国民经济结构的调整具有重要的决定性作用。一方面，现有的国民经济结构，特别是产业结构、部门结构和地区结构等，制约着国有资产投资结构；另一方面，国家通过国有资产投资，在一定时期内组织若干重点建设项目，引导社会投资方向，对克服“瓶颈”产业约束，缩小地区发展差距，优化经济结构，增加社会有效供给，保持宏观经济的稳定与增长发挥决定性作用。第二，微观经济标准，即国有资产投资结构是否有利于提高国有资产投资效益。如果国有资产投资结构合理，投资项目所提供的商品和劳务能够满足社会需求，就会达到投资所预期的经济、社会和生态效益；如果国有资产投资结构不合理，所生产的商品和劳务不能适应市场需要，经营性国有资产投资项目就难以收回投资和产生盈利，非经营性国有资产也难以实现其预期的社会和生态效益，国有资产投资就不能达到预期目标，从而造成社会资源的浪费。效益成为检验国有资产投资结构是否合理的最终标准。

第三节　国有资产投资效益

一、国有资产投资效益的概念、意义和原则

1．国有资产投资效益的概念

效益是投入与产出、所费与所得之间的比较。国有资产投资效益就是指国有资产投资所取得的有用效果与所消耗的投资额之间的比例。进行国有资产投资，要消耗大量的人力、物力和财力等社会资源。在一定时期内，对人们的需求而言，这些社会资源是有限的、稀缺的。利用有限的、稀缺的社会资源，最大限度地满足人们的需求，客观上就需要提高资源的使用效益。一般来说，如果投资消耗不变，则取得的有用成果越大，投资效益越高；如果有用成果不变，则投资消耗越少，投资效益越高。也就是要求尽可能以最小的投资消耗取得最大的有用成果。

在国民经济和社会发展中，政府的国有资产投资承担着与其他投资主体不同的责任，具有其特殊的历史使命，其投资效益的体现具有多面性，可从不同的角度，选择不同的标准进行分类。如按国有资产投资效益实现的领域分，可分为经济效益、社会效益和生态效益；按国有资产投资受益方式分，可分为直接效益与间接效益；按国有资产投资受益的期限分，可分为当前效益和长远效益；按国有资产投资受益的范围分，可分为宏观效益与微观效益，等等。

2．提高国有资产投资效益的意义

由于国有资产投资在国民经济和社会发展中占有重要地位，提高国有资产投资效益具有十分重要的意义。

第一，提高国有资产投资效益，有利于加快经济发展，壮大国家综合实力，实现国家现代化建设目标。我国国有经济掌握着国民经济命脉，在国民经济中处于主导地位，国有资产投资效益的提高，就意味着单位投资额可以为市场提供更多的商品和劳务，创造更多的价值，满足社会需要。我国作为发展中国家，建设资金不足是长期面临的任务，国有资产投资效益的提高，就相当于有更多的资金投入国家建设，以加快经济发展，实现工业化、现代化的历史任务，使国民经济朝信息化和知识经济方向发展，壮大国家综合实力，实现国家第三步战略目标，把我国建设成为富强、民主、文明、和谐的社会主义强国。

第二，提高国有资产投资效益，有利于巩固和发展国有经济，把建设中国特色社会主义的伟大事业推向前进。提高国有资产投资效益，为国民经济提供更多、更

好的技术装备，可以进一步发展和壮大国有经济，提高国有企业市场竞争力，优化社会资源配置，在多种经济成分并存的条件下，充分发挥国有经济的主导作用，引导整个国民经济的发展方向，进一步巩固社会主义制度，建设有中国特色的社会主义，为人类社会的历史发展作出更大的贡献。

第三，提高国有资产投资效益，有利于改善人民物质文化生活，提高人民福利水平。在国有资产投资项目中，相当部分属公共物品或准公共物品，特别是非生产领域的公共物品，完全是政府通过国有资产投资提供的，或者主要由政府来提供。国有资产投资效益的提高，政府利用相同的投资，可以为社会提供更多的公共物品服务，进一步改善和提高人民物质文化生活水平。现阶段，在基础教育、基础科学研究、公共文化设施、公共卫生、环境保护、社会保障等领域，还需要政府大量的投资。努力提高国有资产投资效益，对增加上述领域的公共物品服务供给，满足日益增长的社会需求具有十分重要的意义。

3. 提高国有资产投资效益的原则

如前所述，提高国有资产投资效益，对我国经济和社会发展具有十分重要的意义，为此，还需要坚持一些基本的原则。

经济效益、社会效益和生态效益相结合的原则。政府既是国有资产的所有者，又是社会公共权力机构，承担着一般社会宏观经济管理职能。国有资产投资，不仅要考虑投资项目所产生的经济效益，还要充分考虑投资项目对社会发展和生态环境的影响，即重视其社会效益和生态效益。做到科技、教育、文化、卫生、社会保障等各项社会事业发展，与国家经济发展水平相协调，人民生活从经济增长中得到实惠，精神文明建设与物质文明建设同步。同时，在国有资产投资中，努力走可持续发展的道路，在经济发展与人口、资源和环境之间实现良性循环，不能再走以破坏资源、污染环境为代价换取经济增长的老路。努力做到经济效益、社会效益和生态效益相结合，如果经济效益与社会效益、生态效益发生矛盾，坚持社会效益和生态效益优先的原则。

宏观效益与微观效益相结合的原则。国有资产投资的宏观效益，是指从全国和全社会的角度，对投资项目的所得与所费进行比较；国有资产投资的微观效益，是指从投资项目本身以及从投资单位、部门或地区的角度，对投资项目的所得与所费进行比较。两者之间既有统一性，又有矛盾。一般来说，微观效益是宏观效益的基础，没有微观效益的提高，也就不可能有宏观效益的提高。但有些投资项目，从单位、部门和地区来看，投资效益可能较好，但从全国来看，可能存在重复建设、盲目建设，与现有生产能力争原料、争能源，产生产品和劳务供过于求的问题，全面考察所得与所费，宏观投资效果并不理想，这样，国有资产投资就存在宏观效益与微观效益的矛盾。在此种情况下，就要进行协调，努力做到宏观效益与微观效益相统一。

如果国有资产投资项目的宏观效益与微观效益出现冲突，应以宏观效益为主。

当前效益与长期效益相结合的原则。国有资产投资的当前效益，是投资项目在短期内就能取得的经济、社会和生态效益。一些建设期较短的项目，甚至能够达到当年建设，当年投产见效。国有资产投资的长期效益，是指投资项目建设周期长，需要较长时期才能发挥作用，或者建设项目的社会、生态效益，需要经过较长的时间才能表现出来，当前的效益并不十分明显。如基础教育投资，主要表现为一种长期的社会、经济效益，即所谓“十年树木，百年树人”，在我国现行教育制度下，一个人从幼儿园，到中小学、大学，需要20年左右的培养周期。基础研究、公共图书馆和博物馆等公共文化设施的投资效益，也有相同或相似的特点。这样，政府在国有资产投资中，需要统筹兼顾、权衡利弊，将国有资产投资的当前效益与长期效益相结合，促进经济社会的协调、健康发展，克服片面树“政绩”，只注重当前效益的短期行为。

二、提高国有资产投资效益的途径

国有资产投资效益问题，贯穿于国有资产投资和经营的全过程，涉及诸多复杂因素，上一节所阐述的国有资产投资规模、结构，都是影响国有资产投资效益的重要内容，本节不再重复。这里，我们主要从宏观和微观两个方面，概括提高国有资产投资效益的途径。

1. 以建立健全社会主义市场经济条件下国有资产管理体制为核心，建立国有资产投资的宏观调控体系，努力提高国有资产投资效益。在市场经济条件下，国有资产投资资金来源多元化，国有资产投资涉及财政部、银行、发展和改革委员会、业务主管部门等众多部门，需要以新型国有资产管理体制为核心，建立有效的国有资产宏观调控体系，从国民经济和社会发展大局高度，运用经济、法律和行政等多种手段，对国有资产投资规模、结构等重大问题作出正确的决策，促进投资决策、投资收益和投资风险相结合，从宏观上保证国有资产投资效益的提高，充分发挥国有经济在国民经济中的主导作用，带动整个国民经济效益的提高和健康、快速发展。

2. 加强投资项目管理，努力提高国有资产投资的微观效益。除建立国有资产投资的宏观调控体系，从宏观上提高国有资产的效益外，还需要加强国有资产投资具体项目管理，提高国有资产投资的微观效益。在市场经济运行中，国有资产投资既具有一般经济主体投资的特点，更具有其特殊性，需要在投资管理过程中采取相应的措施，以加强管理、堵塞漏洞、消除腐败、提高投资效益。从近年来我国国有资产投资领域的具体情况看，在建设项目招标投标、工程监理、建设工程预算决算审查、基本建设财务审计等方面，都需要进一步加强管理，以提高国有资产投资效益。

第四章　国有资产收益管理

第一节　国有资产收益的含义

一、国有资产收益的概念

1. 财产所有权重心的转移

产权，是指财产所有权以及与财产所有权有关的各项权能的总和。与财产所有权有关的权能包括对财产的经营权、占有权、使用权、收益分配权和处分权等一系列财产权利。占有权是指对财产直接控制的权能；使用权是指按照自己的意图，对财产的效用加以利用的权能；收益权是指享受财产运用所产生权益的权能；处分权是指对财产存在状态加以改变的权能。

财产所有权，简称“财产权”，是一种最古老的财产权利，也是最基本的财产权制度。在欧洲，财产所有权制度始建于古罗马时代，基本内容由《罗马法》确定。今天民法学意义上的财产权理论和制度就是在此基础上发展和完善起来的。

可以把基本遵循《罗马法》所确定的所有权原则和内容称为“古典所有权”。古典所有权理论认为，在四项权能中，处分权最重要，因为它涉及财产的命运。古典所有权理论是和自然经济及简单商品经济相适应的，因为当时生产的目的主要是消费，因而使用价值最有意义。古典财产权理论是由法学家们创立的，而现代产权理论则是由经济学家们创建的。

随着资本主义的发展，在生产和交换领域，法人取代自然人成为主要角色。在四项权能中，中心也开始向收益权倾斜。在现代市场经济中，一部分财产，主要是商品生产和交换之外的财产，仍然遵循古典所有权制度；另一部分财产，主要是从事商品生产和交换的财产，遵循的却是现代产权理论。

在现代市场经济条件下，对于用于生产经营的资本性财产来说，最重要的已不是使用价值，而是价值，更准确地说，是价值的增值，即财产所有权的重心开始向收益权倾斜。因此，国有资产的收益管理在国有资产管理的整个理论体系乃至实际运作中都显得尤为重要。

2. 国有资产收益的概念

国有资产收益是指国家或其授权的国有资产的经营机构，凭借其对国有资产的出资者所有权取得的各种收益的总称，包括企业上缴利润、利息、股息、股权转让收入、资产占用费、国有资产转让收入和依法取得的其他收益。国有资产管理机构作为统一行使国有资产出资人职能的机构，收益管理是其重要的管理职能。

狭义的国有资产收益是指国有企业或国有控股、参股企业，在一定时期内利用资产从事生产经营活动所产生的价值增量，其本质是劳动者当年创造的剩余产品价值的一部分。

国有企业或国有控股、参股企业，利用国有资产从事生产经营活动创造出的产品，从价值形态上考察包括 c、v 和 m 三部分。其中，c 是用于补偿生产过程中消耗掉的生产资料的价值部分，这是对预付价值的补偿，也是维持企业简单再生产的必要扣除；v 是用于补偿生产过程中劳动力消耗的部分，通常以劳动者报酬的形式支付给劳动者个人，是维持劳动力再生产的必要扣除；m 是新创造的剩余价值，即企业的纯收入，可以在国家、企业和劳动者之间进行分配。因此，从本质上讲，国有资产收益就是劳动者当年新创造的剩余产品价值中的一部分，反映了资产所有者、经营者和劳动者之间的经济利益分配关系。2004—2006 年，中央企业主营业务收入增长 78.8%，年均递增 21.4%；实现利润总额增长 140%，年均递增 33.8%；上缴税金增长 96.5%，年均递增 25.2%，国有资产保值增值率 144.4%。2010 年度中央企业实现净利润 8522.7 亿元，比上年增长 42.8%。2010 年度中央企业上缴税金总额 14840.4 亿元（含石油特别收益金 898.9 亿元），比上年增长 31.7%，比 2003 年增加 11220.5 亿元，7 年间年均增加 1602.9 亿元，年均递增 22.3%。国有资产收益状况不断改善，国有资产质量不断优化，对社会经济发展的作用进一步显现。2010 年年末，120 家中央企业拥有国有资本及权益为 70791.7 亿元，比 2010 年年初增加 7719.5 亿元，增幅为 12.2%；比 2003 年增加 4.2 万亿元，年均递增 13.6%。在全部中央企业中，2010 年度实现国有资产保值增值的企业有 112 家，占 93.3%。国有资产保值增值率超过 110% 的企业有 47 家，占 39.2%。

3. 国有资产经营亏损的处理

在实际经营过程中，国有资产可能获得收益，也可能导致亏损。国家作为国有资产的所有者，针对亏损原因的不同，对国有资产的管理政策也不相同。国有资产亏损分为经营性亏损和政策性亏损，前者是指国有企业因自身生产经营管理不善而导致的亏损，国有资产管理部门代表国家要督促其通过加强生产经营管理和进行产业结构调整等方法来扭亏为盈；后者是指国有企业受国家的经济政策或指令性生产计划影响而导致的亏损，国家财政要给予相应的政策性补贴。

各级国有资产管理部门要根据实际补贴情况编制年度国有资产政策性亏损补贴计划，报财政部门批准之后，列入支出预算，下拨给国有资产管理部门，再由国有资产管理部门将指标落实到亏损企业。

对于经营性亏损，原则上要由企业自负盈亏，国家财政不予补贴。但是，由于我国在国有企业产权制度改革之后，国家与国有企业之间的产权关系一度比较模糊，职责不清，因此其亏损通常很难界定是政策性的还是经营性的，往往是政策性亏损掩盖经营性亏损，结果经营性亏损也得到了财政补贴。

对此，国有资产管理部门要及时分析各个企业发生亏损的具体原因，提出是否给予财政补贴的建议。对确属遇到暂时困难但具有良好发展前景的企业，国家可以适当追加投资，以帮助企业早日走出困境，扭亏为盈；反之，对于长期经营管理不善，连续、巨额经营性亏损的企业，国家不但不能追加投资，相反还要会同有关部门限期整顿和扭亏。如确实不能扭亏的企业，可以通过产权市场，采用兼并、拍卖、破产等形式转让国有资产，以实现国有资产的优化组合和合理配置。

二、国有资产收益的分类

为了便于管理和分析，可以将国有资产收益进行分类，通常有以下几种分类方法。

1．按照直接占用者的属性标准，可分为企业收益和国家收益

区分企业收益和国家收益，有利于国家掌握和分析企业扩大再生产的情况，从而确定适合于经济发展的积累比例。企业收益，也称企业留存收益，是指按照国家有关规定留存企业自行支配的国有资产收益。这部分主要用于企业扩大再生产，也有少部分用于职工集体福利事业和职工奖励。

国家收益是在国有资产所有权和经营权相分离的条件下，国有资产所有权在经济上的实现。国有资产可以采取多种经营方式，因此收益的形式也有多种：国有企业应上缴国家的利润；股份有限公司中国家股份应分得的股利；有限责任公司中国家作为出资者按照出资比例应分得的红利；各级政府授权的投资部门或机构以国有资产投资形成的收益应上缴国家的部分；国有企业产权转让收入；股份有限公司国家股权转让（包括配股权转让）收入；对有限责任公司国家出资转让的收入；其他非国有企业占有国家资产应上缴的收益；其他按规定应上缴的国有资产收益。

2．按照国有资产收益的实现方式，可分为国有资产经营收益和国有资产运营收益

国有资产经营收益是指经过对商品或劳务进行生产经营，使国有企业盈利而产生的收益，它是国有资产收益的主要来源部分；国有资产运营收益是指国有企业通过

资本运作取得的国有资产增值部分，主要包括通过出售、转让、置换、并购等方式取得的收益。随着我国产权交易市场的发展，国有资产运营收益将会有较大幅度的增长。

合理地划分国有资产经营收益和运营收益，可以更好地解决国有资产的存量分布，合理调整产业结构。

3．按照来源性质，可分为经营性收益和非经营性收益

经营性收益是指在国有资产经营的过程中，经营者和生产者通过努力提高经营管理水平，进行技术创新，促使劳动生产率提高和成本降低所获得的生产经营性成果。经营性收益是国有资产收益构成中的主要部分，是社会财富增长的源泉。不断提高经营收益和资产使用效率，是国有资产管理工作的一项基本任务。

所谓非经营性收益，是指并非由于企业自身努力，而是因为某种客观因素而使企业获得的收益，如国家特许垄断经营、自然资源级差收入等。

将国有资产收益划分为经营性收益和非经营性收益，可以客观评价企业的经营业绩，并制定相应的收入分配政策，防止分配中产生不公平现象，实现对收入分配的有效调节，促进和谐社会的建设。

4．按照收益的解缴对象，可分为中央收益和地方收益

中央收益是指直接解缴中央金库的国有资产收益，主要来源于中央直接管辖的国有企业的经营收益；地方收益是指直接解缴地方政府金库的国有资产收益，主要来源于由地方政府管理的国有企业的经营收益。

根据分级财政管理体制，对分别解缴中央和地方的国有资产收益进行合理划分，既符合国有资产由国家统一所有、政府分级管理的原则，又能充分调动中央和地方各级政府在国有资产管理中的积极性。因此，这属于政府间财政关系的范畴。

三、国有资产收益分配的原则

国有资产收益的实现，是政府、企业和职工共同努力的结果，因此，这三者都应从中获得收益，具体如何进行分配就体现了各利益主体之间的相互经济关系。根据国有资产管理体制改革的要求和国有资产管理的实践，国有资产收益的分配一般要遵循下列原则（见表 4–1）。

表 4–1　国有资产收益的分配应遵循原则

原则	内容
资本金与收益相匹配原则	根据现代产权理论，国家获取国有资产收益的依据就是其投入的国有资本金。因此，收益分配要和投入的资本金相匹配。投入的资本金多，获得的收益也就多；反之，投入的少，获得的收益也就少。这是现代产权理论的基本原则，也是建立现代企业制度的内在要求

续表

原则	内容
兼顾国家、企业、职工三者利益的原则	在我国，国家、企业和职工三者的利益根本上是一致的，但也存在着局部、近期的矛盾。因此，国有资产的收益分配要兼顾三者的利益。国家作为国有资产的所有者，在国有资产收益的分配过程中处于主导地位，国有资产收益分配的有关比例等重要事项要由国家决定；同时，为了使国有企业能够保持发展后劲，还必须允许企业留存一部分收益，主要表现为企业提取的资本公积金和盈余公积金；此外，企业除提取出一部分用于发展的资本积累之外，还要按照《会计法》和《公司法》的有关规定提取公积金和公益金，这样才能保证企业在可持续发展的基础上，提高职工的工作积极性
税利分流原则	国家既是社会经济的管理者，又是国有资产的所有者。作为社会经济的管理者，国家可以通过征税的方式取得收入，用于保证政府各职能部门的正常运转并进行相应的宏观调控；作为国有资产的所有者，国家要对国有资产进行管理，以保证国有资产的保值、增值和结构优化。国家的这种双重身份就要求在进行国有资产收益分配时，要遵循税利分流的原则，即国家以社会管理者身份从国有企业取得的税收，用于执行国家管理者的职能需要；作为国有资产所有者身份取得的利润，用于对国有资产的再投资

第二节　国有资产管理收益的收缴

一、国有资产收益的形式

如前文所述，按照我国现行的国有资产收益分配体制，国有资产收益是按照税利分流的原则收缴的，即对国有企业首先统一征收企业所得税，然后再对税后收益按照不同形式收取。

1．对税利分流原则的再认识

国有资产收益的收缴实行税利分流原则的理论依据是政府的双重地位和双重职能相分离理论，即所有者地位和管理者地位、国有资产管理职能和社会政治管理者职能相分离。政府的双重地位决定了它在执行双重职能目标时的目标、方式各不相同，因此政府分别以双重地位获得收益的上缴形式也是不同的。如果不对这两种收益的收缴方式进行区分，必然会造成政企不分的局面，不利于市场经济的发展。

按照市场经济的投资收益原则，国家作为国有资产的所有者应该获得利润。当政府执行国有资产管理职能时，它通过占用、处置、使用或委托经营者占用、处置、使用来实现国有资产保值、增值的目的，在这个过程中必须遵循价值规律和等价交换的原则，因此以“利”的形式上缴给国家的收益依据的是利益等价交换基础上的契约关系。同时，国家作为社会管理者，行使政治权力，执行社会管理职能，通过税收的形式获取收益。税收显然并不是一种基于契约关系的纯粹的利益等价交换关系。

2. 留存国有企业的国有资产收益的分配形式

留存国有企业的国有资产收益的分配形式，根据国有资本经营形式的不同而有所不同，具体表现在：

（1）根据《公司法》的规定，股份经营企业的收益分配，应在缴纳企业所得税、弥补亏损之后，按照净利润的 10% 提取法定公积金和 5% 提取法定公益金。当法定盈余公积金达到注册资本的 50% 时可以不再提取，之后剩余的利润可以向投资者进行分配。

（2）中外合资企业国有资产收益的分配方式是：根据《合营企业法》及其实施细则的规定，合营企业在缴纳所得税之后，应当提取企业储备基金、职工奖励和职工福利基金、企业发展基金。其中，储备基金的提取比例不得低于税后利润的 10%，累计提取数额达到企业注册资本的 50% 之后，可以不再提取。职工奖励和职工福利基金的提取比例由企业自定，其中企业的储备基金主要用于弥补亏损，企业的发展基金主要用于扩大企业生产经营或按企业章程规定作为投资人的增资，剩余利润部分可以按照章程、投资合同或投资比例在各投资方之间进行分配。

3. 国有资产收益上缴的形式

国有企业统一缴纳企业所得税之后，对于税后利润，根据企业不同的组织方式和经营方式，主要通过以下几种方式上缴（见表 4–2）。

表 4–2　国有资产收益上缴的形式

形式	内容
股利	股利是指股份制企业按照股东的股本所占的股份比例分配给股东的利润。对于实行股份制经营的那部分国有资产，股利是政府作为股东，凭借其特有的资本所有权——股权，参与股份制企业经营收益分配而取得的收入。股利包括股息和红利。股息是股东依据股本所有权以固定比例计算的股金利息，其中包括优先股股息和普通股股息；红利则是普通股股东依据股本在公司分配股息之后对剩余利润进行的分配。股息是公司所有股东获得股权收益的形式；红利的分配在普通股股息分配之后进行，其数量取决于企业分配股息之后剩余利润的数量。这种分配方式主要适用于国家控股、参股等股份制经营的国有企业
租金	租金主要适用于实行租赁制的企业。为了调动企业和职工生产的积极性，20 世纪 80—90 年代我国对国有资产一度实行了租赁的经营方式。租赁制是指在不改变国有资产的全民所有制性质的前提下，国家作为出租方将国有资产有限期地交给承租方经营，承租方按照租赁合同，给出租方支付一定的租金，并进行自主经营

续表

形式	内容
上缴利润	上缴利润是指国有企业实现的税后利润上缴国家的部分。上缴利润形式一般适用于未实行公司制改制的政府直接经营和试行承包经营的国有独资企业。因为这类企业的全部投资都来自国有资产，政府对其拥有绝对的处置权，所以其税后利润可以直接采取利润上缴的方式来进行分配
产权转让收入	国有资产的产权转让收入主要包括两部分：一是国有资产产权转让收入，即国家通过国有资产产权转让、出售、拍卖、兼并等方式取得的收入；二是国有资产使用权转让收入，即国家通过转让国有资产的使用权获得的收入。这种方式适用于所有存在国有资产产权转让和交易行为的企业和单位
资产占用费	资产占用费是指国有企业对占用的国有资产按照规定的标准缴纳的费用。资产占用费是国有资产有偿使用的一种具体形式，是企业对占用的资产按照规定标准付费的责任制度。这种分配方式主要适用于直接经营、委托经营方式的国有企业和占用国有资产的集体企业等

二、国有资产收益的收缴管理

1．国有企业不同收益形式的上缴管理

根据国有资产收益上缴形式的不同，国家对国有资产收益的收缴管理做了相应的具体规定。

国有企业应上缴国家的利润。根据企业财务制度的规定，企业税后利润在提取盈余公积金和公益金之后应该向投资者分配利润。国有企业上缴国家的利润就是国家以投资者身份从税后利润中获得的收益。作为投资者，国家享有企业所有者的各项权利，包括税后利润的分配权。

但是，考虑到 20 世纪末国有企业利润水平比较低的情况，《国务院关于实行分税制财政管理体制的决定》规定："作为过渡措施，近期可根据具体情况，对 1993 年以前注册的多数国有全资老企业实行税后利润不上缴的办法。"少数国有企业应上缴国家的利润，按企业财务隶属关系分别由财政部和省级（含计划单列市）财政部门根据企业和当地政府的财政情况确定。

2007 年我国开始试行国有资本经营预算制度之后，对国有企业 2006 年之后实现的利润要逐步开始收缴，具体情况可以参见本章第四节。

股份公司国有股利的上缴。国有股权收益，应当按照同股同利的原则，由国有持股单位及时足额收取。原则上，国有股收益由国家持股单位收取并上缴国库；国有法人股收益由持股单位收取计入企业利润总额，不单独作为国有资产收益上缴。其具体做法是：

第一，国有企业整体改造为股份有限公司的，国家股应分得的股利由国家持股单位收取并上缴。

第二，国有企业部分改制，分为两个独立法人，改制后的股份有限公司委托行业主管部门持股管理的，国家股应分得的股利由行业主管部门收取并上缴。

第三，国有企业部分改制，在原国有企业的基础上成立集团公司，改制之后的股份有限责任公司由集团公司控股的，国有企业应分得的股利由集团公司收取，作为投资收益纳入集团公司的利润总额。

第四，国有企业部分改制，分离出来的原老企业应自负盈亏，企业发生的经营性亏损，在国家规定的期限内用税前利润弥补；企业发生的政策性亏损，经同级财政部门审批，可在一定期限内按企业隶属关系，由同级财政部门给予适当补贴。财政部门弥补的亏损数不得大于分离出的股份有限公司实际上缴国家的股利。

有限责任公司中，国家应分得红利的上缴。有限责任公司中，国家应分得红利的上缴方式具体为：

第一，国有独资公司中国家应分得的红利，由国家授权投资的机构或部门上缴。

第二，新设立的有限责任公司，国家直接投资应分得的红利由投资单位上缴。

第三，在原国有企业基础上吸收其他单位投资组建的有限责任公司应上缴国家的红利，由原国有企业的产权持有单位上缴。

其他国有资产收益形式的上缴。国有资产的其他收益上缴形式主要是指：

第一，各级政府授权的投资部门或机构，以国家资产投资取得的国有资产收益，由投资部门或机构就地上缴，也可由被投资单位直接上缴。

第二，其他非国有企业占有国有资产应上缴的收益，由投资部门或单位直接上缴。

第三，各级主管部门使用国家拨款或各类建设基金进行投资的，其分得的税后利润、股息、红利收入，由各级主管部门直接上缴。

2. 国有资产收益的收缴管理

国有企业上缴利润采取按月预交、全年清算的办法。股份有限公司分配现金股利时，国家股利经国有资产管理部门确认后及时上缴；有限责任公司分配红利时，国家按出资比例分得的红利经国有资产管理部门和财政部门确认后及时上缴；国有企业产权转让收入和股份有限公司国家股股权转让收入（包括配股权转让收入）以及有限责任公司国家出资转让收入，由国有资产管理部门会同财政部门确认后上缴；其他非国有企业占有国有资产应上缴的收益，应按照财政部门、国有资产管理部门的有关规定上缴。

国有资产收益既有中央收益也有地方收益的，按照《国有资产收益收缴管理办法》的规定，“国有资产收益的收缴工作由财政部门会同国有资产管理部门负责。”其中，中央企业国有资产收益上缴工作，由财政部授权财政部驻省、直辖市、计划单列市财政监察员办事机构负责。地方国有资产收益收缴办法可由各省、自治区、直辖市、计划单列市人民政府根据本地区实际情况自主确定。国有资产收益的减免，由国有资产管理部门按照有关政策规定审批核定。

第三节　国有资产收益制度的历史演变

国有资产收益制度，也称国有资产利润分配制度，规定了国家和国有企业对利润进行分配的具体形式、比例和方法，是国家财政管理体制和企业财务管理制度的重要组成部分。为了适应不同时期国民经济发展、财政管理体制变革的要求，我国曾实行过多种不同的国有资产收益分配制度。

一、1978 年以前的利润分配制度

1978 年改革开放之前我国国有企业的利润分配制度虽然经过几次变革，但主要实行企业利润绝大部分上缴、国家不向企业征收所得税的统收统支的体制。这一时期，除了经济恢复时期之外，国有企业收入占国家财政收入的比重一般在 40% ~ 50% 之间。

1．国民经济恢复时期（1949—1952 年）

新中国成立初期的国民经济恢复时期，我国实行了高度集中的统收统支体制，即企业实现的利润全部上缴国家财政，企业所需的资金由财政拨款解决。这种利润分配制度尽管在当时特定的历史条件下具有一定的意义，但是忽视了国家与企业、企业与职工之间的利益关系，使企业一度缺乏内在的发展动力。

2．企业奖励基金制度

1952 年开始实行的企业奖励基金制度规定，企业在完成了国家下达的生产、销售、财务等计划指标之后，可以按照计划及不同行业规定的比例，从利润中提取企业奖励基金，主要用于举办集体福利、改进和扩充生产设备，剩余利润再全部上缴。

3．利润留成制度

1958 年开始实行的利润留成制度规定，企业可根据实现的利润和规定的留成比例提取一部分利润，这部分利润主要用于四项费用，即补偿流动资金、补偿计划内基本建设投资不足、适当的职工福利及适当的职工奖励等，剩余利润再全部上缴国家。

利润留成是兼顾国家、企业和职工三者利润的一种制度，它扩大了企业的财权，使企业和职工的经济利益和经营成果结合起来，调动了企业的生产积极性。但是1958年之后的几年里，由于经济指导工作的失误和自然灾害的影响，国民经济发展失衡，大批企业亏损，盈利企业的利润水平也大幅下降。1961年为纠正“大跃进”的错误，按照“调整、巩固、充实、提高”的方针，企业利润留成制度也进行了相应的变革，1962年起停止利润留成制度，恢复了企业奖励基金制度。

二、1978—1994年的利润分配制度

党的十一届三中全会以后，我国的经济形势和经济工作的指导思想发生了很大变化，为适应经济体制和财政体制的变化，国有企业的利润分配机制也发生了重大和实质性的变革。

1. 企业基金制度

1978年国有企业开始实行企业基金制度，即企业在完成国家规定的经济指标的前提下，按照企业职工全年工资总额的一定比例提取企业基金，主要用于职工福利和奖金。

企业基金制度虽然在一定程度上扩大了企业财权，但由于企业基金是按照工资总额的一定比例提取的，而不是按照企业实现利润的多少提取，因而未能把企业和职工的经济利益同经营成果挂钩，不能充分调动经营者和生产者的积极性。

2. 利润留成制度的恢复实行

1979年我国国有企业开始重新实行利润留成制度，即企业利润在国家和企业之间进行分配。首先，按照一定标准核定企业留成基数，将企业留利同企业实现的利润总额及其增长相联系，使企业经济利益和其创造的利润总额相挂钩；其次，在企业留利中建立生产发展基金、职工福利基金和职工奖励基金三种基金，用于发展生产和改善职工生活福利。

利润留成制度使企业拥有了一定的资金自主权，为企业逐步过渡为独立的商品生产者和经营者奠定了一定的物质基础，但同时也存在着一些问题，主要表现为利润留成基数和留成比例主观性强，容易造成企业间苦乐不均、鞭打快牛等现象。而且，随着整个经济形势的变化，留成基数和留成比例需要不断加以调整，这就使得国家和国有企业之间的收益分配关系难以稳定。

3. 利改税制度

1983年我国国有企业开始实行第一步“利改税”，也称“以税代利”，是指国有企业把原来上缴国家的利润改为按规定上缴税金。因此，利改税的实质是向企业征收企业所得税。当时规定对国有大中型企业按照55%的比例税率征收企业所得税，

征收所得税之后的利润，在扣除企业留利之后，分别以递增包干、固定比例、定额包干和缴纳调节税的形式上缴国家财政，并规定税后留利应建立专项基金，即生产发展基金、新产品试制基金、后备基金、职工福利基金和职工奖励基金。其中，前三项基金的比重不得低于60%，后两项基金不得高于40%。对国有小型企业按八级超额累进税率征收所得税，税后利润由企业自主支配。可见，第一步利改税并不“彻底”，实际上是税利并存。

1984年国有企业开始实行第二步“利改税”，其主要内容是：（1）将原来的“工商税”划分为产品税、增值税、营业税和盐税；（2）开征资源税；（3）恢复和开征房产税、车船使用税、土地使用税和城市维护建设税四个地方税种；（4）将国有大中型企业所得税税后利润的上缴改为征收国有企业调节税，对小型企业实行新的八级超额累进税率。这次“利改税”成为彻底的“以税代利”。

“利改税”这种利润分配改革的意义在于对国有企业开征所得税，使国家和国有企业之间的利润分配关系以税收的形式固定和规范下来，有利于国家财政收入的稳定增长和国有企业的自主经营。与此同时，所进行的税制改革实行了多税种、多环节、多层次的复合税制，有利于综合发挥税收的经济调节职能。

但是，回过头来看，当时的“利改税”改革也存在明显的缺陷：一是企图用单一的税收完全替代利润上缴，从“税收无用论”走向了“税收万能论”的极端，否定了利润形式的特点和作用，混淆了国家的经济所有者地位和政治统治者地位、经济管理职能和政治管理职能；二是实行税前还贷，其实质是用国家财政的钱替国有企业还贷，这一方面减少了国家财政收入，另一方面也大大弱化了企业和银行的自我约束机制，容易助长投资规模的膨胀；三是按企业经济性质设置了不同的所得税税率，这样不仅打击了国有企业的生产积极性，也从根本上违背了市场经济的公平竞争原则。

4. 上缴承包利润制度

1987年我国开始对国有企业实行承包经营责任制，即在维护企业全民所有制的前提下，按照所有权与经营权相分离的原则，发包方和承包方以签订的承包合同为依据分配利润。承包制的原则是“包死基数，确保上缴，超收多留，欠收自补”，从而为企业确立了自主经营、自负盈亏的经营约束机制。

国有企业承包经营责任制尽管大大激发了企业和职工发展生产的积极性，但在其执行过程中也存在一些明显的问题：一是承包制是税前承包即包括所得税在内的承包。尽管国营企业还上缴所得税，但国家与企业之间的分配实际上是按照承包利润结算的，这样就使征收所得税变得对企业没有实质意义了。二是承包基数和分成比例的核定并不规范，在实际中经常出现讨价还价的扯皮现象。三是承包制容易造成生产经营行为的短期化，在实际中表现为重消费、轻积累和拼设备、吃老本等现象。另外，我国承包制在实际中还经常出现负盈不负亏现象。因此，要想更好地协调国家和企业之间的利益分配关系，有必要对承包制做进一步的变革。

5．税利分流制度

1989年国家开始对部分城市进行“税利分流”的试点，其主要形式是：一是税利分流，即企业实现的利润分别以利润和所得税两种形式上缴国家，剩余部分留给企业；二是税后承包，即把企业上缴所得税之后应交给国家的国有资产收益部分以承包的形式确定下来；三是税后还贷，即企业固定资产投资借款，必须用企业所得税后的留利归还。

税利分流改革综合了利改税和承包制的长处，将利改税的规范性和承包制的灵活性有机地结合起来。与以往实行的各种利润分配制度相比，税利分流制度具有以下特点：第一，税利分流的关键是跳出了“以税代利”和“以利代税”的“税利不分”的传统模式，明确了税收和利润是两种不同属性的分配方式，区分了国家的经济职能和政治职能、所有者地位和管理者地位；第二，税利分流在国家和国有企业之间建立了规范、稳定的分配制度，而不是单纯的减税让利；第三，把税前还贷改为税后还贷，改变了国家代企业承担贷款的不合理现象，强化了投资约束机制。

当然，这时实行的税利分流制度在所得税税率的确定上，还没有体现出“公平税负、平等竞争”的原则。另外，所得税税后利润的一部分以承包的形式上缴，没能从根本上解决企业负盈不负亏、企业经营行为短期化等问题。

三、1994年以后的利润分配制度

1994年分税制改革之后，我国国有企业的利润分配制度体现为两条主线：一是1994年分税制改革统一了内资企业所得税税负标准，在此基础上2008年开始实施的《中华人民共和国企业所得税税法》进一步将内外资企业所得税税法进行了统一；二是考虑到国有企业改革中的困难，1994年分税制改革时曾规定国有企业不用上缴利润。随着近年来国有企业经营状况的改善，我国先是从2006年开始对国有石油垄断企业开征了特别收益金，然后从2007年开始试行“国有资本经营预算”，要求国有企业开始恢复上缴其税后利润。这就标志着我国国有企业的改革已经完成了过渡期，一种与市场经济体制相适应的利润分配制度基本建立了起来。

1．企业所得税的合并

（1）内资企业所得税的合并。1994年之前的企业所得税制度，除“‘三资’企业所得税”之外，内资企业所得税还按照所有制性质分为国营企业所得税、集体企业所得税和私营企业所得税。这种征收制度的最大缺陷是违背了统一原则和公平原则，税率悬殊、税负不公，不利于多种所有制企业的发展。

1994 年进行的税制改革统一了企业所得税的征收，体现了“公平税负、平等竞争”的原则。这次企业所得税改革的主要内容是：将原来的国营企业所得税、集体企业所得税、私营企业所得税合并，统一了内资企业所得税；实行 33% 的比例税率，与外商投资企业和外国企业所得税的名义税率一致，为后来内外资企业所得税的合并奠定了基础；规定了企业所得税的税前列支标准，改变了企业应税所得额从属于企业财务制度的状况，稳定和拓宽了税基；取消了国营企业调节税、能源交通重点建设基金和预算调节基金的征收，减轻了企业负担；取消了税后还贷，建立了新的企业还贷制度，允许将还款利息计入企业成本，并适当加速折旧。

（2）内外资企业所得税的合并。我国原来的企业所得税按内资、外资企业分别立法，外资企业适用 1991 年第七届全国人民代表大会第四次会议通过的《中华人民共和国外商投资企业和外国企业所得税法》，包括大量国有企业在内的内资企业适用 1993 年国务院发布的《中华人民共和国企业所得税暂行条例》。

自 20 世纪 70 年代末实行改革开放以来，为吸引外资、发展经济，对外资企业采取了有别于内资企业的税收政策，实践证明这样做是必要的，对改革开放、吸引外资、促进经济发展发挥了重要作用。

截至 2009 年年底，我国累计批准设立外商投资企业达到 68.3 万家，实际外商直接投资额达到 9454 亿美元。2009 年，外商投资企业工业产值、税收、出口分别占全国的 28%、22.7% 和 55.9%，直接吸纳的就业人口达到 4500 万人。2010 年，中国实际使用外资 1057.4 亿美元，首次突破 1000 亿美元，创历史最高水平。

当前，我国经济社会情况发生了很大变化，社会主义市场经济体制初步建立。加入世贸组织后，国内市场对外资进一步开放，国有企业等内资企业也逐渐融入世界经济体系之中，而且面临越来越大的竞争压力，继续采取内资、外资企业不同的税收政策，必将使内资企业处于不平等竞争地位，影响统一、规范、公平竞争的市场环境的建立。

内资、外资企业所得税制度在执行中也暴露出一些问题，已经不适应新的形势要求：一是现行内资税法、外资税法差异较大，造成企业之间税负不平、苦乐不均。现行税法在税收优惠、税前扣除等政策上，存在对外资企业偏松、内资企业偏紧的问题，根据全国企业所得税税源调查资料测算，内资企业平均实际税负为 25% 左右，外资企业平均实际税负为 15% 左右，内资企业高出外资企业近 10 个百分点，企业要求统一税收待遇、公平竞争的呼声较高。二是现行企业所得税优惠政策存在较大漏洞，扭曲了企业经营行为，造成国家税款的流失。比如，一些内资企业采取将资金转到境外再投资境内的“返程投资”方式，享受外资企业所得税优惠等。三是现行内资税法、外资税法实施 10 多年来，我国经济社会情况发生了很大变化，需要针对新情况及时完善和修订。以部门规范性文件发布的许多重要税收政策，也需要及时补充到法律中。

为有效解决企业所得税制度存在的上述问题，有必要在统一不同经济性质的内资企业所得税的基础上尽快统一内资、外资企业所得税。企业所得税“两法合并”改革，有利于促进我国经济结构优化和产业升级，有利于为国有企业等各类企业创造一个公平竞争的税收法制环境，是适应我国社会主义市场经济发展新阶段的一项制度创新，是促进经济社会可持续发展战略的配套措施，是中国经济制度走向成熟、规范的标志性工作之一。

《中华人民共和国企业所得税法》于 2007 年第十届全国人民代表大会第五次会议通过，2008 年起正式施行。除了内外资企业统一实行 25% 的比例税率之外，新企业所得税税法还统一了纳税人的认定、税前扣除办法及标准、优惠政策等内容。20 世纪 80 年代，当时国营企业自我财务约束机制不健全、国有资产收益分配制度不完善，为此我国规定了企业工资限额扣除政策，即每人每月工资税前扣除限额最高为 1600 元，超过限额部分要计入企业应纳税所得额，这对于防止企业工资过度发放、调节收入分配、缓解收入分配不公等起到了积极作用。目前，随着我国经济体制改革的不断深入，国有企业产权治理结构不断完善，因此，《中华人民共和国企业所得税法》对内资企业取消了工资限额扣除政策，实行与外资企业一致的工资支出据实扣除政策，使企业工资支出得到足额补偿，可以进一步降低包括国有企业在内的所有内资企业的税负水平。

2．国有企业利润的收缴

（1）1994 年分税制改革的规定。考虑到国营企业所承担的历史包袱，根据 1994 年开始实施的《国务院关于实行分税制财政管理体制的决定》（国发〔1993〕85 号）的规定，“作为过渡措施，近期可根据具体情况，对 1993 年以前注册的多数国有全资老企业实行税后利润不上缴的办法。”由于当时很多国有企业并不景气、盈利能力严重不足，放弃利润收缴也就意味着企业要自己承担亏损的弥补，减轻了政府对国有企业的补亏性支出，因此当时被当作“振兴财政”的手段之一。

（2）征收特别收益金。根据国务院及财政部下发的《国务院关于开征石油特别收益金的决定》《石油特别收益金征收管理办法》的规定，自 2006 年 3 月 26 日起，我国开始对石油开采企业销售国产原油因价格超过一定水平（每桶 40 美元）所获得的超额收入，将按比例征收石油特别收益金。这标志着我国开始对石油开征“暴利税”。

可见，所谓的“暴利税”，实际上不过是政府取得的对国有资源的一种收益形式。我国目前正在构建对资源类产品的财税调节体系，除大家熟知的资源税之外，还要征收权利金和特别收益金。其中，权利金是指对资源开采权的出让价格，主要根据资源储量确定；特别收益金，又称“暴利税”，针对行业取得的超额利润征税。

石油是现代世界经济的命脉、工业的血液，在各国经济中占有举足轻重的地位。正是因为石油企业对国民经济具有如此重大的影响力，尤其是凭借垄断地位在高油价时期获得的超额利润引起了一些国家政府的高度关注，它们除对石油企业的超额利润按照税制规定正常课征所得税外，还往往会选择对其征收暴利税。石油输出国政府希望以此来调节本国石油资源的流出，维护本国的财政利益，而石油消费国政府则希望通过对垄断石油企业课征暴利税，来消除普通消费者的不满，维护国内市场的稳定。对石油企业课征额外税收的国家包括美国、英国、挪威和巴西等，其中，美国称为暴利税，英国称为石油收益税，挪威称为特别税。

英国政府于 1975 年宣布开征石油收益税。该税旨在限制外国石油公司在本国牟利，其税率在 1978 年、1979 年、1980 年分别为 45%、60%、70%。19S3 年提高为 75%，其后随国际油价下跌而逐步降低。2005 年 3 月，英国也曾计划向 2004 年盈利暴增的五大银行和壳牌、英国石油公司（British Petroleum，BP）征收暴利税以补贴社会福利开支。

此外，英国还曾对私有化的垄断企业征收过高达 50 亿英镑的“暴利税”。在英国 20 世纪初开始的公有企业私有化过程中，许多企业的定价都是按照当时企业所提供的信息估价并按照有关私有化法规进行的。但是，后来发现当时的私有化法规过于宽松，公司的定价远远低于企业的市场实际价值。不仅如此，许多电信、煤气、燃气、电力、机场、铁路和供水等行业的公用设施企业，在根据有关法规通过上市实现私有化之后，公司的价值在市场上成倍增长，而且形成了自然垄断。这在社会上引起激烈争论，许多人都怀疑国有资产在私有化过程中被贱卖了，也就是存在“国有资产流失”现象。

为了挽回国有资产流失造成的损失，同时也为了限制垄断、维护市场的平等竞争、保护消费者利益，1997 年英国工党政府采取了对这些私有化企业征收暴利税的措施。具体包括三条原则：一是到 1997 年 7 月 2 日，任何在私有化过程中从股票上市的意外所得中获利的企业都必须缴纳暴利税；二是暴利税的税率为 23%，且只征收一次，只针对企业，不针对个人；第三，税基是私有化 4 年之内的超额利润。英国将征得的暴利税收入全部用于福利和就业计划，特别是对年轻人的职业教育，收到了良好的效果。

英国的经验表明，暴利税的课税对象不仅仅限于石油行业，为了维护社会公平，政府对任何存在自然垄断、获取超额利润的行业都保有课征暴利税的权力。

尽管有的国家一些石油公司的部分超额利润，可能不是通过开采和销售本国原油获得的，而是通过向国内销售国外原油实现的，但根据课税的“目的地原则”，其所获得的超额利润仍然来源于本国消费者，因此向它们征收暴利税仍然底气十足。美英等国作为老牌的资本主义国家调节超额利润、维护社会公平时都能义无反顾，我国作为社会主义国家，在居民收入差距不断拉大的今天，适时向拥有垄断收益的企业或行业开征暴利税就不难理解了。

（3）试行国有资本经营预算。2007 年 9 月 8 日，国务院发布了《关于试行国有资本经营预算的意见》（国发〔2007〕26 号），决定中央本级国有资本经营预算从 2008 年开始实施，2008 年收取实施范围内企业 2007 年实现的国有资本收益。2007 年进行国有资本经营预算试点，收取部分企业 2006 年实现的国有资本经营收益。各地区国有资本经营预算的试行时间、范围、步骤，由各省、自治区、直辖市和计划单列市人民政府决定。

国务院公布了《关于试行国有资本经营预算的意见》之后，2007 年 10 月份开始，烟草企业及国资委监管的 155 家中央企业陆续向财政部上缴了总额约 170 亿元人民币的企业红利。央企国有资本收益按“适度、从低”原则分三档上缴财政部，其中，石油石化、电信、煤炭、电力、烟草五个行业的上缴标准为税后利润的 10%；科研院所和军工企业 3 年内暂时不上缴；其余央企均按照 5% 的标准上缴红利，试行阶段减半征收。

如果从 1994 年分税制开始实行算起，试行国有资本经营预算标志着国有企业——至少是中央级的国有企业正式结束了 11 年（1994—2005 年）不向国家上缴利润的历史。

那么，155 家央企上缴 170 亿元红利是不是少了点？央企向政府上缴红利的多与少是相对而言的。155 家央企上缴总额约 170 亿元人民币的企业红利，相对于央企的利润总额而言，似乎少得可怜。

有数据显示，2006 年，国有企业实现利润 1.2193 万亿元，税后利润达 6252 亿元。2007 年 1 月 25 日，国务院国资委主任李荣融表示，2006 年 159 家中央企业实现利润 7546.9 亿元。170 亿元，无论相对于上面哪个数字，比例似乎都显得小了一些。即使按照央企的税后利润计算，170 亿元也决不会超过 5%。

2010 年全国国有企业实现利润 19870.6 亿元，同比增长 37.9%；中央企业实现净利润 8522.7 亿元。以上年实现利润按比例征收央企红利为主而实现的国有资本经营预算收入，2008 年、2009 年分别为 547.8 亿元、873.6 亿元，2010 年约为 440 亿元。可见，上缴的红利也只在 5% 左右。

从国际做法来看，不论什么机构担任国有股东的代表，一般都要求将国有企业的红利转给财政部门，用于公共支出。丹麦、芬兰、法国、德国、新西兰、挪威、韩国以及瑞典等国都是如此，而且上缴的红利比例也不低。如在法国，国有企业在按税法规定纳税外，如有盈利，则必须按 50% 的税率上缴所得税。其他很多国家国企上缴的红利比例，也都远远高于我们目前的比例，有的国家要求上缴的红利为盈利的 1/3 ~ 2/3，高的甚至达到盈利的 80% ~ 90%。

多年来，央企等国有企业不向政府上缴红利，可以说是“放水养鱼”，对壮大国有企业发挥了很大作用。现在，国有企业的利润日渐丰厚，已经到了“反哺”社会的时候。国企从不上缴红利到上缴红利，这本身就是一个不小的进步，相信今后的力度还将不断加大。

第五章　国有资产评估

第一节　国有资产评估概述

一、资产评估的概念及其特点

1．资产评估的概念

资产评估是一项动态化、市场化的社会经济活动，它是市场经济条件下客观存在的经济范畴。在我国，随着社会主义市场经济体制的确立和发展，资产评估作为社会性和公正性活动，在国有资产的产权转让、企业重组、资产流动等方面，发挥着重要作用，成为社会经济生活中新兴的不可缺少的行业。

一般地说，资产评估是指通过对资产某一时点价值的估算，从而确定其价值的经济活动。具体地说，资产评估是指由专门机构和人员，依据国家规定和有关资料，根据特定的目的，遵循适用的原则，选择适当的价值类型，按照法定的程序，运用科学的方法，对资产价值进行评定和估算的过程。

通过对概念的解释，可以看出，资产评估主要由六大要素组成，即资产评估的主体、客体、特定目的、程序、价值类型和方法。评估的主体是指资产评估由谁来承担，它是资产评估工作得以进行的重要保证；评估的客体是指资产评估的对象，它是对资产评估内容上的界定；评估的特定目的是指资产业务发生的经济行为，直接决定和制约资产评估价值类型和方法的选择；评估的价值类型是对评估价值的质的规定，对资产评估方法的选择具有约束性；资产评估方法是确定资产评估价值的手段和途径。同时，整个资产评估工作是按一定的程序系统进行的。资产评估的要素是一个有机组成的整体，它们之间相互依托，相辅相成，缺一不可。而且，它们也是保证资产评估价值的合理性和科学性的重要条件。

2．资产评估的特点

充分理解和把握资产评估的特点，有利于进一步弄清资产评估的实质，对于搞好资产评估工作，提高资产评估质量具有重要意义。一般来说，资产评估具有以下特点：

现实性。现实性是指以评估基准期为时间参照，按这一时点的资产实际状况对资产进行的评定估算。

资产评估基准期是指确定的资产评估价值的基准时间。由于各种资产都是处在不断运动和变化中的，资产的数量、结构、状态和价值也就不可能长期保持不变。因此，资产评估只能是评估某一时点的资产，它不能完全反映各个时期的资产状况。为了科学实施资产评估，使评估结果具有可解释性，便于客户和公众对其合理利用，必须确定评估基准期。评估基准期一般以“日”为基准时点，选择与资产业务或评估作业时间较接近的时期。

资产评估的现实性表现在以下三个方面：

（1）资产评估直接以现实存在为资产确认、评估和报告的依据，没有与过去业务及其记录进行衔接、均衡、达成一致等约束，只需要说明当前资产状况，而不需要说明为什么形成这个状况，以及如何由过去的那种状况变成当前状况。

（2）以现实状况为基础反映未来。

（3）现实性强调客观存在。形式上存在而实际上已消失者，形式上不存在而事实上存在者，都要以实际上的客观存在为依据来确定。

市场性。资产评估是来源于市场、服务于市场的活动，其市场性特点表现在市场活动中的资产交易活动发生条件下，资产评估通过模拟市场条件对资产做出评定估算和报告，并且，这一估算和报告结果会接受市场检验。

预测性。资产评估的预测性是指用资产未来时空的潜能说明现实。现实的评估价值必须反映资产的未来潜能，未来没有潜能和效益的资产，现实评估价值是不存在的。因此，通常用未来预期收益折算来反映资产的现实价值等，这是预测性特点的现实表现。

公正性。公正性是指资产评估行为对于评估当事人具有独立性，它服务于资产业务的需要，而不是服务于相互矛盾的资产业务当事人的任何一方的需要。公正性的表现有两点：一是资产评估是按资产评估准则和规程进行的，具有公允的行为规范和业务规范，这是公正性的技术基础；二是评估人员通常是与资产业务没有利害关系的第三者，这是公正性的组织基础。

咨询性。咨询性是指资产评估结论是为资产业务提供的专业化评估意见，这个意见本身并无强制执行的效力，评估者只对结论本身合乎职业规范要求负责，而不对资产业务定价决策负责。事实上，资产评估为资产交易提供的评估值往往由当事人作为要价和出价的参考，最终的成交价格取决于讨价还价的本领。此外，资产评估是职业化专家活动，其表现是一定数量结构的专家组成专业评估机构，形成专业化的社会分工。这种专门化、市场化的评估业，拥有大量的资产市场信息，能够更好地为资产业务的优化和实现服务。

二、资产评估的对象

1. 资产的含义

资产评估的对象，是指被评估的资产，即资产评估的客体。但什么是资产，却不是一个轻易可以回答的问题。作为资产评估对象的资产，有的是单项资产，有的则是若干项资产的组合体；有的是某一资产的所有权，有的则是资产的使用权，等等。我国的资产评估对象的确定，最初是以企业为主体进行研究的，当然也不排斥各项独立形态的资产，如房地产等。就企业主体而言，《企业会计准则》中对资产的定义是："资产是企业拥有和控制的，能以货币计量的经济资源。"从会计学的角度来说，上述定义的资产指的是企业资产负债表中左方的内容，即企业的全部资产。从资产评估角度来说，评估一个企业资产的价值，其客体可以是全部资产，可以是净资产，也可以是普通股权益。显然，上述资产的定义涵括不了这些资产的内容。

对于作为资产评估对象的资产，可以从以下几个方面理解：

（1）资产是一种权利。面对众多不同类型和形态的资产，要科学估算其价值，首先应判断其价值的内容。资产是一种权利，同样的资产载体，其权利是不同的。正如《国际评估准则》中指出的：从技术上说，被评估的对象是资产的所有权或"所有者的权利"，而不是有形资产或无形资产本身。诸如商标权的评估，其所有权价值和许可使用权价值是不同的。再如有关资源资产评估，涉及地质、矿藏、森林、旅游资源等。实际上，若要评估这些资源价值是不容易的，甚至是做不到的。评估者要评估的不是这些资源本身，而是这些资源某一方面的权利。

（2）资产是一种获利能力。判断和评估一项财产是否为资产，其价值如何，首要问题是判断其是否具有获利能力。如果不具备获利能力，也就不具备资产的特征，也就无所谓价值的存在。资产的价值是由资产所具有的获利能力决定的，不是评估人员评估出来的。评估人员只是采用适当的方法将其价值反映出来。

（3）资产必须为某一主体所拥有和支配。资产作为具有获利能力的权利，必须有其拥有和支配的主体，权属问题也是资产的本质内容，例如有关定理、公式等，是社会共有财富，无从判断其价值。而且，权属模糊不清，就无法界定资产范围，也就无从估算其价值。

2. 资产的分类

为了科学地进行资产评估，应对资产评估对象按不同的标准进行合理的分类。

（1）按资产存在形态分类，可以分为有形资产和无形资产。有形资产是指那些具有实体形态的资产，包括机器设备、房屋建筑物、流动资产等。会计学中的固定资产，一般是以使用年限在一年以上，单位价值在规定标准以上，并在使用过程中保持原来物质形态的资产。在资产评估中，固定资产具体是指机器设备、房屋建筑物等，评估时应分别进行，因为它们具有不同的功能和特性。

无形资产是指那些没有物质实体而以某种特殊权利和技术知识等经济资源存在并发挥作用的资产，包括专利权、商标权、非专利技术、土地使用权、商誉等。

（2）按资产是否具有综合获利能力分类，可以分为单项资产和整体资产。单项资产是指单台、单件的资产。整体资产是指由一组单项资产组成的具有获利能力的资产综合体。

作为资产评估对象的资产，大多具有可确指的存在形态，可以单件、单台地进行评估。例如，我们可以确切地评估厂房、机器设备的单项价值，可以评估确定某项技术专利等无形资产的价值。以单项资产为对象的评估，称为单项资产评估。将单项资产评估价值汇总起来，可以求得作为资产综合体的企业的总资产的价值。但是，如果不是变卖单项资产，而是把企业作为商品进行买卖时，一般不能够简单地按单项资产的评估价值总和来交易，因而，就存在着有别于单项资产评估的整体资产评估。典型的整体资产一般是一个企业，也可以是某一车间，或者是一组无形资产的综合体。企业整体资产不是企业各单项可确指资产的汇集，其价值也不等于各单项可确指的资产价值的总额，因为企业整体资产评估所考虑的是它作为一个整体资产的生产能力或获利能力，所以，其评估价值除了包括各单项可确指的资产价值以外，还包括不可确指的资产，即商誉的价值。

（3）按资产能否独立存在分类，可以分为可确指的资产和不可确指的资产。可确指的资产是指能独立存在的资产，前面所列示的有形资产和无形资产，除商誉以外都是可确指的资产；不可确指的资产是指不能独立于有形资产而单独存在的资产，如商誉。商誉是由于企业地理位置优越、信誉卓越、生产经营出色、劳动效率高、历史悠久、经验丰富、技术先进等原因，能获得的投资收益率高于一般正常投资收益率所形成的超额收益，它不能脱离企业的有形资产单独存在，所以称为不可确指的资产。

从西方发达国家资产评估历史分析，最初的资产评估对象主要是不动产，即非货币性长期资产。但随着市场经济的发展和资产评估业务的不断开展，资产评估的对象范围在不断扩大。例如以美国为代表的资产评估领域，不仅包括不动产评估，还包括动产、珠宝、机器设备、企业价值等；以英国为代表的欧洲资产评估体系，几乎完全偏重于不动产评估，《国际评估准则》即是以不动产为对象予以规范的。但值得注意的是，最近几年，《国际评估准则》内容在发生变化，1997 年的《国际评估准则》中指南 3 为厂房和设备的评估；2000 年的《国际评估准则》中增加了指南 4——无形资产评估；2001 年的《国际评估准则》中共有 10 项评估指南，其中指南 6 为企业价值评估。这说明资产评估对象的范围在不断地丰富和发展。

三、资产评估的价值类型

1. 资产评估的特定目的

资产评估的特定目的指的是被评估资产即将发生的经济行为。同样的资产，因为评估的特定目的不同，其评估值也不相同。资产评估的特定目的对资产评估的影响表现在两个方面：一是在什么样的条件下，即资产发生怎样的经济行为时应该评估；二是不同的经济行为决定了评估价值类型的差异，引致资产评估结果的差异。

根据国务院国资委 2005 年发布的《企业国有资产评估管理暂行办法》规定，企业有下列行为之一的，应当对相关资产进行评估：整体或者部分改建为有限责任公司或者股份有限公司；以非货币资产对外投资；合并、分立、破产、解散；非上市公司国有股东股权比例变动；产权转让；资产转让、置换；整体资产或者部分资产租赁给非国有单位；非货币资产偿还债务；资产涉讼；收购非国有单位的资产；接受非国有单位以非货币资产出资；接受非国有单位以非货币资产抵债；法律、行政法规规定的其他需要进行资产评估的事项。

2. 资产评估的价值类型

资产评估价值作为资产评估的结果，不仅是资产评估工作的目标，而且其真实性和科学性，也是衡量资产评估工作质量好坏的重要标志。资产评估价值含义不清，评估价值类型选择不当，会直接影响评估结果的准确程度，影响评估工作质量。

价值类型在资产评估业务中具有重要的作用，表现在：

（1）价值类型是影响和决定资产评估价值的重要因素。资产评估价值是某项资产在特定条件下的价值表现，其价值含义不同，结果也不一样。《国际评估准则》中指出："专业评估师应避免使用未经限定的'价值'概念，而应对所涉及的特定价值类型进行详细描述。""在运用和理解评估时明确披露价值类型和定义尤为重要，价值类型和定义需要与特定的资产评估业务相适应，价值定义的改变会对各种资产所具有的价值产生实质性的影响。"因此，每一个资产评估价值都是有条件的特定价值，而非资产本身的客观价值和内在价值。价值类型指的是评估价值的类别，是每一项评估价值的具体价值尺度。目前有一种观点认为，一项资产，因价值含义不同而产生评估价值差异，会使得评估值具有随意性和偏好性，缺乏客观性。这种担心可以理解，但没有必要。因为强调评估价值含义不同而产生的评估价值的差异，正是为了更有效真实地反映资产的评估值。通常情况下，资产发生的经济行为不同，其使用价值实现的市场环境和条件也不一样。一台机器设备，用于投资行为的评估和用于销售变现行为的评估，其价值含义不同，评估值也不一样。用于销售变现行为的评估，该资产的使用价值取决于市场的交换条件和需求者对其使用价值的判断；用于投资行为的评估，则只是考虑该机器设备在新投资企业中是否有用及其有用程度。显然，这时的需求者及其市场条件就会产生差异。

（2）价值类型制约资产评估方法的选择。价值类型实际上是评估价值的一个具体标准，为了获得某种标准的评估价值，需要通过评估方法获得。通行的评估方法主要有三种：市场法、成本法和收益法。应该说，评估方法无所谓先进和落后之分，只要能够获得满足价值类型结果的方法都是可行和有效的。在价值类型确定的情况下，评估方法的选择具有随机性和多样性，《国际评估准则》中指出："评估市场价值的最常见方法包括市场法（比较法）、收益资本化或现金流折现法（收益法）和成本法。"事实上，评估方法本身只是估算评估价值的一种思路，价值类型确定后直接制约方法应用中各种指标、参数的判断和选择。

（3）明确评估价值类型，可以更清楚地表达评估结果，可以避免报告使用者误用评估结果。任何评估结果都是有条件的，不同的评估目的、市场条件决定其价值含义是不同的，评估价值也不相同。评估师在评估报告中提出评估价值，并明确其价值类型,可以使报告使用者更清楚地使用评估价值,这样也可以规避评估师的责任。

价值类型问题一直是评估业界研讨的焦点和难点问题。现在至少已在下列方面达成共识：一是价值类型是必需的；二是价值类型应指导评估过程始终；三是每一种价值类型必须定义。现在的难点是确定价值类型的种类并定义每一种价值类型。

决定和影响价值类型的因素是多方面的，但主要因素是评估的特定目的（经济行为）和市场条件。核心问题是评估的特定目的，因为特定目的确定以后，直接影响市场条件，进而也影响资产功能和状态。比如，资产在发生售卖的经济行为下，直接决定了市场中需求者的范围。通常情况下，资产评估特定目的不同，评估价值也不一样，这种差异本身就是由于特定目的引致的价值类型不同造成的。需要进一步说明的是，许多情况下我们可以根据特定目的，加上对市场条件的假设和判断选择价值类型，但例外的情况是，评估师也可以根据委托者的要求选择价值类型。一般地，企业破产、资产拍卖，我们可以选择清算价值，但也可以根据委托者要求选择采用市场价值类型。根据对市场价值概念的分析，国际评估界对市场价值具有更大的偏好性，它似乎是一种理想化的评估价值。当然，价值类型选择不同，直接影响评估价值。而且，不同价值类型下的评估价值与实际资产交易值的差异度是不同的。如果企业破产评估选用清算价值这种价值类型，实际处置时，处置值和评估值差异就会较小；而如果选用市场价值类型时，处置值和评估值差异就会较大。可见，同样的评估目的，不同价值类型的评估值所表现的实际交易值与评估值的差异程度不同。需要强调说明的是，评估价值与资产交易值之间存在差异是正常的现象，因为交易过程中的许多因素并非评估师所应考虑的内容，报告使用者在使用评估价值时，应注意分析二者差异的形成原因。

四、资产评估的原则

资产评估的原则是调节资产评估委托者、评估业务承担者以及资产业务有关权益各方在资产评估中的相互关系，规范评估行为和业务的准则。其包括两个层次的内容，即资产评估的工作原则和资产评估的经济原则。

1. 资产评估的工作原则

资产评估的工作原则，见表 5–1。

表 5–1　资产评估的工作原则

原则	内容
客观性原则	客观性原则是指评估结果应以充分的事实为依据。评估人员要从实际出发，认真进行调查研究，在评估过程中排除人为因素的干扰，具有客观、公正的态度和采用科学的方法。评估的指标具有客观性，评估过程中的预测、推理和逻辑判断等只有建立在市场和现实的基础资料上，才具有意义
独立性原则	独立性原则要求在资产评估过程中摆脱资产业务当事人利益的影响，评估工作应始终坚持独立的第三者立场。评估机构应是独立的社会公正性机构，不能为资产业务各方的任何一方所拥有，评估工作不应受外界干扰和委托者意图的影响。评估机构和评估人员不应与资产业务有任何利益上的联系
专业性原则	专业性原则要求资产评估机构必须是提供资产评估服务的专业技术机构。资产评估机构必须拥有一支由工程、技术、营销、财务会计、法律和经济管理等多学科的专家组成的资产评估专业队伍；这支专业队伍的成员必须具有良好的教育背景、专业知识和丰富的经验，这是确保资产评估方法正确、评估结果公正的技术基础。此外，专业性原则还要求资产评估行业内部存在专业技术竞争，以便为委托方提供广阔的选择余地，这是确保资产评估公平的市场条件
科学性原则	科学性原则是指在资产评估过程中，必须根据评估的特定目的，选择适当的价值类型和方法，制定科学的评估实施方案，使资产评估结果科学合理。资产评估方法的科学性，不仅在于方法本身，更重要的是必须严格与价值类型相匹配。价值类型的选择以评估的特定目的为依据，它对评估方法具有约束性，不能以方法取代价值类型，以技术方法的多样性和可替代性模糊评估价值类型的唯一性，会影响评估结果的合理性。另外，科学性原则还要求资产评估程序科学合理。资产评估业务不同，其评估程序也有繁简的差异。因此，应根据评估本身的规律性和资产评估准则，结合资产评估的实际情况，确定科学的评估程序。只有这样，才能既有利于节约人力、物力和财力，降低评估成本，又有利于提高评估效率，保证评估工作顺利进行

2. 资产评估的经济原则

（1）贡献原则。贡献原则是指某一资产或资产的某一构成部分的价值，取决于它对其他相关的资产或资产整体的价值贡献，或者根据当缺少它时对整体价值下降的影响程度来衡量确定。贡献原则要求在评估一项由多个资产构成的整体资产的价值时，必须综合考虑该项资产在整体资产构成中的重要性，而不是孤立地确定该项资产的价值。

（2）替代原则。替代原则是指当同时存在几种效能相同的资产时，最低价格的资产需求最大。这是因为，有经验的买方对某一资产不会支付高于能在市场上找到相同效用替代物的费用。评估时，某一资产的可选择性和有无替代性是需要考虑的一个重要因素。

（3）预期原则。预期原则是指在资产评估过程中，资产的价值可以不按照过去的生产成本或销售价格确定，而是基于对未来收益的期望值确定。资产评估价值的高低，取决于实现资产的未来效用或获利能力。一项资产取得时的成本很高，但对购买者来说，其效用不高，评估值就不会很大。预期原则要求在进行资产评估时，必须合理预期其未来的获利能力以及拥有获利能力的有效期限。

资产评估的各经济原则是相互联系的，在评估过程中应综合运用这些原则，以保证资产评估工作效率的提高和评估结果的合理性。

应当说明的是，被评估资产的价值，客观存在的是一个量，而资产评估者对它的评估又是一个量。资产评估就是通过对资产的全面认识和判断，来反映其客观价值。但是，一般来说，要使评估值与资产客观价值完全一致是很难的，资产评估者的目标或任务应是努力缩小这个差距。

第二节　国有资产评估方法

一、市场法

1. 市场法及其适用的前提条件

市场法也称市场价格比较法，是指通过比较被评估资产与最近售出类似资产的异同，并将类似资产的市场价格进行调整，从而确定被评估资产价值的一种资产评估方法。市场法是一种最简单、最有效的方法，因为评估过程中的资料直接来源于市场，同时又为即将发生的资产行为评估。但是，市场法的应用，与市场经济的建立和发展、资产的市场化程度密切相关。在我国，随着社会主义市场经济的建立和完善，为市场法提供了有效的应用空间，市场法日益成为一种重要的资产评估方法。

应用市场法进行资产评估，必须具备以下前提条件：

（1）需要有一个充分发育、活跃的资产市场。市场经济条件下，市场交易的商品种类很多，资产作为商品，是市场发育的重要方面。资产市场上，资产交易越频繁，与被评估资产相类似资产的价格越容易获得。

（2）参照物及其与被评估资产可比较的指标、技术参数等资料是可搜集到的。运用市场法，重要的是能够找到与被评估资产相同或相类似的参照物。但与被评估资产完全相同的资产是很难找到的，这就要求对类似资产参照物进行调整，有关调整的指标、技术参数能否获取，是决定市场法能否运用的关键。

2. 运用市场法进行资产评估的方式

运用市场法进行资产评估，因市场条件的差异和参照物的不同，应采取不同的方式。一般地说，在市场上如能找到与被评估资产完全相同的参照物，就可以把参照物价格直接作为被评估资产的评估价值。这是市场法运用最简单、最直观的方式。但是，资产评估过程中，完全相同的参照物是很少见的，更多的情况下获得的是相类似参照物价格，需要进行价格调整，因此市场法也称作市场成交价格比较法。它是指一项被评估资产需要评估时，在公开市场上找不到与之完全相同的资产，但在公开市场上能找到与之相类似的资产，以此为参照物，并依其价格再做相应的差异调整，确定被评估资产的评估价值。资产评估过程中，在公开市场上完全相同的参照物几乎是不存在的，即使是一个工厂出产的相同规格、型号的设备，在不同企业中使用，由于维护保养条件、操作使用水平以及利用率高低等多种因素的作用，其实体损耗也不可能是同步的。即使新旧程度相同，但交易条件方面是否相同，只能经过详细的调查研究，通过仔细的对比分析，才能得出正确的结论。因此，采用市场法时，一方面是选择确定参照物价格，选择的参照物应具有相关性和代表性，而且应足够多；另一方面则是分析确定参照物的差异调整因素。参照物差异调整因素主要包括三方面：

一是时间因素。时间因素是指参照物交易时间与被评估资产评估基准日相差时间所影响的被评估资产价格的差异。不同的时间条件下，资产价格不同，应注意时间因素导致的价格变化。

二是地域因素。地域因素是指资产所在地区或地段条件对资产价格的影响差异。地域因素对房地产价格的影响尤为突出。

三是功能因素。功能因素是指资产实体功能过剩或不足对价格的影响。如一座房屋或一台机器设备，就特定资产实体而言，效能较高，用途广泛，但购买者未来使用并不需要如此高的效能，反之，购买者也可能有超出特定资产现有条件的要求，因而产生实体功能对价格的影响。一般情况下，功能越高，售价越高，但买主未来若对资产特定效能没有需求，就不愿意多花钱去购买这项资产，特殊功能的资产对所有者来讲并没有特殊价值。

3. 运用市场法评估资产的程序

运用市场法评估资产时，一般按下列程序（或步骤）进行：明确评估对象；进行公开市场调查，收集相同或相类似资产的市场基本信息资料，寻找参照物；分析整理资料并验证其准确性，判断选择参照物。评估人员对收集到的资料，应认真分析验证其真实可信程度，分析其交易条件和背景，选择三个或三个以上的可比参照物；把被评估资产与参照物比较；分析调整差异，做出结论。

一般来说，市场越活跃，市场法运用的空间越大，评估结论越合理。

市场法是资产评估中最简单、最有效的方法，其优点表现在：能够客观反映资产目前的市场情况，其评估的参数、指标直接从市场获得，评估值更能反映市场现实价格；评估结果易被各方面理解和接受。

市场法的缺点表现在：需要有公开及活跃的市场作为基础，有时因缺少可对比数据以及缺少判断对比数据而难以应用；不适用于专用机器、设备、大部分的无形资产，以及受地区、环境等严格限制的一些资产的评估。

二、成本法

1. 成本法及其适用的前提条件

成本法是指在评估资产时按被评估资产的现时重置成本扣减其各项损耗价值来确定被评估资产价值的方法。

采用成本法对资产进行评估的理论依据是：

（1）资产的价值取决于资产的成本。资产的原始成本越高，其原始价值越大，反之则小，二者在质和量的内涵上是一致的。根据这一原理，采用成本法对资产进行评估，必须首先确定资产的重置成本。重置成本是按在现行市场条件下重新购建一项全新资产所支付的全部货币总额。重置成本与原始成本的内容构成是相同的，但二者反映的物价水平是不相同的，前者反映的是资产评估日期的市场物价水平，后者反映的是当初购建资产时的市场物价水平。资产的重置成本越高，其重置价值越大。

（2）资产的价值是一个变量，随资产本身的运动和其他因素的变化而相应变化。影响资产价值量变化的因素，除了市场价格以外，还有：

资产投入使用后，由于使用磨损和自然力的作用，其物理性能会不断下降，价值会逐渐减少。这种损耗一般称为资产的物理损耗或有形损耗，也称实体性贬值。

新技术的推广和运用。使用企业原有资产与社会上普遍推广和运用的资产相比较，在技术上明显落后、性能降低，其价值也就相应减少。这种损耗称为资产的功能性损耗，也称功能性贬值。

由于资产以外的外部环境因素变化引致资产价值降低。这些因素包括政治因素、宏观政策因素等。例如，政府实施新的经济政策或发布新的法规限制了某些资产的使用，使其资产价值下降。这种损耗一般称为资产的经济性损耗，也称经济性贬值。

采用成本法评估资产具备的前提条件是：

应当具备可利用的历史资料。成本法的应用是建立在历史资料基础之上的，许多信息资料、指标需要通过历史资料获得。同时，现时资产与历史资产具有相同性或可比性。

形成资产价值的耗费是必需的。耗费是形成资产价值的基础，但耗费包括有效耗费和无效耗费，采用成本法评估资产，首先的问题是这些耗费是必需的，而且这些耗费应体现社会或行业平均水平。

2. 成本法运用的思路及其各项指标的估算

根据成本法的含义，成本法的基本计算公式可以表述为：

被评估资产评估值 = 重置成本 − 实体性贬值 − 功能性贬值 − 经济性贬值

被评估资产评估值 = 重置成本 × 成新率

成本法的计算公式为正确运用成本法评估资产提供了思路。评估操作中，重要的是依此思路，确定各项技术经济指标。

（1）重置成本及其估算。重置成本一般可分为复原重置成本和更新重置成本。

复原重置成本是指运用原来相同的材料、建筑或制造标准、设计、格式及技术等，以现时价格复原购建这项全新资产所发生的支出。

更新重置成本是指利用新型材料，并根据现代标准、设计及格式，以现时价格生产或建造具有同等功能的全新资产所需的成本。

选择重置成本时，在同时可获得复原重置成本和更新重置成本的情况下，应选择更新重置成本。在无更新重置成本时，可采用复原重置成本。一般来说，复原重置成本大于更新重置成本，但由此导致的功能性损耗也大。之所以要选择更新重置成本，一方面，随着科学技术的进步，劳动生产率的提高，新工艺、新设计的采用被社会所普遍接受；另一方面，新型设计、工艺制造的资产，无论是其使用性能还是成本耗用，都会优于旧的资产。

更新重置成本和复原重置成本的相同点在于采用的都是资产的现时价格，不同点在于技术、设计、标准方面的差异，对于某些资产，其设计、耗费、格式几十年一贯制，更新重置成本与复原重置成本是一样的。应该注意的是，无论是更新重置成本还是复原重置成本，资产本身的功能不变。例如，评估一台386型电子计算机，就不能以 486 型电子计算机作为更新重置成本。

（2）实体性贬值及其估算。资产的实体性贬值是资产由于使用和自然力作用形成的贬值。实体性贬值的估算，一般可以采用以下几种方法：

1）观察法，也称成新率法。它是指对被评估资产，由具有专业知识和丰富经验的工程技术人员对资产的实体各主要部位进行技术鉴定，并综合分析资产的设计、制造、使用、磨损、维护、修理、大修理、改造情况和物理寿命等因素，将评估对象与其全新状态相比较，考察由于使用磨损和自然损耗对资产的功能、使用效率带来的影响，判断被评估资产的成新率，从而估算实体性贬值。计算公式为：

$$资产的实体性贬值 = 重置成本 \times（1- 成新率）$$

2）公式计算法。其计算公式为：

$$资产的实体性贬值 =[（重置成本 - 预计残值）/ 总使用年限]\times（1- 成新率）$$

公式中：

①预计残值是指被评估资产在清理报废时净收回的金额。在资产评估中，通常只考虑数额较大的残值，如残值数额较小可以忽略不计。

②总使用年限指的是实际已使用年限与尚可使用年限之和。计算公式为：

$$总使用年限 = 实际已使用年限 + 尚可使用年限$$

$$实际已使用年限 = 名义已使用年限 \times 资产利用率$$

由于资产在使用中负荷程度的影响，必须将资产的名义已使用年限调整为实际已使用年限。各义已使用年限是指资产从购进使用到评估时的年限。名义已使用年限可以通过会计记录、资产登记簿、登记卡片查询确定。实际已使用年限是指资产在使用中实际损耗的年限。实际已使用年限与名义已使用年限的差异，可以通过资产利用率来调整。

（3）功能性贬值及估算。功能性贬值是由于技术相对落后造成的贬值。估算功能性贬值时，主要根据资产的效用，生产加工能力，工耗、物耗、能耗水平等功能方面的差异造成的成本增加和效益降低，相应确定功能性贬值额。同时，还要重视技术进步因素，注意替代设备、替代技术、替代产品的影响，以及行业技术装备水平现状和资产更新换代速度。

通常，功能性贬值的估算可以按下列步骤进行：

1）将被评估资产的年运营成本与功能相同但性能更好的新资产的年运营成本进行比较。

2）计算二者的差异，确定净超额运营成本。由于企业支付的运营成本是在税前扣除的，企业支付的超额运营成本会导致税前利润下降，所得税额降低，使企业负担的运营成本远远低于其实际支付额。因此，净超额运营成本是超额运营成本扣除所得税以后的余额。

3）估计被评估资产的剩余寿命。

4）以适当的折现率将被评估资产的剩余寿命内每年的超额运营成本折现，这些折现值之和就是被评估资产的功能性损耗（贬值），计算公式为：

被评估资产功能性贬值额 =Σ（被评估资产年净超额运营成本 × 折现系数）

应当指出，新老技术设备的对比，除生产效率影响工资成本超额支出外，还可对原材料消耗、能源消耗以及产品质量等指标进行对比，计算其功能性贬值。

此外，功能性贬值的估算还可以通过超额投资成本的估算进行，即超额投资成本可视同功能性贬值，计算公式为：

功能性贬值 = 复原重置成本 – 更新重置成本

（4）经济性贬值及其估算。经济性贬值是由于外部环境变化造成的资产贬值。计算经济性贬值时，主要是根据由于产品销售困难而开工不足或停止生产形成资产的闲置，价值得不到实现等因素，确定其贬值额。评估人员应根据资产的具体情况加以分析确定。当资产使用基本正常时，不计算经济性贬值。

（5）成新率及其估算。成新率是反映评估对象的现行价值与其全新状态重置价值的比率。该成新率指的是重置成本法运用的第二个公式（即：被评估资产评估值 = 重置成本 × 成新率）中的成新率，它是在综合考虑资产使用中各类损耗以后确定的。在成新率分析计算过程中，应充分注意资产的设计、制造、实际使用、修理、大修理、改造情况，以及设计使用年限、物理寿命、现有性能、运行状态和技术进步等因素的影响。通常，成新率的估算方法有以下几种：

观察法。即由具有专业知识和丰富经验的工程技术人员对资产实体各主要部位进行技术鉴定，以判断确定被评估资产的成新率。与前文所述实体性贬值确定中所称成新率不同，这一成新率是在综合考虑资产实体性损耗、功能性损耗和经济性损耗等基础上确定的，而不只是考虑使用磨损和自然损耗的影响。

使用年限法。即根据资产预计尚可使用年限与其总使用年限的比率确定成新率，计算公式为：

成新率 =[预计尚可使用年限 /（实际使用年限 + 预计尚可使用年限）] × 100%

修复费用法。即通过估算资产恢复原有全新功能所需要的修复费用占该资产的重置成本（再生产价值）的百分比确定的，计算公式为：

成新率 =1–（修复费用 / 重置成本）× 100%

估算成新率的方法很多，将在后面各类型具体资产的评估中具体研究确定，这里不再详述。需要说明的是，评估工作中，有些评估人员直接按照会计学中的折旧年限估算成新率，这种做法是不正确的，必须摒弃。这是因为：

第一，折旧是由损耗决定的，但折旧并不就是损耗，折旧是高度政策化了的损耗。在资产使用过程中，价值的运动依次经过价值损耗、价值转移和价值补偿，折旧作为转移价值，是在损耗基础上确定的。但会计学上的折旧率或折旧年限，是对某一类资产作出的会计处理的统一标准，是一种高度集中的理论系数或常数，对于该类资产中的每一项资产虽然具有普遍性、同一性和法定性，但不具有实际磨损意义上的个别性或特殊性。实际上，它表现出以下几个方面的特征：其一，折旧年限是一个平均年限，对于同一类型中的任何一项资产均适用；其二，它是在考虑损耗的同时，又考虑社会技术经济政策和生产力发展水平，有时甚至把它作为经济杠杆，体现对某类资产的鼓励或限制生产政策；其三，它是以同类资产中各项资产运转条件均相同的假定条件为前提的。这种情况下，同类型的资产，无论其所在地如何，保养维护情况、运行状况如何，均适用同一折旧年限。而评估中的成新率则是根据资产的具体运行状态、使用频率、工作环境等确定的，具有特殊性和个别性特征。

第二，折旧年限的确定以资产的维修是为了保证资产正常运转为前提。也就是说，修理是作为追加劳动支出，不增加资产效用和价值。但实际上，每一项资产在使用过程中，由于运转条件、保养、维修条件不同，其损耗以及实际运作功能也不相同。评估中通常所讲的完全相同的资产是很少见的，就是这个道理。实际工作中，许多资产提前报废或超龄服役，无不与其保养、修理和运转状况有关。可见，资产的维修在保证资产正常运转的同时，具有更新的性质，可以增加资产的效用和功能，资产评估更注重资产运转的实际效能。需要说明的是，尽管维修费用的发生会增大资产价值，延长资产使用寿命，从而影响其成新率，但成新率确定不是资产运转中费用增减的反映，并非发生修理费用越多，成新率就越高，而是运转过程中更新、修理费用发生结果在资产性能、使用期限等方面结果的体现。

当然，并不是所有的维护修理都是有效的，从评估角度上看，应注意区分可修复性损耗和不可修复性损耗。可修复性损耗是指为了改进（改造）效用而花费的成本，低于所能由此得到的收益回报。不可修复性损耗则是指由于一项资产的改进成本超过了这种改进带来的收益，而不能弥补改进的资产贬值和价值损失。因此，只有为可修复性损耗而发生的费用支出从而影响成新率变化才是应予考虑的。

第三，折旧年限的确定基础与评估中成新率的确定基础——损耗本身具有差异性。确定折旧年限的损耗包括有形损耗（实体性贬值）和无形损耗；而评估中确定成新率的损耗，包括实体性贬值、功能性贬值和经济性贬值。其中，功能性贬值只是无形损耗的一种形式，而不是无形损耗的全部。经济性贬值则是由资产外部原因引起的，为评估过程所特有。

第四，资产评估过程中，一些评估机构和评估人员根据实地勘察鉴定的结果，确定的使用年限与折旧年限完全相同。这时当然可以采用折旧年限。但这仅仅是偶然性结果，并不具有必然性，而且，这是经过分析、比较、判断后的结果，恰恰说明成新率的确定应根据实地勘察确定，而不是将折旧年限拿来就用。

3．运用成本法评估资产的程序

运用成本法评估资产一般按下列程序进行：确定被评估资产，并估算重置成本；确定被评估资产的使用年限；估算被评估资产的损耗或贬值；计算确定被评估资产的价值。

4．成本法的优缺点

采用成本法评估资产的优点有：

比较充分地考虑了资产的损耗，评估结果更趋于公平合理；有利于单项资产和特定用途资产的评估；在不易计算资产未来收益或难以取得市场参照物条件下可广泛地应用；有利于企业资产保值。

采用成本法的缺点是工作量较大。而且，它是以历史资料为依据确定目前价值，必须充分分析这种假设的可行性。另外，经济性贬值也不易全面准确计算。

三、资产评估方法的比较和选择

1．资产评估方法之间的关系

资产评估方法很多，各种方法都有其各自的特点。同时，这些方法之间又是相互关联的。研究资产评估方法的特点，分析比较各种方法之间的联系和区别，对于选择资产评估方法具有重要意义。

资产评估方法之间的联系。从整体上来说，评估方法是由互相关联的、内在相关的不可分割的技巧和程序组成的，其共同目标就是获得令人信服的可靠的评估价值。成本和市场销售数据的分析通常是收益法运用中不可缺少的部分；同样地，折现和资本化也时常运用于市场法和成本法中。例如，市场法中分析和调整参照物价格与被评估资产价格的差异因素，会用到折现和资本化的技巧；在成本法中，对功能性贬值等的确定也要采用折现和资本化的方法。一般来说，成本法、收益法的运用都是建立在现行市价基础之上的，只是它们的运用不像市场法表现得那么直接而已。

市场法与成本法的区别。资产评估过程中，市场法和成本法往往容易混淆。区别市场法和成本法具有重要的意义。两种方法的区别表现为：

（1）成本法是按现行市场价格确定重新购买该项资产的价值，而市场法则是按市场上该项资产的交易价格确定的。前者主要从买者角度，即以购建某项资产的耗费来确定；后者则是从卖者角度，即市场上的销售价格来确定。

（2）市场法中的现行市价指的是资产的独立的价格，是交易过程中采用的。而重置成本不仅包括该项资产的自身价格（购建价格），还包括该项资产的运杂费、安装调试费等。

（3）市场法的运用与原始成本没有直接联系，而成本法中的某些计算则要用被评估资产的原始成本和原始资料。

（4）成本法是按全新资产的购建成本和扣除被评估资产的各项损耗（或贬值）后确定评估价值；市场法则是按参照物价格，并考虑被评估资产与参照物的各项差异因素且进行调整来确定评估值。两种方法具有不同的操作程序，资料的获得和指标确定有着不同的思路。

2. 资产评估方法的选择

资产评估主要有成本法、市场法、收益法等多种方法。资产评估方法的多样性，为评估人员提供了适当选择评估途径，有效完成评估任务的现实可能。选择合适的资产评估方法，有利于简捷、合理地确定资产评估价值。资产评估方法的选择主要应考虑以下因素：

资产评估方法的选择必须与资产评估价值类型相适应。资产评估价值类型决定了应该评估的价格类型，资产评估方法作为获得特定价值尺度的技术规程，必须与评估价值类型相适应。资产评估价值类型与资产评估方法是两个不同层次的概念。资产评估价值类型说明“评什么”，是资产评估价值的质的规定，具有排他性，对评估方法具有约束性；资产评估方法说明“如何评”，是资产评估价值的量的确定，具有多样性和替代性，并服务于评估价值类型。资产评估价值类型确定的准确性与科学的相匹配的资产评估方法，是资产评估价值具有科学性和有效性的重要保证。

资产评估方法必须与评估对象相适应。评估对象是单项资产还是整体资产，是有形资产还是无形资产等，往往要求不同的评估方法与之相适应。同时，资产评估对象的物理状态不同，所要求的评估方法也往往不同。例如，一台市场交易很活跃的旧机器设备的评估可以采取市场类比法进行评估，而旧的专用设备的评估通常只能采用成本法进行评估。

评估方法的选择还要受可搜集数据和信息资料的制约。各种方法的运用都要根据一系列数据、资料进行分析、处理和转换，没有相应的数据和资料，方法就会失灵。资产评估的过程实际上也就是搜集资料的过程。比如在方法运用过程中，西方评估机构采用更多的是市场法，但在我国，由于受市场发育不完全、不完善的限制，市场法的应用无论是从广度还是从使用效率方面均远远落后于其他有关国家的水平。因此，评估者应根据可获资料以及经努力能搜集到的资料满足程度来选择适当的方法。就资产评估来说，方法的科学性依赖于方法运用中指标的确定。

第三节 国有资产评估管理

一、我国国有资产评估业管理的进程

资产评估作为一种自发的专业服务活动，可以追溯到一百年以前。而作为一种有组织、有理论指导的专业服务活动则起始于20世纪40年代。20世纪70年代以后，世界各国的资产评估活动开始趋于规范化和国际化。我国的资产评估是在改革开放和建设社会主义市场经济的过程中兴起的。

为了促进资产评估业的发展，必须加强资产评估管理。资产评估发展的历史，也是资产评估管理的历史。资产评估业产生和发展以来，资产评估管理的手段、方法多种多样，在不同历史阶段各有差异，但总体来说，可以归纳为：

1. 1991年11月，国务院以91号令的形式发布了《国有资产评估管理办法》，它是我国第一部对全国的资产评估行业进行政府管理的最高法规。国务院91号令的发布，标志着我国评估业走上政府法制化管理的轨道。它具体明确规定了全国资产评估管理的政府职能部门是国有资产管理部门，同时还规定了将审批评估机构纳入国有资产管理部门的管理，规定了被评估资产的管理范围、评估遵循的程序、评估的方法及法律责任等。由于国有资产在全社会资产中占绝对优势，国务院第91号令的颁布为发展统一的评估行业奠定了基础，保证了全国资产评估业务的健康有序发展。

2. 1993年12月，中国资产评估协会成立，标志着我国资产评估管理由政府管理向行业自律化管理过渡。资产评估行业的特点，决定了资产评估业应实行行业自律管理。植根于传统经济下的中国资产评估业，虽然发展伊始得到政府的扶持、干预，但行业自律管理作为其方向，应逐步实现。中国资产评估协会就是这样一个组织，它既受政府的管理和监督，又协助政府贯彻执行有关资产评估的法规政策。它作为独立的社团组织，具有跨地区、跨部门、跨行业、跨所有制的特点，使资产评估管理工作覆盖整个行业。

之所以说中国资产评估协会的成立标志着我国资产评估管理由政府管理向行业自律化管理过渡，是因为：从其发展轨迹来看，首先是独立的资产评估协会与资产评估行政管理部门并存（1993年）；然后是资产评估协会与资产评估行政管理部门合二为一，即“两块牌子，一套人马”（1994年）；1998年国务院机构改革以后，中国资产评估协会再一次成为一个真正独立的行业自律组织，从理论上说，这无疑是一个历史性的进步。从中国资产评估协会的职能角度分析，尽管从构架上具有了行业自律管理的特征，但在我国经济管理体制改革尚未完成的条件下，其并不真正具备行业自律管理的本质特征。通过资产评估协会实现行业自律化管理，不仅需要形式上的变化，更需要实质内容的变化。

3. 1995 年开始，我国实行注册资产评估师制度，标志着我国资产评估管理由过去的重视机构管理、项目管理向注重资产评估人员管理转变。这一制度的建立，一是有利于促进资产评估人员的执业准入控制，规范资产评估行业人员管理，为资产评估机构和人员摆脱政府行政部门干预，独立、客观、公正地执业打下良好基础。二是有利于提高资产评估人员的素质和执业水平，从而推进我国评估行业的发展。注册资产评估师制度的建立，引进了资产评估人员的竞争机制。资产评估人员经过统一考试、公平竞争，合格者才能进入评估行业，具有执业的法律资格。这种竞争方式，将逐步改进评估队伍的知识结构、年龄结构，淘汰不合格人员，无疑将促进评估队伍进一步发展壮大，促使评估人员提高资产评估质量，更好地满足社会主义市场经济发展的需要。三是强化了注册资产评估师的责任，增强其风险意识。特别是从 1998 年 6 月 1 日开始实行注册资产评估师签字制度，使评估师责、权、利有机结合起来，进一步规范了评估师的行为。四是有利于与国际惯例接轨，通过与其他国家对评估师资格的对等管理等，加强与国际评估市场的联系。

4. 1996 年 5 月，《资产评估操作规范意见（试行）》颁布实施，使我国资产评估业从此走上科学化、规范化操作的新阶段。长期以来，由于缺乏统一的评估操作规程和操作标准，各个评估机构自行拟定评估操作方法和规程，对于同一类资产评估，各个评估机构的评估程序、评估规则各不相同，不利于评估质量的提高，也不利于行业水平的提高。同时，经过若干年的积累，资产评估理论研究取得进展，评估理论日渐成熟，评估操作积累了丰富的经验，因此，制定《资产评估操作规范意见（试行）》并颁布实施，有利于提高评估业务水平，有利于规范评估业务，同时也为以后制定行业统一评估准则奠定了基础。随着我国资产评估准则体系的发展和完善，《资产评估操作规范意见（试行）》涉及的规范内容，可以由相关的评估准则进行规范，2011 年 10 月 14 日，中国资产评估协会发布通知，对《资产评估操作规范意见（试行）》予以废止。

5. 2001 年 12 月 31 日，国务批转财政部《关于改革国有资产评估行政管理方式，加强资产评估监督管理工作意见的通知》（以下简称《通知》），取消政府部门对国有资产评估项目的立项确认审批制度，实行核准制和备案制。

这次改革的进行，是资产评估业系统改革的一项重要内容，它与 1998 年进行的中介机构脱钩改制、1999 年国务院开展的清理整顿经济鉴证类中介机构工作的完成一道，为实现资产评估行业统一管理提供了重要保证。我国资产评估业长期以来不统一，处于多头管理状态，究其原因，是由于旧体制惯性造成的。资产评估业务按其资产类型不同，分属于各政府部门直接管理，客观上形成了资产评估的多头管理。通过改革资产评估立项确认制度，减少了行政性审批，淡化了政府行政管理，割断了政府行政部门与资产评估机构之间的附属关系，有利于实现资产评估业自律管理，有利于统一的资产评估行业的形成。

这次改革的进行，也是对国有资产管理部门行使资产评估管理职能调整的过程。以往国有资产管理部门通过对国有资产评估的立项确认，实际上同时行使了国有资产所有者职能和政府管理者职能。从行使政府管理者职能角度来说，通过这次改革，改变了政府管理方式，由政府直接管理资产评估方式转变为间接管理方式，也就是退出微观领域，通过研究制定法律、法规，实施对资产评估行业的间接调控。从行使国有资产所有者职能角度来说，对国有资产评估项目的立项确认，正是这种职能的具体体现。取消国有资产评估的立项确认制度，并不是弱化国有资产所有者职能，恰恰相反，而是强化其对国有资产的管理。因此，对于涉及国有资产产权变动等行为的重大项目仍要实行核准制，对其他国有资产评估项目实行备案制，其职责也分别由财政部门和企业集团承担，这也是基于目前国有资产管理体制现状的一种现实选择。同时，正如《通知》中所指出的，国有资产管理部门不仅对资产评估活动进行监督管理，而且还要严格规范资产评估活动中国有资产各有关主体的行为。可见，通过这次改革，虽然改变了对资产评估管理的方式，但是进一步强化了国有资产所有者管理职能，避免在企业改制、中外合资、企业兼并、破产等活动中，借评估行为弄虚作假，造成国有资产流失。

6．资产评估准则体系的形成和完善。2001 年 7 月，财政部又颁布了《资产评估准则——无形资产》，2004 年 2 月，财政部又颁布了《资产评估准则——基本准则》和《资产评估职业道德准则——基本准则》，标志着我国资产评估准则体系的初步形成。2007 年 11 月，颁布了《资产评估准则——不动产》等七项准则，标志着我国资产评估准则体系的基本形成。2007 年以后，每年都会颁布新的资产评估准则，资产评估准则的颁布走上制度化轨道。

7．2003 年国务院国资委成立，资产评估管理职能发生变化。财政部作为资产评估政府管理部门，对资产评估行业进行行政管理，中国资产评估协会作为资产评估行业自律组织，对资产评估行业实行自律管理，国务院国资委则以国有资产所有者代表身份管理国有资产评估项目。

二、国有资产评估管理的法律法规制度

1. 国有资产评估管理直接的法律法规制度

（1）《国有资产评估管理办法》。1991 年 11 月 16 日，国务院以 91 号令的形式发布了《国有资产评估管理办法》，它不仅明确规定了全国资产评估管理的政府职能部门是国有资产管理部门，还规定了将审批评估机构纳入国有资产管理部门的管理，同时还具体规定了国有资产占有应当评估和可以评估的情形、评估程序、评估方法及法律责任等。

（2）《企业国有资产评估管理暂行办法》。2005 年 8 月 25 日，国务院国资委颁布第 12 号令《企业国有资产评估管理暂行办法》，自 2005 年 9 月 1 日起施行。具体内容有：

企业国有资产评估项目实行核准制和备案制。经各级人民政府批准经济行为的事项涉及的资产评估项目，分别由其国有资产监督管理机构负责核准。

经国务院国有资产监督管理机构批准经济行为的事项涉及的资产评估项目，由国务院国有资产监督管理机构负责备案；经国务院国有资产监督管理机构所出资企业（以下简称中央企业）及其各级子企业批准经济行为的事项涉及的资产评估项目，由中央企业负责备案。

地方国有资产监督管理机构及其所出资企业的资产评估项目备案管理工作的职责分工，由地方国有资产监督管理机构根据各地实际情况自行规定。

规定了需要评估的经济行为。其第六条规定，企业有下列行为之一的，应当对相关资产进行评估：整体或者部分改建为有限责任公司或者股份有限公司；以非货币资产对外投资；合并、分立、破产、解散；非上市公司国有股东股权比例变动；产权转让；资产转让、置换；整体资产或者部分资产租赁给非国有单位；以非货币资产偿还债务；资产涉讼；收购非国有单位的资产；接受非国有单位以非货币资产出资；接受非国有单位以非货币资产抵债；法律、行政法规规定的其他需要进行资产评估的事项。

规定了企业产权持有单位委托的资产评估机构应当具备的基本条件。

规定了资产评估项目核准、备案的程序及其相关要求。

规定各级国有资产监督管理机构应当加强对企业国有资产评估工作的监督检查，重点检查企业内部国有资产评估管理制度的建立、执行情况和评估管理人员配备情况，定期或者不定期地对资产评估项目进行抽查。

规定企业进行与资产评估相应的经济行为时，应当以经核准或备案的资产评估结果为作价参考依据；当交易价格低于评估结果的 90% 时，应当暂停交易，在获得原经济行为批准机构同意后方可继续交易。

强化处罚机制。规定企业违反《企业国有资产评估管理暂行办法》，有下列情形之一的，由国有资产监督管理机构通报批评并责令改正，必要时可依法向人民法院提起诉讼，确认其相应的经济行为无效。这些情形包括：应当进行资产评估而未进行评估；聘请不符合相应资质条件的资产评估机构从事国有资产评估活动；向资产评估机构提供虚假情况和资料，或者与资产评估机构串通作弊导致评估结果失实的；应当办理核准、备案而未办理。

（3）《关于加强企业国有资产评估管理工作有关问题的通知》。2006 年 12 月 12 日，国务院国资委颁布《关于加强企业国有资产评估管理工作有关问题的通知》（产权〔2006〕274 号），主要针对《企业国有资产评估管理暂行办法》施行以来的实际情况，对企业国有资产评估管理过程中的一些具体问题做了进一步明确。

2.《中华人民共和国企业国有资产法》

2008 年 10 月 28 日，《中华人民共和国企业国有资产法》由十一届全国人大常委会第五次会议审议通过，于 2009 年 5 月 1 日起生效实施。该法中专设一节对资产评估进行规范。具体内容包括：

（1）规定应进行资产评估的情形。该法第 47 条规定，国有独资企业、国有独资公司和国有资本控股公司合并、分立、改制、转让重大财产，以非货币财产对外投资、清算或者有法律、行政法规以及企业章程规定应当进行资产评估的其他情形的，应当按照规定对有关资产进行评估。

（2）规定资产评估机构的委托。该法第 48 条规定，国有独资企业、国有独资公司和国有资本控股公司应当委托依法设立的符合条件的资产评估机构进行资产评估；涉及应当报经履行出资人职责的机构决定的事项的，应当将委托资产评估机构的情况向履行出资人职责的机构报告。

（3）规定委托方如实提供评估资料的义务。该法第 49 条规定，国有独资企业、国有独资公司和国有资本控股公司及其董事、监事、高级管理人员应当向资产评估机构如实提供有关情况和资料，不得与资产评估机构串通评估作价。

（4）规定资产评估机构评估行为的要求。该法第 50 条规定，资产评估机构及其工作人员受托评估有关资产，应当遵守法律、行政法规以及评估执业准则，独立、客观、公正地对受托评估的资产进行评估。资产评估机构应当对其出具的评估报告负责。

三、资产评估准则

1. 制定我国资产评估准则的必要性

制定资产评估准则，有利于实现资产评估行业的统一管理。制定统一的资产评估准则，是资产评估行业统一管理的基础。如前所述，尽管最近几年来，各部门、协会（学会）制定了许多适合本专业特点的评估方法和准则，但由于评估方法、评估准则不统一，导致执业不规范。因此，实现评估行业统一管理的基础是制定统一的评估方法和评估准则。

西方发达国家的评估团体经过多年鼎足而立，正在走向联合和统一。而联合和统一的标志之一，就是形成统一的资产评估准则标准。例如，英国有关评估的协会有三家，其中影响最大的是英国皇家特许测量师协会（RICS），另外两家分别是估价师与拍卖师联合会（ISVA）和税收评估协会（IRRV）。三家协会正在寻求合并和统一之路，并于1995年共同制定和发布了“红皮书”《皇家特许测量师协会评估与估价手册》。具有100多年历史的美国资产评估业在发展过程中，自发地成立了许多综合和专业性的民间自律性组织，这些组织均有自己的规范。1987年，成立了评估促进委员会（Appraisal Foundation），并制定了统一的行业标准USPAP。1995年已有16个评估协会成为促进会会员，统一遵守行业标准。在澳大利亚，尽管有许多评估行业团体，但澳大利亚资产学会（API）是唯一真正的专业化评估团体。为了统一执业标准，学会每年出版称之为“专业实务手册”的年度出版物，“专业实务手册”的出版为从业人员提供了统一的执业规范。出版的目的不仅要唤起民众的意识、推动专业化的实践以及追求高标准，而且还要保持连续性。该手册每年9月份颁布，下一年执行。由于“专业实务手册”的许多要素都已按同一方式撰写，因此，不管用户从事何种业务，都可以很快地熟悉其内容。无论是实务准则还是指导性说明，这种固定的应用方式在每一要素组合中都具有某种程度的重要性。西方国家各类资产评估协会、组织形成的动因、环境、条件等与我国有很大差异，但其为实现行业统一管理实施的思路对我们不无借鉴意义。

制定资产评估准则，有利于实现从政府行政管理向行业自律管理转变。比较和研究我国和西方主要资产评估业发达国家的管理制度，资产评估业的管理模式主要有三种，即：（1）政府管理模式；（2）行业自律管理模式；（3）政府监管下的行业自律管理模式。

资产评估政府管理模式是指资产评估业务活动，包括人员资格、机构、项目均由政府行政管理部门进行。政府行政管理在我国资产评估业发展初期作用非常明显。政府管理模式适合于由计划经济向市场经济转换过程中的国家。在法律不完善、行业准则未建立的情况下，这种管理模式有其客观必要性。

行业自律管理模式是指资产评估行业置于社会自发形成的行业协会管理之下，资产评估业的发展依赖于评估业内形成的准则和规范进行。行业自律管理适合于资产评估业依市场需求自发形成的国家和资产评估业日益发展成熟的阶段。市场经济发达国家如美国、英国等在行业自律管理方面积累了丰富的经验，我国资产评估业也将行业自律管理作为其发展方向。行业自律管理有利于提高行业业务水平，但行业自律管理有时会因与政府缺乏沟通，缺乏政府制约，从而对社会经济产生不利影响。

政府监管下的行业自律模式是资产评估管理较为理想的模式。在这种模式下，如果不能形成资产评估准则体系，就难以规范业务活动和评估师的道德行为，无法形成行业自律体系，强化评估管理只能依靠行政管理的加强。因此，制定资产评估准则并形成资产评估准则体系，可以逐渐淡化政府行政管理，实现政府监管下的行业自律管理。

制定资产评估准则，有利于资产评估行业执业水平的提高。衡量一个国家评估业务水平的标志之一是其准则体系的形成情况。评估准则是资产评估业务发展过程中产生的客观需求，资产评估越发展，对评估准则的要求越强烈；同时，评估准则体系越完善，资产评估业务就越规范。相比较而言，国外发达国家的资产评估准则制定较早，也比较完善，新兴国家的评估准则形成较晚，而且亟须完善。但无论怎样，发达国家也好，新兴国家也好，为了促进资产评估业发展，都把制定资产评估准则作为行业发展中的重要任务来完成。

2. 我国资产评估准则体系

由于我国资产评估行业发展的综合性，我国资产评估准则将涉及各种类型资产、各种评估目的和经济行为，因此需要设计合理、灵活的准则体系，使其不仅对资产评估中的共性问题进行规范，同时也对各类别、各目的以及各类经济行为的资产评估业务有层次地分别予以指导和规范。在参考和借鉴国际评估准则及其他国家评估准则的基础上，根据我国资产评估实际、资产评估行业特点进行设计。

我国资产评估准则体系将职业道德准则与业务准则置于同等重要地位。资产评估业务准则分为以下四个层次：

第一层次为资产评估基本准则。资产评估基本准则是注册资产评估师执行各种资产类型、各种评估目的资产评估业务的基本规范。其规范内容应不区分所评估资产的类别和评估目的，而是各类资产评估业务中所应当共同遵守的基本规则。资产评估基本准则对于各具体准则和评估指南具有指导作用，但并不与各具体准则和评估指南一一对应。

第二层次为资产评估具体准则。资产评估具体准则分为程序性准则和专业性准则两个部分。

程序性准则是关于注册资产评估师通过履行一定的专业程序完成评估业务、保证评估质量的规范，包括评估业务约定书、评估计划、评估工作底稿、评估报告等。

专业性准则是针对不同资产类别的特点，分别对不同类资产评估业务中的评估师执业行为进行规范。专业性准则主要包括企业价值评估准则、无形资产评估准则、不动产评估准则、机器设备评估准则、珠宝首饰艺术品评估准则等。

第三层次为资产评估指南。资产评估指南包括对特定评估目的、特定资产类别（细化）评估业务以及对评估中某些重要事项的规范。资产评估指南主要对我国资产评估行业中涉及主要评估目的的业务进行规范，如公司注册、公司股份经营、关联交易、抵押贷款、不良资产处置、法律诉讼等。资产评估指南也将涉及一些具体的资产类别评估业务，如专利、商标等。此外，资产评估指南还将包括一些对资产评估工作中重要特定事项的规范，如评估师在关注评估对象法律权属方面的责任等。

第四层次为资产评估指导意见。资产评估指导意见是针对资产评估业务中的某些具体问题的指导性文件。该层次较为灵活，它针对评估业务中新出现的问题及时提出指导意见，某些尚不成熟的评估指南或具体评估准则也可以先作为指导意见发布，成熟后再上升为具体准则或指南。

第六章　国有资产管理效益评价

第一节　国有资产管理效益的含义

一、国有资产管理效益

1. 效益

效益是指某一特定系统运转后所产生的实际效果和利益。效益是管理的永恒主题。任何组织的管理都是为了获得某种效益。效益的高低直接影响着组织的生存和发展。效益与效果和效率既相互联系又相互区别。效果是一项活动的成效与结果，是人们通过某种行为、力量、方式或因素而产生出的合目的性的结果。效率是指特定的系统在单位时间内的投入与所取得的效果之间的比率。效益是一种有益的效果，具体地说，它反映了人们的投入与所带来的利益之间的关系。在管理学中，效果、效率和效益都是对投入与产出之间关系的评价。其中效果的概念侧重于主观的方面，强调合乎目的的程度。效率的概念侧重于客观的方面，判断投入与产出的比率。而效益的概念则要求从主观与客观两个方面的统一中来进行判断：当效益的评价发生在造成这种结果的系统之内，它是指效果与效率的统一；当站在这一系统之外作出效益的评价时，所强调的则是该系统造成的这一结果对它的环境的有益程度。效益可以分为经济效益和社会效益。

一切管理都是以提高效益为目的的，现代管理更加突出了效益的问题。因为管理的效益问题是衡量管理工作的价值标准。对于现代管理来说，各个环节、各项工作，都是围绕提高社会效益和经济效益展开的，管理就是要科学地、高效地安排、调度和处理人、财、物等各种资源，以期有效地实现组织目标。由于效益问题是一切管理工作的基本出发点和最终目标，所以，效益的优劣高低便成为衡量管理效果好与不好的基本标准。管理效益的高低通常受管理者、管理对象和管理环境的影响。

管理效益是由生产方式决定的。因为现代管理是社会生产力发展的产物，是适应现代社会化大生产的要求而产生的。所谓现代社会化大生产的要求，正在于提高效益，希望以最小的投入和消耗去获取最大的收益。为达到这一目的，管理活动必须适应生产力的发展，用最新的技术和设备，用科学的手段和方法去进行管理。在某种意义上，管理活动是生产方式的外在表现，有什么样的生产方式就必然会有什么样的管理活动。所以，生产方式既决定着管理的性质，也决定着管理的方式。管理具有什么样的性质和以什么样的方式存在，又直接决定着管理的效益。因而，生产方式决定管理的效益。

2. 国有资产管理效益

资产管理的目的是为资产所有者或使用者带来收益或创造利润，即为其带来效用，这一切都必须通过资产的保值、增值来实现。国有资产管理的目的也是追求效用最大化，但是国家的利益是复杂的、多元的，因此，国有资产追求的效用最大化的形式也是多种多样的，不仅仅表现为国有资产的保值、增值，还表现在国家宏观经济目标的实现，也就是说，国有资产管理的另一个重要目标是进行宏观调控。这两个目标并非完全一致，需要进行协调，有些时候或有些情况下，要保值、增值就难以进行宏观调控，而要进行宏观调控就难免有一些国有资产不能保值、增值；但是二者又不是完全对立的，国有资产保值、增值了，宏观调控的目标才能更顺利地实现，宏观经济目标实现了，反过来又为保值、增值创造了条件。

国有资产管理效益实际上是其实现国有资产管理目标的程度。如果给其下个定义，可表述为，国有资产管理效益是指在国有资产管理过程中所得与所费之间的对比关系。但其与一般的管理效益又有很大的不同，可以从不同的角度来理解。

从内容上看，包括效率和效益两层含义。从效益的角度考察，国有资产分为经营性国有资产和非经营性国有资产，对经营性国有资产而言，对其管理的主要目的是为了保值、增值，实现较高的经济效益；对非经营性国有资产而言，由于其主要目的在于弥补市场失灵，所以对其管理的主要目标是为了实现宏观调控的目标。从效率的角度考察，国有资产使用和管理部门应力求高效地利用国有资产。

从范围上看，包括微观效益和宏观效益。微观效益主要指经营性国有企业的经济效益，即要实现保值、增值；宏观效益主要指有些国有企业担负着弥补市场失灵的重任，从而实现社会的宏观经济目标。这也是国有企业与私营企业最大的不同。

从对象上看，包括对人和对资产的管理。国有资产管理主要是对资产进行管理，但我们在考察国有资产管理效益时，不能仅仅关注资产，还要对管理和使用资产的人进行管理，做到管人、管事和管资产相结合，只有这样才能真正提高国有资产的管理效益。

从过程来看，包括事前、事中、事后的管理。国有资产管理效益评价要贯穿于国有资产管理的全过程。事前管理主要是对国有资产管理效益进行预测，若效益低下，说明项目不可行，若效益不高，应寻求效益更高的项目投资；事中管理主要是指在国有资产投资以后及收益之前进行的效益评价，主要目的是对已经投资的国有资产进行有效管理，发现问题，及时纠正；事后管理是对国有资产投资结束后的效率和效果进行评价，主要目的是为了总结经验，为进一步的投资管理打下良好基础。

二、效益管理在国有资产管理中的地位

效益是国有资产管理的核心内容之一，追求高效则是国有资产管理的重要目标之一，因此，效益管理在国有资产管理中占有非常重要的地位。

1. 效益管理是发挥社会主义制度优越性的重要手段

新中国成立以来，我国各族人民坚持自力更生、艰苦奋斗的精神，经过 60 多年的建设,已积累了数额很大的国有资产。这些资产是社会主义公有制经济的物质基础，是国家取得财政收入的主要源泉，也是推进社会主义建设和改革，不断改善全国人民物质文化生活的重要保证。对国有资产进行效益管理，保卫国有资产及其权益不受损害，并合理配置和有效经营国有资产，提高经济和社会效益，对于实现国民经济持续稳定协调发展，充分发挥社会主义制度的优越性，具有重大意义。社会主义的优越性，主要体现在社会主义能够更好地满足人民群众的物质文化需要。社会的公益事业、公共福利事业的发展，既是现代社会的一个重要标志，也是衡量一个社会发展水平的十分重要的社会指标。在大力发展社会主义市场经济的基础上，大力发展社会主义公益事业，如医疗卫生、教育事业、福利事业和社会保障等，就会使人民真正感受到社会主义的优越性。而这些事业的发展和完善，正是一些非经营性国有资产不断发展的结果，社会主义的优越性也就是通过这些资产的高效运转而体现出来的。

2. 效益管理是完善社会主义市场经济体制的需要

党的十四大确立了建立社会主义市场经济体制的宏伟目标。国有经济是我国国民经济的主导力量，是国民经济增长的主体，是国家财政的主要来源，是社会主义市场经济体制的基础。

国有企业在关系国家经济命脉的重要行业和关键领域占支配地位。国有经济支撑、引导和带动社会经济发展的主导作用，不仅表现在规模、利润和对社会资本的支配控制上，更体现在核心竞争力上，是推动我国经济参与国际竞争和合作的基本力量。完善社会主义市场经济体制，发展壮大国有经济，提高国有资产的管理效益，对于发挥社会主义制度的优越性，增强我国的经济实力、国防实力和民族凝聚力，巩固我们党执政兴国的物质基础和实现全面建设小康社会的奋斗目标，都具有重大的战略意义。

3. 效益管理是探索公有制多种有效实现形式的需要

以公有制为主体的社会主义基本经济制度，是由我国社会主义性质和经济发展的客观要求所决定的。公有制的主体地位要靠搞活国有企业，盘活国有资产，切实提高国有资产的管理效益来进行巩固。

公有制是社会主义经济制度的基础，是国家引导、推动经济和社会发展的基本力量，是实现最广大人民根本利益和共同富裕的重要保证。公有制经济特别是国有经济，一直是我国国民经济的支柱。国有经济在我国社会主义现代化进程中发挥了不可替代的作用，在新世纪、新阶段推进新型工业化建设，全面建设小康社会的过程中，发展壮大国有经济，对于发挥社会主义制度的优越性，增强我国的经济实力、国防实力和民族凝聚力，具有关键性作用，必须毫不动摇地巩固和发展公有制经济。

国有经济的作用主要是通过国有企业体现出来的，推进国有企业改革必须深化国有资产管理体制改革，通过构建符合基本经济制度要求的国有资产管理体制，实现政企分开和国有资产保值、增值。从这个意义上说，不解决国有资产管理体制问题，国有经济的关键性作用就难以发挥，基本经济制度也难以完善。正因如此，十六大将改革国有资产管理体制作为深化经济体制改革的重大任务提到了全党的面前，也表明我们对经济体制改革、国有企业改革的认识在不断深化。

4. 效益管理是推进国有企业产权制度改革的需要

我国经济生活中存在的一个突出问题是经济发展往往偏重数量扩张，单纯追求增长速度而忽视质量、效益的提高。造成这种状况的原因是多方面的，但产权制度不合理是一个关键原因。过长的国有经济战线和产权主体实际上虚置的国有企业体制，使政府成为经济活动的主体，经济发展的主要力量也源自政府的行政推动。建立健全现代产权制度，产权界定清晰，相关权责明确，财产保护严格，就能使经济发展的主体和动力源发生革命性置换，企业和个人成为推动经济发展的主力，发展经济的动力源也由外在的压力转变成各市场主体的内在冲动。这样，不仅能保持经济发展的高速度，而且能实现高效益。在这样的体制环境下，高速发展的经济同时也就是效益型经济、实惠型经济。

在过去相当长的一个时期，公有制实现形式单一，国有资产经营方式僵硬，致使许多国有资产不是流失，就是自然贬值。在近些年实施产权改革的基础上进一步建立健全现代产权制度，特别是积极推动国有资产的流动、重组，不仅能增强国有资本的运营活力，优化国有资本的配置，而且能有效改变国有企业的资本架构，实现投资主体多元化，使国有资本通过股份制或混合所有制大幅度增进运营效益。

5. 效益管理是实现微观搞活和宏观效益的有效途径

社会主义市场经济体制要求市场发挥基础性资源配置作用，政府的作用范围应限于市场经济失灵的领域。世界银行在 20 世纪 90 年代中期，通过对 100 多个国家国有企业的调查，得出的基本结论是：世界上所有国家的国企都不盈利，国有企业效率低下。国有企业不是盈利的工具，而是政府用来弥补市场不足或者纠正市场失灵的工具。

但是，由于国有经济的主导地位关系着我国国体、政体的格局，是保持国家稳定的基石；同时，我国国有经济的规模非常巨大，不可能通过急风暴雨式的私有化手段来提高这部分资产的运营效率，因此，中国的国有企业不仅是政府用来弥补市场失灵的工具，还应当在较长的一段时间内关注经营管理能力。由此可见，我国国有企业从总体上来看，其功能应该是多元的，而不是仅仅局限于“政府用来弥补市场不足或者纠正市场失灵的工具”。具体来说，应该分门别类地对待。对经营性的国有资产，应重点关注微观搞活；对非经营性的国有资产，要充分发挥其宏观调控功能，促进社会效益的提高，为经营性国有资产和其他所有制经济的健康发展创造良好的外部环境。

在这里，政府职能的转变是非常关键的，政府要把握好为与不为的界限。长期以来，我国以国有企业效益的好与坏作为经济运行效果的衡量标准，将搞活国有企业作为政府经济工作的一项任务。而在市场经济体制初步建立以后，微观搞活已成为企业存在的必然条件，如果政府刻意追求微观搞活，甚至去保证经济中某一经济成分的搞活，则必然会损害调控的公正性和权威性，也使政府陷于具体的事务之中。所以，必要时政府应从微观目标中脱离出来，重点把握好带有方向性和全局性的调控指标，以国民经济整体利益为唯一目标，微观利益必须服从宏观利益，让所有微观决策在宏观调控措施产生影响和调控参数发生变化的环境下进行调整和优化。

国有资产的效益管理是评价经营者业绩的重要指标，也是政府制定宏观经济政策的重要参考依据。从 2004 年起，我国开始全面调整国债政策投向，其投向之一就是支持我国东北老工业基地的改造。东北老工业基地是新中国工业的摇篮，为我国形成独立、完整的工业体系和国民经济体系，为改革开放和现代化建设，作出了历史性的重大贡献。改革开放后，老工业基地的体制性、结构性矛盾日益显现，其突出表现就是国有企业效益普遍低下，因此，支持东北老工业基地的改造是提高国有资产效益的重要举措。

6. 效益管理是提高政府行政效率的重要组成部分

提高国有资产管理效率是国有资产效益管理的重要内容。长期以来，我们更多的是关注资产的管理，关注资产效益的发挥，忽视了管理资产行为本身，而实际上，效益 = 正确的目标 × 效率，可见，效率是效益的重要因子。而提高效率本身又是我国这几年进行机构改革的重要内容，国有资产效益管理必将为这项改革添砖加瓦。

第二节 国有资产管理效益评价指标设计指导思想

一、围绕国有资产管理的目标进行设计

设计国有资产管理效益评价指标体系必须围绕国有资产管理的目标进行。国有资产管理的总体目标至少应包括下述三个方面。

1. 经营性国有资产要从总体上保值、增值

经营性国有资产作为一种政府拥有的资产，它必须具备一般资产的共性，即以向社会提供商品和劳务取得收入来满足自身进行正常的运营所需要的支出。如果经营性国有资产不从提供商品和劳务中取得收入，而完全靠政府预算供应取得资金以维持自身的活动，那它就称不上经营性国有资产，而是政府机构。因此，是否通过提供商品和劳务以取得收入来满足维持自身正常运营所需支出，应是区别国有资产与政府机构的一条基本标准。由此可以引出一条判断国有资产整体状况好坏的标准，即国有资产能否保值、增值。各国有资产所承担的商业功能和社会功能可能不同，其经营结果可能随之出现差异，但从整体上看，在一个较长时期内，国有资产能否实现保值、增值（至少是保值）应成为判断国有资产整体状况好坏的一个标准。

2. 国有资产要有效地服务于国民经济的整体效益和长远利益

国有资产是整个国民经济的重要组成部分。国有资产作为政府的企业，不但具有一般企业的共性，而且具有自身的特性。作为政府的资产，其除了要通过提供商品、劳务取得收入外，还要承担政府赋予的职能，如营造良好的市场环境（防止私人垄断、提供公共产品等），为国民经济提供基础服务（从事基础设施建设等），进行战略开发（风险极高、所需投资巨大的高科技产品的研制等）及其他一系列经济和社会职能。简言之，凡是非国有经济不愿干或无力干而政府机构又干不了或干了会对全社会不利的事情，只能由国有资产这一介乎一般企业与政府机构之间的特殊资产来干。这些非国有企业和政府机构不愿从事或不能从事的活动可能会带来利润甚至高额利润，也可能完全无利可图，但国有资产都须从事，因而部分国有资产（甚至一定时期内国有资产整体）即使亏损了，但对国民经济的整体效益和长远利益是有利的，就应认为国有资产的整体功能得到了发挥，其状况是好的。如果没有国有资产来行使这样的功能，为社会所需要但利润不高的公共产品无人提供，基础设施和服务跟不上，对国民经济长远发展有极强带动作用的高科技上不去，势将导致全社会经济秩序的紊乱，恶化整个经济环境，从而使整个社会经济运行的成本变得极

高，所以，国有资产在短期内以损失自身的财务收益为代价换取了整个社会经济效益的提高，这部分增加的产出应视为国有资产的间接效益。

3. 国有资产要有效地实现政府的政策目标

国有资产作为政府的资产，在某些时候是政府实现其政治、经济、社会目标的手段，如财政政策手段、货币政策手段等，但这些手段各有其局限性。在它们都不能有效地实现政府的政策意图时，把国有资产作为一种直接体现政府意图的政策手段加以运用，有时能起到不可替代的独特作用。例如，一些国家为了实现对外政策的目标，政府可以命令"自己"的资产放弃某些利润极高的项目而从事另一些本身微利甚至并不盈利的活动，这时政府赋予国有资产的目标并不是商业目标，而是政治目标，因为这样做符合国家利益（政治利益）。又如，当通货膨胀率上升时，为了遏制通货膨胀和降低失业率，政府可能让生产原材料、动力等上游产品的国有资产以较低价格出售产品，以免消费这些产品的企业成本大幅攀升，同时让国有资产吸收一部分失业人员（或限制国有企业裁员），否则高通胀、高失业率将威胁到社会的稳定。再如，为了缩小地区经济差距和居民收入差距，除了运用财政货币政策外，还可以通过政府在落后地区直接投资兴办国有企业来实现地区平衡发展，增加贫困居民个人收入。所有这些政府目标的实现，都有赖于国有资产充分发挥其作用。如果运用得当，国有企业出色地行使了上述功能，从而为国民经济和社会发展作出了自己应有的贡献，就应认为国有资产状况从整体上看是好的。

二、设计国有资产管理效益评价指标体系应处理好几个关系

1. 要处理好效率和效益的关系

效率通常是指花最少的时间干好某件事情，而效益通常是指花最少的费用取得最大的效应，由此可见，效率与效益既互相统一，又互相矛盾。效率是效益的前提和基础，而效益则是效率的目标。但有时效率和效益会互相冲突，如过于追求高效率可能会造成效益的低下。因此，在制定国有资产管理效益评价指标时，既要有效率指标，又要有效益指标，在判断国有资产管理效益的高低时，要把效率指标和效益指标结合起来。

2. 要处理好经济效益和社会效益的关系

国有资产管理效益有经济效益，也有社会效益。对于经营性国有资产来说，通常关注其经济效益，而对于非经营性国有资产而言，由于其主要目标不是盈利，而是为了弥补市场失灵，所以其经济效益通常低下，但其社会效益却很高。所以进行国有资产效益评价时，一定要分清国有资产的性质，从而判断其效益的高低。一般来说，应做到经济效益服从社会效益，社会效益兼顾经济效益。

3. 要处理好宏观效益和微观效益的关系

国有资产管理宏观效益是指通过对国有资产总量和结构的安排与调整所产生的有关国民经济和社会发展全局以及国民整体利益、长远利益的经济效果，如国民经济的稳定均衡发展、充分就业等。国有资产管理的微观效益通常是指一项国有资产所带来的具体效果。二者的关系表现为：宏观效益具有主导决定作用，它是实现微观效益的前提条件；微观效益是实现宏观效益的现实途径。二者有时会存在矛盾，比如某项国有资产宏观效益很高，但微观效益却很小，在这种情况下，微观效益应服从宏观效益。

4. 要处理好长期效益和短期效益的关系

国有资产管理效益有长期和短期之分，与私人相比，国有资产管理更看中长期效益。一项投资，也许从短期看效益很小，甚至没有效益，但从长期看效益很高，这样政府也会选择投资，所以，在进行国有资产效益评价时，要兼顾短期效益和长期效益。

三、我国国有资产管理效益评价指标体系

当前，我国国有资产管理效益评价指标体系主要由中央企业综合绩效评价指标和中央企业负责人经营业绩评价指标组成。

1. 中央企业综合绩效评价指标

2006 年 5 月，国务院国有资产监督管理委员会为进一步加强对中央企业的财务监督，规范企业综合绩效评价工作，综合反映企业资产运营质量，促进提高资本回报水平，制定了《中央企业综合绩效评价管理暂行办法》，并于同年 10 月发布了《中央企业综合绩效评价实施细则》，对中央企业负责人任期绩效和会计年度绩效评价进行了规定。

中央企业综合绩效评价由财务绩效定量评价和管理绩效定性评价两部分组成。财务绩效定量评价指标依据各项指标的功能作用划分为基本指标和修正指标。管理绩效定性评价指标包括企业发展战略的确立与执行、经营决策、发展创新、风险控制、基础管理、人力资源、行业影响、社会贡献等方面。

2. 中央企业负责人经营业绩评价指标

2003 年 10 月 21 日，国务院国有资产监督管理委员会审议通过了《中央企业负责人经营业绩考核暂行办法》，并于 2006 年 12 月 30 日进行了第一次修订。2009 年 12 月，国务院国有资产监督管理委员会为切实履行企业国有资产出资人职责，维护所有者权益，落实国有资产保值、增值责任，建立有效的激励和约束机制，对《中央企业负责人经营业绩考核暂行办法》进行了第二次修订。

中央企业负责人的经营业绩，实行年度考核与任期考核相结合、结果考核与过程评价相统一、考核结果与奖惩相挂钩。企业负责人的经营业绩考核由年度经营业绩考核和任期经营业绩考核组成。两大考核指标均由基本指标和分类指标组成。对企业负责人的奖惩依据年度和任期的经营业绩考核结果，并以此作为企业负责人任免的重要依据。

第三节　中央企业综合绩效评价指标体系

一、综合绩效评价的内涵

2006年，国务院国有资产监督管理委员会专门发布了《中央企业综合绩效评价管理暂行办法》（以下简称《办法》），对中央企业负责人任期绩效和会计年度绩效评价进行了规定。同年，为规范开展中央企业（以下简称企业）综合绩效评价工作，有效发挥综合绩效评价工作的评判、引导和诊断作用，推动企业提高经营管理水平，根据《办法》，国资委又专门制定了《中央企业综合绩效评价实施细则》（简称《实施细则》）。《办法》和《实施细则》对企业综合绩效评价指标体系进行了详细的规定。

《办法》所称综合绩效评价，是指以投入产出分析为基本方法，通过建立综合评价指标体系，对照相应行业评价标准，对企业特定经营期间的盈利能力、资产质量、债务风险、经营增长以及管理状况等进行的综合评判。企业综合绩效评价根据经济责任审计及财务监督工作需要，分为任期绩效评价和年度绩效评价。任期绩效评价是指对企业负责人任职期间的经营成果及管理状况进行综合评判。年度绩效评价是指对企业一个会计年度的经营成果进行综合评判。为确保综合绩效评价工作的客观、公正与公平，有效发挥对企业的全面评判、管理诊断和行为引导作用，开展综合绩效评价工作应当以经社会中介机构审计后的财务会计报告为基础。按规定不进行社会中介机构审计的企业，其综合绩效评价工作以经企业内部审计机构审计后的财务会计报告为基础。

开展企业综合绩效评价工作应遵循以下几个原则：一是全面性原则。企业综合绩效评价应当通过建立综合的指标体系，对影响企业绩效水平的各种因素进行多层次、多角度的分析和综合评判。二是客观性原则。企业综合绩效评价应当充分体现市场竞争环境特征，依据统一测算的、同一期间的国内行业标准或者国际行业标准，客观公正地评判企业经营成果及管理状况。三是效益性原则。企业综合绩效评价应当以考察投资回报水平为重点，运用投入产出分析基本方法，真实反映企业资产运营效率和资本保值、增值水平。四是发展性原则。企业综合绩效评价应当在综合反映企业年度财务状况和经营成果的基础上，客观分析企业年度之间的增长状况及发展水平，科学预测企业的未来发展能力。

企业综合绩效评价工作按照产权管理关系进行组织，国资委负责其履行出资人职责企业的综合绩效评价工作，企业集团（总）公司负责其控股子企业的综合绩效评价工作。

二、中央企业综合绩效评价指标体系

企业综合绩效评价由财务绩效定量评价和管理绩效定性评价两部分组成。企业综合绩效评价指标由22个财务绩效定量评价指标和8个管理绩效定性评价指标组成。

1. 财务绩效定量评价指标

财务绩效定量评价是指对企业一定期间的盈利能力、资产质量、债务风险和经营增长四个方面进行定量对比分析和评判。企业盈利能力分析与评判主要通过资本及资产报酬水平、成本费用控制水平和经营现金流量状况等方面的财务指标，综合反映企业的投入产出水平以及盈利质量和现金保障状况。企业资产质量分析与评判主要通过资产周转速度、资产运行状态、资产结构以及资产有效性等方面的财务指标，综合反映企业所占用经济资源的利用效率、资产管理水平与资产的安全性。企业债务风险分析与评判主要通过债务负担水平、资产负债结构、或有负债情况、现金偿债能力等方面的财务指标，综合反映企业的债务水平、偿债能力及其面临的债务风险。企业经营增长分析与评判主要通过销售增长、资本积累、效益变化以及技术投入等方面的财务指标，综合反映企业的经营增长水平及发展后劲。

财务绩效定量评价指标依据各项指标的功能作用划分为基本指标和修正指标。基本指标反映企业一定期间财务绩效的主要方面，并得出企业财务绩效定量评价的基本结果。修正指标是根据财务指标的差异性和互补性，对基本指标的评价结果作进一步的补充和矫正。

财务绩效定量评价指标由反映企业盈利能力状况、资产质量状况、债务风险状况和经营增长状况这四个方面的 8 个基本指标和 14 个修正指标构成，用于综合评价企业财务会计报表所反映的经营绩效状况。

企业盈利能力状况。企业盈利能力状况以净资产收益率、总资产报酬率 2 个基本指标和销售（营业）利润率、盈余现金保障倍数、成本费用利润率、资本收益率 4 个修正指标进行评价，主要反映企业一定经营期间的投入产出水平和盈利质量。

企业资产质量状况。企业资产质量状况以总资产周转率、应收账款周转率 2 个基本指标和不良资产比率、流动资产周转率、资产现金回收率 3 个修正指标进行评价，主要反映企业所占用经济资源的利用效率、资产管理水平与资产的安全性。

企业债务风险状况。企业债务风险状况以资产负债率、已获利息倍数 2 个基本指标和速动比率、现金流动负债比率、带息负债比率、或有负债比率 4 个修正指标进行评价，主要反映企业的债务负担水平、偿债能力及其面临的债务风险。

企业经营增长状况。企业经营增长状况以销售（营业）增长率、资本保值增值率 2 个基本指标和销售（营业）利润增长率、总资产增长率、技术投人比率 3 个修正指标进行评价，主要反映企业的经营增长水平、资本增值状况及发展后劲。

2．管理绩效定性评价指标

管理绩效定性评价是指在企业财务绩效定量评价的基础上，通过采取专家评议的方式，对企业一定期间的经营管理水平进行定性分析与综合评判。管理绩效定性评价指标包括企业发展战略的确立与执行、经营决策、发展创新、风险控制、基础管理、人力资源、行业影响、社会贡献等方面。企业财务绩效定量评价指标和管理绩效定性评价指标构成企业综合绩效评价指标体系。各指标的权重依据评价指标的重要性和各指标的引导功能，通过参照咨询专家意见和组织必要的测试进行确定。

企业管理绩效定性评价指标包括战略管理、发展创新、经营决策、风险控制、基础管理、人力资源、行业影响、社会贡献 8 个方面的指标，主要反映企业在一定经营期间所采取的各项管理措施及其管理成效。

战略管理评价主要反映企业所制定战略规划的科学性，战略规划是否符合企业实际，员工对战略规划的认知程度，战略规划的保障措施及其执行力，以及战略规划的实施效果等方面的情况。

发展创新评价主要反映企业在经营管理创新、工艺革新、技术改造、新产品开发、品牌培育、市场拓展、专利申请及核心技术研发等方面的措施及成效。

经营决策评价主要反映企业在决策管理、决策程序、决策方法、决策执行、决策监督、责任追究等方面采取的措施及实施效果，重点反映企业是否存在重大经营决策失误。

风险控制评价主要反映企业在财务风险、市场风险、技术风险、管理风险、信用风险和道德风险等方面的管理与控制措施及效果，包括风险控制标准、风险评估程序、风险防范与化解措施等。

基础管理评价主要反映企业在制度建设、内部控制、重大事项管理、信息化建设、标准化管理等方面的情况，包括财务管理、对外投资、采购与销售、存货管理、质量管理、安全管理、法律事务等。

人力资源评价主要反映企业在人才结构、人才培养、人才引进、人才储备、人事调配、员工绩效管理、分配与激励、企业文化建设、员工工作热情等方面的情况。

行业影响评价主要反映企业主营业务的市场占有率、对国民经济及区域经济的影响与带动力、主要产品的市场认可程度、是否具有核心竞争能力以及产业引导能力等方面的情况。

社会贡献评价主要反映企业在资源节约、环境保护、吸纳就业、工资福利、安全生产、上缴税收、商业诚信、和谐社会建设等方面的贡献程度和社会责任的履行情况。

上述企业管理绩效定性评价指标应当根据评价工作需要作进一步细化，能够量化的应当采用量化指标进行反映。

3. 企此综合绩效评价指标权重

企业综合绩效评价指标权重实行百分制，指标权重依据评价指标的重要性和各指标的引导功能，通过征求咨询专家意见和组织必要的测试进行确定。

财务绩效定量评价指标权重确定为 70%，管理绩效定性评价指标权重确定为 30%。在实际评价过程中，财务绩效定量评价指标和管理绩效定性评价指标的权数均按百分制设定，分别计算分项指标的分值，然后按 70∶30 折算。

三、评价标准

企业综合绩效评价标准分为财务绩效定量评价标准和管理绩效定性评价标准。财务绩效定量评价标准包括国内行业标准和国际行业标准。

国内行业标准根据国内企业年度财务和经营管理统计数据，运用数理统计方法，分年度、分行业、分规模统一测算并发布。国际行业标准根据居于行业国际领先地位的大型企业相关财务指标实际值，或者根据同类型企业相关财务指标的先进值，在剔除会计核算差异后统一测算并发布。

财务绩效定量评价标准的行业分类，按照国家统一颁布的国民经济行业分类标准结合企业实际情况进行划分。财务绩效定量评价标准按照不同行业、不同规模及指标类别，分别测算出优秀值、良好值、平均值、较低值和较差值五个档次。大型企业集团在采取国内标准进行评价的同时，应当积极采用国际标准进行评价，开展国际先进水平的对比活动。

管理绩效定性评价标准根据评价内容，结合企业经营管理的实际水平和出资人监管要求，统一制定和发布，并划分为优、良、中、低、差五个档次。管理绩效定性评价标准不进行行业划分，仅提供给评议专家参考。企业财务绩效定量评价有关财务指标实际值应当以经审计的企业财务会计报告为依据，并按照规定对会计政策差异、企业并购重组等客观因素进行合理剔除，以保证评价结果的可比性。

四、评价计分

财务绩效定量评价计分以企业评价指标实际值对照企业所处行业、规模标准，运用规定的计分模型进行定量测算。管理绩效定性评价计分由专家组根据评价期间企业管理绩效相关因素的实际情况，参考管理绩效定性评价标准，确定分值。对企业任期财务绩效定量评价计分应当依据经济责任财务审计结果，运用各年度评价标准对任期各年度的财务绩效进行分别评价，并运用算术平均法计算出企业任期财务绩效定量评价分值。

企业综合绩效评价计分方法采取功效系数法和综合分析判断法，其中，功效系数法用于财务绩效定量评价指标的计分，综合分析判断法用于管理绩效定性评价指标的计分。

五、评价基础数据调整

企业综合绩效评价的基础数据资料主要包括企业提供的评价年度财务会计决算报表及审计报告、关于经营管理情况的说明等资料。

为确保评价基础数据的真实、完整、合理，在实施评价前应当对评价期间的基础数据进行核实，按照重要性和可比性原则进行适当调整。在任期经济责任审计工作中开展任期财务绩效定量评价,其评价基础数据以财务审计调整后的数据为依据。

企业评价期间会计政策与会计估计发生重大变更的，需要判断变更事项对经营成果的影响，产生重大影响的，应当调整评价基础数据，以保持数据口径基本一致。企业评价期间发生资产无偿划入划出的，应当按照重要性原则调整评价基础数据。原则上，划入企业应纳入评价范围，无偿划出、关闭、破产（含进入破产程序）企业，不纳入评价范围。企业被出具非标准无保留意见审计报告的，应当根据审计报告披露的影响企业经营成果的重大事项，调整评价基础数据。

国资委在财务决算批复中要求企业纠正、整改，并影响企业财务会计报表、能够确认具体影响金额的，应当根据批复调整评价基础数据。

企业在评价期间损益中消化处理以前年度或上一任期资产损失的，承担国家某项特殊任务或落实国家专项政策对财务状况和经营成果产生重大影响的，经国资委认定后，可作为客观因素调整评价基础数据。

六、评价工作程序

企业综合绩效评价包括财务绩效定量评价和管理绩效定性评价两方面内容。由于任期绩效评价和年度绩效评价的工作目标不同，评价工作内容应有所区别。

任期绩效评价作为任期经济责任审计工作的重要组成部分，需要对企业负责人任职期间企业的绩效状况进行综合评价，工作程序包括财务绩效评价和管理绩效评价两方面内容。年度绩效评价除根据监管工作需要组织财务绩效与管理绩效的综合评价外，一般作为年度财务决算管理工作的组成部分，每个年度只进行财务绩效定量评价。

第四节　中央企业负责人经营业绩的评价指标

一、中央企业负责人的界定

为切实履行企业国有资产出资人职责，维护所有者权益，落实国有资产保值、增值责任，建立有效的激励和约束机制，国务院国有资产监督管理委员会于2009年12月对2003年出台的《中央企业负责人经营业绩考核暂行办法》（以下简称《暂行办法》），在2006年进行第一次修订的基础上进行了第二次修订。《暂行办法》在《年度经营业绩考核计分细则》和《任期经营业绩考核计分细则》的基础上增加了《经济增加值考核细则》。《暂行办法》和三项细则对中央企业负责人经营业绩的评价指标体系进行了详细的规定。

中央企业负责人是指经国务院授权由国务院国有资产监督管理委员会（以下简称国资委）履行出资人职责的国家出资企业（以下简称企业）的相关人员。

中央企业负责人包括以下三大类：

1. 国有独资企业的总经理（总裁）、副总经理（副总裁）、总会计师；

2. 国有独资公司的董事长、副董事长、董事，列入国资委党委管理的总经理（总裁）、副总经理（副总裁）、总会计师；

3. 国有资本控股公司国有股权代表出任的董事长、副董事长、董事，列入国资委党委管理的总经理（总裁）、副总经理（副总裁）、总会计师。

二、企业负责人经营业绩考核制度

企业负责人的经营业绩，实行年度考核与任期考核相结合、结果考核与过程评价相统一、考核结果与奖惩相挂钩的考核制度。

考核工作需遵循以下原则：按照国有资产保值、增值和股东价值最大化以及可持续发展的要求，依法考核企业负责人的经营业绩；按照企业所处的不同行业、资产经营的不同水平和主营业务等不同特点，实事求是，公开公正，实行科学的分类考核；按照责、权、利相统一的要求，建立企业负责人经营业绩同激励约束机制相结合的考核制度，即业绩上、薪酬上，业绩下、薪酬下，并作为职务任免的重要依据；建立健全科学合理、可追溯的资产经营责任制；按照科学发展观的要求，推动企业提高战略管理、价值创造、自主创新、资源节约、环境保护和安全发展水平，不断增强企业核心竞争能力和可持续发展能力；按照全面落实责任的要求，推动企业建立健全全员业绩考核体系，增强企业管控力和执行力，确保国有资产保值、增值责任层层落实。

三、中央企业负责人经营业绩评价指标体系

企业负责人经营业绩考核由年度经营业绩考核和任期经营业绩考核两大部分组成。两大指标均由基本指标和分类指标组成。

1. 年度经营业绩考核指标

基本指标包括利润总额和经济增加值。利润总额是指经核定的企业合并报表利润总额。利润总额计算可以加上经核准的当期企业消化以前年度潜亏，并扣除通过变卖企业主业优质资产等取得的非经常性收益。经济增加值是指经核定的企业税后净营业利润减去资本成本后的余额。

分类指标由国资委根据企业所处行业特点，针对企业管理“短板”，综合考虑企业经营管理水平、技术创新投入及风险控制能力等因素确定，具体指标在责任书中明确。

2. 任期经营业绩考核指标

基本指标包括国有资本保值、增值率和主营业务收入平均增长率。国有资本保值、增值率是指企业考核期末扣除客观因素（由国资委核定）后的国有资本及权益同考核期初国有资本及权益的比率。计算方法为：任期内各年度国有资本保值、增值率的乘积。企业年度国有资本保值、增值率以国资委确认的结果为准。主营业务收入平均增长率是指企业任期内三年主营业务的平均增长情况。

分类指标由国资委根据企业所处行业特点，综合考虑企业技术创新能力、资源节约和环境保护水平、可持续发展能力及核心竞争力等因素确定，具体指标在责任书中确定。

3. 经营业绩考核指标权重

年度经营业绩考核指标对于确定军工企业和主要承担国家政策性业务等特殊企业的基本指标与分类指标，可优先考虑政策性业务完成情况，具体指标及其权重在责任书中确定；对于确定科研类企业的基本指标与分类指标，突出考虑技术创新投入和产出等情况，具体指标及其权重在责任书中确定。

任期经营业绩考核指标对于确定军工企业和主要承担国家政策性业务等特殊企

业的基本指标与分类指标，可优先考虑政策性业务完成情况，具体指标及其权重在责任书中确定。

四、评价标准

根据企业负责人经营业绩考核得分，年度经营业绩考核和任期经营业绩考核最终结果分为 A、B、C、D、E 五个级别，完成全部考核目标值（经济增加值指标除外）为 C 级进级点。

国资委依据年度经营业绩考核结果和任期经营业绩考核结果对企业负责人实施奖惩与任免。对企业负责人的奖励分为年度绩效薪金奖励和任期中长期激励。

企业负责人年度薪酬分为基薪和绩效薪金两个部分。绩效薪金与年度考核结果挂钩。其计算公式为：

绩效薪金 = 基薪 × 绩效薪金倍数

当考核结果为 E 级时，绩效薪金为 0。

当考核结果为 D 级时，绩效薪金按“基薪 ×（考核分数 –D 级起点分数）/（C 级起点分数 –D 级起点分数）”确定，绩效薪金在 0 ~ 1 倍基薪之间。

当考核结果为 C 级时，绩效薪金按“基薪 ×[1+0.5×（考核分数 –C 级起点分数）/（B 级起点分数 –C 级起点分数）]”确定，绩效薪金在 1 ~ 1.5 倍基薪之间。

当考核结果为 B 级时，绩效薪金按“基薪 ×[1.5+0.5×（考核分数 –B 级起点分数）/（A 级起点分数 –B 级起点分数）]”确定，绩效薪金在 1.5 ~ 2 倍基薪之间。

当考核结果为 A 级时，绩效薪金按“基薪 ×[2+（考核分数 –A 级起点分数）/（A 级封顶分数 –A 级起点分数）]”确定，绩效薪金在 2 ~ 3 倍基薪之间。

但对于利润总额低于上一年的企业，无论其考核结果处于哪个级别，其绩效薪金倍数都应当低于上一年。

被考核人担任企业主要负责人的，其分配系数为 1，其余被考核人的分配系数由企业根据各负责人的业绩考核结果，在 0.6 ~ 0.9 之间确定，报国资委备案后执行。

绩效年薪的 60% 在年度考核结束后当期兑现；其余 40% 根据任期考核结果等因素，延期到任期考核结束后兑现。对于离任的法定代表人，还应当根据经济责任审计结果，确定延期绩效薪金兑现方案。

对企业负责人的奖惩与任免，依据任期经营业绩考核结果综合确定。

（1）对于任期经营业绩考核结果为 A 级、B 级和 C 级的企业负责人，按期兑现全部延期绩效薪金，根据考核结果、经济增加值改善情况等，给予企业负责人相应的任期激励或者中长期激励。

（2）对于任期经营业绩考核结果为D级和E级的企业负责人，根据考核分数扣减延期绩效薪金。

第五节　国有资产效益管理制度

一、国有资产效益管理制度含义

所谓国有资产效益管理制度，是指有关国有资产管理效益的各项法律法规、规章制度的总称。建立国有资产效益管理制度的核心目的在于提高国有资产的管理效益，促进国有资产保值、增值，增强国有资产在国民经济中的竞争力。按照“管人、管事、管资产”相结合的原则，一项完整的国有资产效益管理制度至少应该包括以下几方面的内容：

1. 完善的法律法规

“没有规矩不成方圆”，要想真正提高国有资产的管理效益，就必须有一整套完善的法律法规作支撑，只有这样才能做到有法可依，才能真正通过法律手段使提高国有资产管理效益的目标落到实处。

2. 国有企业效益管理制度

国有企业是国有资产的重要载体，因此提高国有资产管理效益的一个重要途径就是提高国有企业（尤其是竞争性的国有企业）的管理效益。这种管理效益的高低主要是通过设置一套科学合理的保值、增值指标体系来衡量的。

3. 国有资产经营管理人员效益管理制度

国有资产管理得好不好，关键在人，特别是直接进行国有资产经营管理的人员。因此，调动经营管理者的积极性、提高国有资产经营管理人员的经营效益是提高国有资产整体效益的重要一环，这需要借助于激励约束机制的建立。

4. 国有资产宏观效益管理制度

一般而言，私有财产投入经营的唯一目的就是赚取最大利润，而国有资产与之不同。国有资产在讲求微观经济效益的同时，更多地关注宏观经济效益，如产业结构的合理化、地区发展平衡等，因此宏观效益管理制度是国有资产效益管理制度的重要组成部分。

二、国有企业国有资产效益管理制度

长期以来，我国国有企业国有资产效益低下，存在重复建设、无效投资等现象。

今后要逐步建立国有企业国有资产效益管理制度，建立科学的法人治理结构，完善衡量国有企业经营管理效益的各项指标，以此来衡量国有企业效益，督促企业改进经营管理，防止国有资产流失，提高国有资产管理效益。要转变政府职能，真正实现政企分开，为国有企业改革的深化创造前提。国有企业改革的目标是建立现代企业制度，而现代企业制度的一个重要特点就是政企分开。政企分开最根本的在于把政府的经济管理职能与国有资产所有者职能分开，把国有资产监督管理与国有资产经营职能分开。政府的所有行政机构不再直接干预国有企业的微观决策，割断政府与企业的直接联系。政府要把工作中心放在对经济整体的宏观调控和统一的公平竞争市场秩序的建立上,强化自身的公共服务职能。同时要加强对政府工作的监督力度，包括立法监督、行政监督、检察监督和舆论监督等各方面的监督检查。

三、国有资产负责人效益管理制度

按照“管资产与管人、管事相结合”的原则，在国有资产效益管理中要体现以人为本的思想，切实加强对国有资产经营管理人员的管理，要建立对国有资产经营管理人员的激励约束机制。

我国《中央企业负责人经营业绩考核暂行办法》中规定，国资委依据年度经营业绩考核结果和任期经营业绩考核结果对企业负责人实施奖惩，并把经营业绩考核结果作为企业负责人任免的重要依据。具体体现在以下几方面：

一是企业负责人年度薪酬分为基薪和绩效薪金两个部分。绩效薪金与年度考核结果挂钩。绩效薪金的 60% 在年度考核结束后当期兑现；其余 40% 根据任期考核结果等因素，延期到任期考核结束后兑现。

二是对于任期经营业绩考核结果为 A 级、B 级和 C 级的企业负责人，按期兑现延期绩效薪金。根据考核结果、经济增加值改善情况等，给予企业负责人相应的任期激励或者中长期激励。对于任期经营业绩考核结果为 D 级和 E 级的企业负责人，根据考核分数扣减延期绩效薪金。

三是未完成任期经营业绩考核目标或者连续两年未完成年度经营业绩考核目标且无重大客观原因的，对企业负责人予以调整。对于全员业绩考核工作开展不力的企业，扣减经营业绩考核得分。

四是对业绩优秀及在自主创新、管理增效、节能减排方面取得突出成绩的，给予任期特别奖。对承担国家重大结构性调整任务且取得突出成绩的，年度考核给予加分奖励。

五是实行企业负责人经营业绩考核谈话制度。对于年度考核结果为 D 级和 E 级、发生重大生产安全责任事故和重大环境污染责任事故、严重违规经营和存在重大经营风险等情形的企业，经国资委主任办公会议批准，由国资委业绩考核领导小组与企业主要负责人进行谈话，帮助企业分析问题、改进工作。

六是企业违反《中华人民共和国会计法》《企业会计准则》等有关法律法规规章，虚报、瞒报财务状况的，国资委根据具体情节给予降级或者扣分处理，并相应扣发企业法定代表人及相关负责人的绩效薪金、任期激励或者中长期激励；情节严重的，给予纪律处分或者对企业负责人进行调整；涉嫌犯罪的，依法移送司法机关处理。

七是企业法定代表人及相关负责人违反国家法律法规和规定，导致重大决策失误、重大安全与质量责任事故、重大环境污染责任事故、重大违纪和法律纠纷案件，给企业造成重大不良影响或者造成国有资产流失的，国资委根据具体情节给予降级或者扣分处理，并相应扣发其绩效薪金、任期激励或者中长期激励；情节严重的，给予纪律处分或者对企业负责人进行调整；涉嫌犯罪的，依法移送司法机关处理。

四、国有资产宏观效益管理制度

在我国，公有制是国民经济的基础，国有资产在经济社会中占有相当重要的地位。国有资产除了要有微观效益以外，更重要的是要能够产生宏观效益，促进经济发展和社会稳定。国有资产管理的宏观效益也就是国有资产的宏观配置效益，是在给定的技术经济条件下，国有资产在不同的目的之间合理配置，使有限的国有资产得到合理利用，使其最大限度地满足人们的需要。而国有资产宏观效益管理制度则是有关国有资产宏观效益的一系列法律、法规及规定的总称，建立国有资产宏观效益管理制度的主要目的就是提高国有资产宏观管理效益。

国有资产的宏观配置效益包括国有资产的规模配置效益、产业配置效益和区域配置效益。其中，国有资产的规模配置效益是指国有资产在整个国民经济中的合理比例和国有资产自身的规模经济。在社会主义基本经济制度下，国有资产是国民经济的主导力量，国有资产的规模以确保公有制的主导地位为条件，而国有资产管理的效益与国有资产自身的规模经济成正比。国有资产的产业配置效益是指国有资产在各产业部门之间的合理有效配置。一国的生产分布于不同的产业部门，这些产业部门都是国民经济不可或缺的部分，但其效益并不是各部门效益的简单相加，而是一个系统内各部门相互作用的过程。因此，要使国有资产在各产业部门之间的配置达到一个合适的比例，从而使国民经济整体效益最大，此时，产业配置效率就是最高的。国有资产的区域配置效益是指国有资产在一个国家的不同地区之间的合理配置，从而使地区之间经济发展平衡。各地区平衡发展对于我国这样一个大国尤为重要，要利用有限的国有资产，通过在地区间的配置达到资源的最优利用，为社会创造出尽可能多的财富。

第七章　非经营性国有资产

第一节　非经营性国有资产概述

一、非经营性国有资产的内涵

非经营性国有资产一般指的是各级行政事业单位所占有、使用、管理的，依法确认为国家所有，能以货币计量的各种经济资源的总和。它包括国家拨给行政事业单位的资产，行政事业单位按照国家政策规定运用国有资产组织收入形成的资产，以及接受捐赠和其他经法律确认为国家所有的资产等，主要存在于国家机关、人民团体、科教文卫、体育、军队、警察等公共部门。

随着我国非经营性国有资产存量规模的不断增长，非经营性国有资产的管理日益受到重视，不少地方政府也根据各地实际情况在其管理体制和管理模式上进行了积极的探索。但由于非经营性国有资产的来源比较复杂，种类繁多，其性质和主要用途也不尽相同，所以在管理中存在着不少问题，亟须加以研究和解决。财政部于2006年先后公布了《行政单位国有资产管理暂行办法》以及《事业单位国有资产管理暂行办法》（以下简称《办法》），这两个《办法》的实施，标志着我国非经营性国有资产管理工作迈上了新的台阶，对促进我国非经营性国有资产管理向制度化、科学化方向发展具有十分重要的意义。

二、加强非经营性国有资产管理的必要性

两个《办法》的出台，标志着我国非经营性国有资产管理工作进入了一个崭新的阶段，将对我国的社会主义市场经济体制及节约型社会、和谐社会建设产生深远的影响。

1．加强非经营性国有资产管理是健全国有资产管理体制，完善社会主义基本经济制度的必要举措

行政单位、事业单位资产是国有资产的重要组成部分，但长期以来，我们对国有资产的认识和运作往往偏重于国有企业经营性资产，对行政、事业资产关注不够。

1998年至今，财政部门、主管部门、国资监管机构、政府机关事务管理机构等部门均从不同角度对行政、事业单位国有资产进行了监管，并取得了一定成效。但由于具体监管职责不清，造成行政、事业单位国有资产管理具体工作中存在着职责交叉和管理的真空，使行政、事业资产监管成为国有资产管理体制中十分薄弱的环节。因此，加强行政、事业资产管理，是当前形势下健全我国国有资产监管体制，完善社会主义基本经济制度的一项必要举措。

2. 加强非经营性国有资产管理是完善公共财政体制，切实转变政府职能的客观需要

按照公共财政的要求，市场在资源配置中发挥基础性作用，政府应主要负责提供公共产品和公共服务，这也正是社会主义市场经济条件下政府职能由传统的管理型向服务型转变的核心要求。近年来，财政部门积极推进部门预算改革、国库集中收付改革等各项财政改革，不断完善公共财政框架体系，从财政资金的管理层面实现了公共财政改革的重大突破。但由于在资产管理方面还缺乏有效的措施和手段，很大程度上制约了公共财政功能的发挥，也限制了政府公共服务水平的进一步提高。为此，各级财政部门必须拓展政府理财领域，通过加强行政、事业单位国有资产管理，合理配置和有效利用国有资产，充分发挥其在行政、事业单位履行职能方面的物质基础作用，以实现公共财政的目标要求，切实推进政府职能转变。

3. 加强非经营性国有资产管理是理顺收入分配关系，构建社会主义和谐社会的基础环节

健全的收入分配制度和规范的收入分配秩序，是社会稳定、和谐的前提和保证。随着我国经济规模的不断扩大和公共财政建设步伐的加快，国家对公共事业的保障力度将进一步加大，行政、事业单位国有资产的规模也将快速增长。从完善行政、事业资产管理体制入手，强化对行政、事业资产的监管，可以切实推进事业单位津贴补贴规范工作和工资制度改革，从源头上遏制津贴补贴发放混乱的现象，为构建社会主义和谐社会提供保证。

4. 加强非经营性国有资产管理是降低事业运行成本，建设节约型社会的必然要求

建设节约型社会，首先应从降低政府和事业单位运行成本做起。因此，必须强化节约意识，加强管理，采取有效措施维护事业资产的安全完整，防止国有资产流失，并对现有存量资源进行有效整合，使其发挥最大使用效益，坚决杜绝资产的闲置浪费。同时，根据行政事业单位履行职能的需要，结合存量资产使用状况，合理安排预算，实现以存量制约增量、以增量激活存量，从而有效降低政府运行成本，节约社会资源，加快推进节约型政府、节约型社会建设。

三、我国非经营性国有资产管理体制

根据党的十六大提出的建立“分级代表、分级监管”和“三个统一、三个结合”的新型国有资产管理体制，即“在坚持国家所有的前提下，充分发挥中央和地方两个积极性。国家要制定法律、法规，建立中央政府和地方政府分别代表国家履行出资人职责，享有所有者权益，权利、义务和责任相统一，管资产和管人、管事相结合的国有资产管理体制”。逐步建立行政事业单位国有资产管理、监督、营运体系和机制，建立与健全严格的责任制度，建立合理高效的非经营性国有资产管理体制是该类资产良性运营的重要保证。《办法》规定，行政事业单位国有资产实行国家统一所有，政府分级监管，单位占有、使用的管理体制，在此基础上，各级财政部门、主管部门和行政事业单位各司其职、各负其责。

1．明确非经营性国有资产管理体制的层次结构

虽然各地非经营性国有资产的管理模式不尽相同，但《办法》的出台无疑为我们理顺有关该类资产的管理体制提供了良好的思路。《办法》明确了在公共财政模式下三层次的非经营性国有资产管理体制是一种十分有效的管理体系。所谓三层次的管理体制，即财政部门—主管部门（资产管理机构或资产经营公司）—行政事业单位的自上而下的管理体系。在此模式中，各级财政部门代表国家行使非经营性国有资产所有者的职权，是政府负责行政事业单位国有资产管理的职能部门，对行政事业单位国有资产实行综合管理；主管部门（资产管理机构或资产经营公司）受财政部门的委托，负责对本部门所属行政事业单位的国有资产实施监督管理；行政事业单位对本单位占有、使用的国有资产实施具体管理。这种各级财政部门、主管部门和行政事业单位各司其职、各负其责的管理模式明确了国家与各级行政事业单位之间的职能关系，有利于实现非经营性国有资产的合理配置和有效使用。

2．明确非经营性国有资产分级分类的监管模式

《办法》明确了在三层次的管理体制之下，各级财政部门究竟采取何种管理模式、设置何种管理机构来实现对非经营性国有资产的综合管理。我国现行的非经营性国有资产管理模式比较简单，行政单位与事业单位的国有资产分别由不同的管理机构进行管理：行政单位的国有资产由财政部门委托给政府机关事务管理局监管，而事业单位国有资产则由各财政部门委托给事业主管部门监管。

3．明确非经营性国有资产管理的基本原则

行政事业单位国有资产管理活动，应当坚持资产管理与预算管理相结合的原则，推行实物费用定额制度，促进行政事业资产整合与共享共用，坚持资产管理与预算管理相结合的原则；坚持所有权和使用权相分离的原则；坚持资产管理与财务管理、实物管理与价值管理相结合的原则（见表 7–1）。

表 7–1　明确非经营性国有资产管理的基本原则

原则	内容
所有权与使用权相分离的原则	所有权属于国家，使用权在单位。所有权是财产主体对财产客体的排他的最高支配权，是财产权的核心。占有权是对财产的实际控制权。使用权以占有权为前提，不占有就不能使用。当所有权与财产分离后，所有人的所有权与使用权发生分离。在所有权与使用权分离的情况下，收益权可以由法律规定由所有人和使用人共同享有。对国有企业来讲，所有权和经营权分离是政企分开的要求；而对事业单位来讲，所有权和使用权相分离是政事分开的要求。事业单位国有资产的所有权由财政部门代表国家来行使，占有权、使用权由事业单位行使，二者必然要求分离
资产管理与财务管理相结合的原则	资产管理是财务管理的重要组成部分。现行《事业单位财务规则》中，将资产管理作为专门一章做了详细规定和阐述。从单位内部管理的角度看，资产管理也不能脱离财务管理，并要做到账账相符、账实相符，实物与资产账、资产账与财务账都应衔接一致
实物管理与价值管理相结合的原则	价值管理侧重于以货币形式记录单位占有、使用资源的规模、消耗和结构，与经费的收支紧密相连；实物管理则是从资产具体形态的购置、处置、使用等各个环节入手，对资产实施全方位的管理、维护。在购置环节，实物资产既要满足工作和业务活动需要，又要经济、节约，资产价值要及时准确入账，按制度规定真实予以反映；在处置环节，实物资产的毁损、灭失都要证明齐全、手续齐备，资产价值则要按照财务制度规定及时进行账务处理，做到账实相符；在使用环节，不仅要考虑实物形态的资产运行和维护，同时要考虑其价值链条。此外，事业单位利用国有资产对外投资、出租、出借等行为，还涉及国有资产权益、收益的财务管理
资产管理与预算管理相结合的原则	预算管理与资产管理互为前提和基础，既相互促进，又相互制约。一方面，财政预算是资产形成的主渠道，预算管理水平的高低决定着资产配置的合理性。行政事业单位资产的日常维持运转和价值补偿主要依靠预算安排来实现，其增量更直接来源于单位的年度预算。预算安排得不合理，将造成资产配置的不公平，导致资产的闲置浪费，降低资产使用效益。另一方面，资产存量是核定单位预算的重要基础，资产管理水平影响着预算资金分配的科学性和有效性。只有在准确掌握单位资产存量、建立科学的资产配置标准体系的基础上，才能结合单位履行职能的需要，科学核定单位资产收益、资产配置、资产消耗等预算

四、国外非经营性国有资产管理模式与经验

1．国外非经营性国有资产管理模式

根据对世界主要国家非经营性国有资产管理体制的比较研究，一般而言，非经营性国有资产的管理体制比较有代表性的主要有三种模式：日韩模式、德澳模式和美加模式。

（1）日本、韩国非经营性国有资产管理。日本、韩国两国把国有资产主要划分为行政财产和其他财产，其中行政财产包括公用财产、公共财产、企业财产，立宪

制的日本行政资产还包括皇室资产。公用财产主要是政府办公大楼、国立学校、国立医院、公务员宿舍以及附带设施和土地。公共财产是用于公共目的的财产，包括公园、公路等公共设施和森林、河流等公共资源。企业财产主要是国有企业的生产设备、厂房、职工宿舍等。

在日本，日本财务省的财务局负责国有资产管理事务的综合协调及相关制度的制定，是日本国有资产的主管部门，各个省、厅是资产管理的执行机构。日本对国有行政资产实行委托管理，即财务省委托中央各个部委和地方政府部门管理国有行政资产，政府各行政部门最高官员负责具体管理。

行政资产形成的管理非常严格，《国有资产法》授权财务省大臣行使行政资产管理的统一审批权。政府国有资产形成或者进行大的修缮和改良之前，各省厅需要向财务省申请预算，详细报明经费支出，财务省对行政资产取得申请进行审查、批复，之后财政拨款形成行政资产。对于新建建筑物，由国土交通省负责招标。有关政府部门必须每隔 5 年对所有财产的价值重新评估，其价值在评估之后重新登记。各部门大臣还必须在每年 7 月底之前，将上个年度所管的国有资产增减变动编制成报告书，向财政大臣报告。各政府部门必须向财政大臣提交国有资产的详细资料和数据，各部门在变更国有资产用途时必须提出报告，财政大臣对此提出意见和要求。

在韩国，韩国财政经济部是统筹和管理全国国有财产的部门，由财政经济部长官（部长）总负责。韩国国有财产实行“多级负责、分类管理”，国有资产由中央政府和地方政府多级负责，中央政府各部门和团体分别管理所属部门和团体的国有财产，地方的国有财产经财政经济部委托，由直辖市、道、自治团体总管，并通过直辖市、道、自治团体将管理责任下放到各市、郡。韩国实施分类垂直管理，文物、旅游财产归文化观光部管，驻外使领馆财产由外交通商部管，学校校舍由教育部管，其他的财产由财政经济部管。分布在地方上的国有资产，就由地方政府的相应部门管理，由市、郡财务会计科分管。

根据法律规定，财政经济部为委托中央政府主管部门或地方政府的第一负责人管理的财产支付资产评估价格的 20% ~ 30% 的管理费用。财政经济部对主管部门和地方政府第一负责人管理的国有财产进行监督，发现管理不善的可处以降低资产管理费用或收回管理权的处罚，收回管理权的国有财产通过招标重新选择主管部门。

中央政府各主管部门根据总统令制订其主管的国有资产管理处置计划和预算，报财政经济部，由财政经济部汇总制订统一的国有资产管理计划和预算，报国务会议审议，最后由总统审批。处置国有资产时，由主管部门提出申请，财政经济部制订处置计划，由国务会议审议，最后经国会批准。国有资产处置后，回收的费用归中央财政。

日本韩国两国的非经营性国有资产管理模式可以概括为“财政部—主管部门”模式，即由财政部负责综合管理，由各行政部门负责具体管理。

（2）德国、澳大利亚非经营性国有资产管理。在德国，政府资产又称为公共资产，泛指由政府投资形成的资产，包括政府办公大楼、车辆、办公设备、土地等政府公共资产及其他建筑物和公路、森林、土地等公共资源。

德国联邦政府各部门根据财政部下达的预算编制通知上报预算草案，联邦财政部连同联邦议院对预算草案进行审议。联邦财政部负责管理所有属于联邦政府的资产，将全国16个州划分为9个管理大区，每个区设立隶属于财政部的联邦资产管理局，管理分布在全国的联邦资产，9个局又分设管理分局，管理大区内的联邦资产。

联邦政府资产管理局统一提供联邦政府用房，并负责维修，由其向财政部和国会申请房产购置、维修等费用的预算，而需要使用房产的各部门向财政部和国会申请使用房产的预算。政府资产管理局与使用房产的部门签订用房协议，确定使用年限和租金。各部门按照实际使用的面积向联邦资产管理局交租金，并且规定稍低于市场价格。对于实际租金支出节约的部门，给予节约租金一定比例（50%）的奖励，留给部门自用。

而车辆和设备等房产以外的其他政府资产预算费用都体现在各使用部门的预算中，经联邦财政部审查后报国会批准。车辆由政府资产管理局下设的车辆管理中心管理，中心负责车辆的统一购买、一般维修保养和处置，消防车和警车等特种车辆也由中心集中管理。车辆管理中心还负责决定公务员车辆的配置标准，公务车行驶达到一定里程数之后由中心决定报废和其他处置事项。

在澳大利亚，政府资产包括政府运作资产、政府资源、基础设施和公共服务设施等。政府运作资产包括政府办公大楼、公务员宿舍等，政府资源包括森林、土地、河流等，基础设施包括公园、道路、水电气等，公共服务设施包括学校、警察局、医院等。

澳大利亚政府资产管理在联邦政府中主要由政府财政管理部下属的资产管理局负责。各资产使用部门向财政管理部申报预算，经国会讨论通过获得财政资金后，可以向资产管理局申请办公用房的使用，并向其支付使用租金，也可以在市场上向私人公司租赁。车辆统一购买的预算也体现在联邦政府的车队预算里，各部门使用时也要支付租金。澳大利亚完全采用市场化的方式管理政府资产。

资产管理局还负责房产、车辆的维修和保养。与其他国家不同的是，澳大利亚财政管理部下设资产采购局、资产管理局、资产出售局，分别负责政府资产的采购、管理、出售，构成了从形成到处置的资产管理链条。同时，资产管理局、采购局与出售局必须向财政管理部定期提交资产和资金使用情况的报告，财政部向国会提交预算并汇报资产的管理情况，必要时对政府资产管理的情况进行审计。

德国、澳大利亚两国的非经营性国有资产管理模式可以概括为“财政部—直属局”模式，即联邦政府资产由财政部门直属的机构负责，并在全国设立分支机构管理散布在全国的联邦资产。

（3）美国、加拿大非经营性国有资产管理。美国和加拿大联邦资产包括政府财产和遗产财产。政府财产的界定比较简单，仅包括政府办公大楼等房地产和车辆。遗产财产包括收藏类遗产（如图书馆、档案馆、博物馆等）、文化遗产和自然遗产（如山川、河流、野生动植物等）。

在美国，财政部及总统预算办公室负责联邦政府财产的预算管理，财政部负责政府财产管理的规章制度的制定，1949 年成立的联邦行政服务总局是联邦政府资产管理的执行机构，具体负责联邦政府财产的管理事务。

美国联邦行政服务总局负责向财政部和总统预算办公室申请办公用房新建、修缮、日常管理等预算费用，所有的房产及其维修都归行政服务总局管理。各使用部门向财政部和总统预算办公室申请预算，获得财政资金，需要使用房产时，可以在市场上租赁，也可以与行政服务总局签订用房协议，确定使用年限及租金，按时向联邦行政服务总局支付租金，租金包含了使用费和维修管理费。而房产以外的其他行政资产如汽车和计算机等的预算则体现在使用部门的预算当中，由各部门分别申请。上述预算经国会批准后执行。

行政服务总局统一采购各部门需要租用的资产，以保证资产购置环节资金使用的经济和有效。房产和车辆的维修和处置由行政服务总局负责，处置时还要对资产的整个生命周期进行评估，确定是否达到预期并分析原因。房产通常是与地方政府交换，而车辆则定期更新，到期的车辆由行政服务总局委托商业拍卖行卖出，所得收入要上缴国库。

在加拿大，财政部和国库委员会负责政府资产预算，财政部同时负责制定政府资产管理规章制度，联邦政府的公共工程和政府服务部为政府资产管理机构，负责为整个联邦政府提供后勤服务。

公共工程和政府服务部向财政部和国库委员会申请房产购置预算，统一提供政府部门所需的房产，按统一标准配置各部门的办公用房。与美国联邦政府相同，房产的预算也是体现在资产管理机构的预算之中，需要使用房产的各部门向财政部和国库委员会申请使用房产的预算。公共工程和政府服务部与使用房产的部门签订用房协议，确定使用年限和租金，政府各部门使用时交纳租金。车辆和计算机等其他行政资产预算包含在各使用部门预算中，但也必须由公共工程和政府服务部统一购买。

房产和车辆的维修则商业化运作，通过公开招标委托私营公司管理物业和车辆。政府每部车都配有统一的信用卡，使用者用其加油和日常维修，维修经费也有金额限制，超过限额（200加元）的要按程序审批。对于需要处置的车辆，政府也将其包给私营公司处理，并支付一定的手续费。加拿大对资产实行跟踪记录，同时建立数据库，实行系统化管理，各个部门定期向加拿大公共工程和政府服务部报告情况，使公共工程和政府服务部得以掌握整个联邦政府各部门的资产状况。

美国、加拿大两国非经营性国有资产的管理模式可以概括为“财政部—管理局”模式，即由财政部负责非经营性国有资产预算管理，并负责制定统一的管理制度和法规，而专门的资产管理机构则负责行政资产管理的具体事务。

（4）三种非经营性国有资产管理模式的比较。世界各国虽然没有统一的非经营性国有资产管理模式，但有一个共同点，就是财政部门为主导管理政府非经营性国有资产，不仅在预算上实施管理，而且非经营性国有资产管理的规章制度也无一例外地由财政部门制定。各国财政部门主管非经营性国有资产的差别主要体现在以下两个方面：

一是在不同的管理模式下，财政部门的职责范围有所差异。在政府干预较多的市场经济国家，财政的职能发挥较强，如日韩模式中，非经营性国有资产管理直接由财政部门负责。而在政府干预较少的市场经济国家，财政的影响力限定在一定范围内，如美加模式中，财政部门仅负责非经营性国有资产管理规章制度的制定和预算管理。但无论是哪种模式，非经营性国有资产的管理都没有脱离财政部门的职能范围。

二是在不同的管理模式下，资产管理机构与财政部门的关系不同。日韩模式中，资产使用单位各自的行政主管部门直接负责行政资产的管理，对财政部门负责和汇报；德澳模式中，管理局及其分支机构直属于财政部，负责非经营性国有资产的业务管理，并对财政部负责；而美加模式中，资产管理机构独立于财政部门，财政部主要负责预算管理和规章制度的制定。

2. 国外非经营性国有资产管理模式的经验

通过各国非经营性国有资产管理模式的比较，可以看出非经营性国有资产管理存在以下几个特点：

政府集中采购资产。从各国非经营性国有资产的体制介绍可以看出，在资产形成环节，政府资产统一采购能以低于市场价购得资产。如美国、加拿大、德国、澳大利亚等国的资产管理机构都负责资产的统一采购，理论界公认政府集中采购非经营性国有资产是合理有效的，并且是各国资产购置制度的大势所趋。

资产取得方式趋向市场化。根据各国的不同情况，在资产取得环节，管理制度设计可归纳为两种，一种是授权式，即资产管理机构负责政府资产的集中采购，并按统一标准统一调配资产以满足各使用部门的需要，而使用部门不需要为此付费，相当于财政直接拨付使用。由于这种方式与财政部门的关系紧密，因而是世界上大多数发展中国家、政府干预较多的国家普遍采用的资产管理方式。但是各使用部门如果缺乏严格健全的管理制度，通常自觉节约使用的意识就不强，因此授权管理适用于管理政府资产中的小额资产或零散易耗办公设备和材料。

对于大额的固定资产和不动产，各国的管理方式趋向于市场化的付费方式。付费方式下，资产管理机构负责统一采购所需政府行政资产，使用单位经申请可以使用资产管理机构拥有的各项资产，使用者必须向资产管理机构付租金，或者向资产管理机构以外的私人组织租赁房屋,但是资产管理机构的收费一般要稍低于市场价，政府各部门大都倾向于租赁政府资产管理机构的资产。美国、加拿大、德国、澳大利亚等都采取支付租金的方式配置资产。这种部门之间实行商业化的运作方式，模拟市场上商品和劳务的交易，代替财政资金拨付式的资产提供，有利于提高资产配置的效率。

资产维修方式灵活，处置程序规范。资产的维修可以由资产管理机构灵活地决定采用何种方式实现最有效率的管理。资产管理机构可以决定是由资产管理机构下设的维修部门维修管理还是委托私营公司维修管理各使用部门占有的资产。但在灵活的维修管理方式之外，不容置疑的是资产的维修必须由专门的机构负责，还必须要有有效的制度限制维修的支出，才能限制维修环节的过度浪费。另外，各国资产管理都很注重资产处置程序的规范性。资产处置之前，资产使用部门或主管部门必须就将处置的资产向资产管理机构报告使用管理的情况，有的甚至还要对资产的使用进行评估，看是否达到预期的目标，直接由资产管理机构负责处置，或经资产管理机构审核决定处置事项。

资产信息管理和报告制度完善。各国资产管理都设计了资产信息追踪制度，或建立资产管理的数据库，用完善的信息管理系统对资产进行跟踪管理；或实行资产报告制度，由使用单位或主管部门就资产情况定期汇报，使资产管理机构、财政部门、预算审批机构能及时掌握资产的动态。资产管理机构对各部门使用的行政资产保留控制权，同时必须定期向预算管理部门汇报资产的使用、管理、增减变动情况。日本还规定各部门必须 5 年评估一次政府公用资产，并按新价值重新登记，这样有利于资产信息的及时更新。

非经营性国有资产的管理没有万灵的统一管理模式，如何选择，关键在于哪种模式比较适合于一国的制度环境和管理习惯。尤其在我国，非经营性国有资产管理体制改革必须要考虑到我国的政治体制特点和资产管理的历史情况以及财政管理体制。我们不能盲目照抄照搬西方某个国家的做法，而应在充分考虑到我国国情的基础上，借鉴其有益的做法，创建具有中国特色的管理模式。

第二节 行政单位国有资产管理

一、行政单位国有资产的含义

1. 行政单位国有资产的内涵

行政单位国有资产是指由各级行政单位占有、使用的，依法确认为国家所有，能以货币计量的各种经济资源的总称，即行政单位的国有（公共）财产。行政单位国有资产包括行政单位用国家财政性资金形成的资产、国家调拨给行政单位的资产、行政单位按照国家规定组织收入形成的资产，以及接受捐赠和其他经法律确认为国家所有的资产，其表现形式为固定资产、流动资产和无形资产等。

2. 行政单位国有资产的特征

由于行政单位占用的国有资产与经营性国有资产使用的目的不同，所以其具有与经营性国有资产不同的特征，主要表现在以下几个方面：

占有、使用国有资产的行政部门具有非生产性。行政单位所占有、使用的国有资产分布于社会的非生产领域，资产占有、使用单位不直接从事物质生产活动，这些单位对资产的使用不直接生产出物质财富，其使用资产的目的，是为了保证各项行政工作的顺利进行，保证整个社会的正常运转。

行政单位对国有资产的占有、使用具有服务性和非增值性。行政单位占有、使用国有资产的作用主要在于保证国家整个行政工作的顺利进行，以实现社会系统的正常运转。这就决定了行政单位占有、使用国有资产不能以营利为目的，而只能为社会提供公共服务。因此，对行政单位占有、使用的国有资产不能要求其增值，管理的重点是保证其实物形态的完整性，从而最大限度地发挥其服务效能。

对行政单位占有、使用的国有资产的增值补偿具有非直接性。行政单位国有资产的补偿、扩大，不可能依靠单位自身的积累获得，而只能依靠国民收入的再分配，通过财政预算拨款补足。这反映了行政单位对国有资产的使用是一个非生产的消费过程，但又是社会再生产过程中不可缺少的部分。因此，在其他条件一定时，经营性国有资产与行政单位占有和使用的国有资产的规模之间彼此制约，各自的补偿及资金的扩充也是相互制约的。如果盲目扩大行政部门占用的国有资产规模，就会阻碍经营性国有资产的正常发展。为此，在行政单位对国有资产占有、使用的过程中，必须做到节约、高效，在不影响行政机关正常工作的前提下，尽量使经营性国有资产增长总量高于行政部门占用的国有资产增长总量。

二、行政单位国有资产管理的主要任务

1．建立和健全各项规章制度

行政单位占有和使用的国有资产的管理，应当建立包括产权登记、产权界定、产权纠纷调处、资产使用、资产处置、资产报告和监督考核等一系列规章制度，使行政单位国有资产管理工作经常化、规范化。

2．推动国有资产的合理配置和有效使用

行政单位占有、使用的国有资产，应当允许合理的流动，以优化资源配置。通过合理流动，有效地对现有的存量行政性国有资产进行优化配置，以发挥国有资产的最大效益。

3．保障国有资产的安全和完整

行政单位进行国有资产管理的基本任务，就是保障所占有和使用的国有资产的安全性和完整性，防止国有资产的流失。为此，行政部门应当建立完整的资产实物账、卡，以全面反映国有资产的存量状况；严格管理制度，健全管理手续，明确使用责任；建立统计报告制度，及时掌握资产使用增减变动的情况；随时解决管理中发生的问题，保全国有资产。

4．监管尚未脱钩的经济实体的国有资产，实现国有资产的保值、增值

对于行政单位所属经济实体的国有资产，主管行政单位负有监管职责，防止在经济实体脱钩转制过程中出现国有资产流失。

三、行政单位国有资产管理的内容

1．资产配置

行政单位国有资产配置应当遵循以下原则：第一，严格执行法律、法规和有关规章制度；第二，与行政单位履行职能需要相适应；第三，科学合理，优化资产结构；第四，勤俭节约，从严控制。

对有规定配备标准的资产，应当按照标准进行配备；对没有规定配备标准的资产，应当从实际需要出发，从严控制，合理配备。财政部门对要求配置的资产，能通过调剂解决的，原则上不重新购置。经批准召开重大会议、举办大型活动等需要购置资产的，由会议或活动主办单位按照《行政单位国有资产管理暂行办法》规定的程序报批。行政单位购置纳入政府采购范围的资产，依法实施政府采购。行政单位资产管理部门应当对购置的资产进行验收、登记，并及时进行账务处理。

行政单位购置有规定配备标准的资产，除国家另有规定外，按下列程序报批：

行政单位的资产管理部门会同财务部门审核资产存量，提出拟购置资产的品目、数量，测算经费额度，经单位负责人审核同意后报同级财政部门审批，并按照同级财政部门要求提交相关材料。

同级财政部门根据单位资产状况对行政单位提出的资产购置项目进行审批。

经同级财政部门审批同意，各单位可以将资产购置项目列入单位年度部门预算，并在编制年度部门预算时将批复文件和相关材料一并报同级财政部门，作为审批部门预算的依据。未经批准，不得列入部门预算，也不得列入单位经费支出。

2. 资产使用

行政单位应当建立健全国有资产使用管理制度，规范国有资产使用行为。行政单位应当认真做好国有资产的使用管理工作，做到物尽其用，充分发挥国有资产的使用效益；保障国有资产的安全完整，防止国有资产使用中的不当损失和浪费。行政单位对所占有、使用的国有资产应当定期清查盘点，做到家底清楚，账、卡、实相符，防止国有资产流失。行政单位应当建立严格的国有资产管理责任制，将国有资产管理责任落实到人。行政单位不得用国有资产对外担保，法律另有规定的除外。行政单位不得以任何形式用占有、使用的国有资产举办经济实体。在《行政单位国有资产管理暂行办法》颁布前已经用占有、使用的国有资产举办经济实体的，应当按照国家关于党政机关与所办经济实体脱钩的规定进行脱钩。脱钩之前，行政单位应当按照国家有关规定对其经济实体的经济效益、收益分配及使用情况等进行严格监管。财政部门应当对其经济效益、收益分配及使用情况进行监督检查。行政单位拟将占有、使用的国有资产对外出租、出借的，必须事先上报同级财政部门审核批准。未经批准，不得对外出租、出借。同级财政部门应当根据实际情况对行政单位国有资产对外出租、出借事项严格控制，从严审批。行政单位出租、出借的国有资产，其所有权性质不变，仍归国家所有；所形成的收入，按照政府非税收入管理的规定，实行“收支两条线”管理。对行政单位中超标配置、低效运转或者长期闲置的国有资产，同级财政部门有权调剂使用或者处置。

3. 资产处置

行政单位国有资产处置是指行政单位国有资产产权的转移及核销，包括各类国有资产的无偿转让、出售、置换、报损、报废等。

行政单位需处置的国有资产范围包括：闲置资产；因技术原因并经过科学论证，确需报废、淘汰的资产；因单位分立、撤销、合并、改制、隶属关系改变等原因发生的产权或使用权转移的资产；盘亏、呆账及非正常损失的资产；已超过使用年限无法使用的资产；依照国家有关规定需要进行资产处置的其他情形。

行政单位处置国有资产应当严格履行审批手续，未经批准不得处置。资产处置应当由行政单位资产管理部门会同财务部门、技术部门审核鉴定，提出意见，按审批权限报送审批。行政单位国有资产处置应当按照公开、公正、公平的原则进行。资产的出售与置换应当采取拍卖、招投标、协议转让及国家法律、行政法规规定的其他方式进行。行政单位国有资产处置的变价收入和残值收入，按照政府非税收入管理的规定，实行“收支两条线”管理。行政单位分立、撤销、合并、改制及隶属关系发生改变时，应当对其占有、使用的国有资产进行清查登记，编制清册，报送财政部门审核、处置，并及时办理资产转移手续。行政单位联合召开重大会议、举办大型活动等临时购置的国有资产，由主办单位在会议、活动结束时按照《行政单位国有资产管理暂行办法》规定报批后处置。

4. 资产评估

行政单位有下列情形之一的，应当对相关资产进行评估：行政单位取得的没有原始价格凭证的资产；拍卖、有偿转让、置换国有资产；依照国家有关规定需要进行资产评估的其他情形。行政单位国有资产评估项目实行核准制和备案制。实行核准制和备案制的项目范围、权限由财政部门另行规定。行政单位国有资产评估工作应当委托具有资产评估资质的资产评估机构进行。进行资产评估的行政单位，应当如实提供有关情况和资料，并对所提供的情况和资料的客观性、真实性和合法性负责，不得以任何形式干预评估机构独立执业。

5. 产权纠纷调处

产权纠纷是指由于财产所有权、经营权、使用权等产权归属不清而发生的争议。行政单位之间的产权纠纷，由当事人协商解决。协商不能解决的，由财政部门或同级政府调解、裁定。行政单位与非行政单位、组织或个人之间发生的产权纠纷，由行政单位提出处理意见，并报经财政部门同意后，与对方当事人协商解决。协商不能解决的，依照司法程序处理。

6. 资产统计报告

行政单位应当建立资产登记档案，并严格按照财政部门的要求做出报告。财政部门、行政单位应当建立和完善资产管理信息系统，对国有资产实行动态管理。行政单位报送资产统计报告，应当做到真实、准确、及时、完整，并对国有资产占有、使用、变动、处置等情况做出文字分析说明。财政部门与行政单位应当对国有资产实行绩效管理，监督资产使用的有效性。财政部门应当对行政单位资产统计报告进行审核批复，必要时可以委托有关单位进行审计。

经财政部门审核批复的统计报告，应当作为预算管理和资产管理的依据和基础。财政部门可以根据工作需要，组织开展资产清查工作。进行资产清查的实施办法，由县级以上人民政府财政部门另行制定。财政部门可以根据国有资产统计工作的需要，开展行政单位国有资产产权登记工作。产权登记办法，由开展产权登记的财政部门制定并负责组织实施。

7. 行政单位国有资产检查监督管理

财政部门、行政单位及其工作人员，应当认真履行国有资产管理职责，依法维护国有资产的安全、完整。财政部门、行政单位应当加强国有资产管理和监督，坚持单位内部监督与财政监督、审计监督、社会监督相结合，事前监督、事中监督、事后监督相结合，日常监督与专项检查相结合。财政部门、行政单位及其工作人员违反《行政单位国有资产管理暂行办法》的规定，擅自占有、使用、处置国有资产的，按照《财政违法行为处罚处分条例》处理。

第三节　事业单位国有资产管理

一、事业单位国有资产的含义与范围

事业单位是指国家为了社会公益目的，由国家机关或者其他组织利用国有资产举办的，从事教育、科技、文化、卫生等活动的社会服务组织。占有、使用国有资产的社会团体和民办非企业单位的国有资产管理比照事业单位国有资产管理的相关规定。

“各级”是指包括中央和地方各级政府管辖的事业单位。按照现行规定，事业单位实行分级登记管理，县级以上各级人民政府机构编制管理机关所属的事业单位登记管理机构负责实施事业单位的登记管理工作。“各类”是指包括各种类型的事业单位。事业单位类型众多，按涉及的行业来划分，有教育类、科技类、文化体育类、卫生类、经济建设类、农林水气类，等等；按经费来源划分，主要包括财政补助和经费自理两大类。事业单位国有资产管理仅限定在“国有资产管理活动”。虽然事业单位本身及其举办资产来源均属于国有，但在事业单位的业务和经济活动中必然也会涉及一些非国有资产，而这些“非国有资产”不属于《事业单位国有资产管理办法》规范的范围。企业化管理并执行企业财务会计制度的事业单位应由财政部门按照企业国有资产监督管理的有关规定实施监督管理；参照公务员管理的事业单位和社会团体则应执行行政单位国有资产管理的相关规定。

二、事业单位国有资产的管理体制

事业单位国有资产的管理实行“国家统一所有，政府分级监管，单位占有、使用”的管理体制。

1. 国家统一所有

事业资产是以国有资产初始投入，并由国家财政资金不断补偿积累形成，因此属于国家所有。事业单位国有资产的使用目的是提供公共服务或公共产品，公共产品的非竞争性、非排他性的特点决定了其资产的国家所有和国家提供。

2. 政府分级监管

各级政府代表国家对本级事业单位国有资产实施监管。一级政府一级财权一级事权，各级政府代表国家行使所有者权利。中央政府和地方政府的财权分离后，一级政府一级财权，每级政府都承担着对等的财权和事权，每级政府都要为本辖区的公共服务和公共产品的满足和发展提供必要的财力支持和管理支持，所以，政府分级监管是财权和事权统一的体现，也是资产管理与预算管理、财务管理相结合的体现，是资产管理的内在规律的要求。

3. 单位占有、使用

事业单位拥有对本单位资产的占有、使用权和事业法人的自主经营权，并在国家资产管理的法律、行政法规的规范下，占有、使用国有资产；国有资产管理部门不能随意干涉事业单位正常的业务活动。但是，事业单位享有占有、使用权，并不意味着可以任意安排资产的使用方向。国家配备给事业单位的资产是保证其完成事业发展任务的重要资源，单位若将资产用于对外投资、出租、出借等经营活动，则必须经过财政部门的批准。

三、事业单位国有资产管理的内容

1. 事业资产配置

事业单位资产配置的根本宗旨是为了满足事业单位履行职能和促进事业发展的需要。配置的主体可以是财政部门或主管部门，也可以是事业单位自身。配置方式或途径主要有购置和调剂两种。

事业单位资产配置的标准。事业单位资产配置标准的制定，依据三点基本原则：

（1）分类制定。由于事业单位涉及行业多、资产类型复杂，制定配置标准时应按不同行业、不同类型、不同规模、不同地区等多种类别来分别制定。（2）以资产信息报告和资产使用绩效为基础。配置标准应该在全面、准确、详细收集资产实物量、价值量信息，科学评价资产使用绩效的基础上测算、修正后生成。（3）为预算管理精细化服务。各级财政部门要结合当地经济和事业发展实际情况及事业单位履行职能需要，以促进预算安排的科学合理和财政资源的优化配置为目标，逐步建立和完善本级事业资产配置的标准体系。

事业资产配置的必要条件。一个事业单位配置资产应当具备三个必要条件：现有资产无法满足事业单位履行职能的需要；难以与其他单位共享、共用已有资产；难以通过市场购买产品或服务的方式代替配置资产，或者通过市场购买的方式成本过高。事业单位履行职能需要且难以与其他单位共享、共用已有资产的情况下，如果市场提供的产品或服务能满足事业单位需要，并且购买该产品或服务的支出比购置所需资产的支出更加经济，应通过购买市场服务的方式来满足履行职能的需要。

事业资产的整合和共享共用。我国事业单位占有大量的事业资源，但重复建设、共享共用程度低、使用效率不高的问题比较突出。在不断加大社会事业投入的同时，只有从根本上解决事业资源重复、分散和使用效率低下的问题，才不会造成大规模的浪费。

当前，推进事业资产整合与共享共用面临着许多困难，如体制的局限，部门、单位、地方之间的利益局限等。因此，需要财政部门、事业单位主管部门、事业单位三方共同促进事业资产整合与共享共用。其中，财政部门主要负责建立事业单位国有资产整合、共享、共用机制；事业主管部门主要负责优化本部门事业资产配置，促进本部门事业资产共享共用；事业单位则负责本单位存量资产的有效利用，积极参与大型仪器、设备等资产的共享、共用和公共研究平台建设工作。

事业资产购置的审批手续。事业单位向财政部门申请用财政性资金购置规定限额以上资产的（包括事业单位申请用财政性资金举办大型会议、活动需要进行的购置），无论是否属于政府采购范围，在单位编制年度部门预算前，都应先编制资产购置计划。经财政部门审批同意的资产购置计划方可列入单位的年度部门预算“一上”草案。经财政部门批准的资产购置计划，作为财政部门批复部门预算的依据。资产购置的预算资金安排，由财政部门在批复部门预算时统筹财力综合考虑。

为解决用项目经费购置资产与预算管理相脱节的问题，事业单位的主管部门或其他部门向事业单位拨付的项目经费，不论项目以何种方式管理，有关部门对项目评审完成后，在下达经费前，应当将涉及规定限额以上的资产购置事项报同级财政部门批准。在审定项目时，拨付项目经费的有关部门负责对项目确需资产进行审核。然后，财政部门负责对资产配置的方式进行审核，根据现行资产状况决定是以购置的方式还是以调剂或共享的方式来配置资产。

2. 事业资产对外投资、出租、出借、担保

事业单位对国有资产的占有、使用权，是为了满足和保障其履行职能、发展事业的需要。从理论上讲，事业单位占有、使用的资产不应用来对外投资或出租、出

借、担保。国家允许利用事业资产进行经营活动，是基于弥补事业单位财政经费供给不足和许多事业单位自身具有创收能力、可以通过投资等方式来满足自身事业发展需要的现实考虑。当前事业单位经营行为较为普遍，但由于缺乏有效的管理控制，违背了政策初衷，暴露出很多问题，在一定程度上扰乱了社会主义市场经济秩序和收入分配秩序，造成了国有资产大量流失。

事业单位利用国有资产对外投资、出租、出借和担保等应当进行必要的可行性论证，并提出申请，经主管部门审核同意后，报同级财政部门审批。法律、行政法规另有规定的，依照其规定。其中，“法律、行政法规另有规定的，依照其规定”是指《担保法》《土地法》《证券法》《公司法》等相关法律及其他行政法规对事业单位有关对外投资、出租、出借和担保等行为及审批程序另有规定的，应当依照其规定执行。鉴于实际工作中事业单位对外投资或出租、出借、担保事项较多的现状，为体现加强管理和提高效率并重的要求，财政部门可以结合实际设定审批限额标准，在限额标准以下的由主管部门审批，同时抄报财政部门备案。

3. 事业资产有偿使用收入管理

事业单位国有资产有偿使用收入包括事业单位对外投资取得的投资收益，以及利用国有资产出租、出借或提供担保等取得的收入，不包括事业单位国有资产处置取得的收入。考虑到事业单位类型多、收入来源多元化等复杂情况，且事业单位改革总体方案尚未出台，在当前没有对事业单位国有资产有偿使用收入全部实行“收支两条线”管理。事业单位对外投资收益以及利用国有资产出租、出借和担保等取得的收入应当纳入单位预算，统一核算，统一管理，国家另有规定的除外。“纳入单位预算，统一核算统一管理”是现行财务制度对事业单位收入管理的统一规定。

4. 事业资产处置

事业单位国有资产处置是指事业单位对其占有、使用的国有资产进行产权转让或者注销产权的行为。处置方式包括出售、出让、转让、对外捐赠、报废、报损以及货币性资产损失核销等。事业单位国有资产处置应包括事业单位的全部财产，即不仅包含实物资产，而且包含无形资产，以及应收账款、对外投资形成的股权等货币性资产。

事业单位国有资产处置遵循公开、公正、公平的原则。事业单位出售、出让、转让、变卖资产数量较多或者价值较高的，应当通过拍卖等市场竞价方式公开处置。处置资产的公开主要是指国有资产出售要信息公开透明，避免“暗箱操作”；公正是指国有资产处置要严格遵守国有资产管理的有关规定，履行规定的程序；公平是指要对每一个购买者给予相同的待遇，不能有歧视和特殊的优惠。

事业单位国有资产的出售、出让、转让、变卖等要逐步市场化。通过竞价、多方案比较，选择、确定受让者，以实现转让资产价值的最大化。对于处置资产数量较多或者价值较高的，必须通过拍卖、产权交易市场以公开竞价方式出售或转让。

事业单位国有资产处置收入属于国家所有，应当按照政府非税收入管理的规定，实行“收支两条线”管理。即事业单位资产处置收入要及时、足额上缴同级财政专户或国库，实行“收支两条线”管理。

四、事业单位国有资产产权登记与评估

《事业单位国有资产管理暂行办法》分别对产权登记、纠纷处理、资产评估、资产清查和资产报告等基础管理工作进行了规范，并对事业资产的监督管理责任制等做了明确规定。

1. 产权登记

事业单位国有资产产权登记（以下简称产权登记）是国家对事业单位占有、使用的国有资产进行登记，依法确认国家对国有资产的所有权和事业单位对国有资产的占有、使用权的行为，从而明确了事业单位国有资产产权登记的主体是国家，参与者是使用国有资产的事业单位，登记的内容主要是事业单位国有资产的产权状况。

（1）开展产权登记工作的必要性。事业单位产权登记是实行事业单位国有资产管理的起点和基本手段，产权管理是资产管理区别于其他财务管理活动的主要特征。首先，通过产权登记，可以强化各单位资产的产权意识，明晰单位资产的产权关系，即事业单位资产属于“国家所有”，单位只有占有、使用权。其次，能够明确权利和责任。在明晰产权关系的基础上，通过产权登记，确定了所有者与占有、使用者各自的权利和责任，各尽其职，各负其责，使事业单位国有资产管理工作得到加强。再次，在事业单位办理法人年检、政府采购、改制、资产处置和利用国有资产对外投资、出租、出借、担保等事项时，财政部门或其授权的主管部门核发的“事业单位国有资产产权登记证”，可以作为本单位占有、使用国有资产状况的重要法律凭证。产权登记是实现产权清晰的重要途径，只有清晰界定事业单位国有资产产权，才能为资产的安全完整、合理配置和有效使用奠定基础。通过产权登记，以法律形式确认国家对国有资产的所有权和事业单位对国有资产的占有、使用权，是确保所有权与使用权相分离的有力手段。

（2）办理产权登记单位的范围。凡占有、使用国有资产的事业单位、社会团体和民办非企业单位都必须向同级财政部门或者经同级财政部门授权的主管部门申报、办理事业单位国有资产产权登记；但实行企业化管理并执行企业财务会计制度的事

业单位和参照公务员管理的事业单位或社会团体除外。

（3）产权登记的定期检查。对事业单位产权登记情况进行定期检查，可以及时反映事业单位国有资产产权变更和单位基本情况的变化，使政府管理部门能够随时掌握事业单位资产的真实状况，为各项资产管理活动提供全面、准确的数据。各级财政部门应当在资产动态管理信息系统和变更产权登记的基础上，对事业单位国有资产产权登记实行定期检查。

2. 产权纠纷及处理

产权纠纷是指由于财产所有权及经营权、使用权等产权归属不清而发生的争议。事业单位国有资产产权纠纷的处理应本着实事求是、公正、公平的原则依法进行。事业单位与其他国有单位之间发生产权纠纷的，由两方当事人先行协商解决。协商无法解决的，向同级或者共同的上一级财政部门申请调解或裁定。财政部门无法调解或裁定的，事业单位可报有管辖权的人民政府处理。事业单位与非国有单位或者个人之间发生产权纠纷的，事业单位应根据情况提出拟处理意见，经主管部门审核后报同级财政部门；经财政部门批准的产权纠纷处理意见，作为事业单位与对方当事人协商解决的依据。协商依然无法解决的，依照司法程序处理。

3. 资产评估

资产评估是指按照特定目的对被评估资产某一时点的价格进行评定、估算，从而确定其价格的经济活动。

（1）事业单位需要进行国有资产评估的情形。事业单位有下列情形之一的，应当对相关国有资产进行评估：整体或者部分改制为企业；以非货币性资产对外投资；合并、分立、清算；资产拍卖、转让、置换；整体或者部分资产租赁给非国有单位；确定涉讼资产价值；法律、行政法规规定的其他需要进行评估的事项。

（2）事业单位不需要进行国有资产评估的情形。事业单位有下列情形之一的，可以不进行资产评估：一方面，经批准对事业单位整体或者部分资产无偿划转；行政事业单位下属的事业单位之间的合并、资产划转、置换和转让；发生其他不影响国有资产权益的特殊产权变动行为，报经同级财政部门确认可以不进行资产评估的。经批准的事业单位整体或者部分资产无偿划转后，该部分资产的流向、用途等一般都有明确规定，因而不需进行资产评估，也不会发生国有资产流失的情况；另一方面，事业单位下属事业单位（包括独资企业）间的合并、资产（产权）划转、置换和转让等行为，不会影响国有资产权益归属，它与报经同级财政部门确认的其他不影响国有资产权益的特殊产权变动行为，都可不进行资产评估。

（3）事业单位国有资产评估的特殊情况，主要有以下几种（见表 7–2）。

表 7-2　事业单位国有资产评估的特殊情况

项目	内容
所投资企业原股东股权比例发生变动时需评估的资产范围	事业单位所投资企业原股东股权比例变动的情形主要是指增资扩股，一般包括国有控股及参股有限责任公司、股份有限公司以及中外合资合作企业吸收新股东入股，以及上述公司企业原股东改变原出资比例的增资扩股等。涉及上市公司国有股东股权比例变动的，按照国务院和财政部的有关规定执行。事业单位所投资企业原股东比例变动时，需要对占有单位的整体资产进行评估；如果原股东或新吸收的股东以非货币资产增资或出资的，对其追加投资或出资的资产也应进行评估。对于事业单位所投资企业原股东同比例增资扩股的，无须对该企业整体资产进行评估，只需对其股东增资新投入的非货币资产进行评估
转让产权（股权）时需评估的资产范围	事业单位转让产权（股权）是指事业单位将其持有的全部或部分产权（股权）有偿出让的行为。转让上市公司国有股权按照国务院和财政部的有关规定执行。事业单位转让产权（股权）时，需要对所投资企业整体资产进行评估
接受非国有单位以实物资产偿还债务时需评估的资产范围	事业单位接受非国有单位以实物资产偿还债务，一般是指非国有单位以其存货、固定资产等抵偿其所欠事业单位债务的情形。事业单位接受非国有单位以实物资产偿还债务时，应当对非国有单位用以偿债的资产进行评估
收购非国有资产时需评估的资产范围	事业单位收购非国有资产一般包括收购整体或部分非国有单位产权、存货、固定资产、无形资产、土地使用权等情形。事业单位收购整体或部分非国有单位产权时，需对非国有单位整体资产进行评估。事业单位收购非国有单位部分资产时，需对拟收购的部分资产进行评估
涉及股权投资的资产评估	事业单位进行整体资产评估涉及股权投资的，应按照原国家国有资产管理局下发的《资产评估操作规范意见（试用）》（国资办发〔1996〕23 号）中的有关规定评估股权投资，即"对于控股的长期投资，应对被投资企业进行整体评估，评估人员到现场实地检查其资产和负债，全面进行评估。评估方法以重置成本法为主，特殊情况下也可单独采用收益现值法或现行市价法。对于非控股的长期投资，一般应采用收益现值法进行评估"

五、事业单位资产清查及资产管理信息系统

1. 事业单位资产清查

事业单位资产清查主要是指预算单位全面清查各类财产和债权债务，核实人员状况、收入渠道、支出结构及水平等基本情况，并按国家规定对清出的问题进行必要的账务处理和重新核实事业单位占有国有财产的工作。

资产清查分两种情形：一种是根据国家或地方政府工作需要统一部署进行的资产清查；另一种是事业单位因特定经济行为需要而开展的资产清查，比如转制、发生重大自然灾害造成资产严重损失等。在资产清查的组织架构方面，根据国家或地方政府工作统一部署开展的资产清查，由事业单位的主管部门、占有使用资产的事

业单位在财政部门的领导下开展本部门、本单位的资产清查工作。主管部门或事业单位组织开展的资产清查，由主管部门或事业单位自行组织开展，但应履行有关立项手续。

事业单位有下列情形之一的，应当进行资产清查：根据国家专项工作要求或本级政府实际工作需要，被纳入统一组织的资产清查范围的，如为了摸清事业单位资产家底，财政部即将在全国部署开展事业单位资产清查；进行重大改革或者整体、部分改制为企业的，如科研院所转企改制过程中，为了摸清资产底数，核实、核定资本金，需要开展资产清查；遭受重大自然灾害等不可抗力造成资产严重损失的；会计信息严重失真或国有资产出现重大流失的；会计政策发生重大更改，涉及资产核算方法发生重要变化的；同级财政部门认为应当进行资产清查的其他情形。目前正在进行的科研院所改制、文化事业单位转制以及事业单位机构改革都要对相关的事业单位进行资产清查。

2. 事业单位资产信息管理系统

事业单位应当按照国有资产管理信息化的要求，及时将资产变动信息录入管理信息系统，对本单位资产实行动态管理，并在此基础上做好国有资产统计和信息报告工作。此外，明确提出要建立和完善事业单位国有资产管理信息系统，对事业资产进行动态监管，体现了信息化时代的新特点和新要求，并将进一步提高资产管理的效率，具有重要的现实意义。

首先，信息化管理作为一种管理手段，其目的是基于信息化管理所获得的基础数据来实现查询、统计、分析并辅助决策。构建有效的事业单位国有资产管理模式，就是要以强大的现代网络信息技术手段为依托，借助一套科学、合理的事业单位国有资产管理信息系统，将管理思想、管理制度、管理规范固化为数字化的管理程序，实现对事业资产的精细化、信息化管理。

其次，对事业单位国有资产信息进行管理与报告，目的是实现对事业资产从入口到出口各个环节的动态管理，便于财政部门和主管部门及时、全面地掌握事业单位国有资产总体状况，避免“前清后乱”，从而为资产管理和预算管理的结合提供更多的信息支持，为整合事业资源，实现事业资产共享、共用和优化配置创造条件。

再次，对事业单位国有资产实行信息化管理，是提高资产管理效率和绩效考评的要求。21 世纪是信息化时代，事业资产管理应当充分运用现代化的信息技术，利用事业资产管理信息系统的查询、预警等功能，节省人力物力，提高工作效率，把管理工作者从具体的事务中解放出来，既有利于业务交流，又实现了管理上的革命，对促进事业资产资源共享共用、盘活资产存量、提高财政资金使用效益均有十分重要的促进作用。

六、事业资产监督管理责任制

财政部门、主管部门和事业单位应当建立健全科学合理的事业单位国有资产监督管理责任制，将资产监督、管理的责任落实到具体部门、单位和个人。财政部门代表国家管理政府公共财产，从完善、加强事业资产管理体制的角度等方面提出加强事业监督管理的原则和宏观管理要求，明确资产监督、管理的方向并制定有关制度。主管部门结合行业事业资产的属性和特点，提出本行业事业资产监督管理的要求。事业单位和具体资产管理人员，结合单位实际和业务工作需要，制定内部事业资产管理、监督的责任机制和运行机制等，使事业资产的监督管理形成“财政部门—主管部门—事业单位—资产管理工作者”这一监督管理机制。

需要明确的是，财政部门、主管部门作为事业资产综合管理和监督管理职责的承担者，从形式上看是根据事业单位的报告来分析和发现问题，但从维护国有资产安全的角度，从提高公共服务和资金使用效益的角度，从资源整合和共享共用的角度，从绩效的角度等来看，都必须要求保证事业资产的安全和完整，否则一切将无从谈起。

第八章　国有资产管理监督

第一节　国有资产监督概述

一、国有资产监督的内涵及目标

1. 国有资产监督的内涵

所谓国有资产监督，是指国有资产监督主体运用一定的监管方式或方法对国有资产管理和运营的过程所进行的监察与督促。具体地说，我国国有资产监督是以所有者监督为重点，采取政府监督、立法监督、社会新闻舆论监督与社会公众监督相结合的方式，对国有资产的管理、营运主体实施有效监察与督促的行为，以达到促进国有资本高效运营，维护所有者权益，实现国有资产保值、增值这一最佳目的。国有资产监督作为经济监管的重要组成部分，其监督管理的内容十分广泛，包括国有资本涉及的各个领域、国有资本管理与运营的各个环节,其监管的方式也灵活多样。

我国经济体制改革的目标是建立社会主义市场经济体制，要通过理顺产权关系，实行政企分开，使企业成为自主经营、自负盈亏、自我约束、自我发展的法人实体和市场竞争主体，并承担国有资产保值、增值的责任。但在现实经济生活中，一方面，我国的国有企业实际上是由政府投资兴办的，并由政府代表国家行使国有企业财产所有权；另一方面，国有资产损失浪费严重，要求强化国有资产监管。目前，国有资产损失浪费严重，主要表现为：固定资产投资盲目，生产能力过剩；损失流失严重；营运效益不高等。因此，要建立一个所有权管理组织体系，明确各种国家机关和机构在所有权管理组织体系中的地位和作用，并建立一些所有权专职管理机构或授权一些机构来行使所有权职能。同时，必须建立有效的国有资产监管机构，健全所有权管理组织体系，以保证国有资产的保值和增值。因此，建立国有资产的约束机制，强化监管，对提高国有企业的经济效益，确保国有资产保值、增值具有十分重要的意义。

2. 国有资产监督的目标

监督管理权实际是控制权的一种，而控制权是由所有权派生的，属于广义的所有权范畴，是所有者权益保障的体现。我国是以公有制为主体的社会主义国家，中央人民政府是国有资产所有权的代表者，其所有权管理职能是基于财产所有者身份行使的财产权，而财产权属民事权利，国家作为财产所有权主体，遵循平等、有偿的原则，处理同各类占用国有资产的产权主体之间的关系，其目标是实现经营性国有资产的保值、增值。因此，国有资产的有效监管目标可以叙述为：（1）确保实现国有资本的合理配置；（2）确保国有资本的有效使用；（3）确保国有资本安全营运，防范流失。

二、国有资产监督的主体

所谓国有资产监督的主体，是指国有资本所有者及其委托的监管者，包括政府主管部门监督、立法监督、社会中介组织监督、社会新闻舆论监督和社会公众监督。

政府主管部门监督是指以国家及政府职能部门为监督主体，站在国家立场上对国有资产所进行的监督。目前，政府主管部门监督的基本形式包括国有企业监事会监督、国有企业负责人管理、国有企业经营效益监督、国有企业重大事项管理等内容。立法监督主要指人大通过立法对国有资产运营进行监督。社会中介组织监督包括会计师事务所、审计师事务所的审计监督，以及资产评估事务所的评估监督等。社会新闻舆论监督主要指电台、广播、报纸等媒体对国有资产管理进行的监督。社会公众监督主要指社会公民对国有资产管理自发、自觉的监督。

三、国有资产监督的方式

国有资产监督主要采取事前监督、事中监督和事后监督三位一体的监督方式。事前监督是指在国企改制中对国有资本运营之前所实施的监督，国有资本金监督部门有权审查和批准国有资本金基础管理部门制定的国有资本金绩效评价指标；有权要求国有企业提供国有资本运营计划、国有资本的预计使用或支配情况，从中检查国有企业是否按照出资者的要求进行国有资本的运营和管理，并予以及时纠正。事中监督是指日常监督，即指对国有资本运营的过程进行经常性的监督。国有资本金监督部门有权检查资本运营机构对国有资本金是否按照计划或预算使用和国有资本运营过程中有无违法违纪行为等。事后监督是指对国有资本运营成果所进行的监督。国有资本金监督机构需要检查政府有关部门、资本运营机构国有资本法律法规实施情况，资本的保值与增值效益是否达到预期目标等。根据检查情况，执法机构及其人员提出处理问题的建议和办法。对于违反法律法规的行为，情节轻微的，国有资本金监督机构有权给予行政处罚，具体包括警告、责令限期改正、罚款、没收非法所得等；情节严重的，可以移交司法机关依法给予刑事制裁。

第二节　国有资产管理政府主管部门监督

一、国有企业监事会监督

为了健全国有企业监督机制，加强对国有企业的监督，国务院第26次常务会议通过了《国有企业监事会暂行条例》（以下简称《条例》），于2000年3月15日发布施行。《条例》对监事会的性质、职责和工作原则等做了规范。

1. 监事会的性质

国有重点大型企业监事会（以下简称监事会）由国务院派出，对国务院负责，代表国家对国有重点大型企业（以下简称企业）的国有资产保值、增值状况实施监督。

国务院派出监事会的企业名单，由国有企业监事会管理机构（以下简称监事会管理机构）提出建议，报国务院决定。

监事会以财务监督为核心，根据法律、行政法规和财政部的有关规定，对企业的财务活动及企业负责人的经营管理行为进行监督，确保国有资产及其权益不受非法侵犯。

监事会与企业是监督与被监督的关系，监事会不参与、不干预企业的经营决策和经营管理活动。

监事会管理机构负责监事会的日常管理工作，协调监事会与国务院有关部门和有关地方的联系，承办国务院交办的事项。

2. 监事会的职责

监事会应履行的职责主要有：（1）检查企业贯彻执行有关法律、行政法规和规章制度的情况；（2）检查企业财务，查阅企业的财务会计资料及与企业经营管理活动有关的其他资料，验证企业财务会计报告的真实性、合法性；（3）检查企业的经营效益、利润分配、国有资产保值和增值、资产运营等情况；（4）检查企业负责人的经营行为，并对其经营管理业绩进行评价，提出奖惩、任免建议。

监事会一般每年对企业定期检查1～2次，并可以根据实际需要不定期地对企业进行专项检查。

监事会开展监督检查，可以采取下列方式进行：（1）听取企业负责人有关财务、资产状况和经营管理情况的汇报，在企业召开与监督检查事项有关的会议；（2）查阅企业的财务会计报告、会计凭证、会计账簿等财务会计资料以及与经营管理活动有关的其他资料；（3）核查企业的财务、资产状况，向职工了解情况、听取意见，必要时要求企业负责人作出说明；（4）向财政、工商、税务、审计、海关等有关部门和银行调查了解企业的财务状况和经营管理情况。

监事会主席根据监督检查的需要，可以列席或者委派监事会其他成员列席企业有关会议。

国务院有关部门和地方人民政府有关部门应当支持、配合监事会的工作，向监事会提供有关情况和资料。

监事会每次对企业进行检查结束后，应当及时做出检查报告。检查报告的内容主要包括：（1）企业财务以及经营管理情况评价；（2）企业负责人的经营管理业绩评价以及奖惩、任免建议；（3）企业存在问题的处理建议；（4）国务院要求报告或者监事会认为需要报告的其他事项。监事会不得向企业透露所列检查报告内容。

检查报告经监事会成员讨论，由监事会主席签署，经监事会管理机构报国务院；检查报告经国务院批复后，抄送财政部等有关部门。监事对检查报告有原则性不同意见的，应当在检查报告中说明。

监事会在监督检查中发现企业经营行为有可能危及国有资产安全、造成国有资产流失或者侵害国有资产所有者权益以及监事会认为应当立即报告的其他紧急情况，应当及时向监事会管理机构提出专项报告，也可以直接向国务院报告。

监事会管理机构应当加强同财政部等有关部门的联系，相互通报有关情况。

企业应当定期、如实向监事会报送财务会计报告，并及时报告重大经营管理活动情况，不得拒绝、隐匿、伪报。

监事会根据对企业实施监督检查的需要，必要时，经监事会管理机构同意，可以聘请注册会计师事务所对企业进行审计。

监事会根据对企业进行监督检查的情况，可以建议国务院责成国家审计机关依法对企业进行审计。

3．监事会的组成人员

监事会由主席 1 人、监事若干人组成。监事会成员一般不少于 3 人。

监事分为专职监事和兼职监事：专职监事是指从有关部门和单位选任的监事；兼职监事是指由国务院有关部门、单位派出代表和企业职工代表担任的监事。监事会可以聘请必要的工作人员。

监事会主席人选按照规定程序确定，由国务院任命。监事会主席由副部级国家工作人员担任，为专职，年龄一般在 60 周岁以下。

专职监事由监事会管理机构任命。专职监事由司（局）、处级国家工作人员担任，年龄一般在 55 周岁以下。

监事会中的企业职工代表由企业职工代表大会民主选举产生，报监事会管理机构批准。企业负责人不得担任监事会中的企业职工代表。《条例》第16条规定，监事会成员每届任期3年，其中监事会主席和专职监事、派出监事不得在同一企业连任。

监事会主席和专职监事、派出监事可以担任1～3家企业监事会的相应职务。监事会主席应当具有较高的政策水平，坚持原则，廉洁自持，熟悉经济工作。

监事会主席应履行下列职责：（1）召集、主持监事会会议；（2）负责监事会的日常工作；（3）审定、签署监事会的报告和其他重要文件；（4）应当由监事会主席履行的其他职责。

监事应当具备下列条件：（1）熟悉并能够贯彻执行国家有关法律、行政法规和规章制度；（2）具有财务、会计、审计或者宏观经济等方面的专业知识，比较熟悉企业经营管理工作；（3）坚持原则，廉洁自持，忠于职守；（4）具有较强的综合分析、判断和文字撰写能力，并具备较强的独立工作能力。

监事会主席和专职监事、派出监事实行回避原则，不得在其曾经管辖的行业、曾经工作过的企业或者其近亲属担任高级管理职务的企业的监事会中任职。

4. 对监事会成员的约束

《条例》第20条和第21条规定，监事会开展监督检查工作所需费用由国家财政拨付，由监事会管理机构统一列支。监事会成员不得接受企业的任何馈赠，不得参加由企业安排、组织或者支付费用的宴请、娱乐、旅游、出访等活动，不得在企业中为自己、亲友或者其他人谋取私利。监事会主席和专职监事、派出监事不得接受企业的任何报酬、福利待遇，不得在企业报销任何费用。

《条例》第22条和第23条规定，监事会成员必须对检查报告内容保密，并不得泄露企业的商业秘密。监事会成员在监督检查中成绩突出，为维护国家利益作出重要贡献的，给予奖励。

《条例》第24条规定，监事会成员有下列行为之一的，依法给予行政处分或者纪律处分，直至撤销监事职务；构成犯罪的，依法追究刑事责任：对企业的重大违法违纪问题隐匿不报或者严重失职的；与企业串通编造虚假检查报告的；有违反《条例》第21条、第22条所列行为的。

《条例》第25条规定，企业有下列行为之一的，对直接负责的主管人员和其他直接责任人员，依法给予纪律处分，直至撤销职务；构成犯罪的，依法追究刑事责任：拒绝、阻碍监事会依法履行职责的；拒绝、无故拖延向监事会提供财务状况和经营管理情况等有关资料的；隐匿、篡改、伪报重要情况和有关资料的；有阻碍监事会监督检查的其他行为的。

《条例》第26条规定，企业发现监事会成员有违反《条例》第21条、第22条所列行为时，有权向监事会管理机构报告，也可以直接向国务院报告。

另外，《条例》还规定，对国务院不派出监事会的国有企业，由省、自治区、直辖市人民政府参照《条例》的规定，决定派出监事会。国务院向国有重点金融机构派出的监事会，依照《国有重点金融机构监事会暂行条例》执行。

二、国有企业负责人管理

2003 年 5 月 13 日，国务院颁布实施《企业国有资产监督管理暂行条例》（以下简称《条例》），《条例》对我国国有企业负责人管理制度进行了详细规定。

1. 企业负责人的任免

《条例》第 16 条和第 17 条规定，国有资产监督管理机构应当建立健全适应现代企业制度要求的企业负责人的选用机制和激励约束机制。国有资产监督管理机构依照有关规定，任免或者建议任免所出资企业的企业负责人。

任免国有独资企业的总经理、副总经理、总会计师及其他企业负责人；任免国有独资公司的董事长、副董事长、董事，并向其提出总经理、副总经理、总会计师等的任免建议；依照公司章程，提出向国有控股公司派出的董事、监事人选，推荐国有控股公司的董事长、副董事长和监事会主席人选，并向其提出总经理、副总经理、总会计师人选的建议；依照公司章程，提出向国有参股公司派出的董事、监事人选。

国务院，省、自治区、直辖市人民政府，设区的市、自治州级人民政府，对所出资企业的企业负责人的任免另有规定的，按照有关规定执行。

2. 建立企业负责人经营业绩考核制度

《条例》第 18 条和第 19 条规定，国有资产监督管理机构应当建立企业负责人经营业绩考核制度，与其任命的企业负责人签订业绩合同，根据业绩合同对企业负责人进行年度考核和任期考核。

国有资产监督管理机构应当依照有关规定，确定所出资企业中的国有独资企业、国有独资公司的企业负责人的薪酬；依据考核结果，决定其向所出资企业派出的企业负责人的奖惩。

3. 法律责任

国有资产监督管理机构不按规定任免或者建议任免所出资企业的企业负责人，或者违法干预所出资企业的生产经营活动，侵犯其合法权益，造成企业国有资产损失或者其他严重后果的，对直接负责的主管人员和其他直接责任人员依法给予行政处分；构成犯罪的，依法追究刑事责任。

国有及国有控股企业的企业负责人滥用职权、玩忽职守，造成企业国有资产损失的，应负赔偿责任，并对其依法给予纪律处分；构成犯罪的，依法追究刑事责任。

对企业国有资产损失负有责任受到撤职以上纪律处分的国有及国有控股企业的

企业负责人，5 年内不得担任任何国有及国有控股企业的企业负责人；造成企业国有资产重大损失或者被判处刑罚的，终身不得担任任何国有及国有控股企业的企业负责人。

三、国有资产经营效益监督

1．年度经营业绩的考核与监督

对中央企业负责人的年度经营业绩考核以公历年为考核期，年度结束后要提交年度经营业绩责任书。年度经营业绩责任书包括下列内容：（1）双方的单位名称、职务和姓名；（2）考核内容及指标；（3）考核与奖惩；（4）责任书的变更、解除和终止；（5）其他需要规定的事项。

年度经营业绩责任书按下列程序签订：

（1）预报年度经营业绩考核目标建议值。每年第四季度，企业负责人按照国资委年度经营业绩考核要求和企业发展规划及经营状况，对照同行业国际国内先进水平，提出下一年度拟完成的经营业绩考核目标建议值，并将考核目标建议值和必要的说明材料报国资委。考核目标建议值原则上不低于上年考核指标实际完成值或者前 3 年考核指标实际完成值的平均值。

（2）核定年度经营业绩考核目标值。国资委根据“同一行业，同一尺度”原则，结合宏观经济形势、企业所处行业发展周期、企业实际经营状况等，对企业负责人的年度经营业绩考核目标建议值进行审核，并就考核目标值及有关内容同企业沟通后加以确定。凡企业年度利润总额目标值低于上年目标值与实际完成值的平均值的，最终考核结果原则上不得进入 A 级（处于行业周期性下降阶段但与同行业其他企业相比仍处于领先水平的企业除外）。

（3）由国资委主任或者其授权代表同企业负责人签订年度经营业绩责任书。

国资委对年度经营业绩责任书执行情况实施动态监控。

（1）年度经营业绩责任书签订后，企业负责人每半年必须将责任书执行情况报送国资委，同时抄送派驻本企业的监事会。国资委对责任书的执行情况进行动态跟踪。

（2）建立重大安全生产事故、环境污染事故和质量事故，重大经济损失，重大法律纠纷案件，重大投融资和资产重组等重要情况的报告制度。当企业发生上述情况时，企业负责人应当立即向国资委报告，同时向派驻本企业的监事会报告。

年度经营业绩责任书完成情况按照下列程序进行考核：

（1）每年 4 月底之前，企业负责人依据经审计的企业财务决算数据，对上年度经营业绩考核目标的完成情况进行总结分析，并将年度总结分析报告报送国资委，同时抄送派驻本企业的监事会。

（2）国资委依据经审计并经审核的企业财务决算报告和经审查的统计数据，结合企业负责人年度总结分析报告并听取监事会对企业负责人的年度评价意见，对企业负责人年度经营业绩考核目标的完成情况进行考核，从而形成企业负责人年度经营业绩考核与奖惩意见。

2. 任期经营业绩的考核与监督

任期经营业绩责任书以3年为考核期。任期经营业绩责任书主要包括下列内容：（1）双方的单位名称、职务和姓名；（2）考核内容及指标；（3）考核与奖惩；（4）责任书的变更、解除和终止；（5）其他需要规定的事项。

签订任期经营业绩责任书需遵循下列程序：

（1）预报任期经营业绩考核目标建议值。考核期初，企业负责人按照国资委任期经营业绩考核要求和企业发展规划及经营状况，对照同行业国际国内先进水平，提出任期经营业绩考核目标建议值，并将考核目标建议值和必要的说明材料报送国资委。考核目标建议值原则上不低于前一任期的考核指标实际完成值，或者不低于目标值与实际完成值的平均值。

（2）核定任期经营业绩考核目标值。国资委根据“同一行业，同一尺度”原则，结合宏观经济形势、企业所处行业发展周期及企业实际经营状况等，对企业负责人的任期经营业绩考核目标建议值进行审核，并就考核目标值及有关内容同企业沟通后加以确定。

（3）由国资委主任或其授权代表同企业负责人签订任期经营业绩责任书。

国资委对任期经营业绩责任书执行情况进行年度跟踪检查和动态监控。

任期经营业绩责任书完成情况考核按照下列程序进行：

（1）考核期末，企业负责人对任期经营业绩考核目标的完成情况进行总结分析，并将总结分析报告报送国资委，同时抄送派驻本企业的监事会。

（2）国资委依据任期内经审计并经审核的企业财务决算报告和经审查的统计数据，结合企业负责人任期经营业绩总结分析报告并听取监事会对企业负责人的任期评价意见，对企业负责人任期经营业绩考核目标的完成情况进行综合考核，形成企业负责人任期经营业绩考核与奖惩意见。

（3）国资委将最终确认的企业负责人任期经营业绩考核与奖惩意见反馈各企业负责人及其所在企业。企业负责人对考核与奖惩意见有异议的，可及时向国资委反映。

3. 其他规定及监督

对于在考核期内企业发生清产核资、改制重组、主要负责人变动等情况的，国资委可以根据具体情况变更经营业绩责任书的相关内容。

国有独资企业、国有独资公司和国有控股公司党委（党组）书记、副书记、常委

（党组成员）、纪委书记（纪检组长）的考核及其奖惩依照《国有资产与经济安全管理暂行办法》执行。国有参股企业以及实施被兼并破产企业中由国资委党委管理的企业负责人的经营业绩考核，参照《国有资产与经济安全管理暂行办法》执行。具体经营业绩考核事项在经营业绩责任书中确定。

对符合下列条件的国有独资公司，国资委授权董事会对高级管理人员的经营业绩进行考核：公司法人治理结构完善；经营业绩考核制度健全；外部董事人数超过董事会全体成员半数；薪酬与考核委员会成员全部由外部董事担任。

国资委依据有关规定和规范性文件，对董事会业绩考核工作进行指导和监督。

各省、自治区、直辖市国有资产监督管理机构，设区的市、自治州级国有资产监督管理机构对国家出资企业负责人的经营业绩考核，可参照《国有资产与经济安全管理暂行办法》执行。

四、国有企业重大事项管理

1. 国有企业重大事项监督管理机构

《企业国有资产监督管理暂行条例》第二章明确了国有资产的监督管理机构。国有资产的监督管理机构是进行国有企业重大事项管理的主体。

国务院国有资产监督管理机构是代表国务院履行出资人职责、负责监督管理企业国有资产的直属特设机构。省、自治区、直辖市人民政府国有资产监督管理机构，设区的市、自治州级人民政府国有资产监督管理机构是代表本级政府履行出资人职责、负责监督管理企业国有资产的直属特设机构。上级政府国有资产监督管理机构依法对下级政府的国有资产监督管理工作进行指导和监督。

国有资产监督管理机构的职责主要有以下几个方面：

依照《中华人民共和国公司法》等法律法规，对所出资企业履行出资人职责，维护所有者权益；指导推进国有及国有控股企业的改革和重组；依照规定向所出资企业派出监事会；依照法定程序对所出资企业的企业负责人进行任免、考核，并根据考核结果对其进行奖惩；通过统计、稽核等方式对企业国有资产的保值、增值情况进行监管；履行出资人的其他职责和承办本级政府交办的其他事项。

国务院国有资产监督管理机构除以上规定职责外，可以制定企业国有资产监督管理的规章、制度。

国有资产监督管理机构的义务主要有以下几个方面：

推进国有资产合理流动和优化配置，推动国有经济布局和结构的合理调整；保持和提高关系国民经济命脉和国家安全领域国有经济的控制力和竞争力，提高国有经济的整体素质；探索有效的企业国有资产经营体制和模式，加强企业国有资产监督管理工作，促进企业国有资产保值、增值，防止企业国有资产流失；积极指导和促进国有及国有控股企业建立现代企业制度，完善公司法人治理结构，推进管理现代化；尊重、维护国有及国有控股企业经营自主权，依法维护企业合法权益，促进企业依法经营管理，增强企业竞争力；指导和协调解决国有及国有控股企业改革与发展中的困难和问题。

另外，国有资产监督管理机构应当向本级政府报告企业国有资产监督管理工作、国有资产保值、增值状况及其他重大事项。

2. 国有资产监督管理委员会

国有资产监督管理委员会是国务院直属的正部级特设机构，其监管范围为中央所属企业（不含金融类企业）的国有资产。地方所属企业的国有资产，由改革后设立的省、市（地）两级地方政府国有资产管理机构负责监管。其他国有资产，依照相关的法律法规进行管理。

国资委的主要职责是：（1）根据国务院授权，依照《中华人民共和国公司法》等法律和行政法规履行出资人职责，指导推进国有企业改革和重组；（2）对所监管企业国有资产的保值、增值情况进行监督，加强国有资产的管理工作；（3）推进国有企业的现代企业制度建设，完善公司治理结构；（4）推动国有经济结构和布局的战略性调整。

具体来讲，国资委还有下列职责：（1）代表国家向部分大型企业派出监事会；（2）负责监事会的日常管理工作；（3）通过法定程序对企业负责人进行任免、考核并根据其经营业绩进行奖惩；（4）建立符合社会主义市场经济体制和现代企业制度要求的选人、用人机制，完善经营者激励和约束制度；（5）通过统计、稽核对所监管国有资产的保值、增值情况进行监管；（6）建立和完善国有资产保值、增值指标体系，拟定考核标准；（7）维护国有资产出资人的权益；（8）起草国有资产管理的法律、行政法规，制定有关规定制度；（9）依法对地方国有资产管理进行指导和监督；（10）承办国务院交办的其他事项。

其中，承办国务院交办的其他事项主要包括：

（1）国有资产监督管理委员会与企业的关系。按照政企分开以及所有权和经营权相分离的原则，国有资产监督管理委员会依法对企业的国有资产进行监管，依法履行出资人职责。国有资产监督管理委员会不得直接干预企业的生产经营活动，使企业真正成为自主经营、自负盈亏的市场主体和法人实体，实现国有资产保值、增值。企业应自觉接受国有资产监督管理委员会的监管，不得损害所有者权益，同时努力提高经济效益。

（2）国有资产监督管理委员会与财政部的关系。国有资产监督管理委员会国有资产管理工作在财务会计方面执行国家统一的财务会计制度，接受财政部监督；国有资产监督管理委员会管理的国有资产统计结果报财政部备案；国有资产管理法律法规草案的起草拟订征求财政部意见。国家支持国有企业改革与发展的财政措施，包括中央困难企业下岗职工基本生活保障费用、分流人员费用，破产企业安置职工等费用，由财政部按原渠道解决，继续由财政部管理和监督。国有资产监督管理委员会对所监管的国有资产进行预算管理，条件成熟时按国家有关预算编制规定，负责所监管企业国有资产经营预算的编制工作，作为国家总预算的组成部分由财政部统一汇总和报告，预算收入的征管和使用接受财政部的监督。

（3）原国家经济贸易委员会离退休干部管理和联系协会的工作，交由国有资产监督管理委员会承担。

3. 国有企业重大事项管理的内容

《企业国有资产监督管理暂行条例》第四章对企业重大事项管理的内容进行了规定。

国有资产监督管理机构负责指导国有及国有控股企业建立现代企业制度，审核批准其所出资企业中的国有独资企业、国有独资公司的重组、股份制改造方案和所出资企业中的国有独资公司的章程。

国有资产监督管理机构依照法定程序决定其所出资企业中的国有独资企业、国有独资公司的分立、合并、破产、解散、增减资本、发行公司债券等重大事项。其中，重要的国有独资企业、国有独资公司分立、合并、破产、解散的，应当由国有资产监督管理机构审核后，报本级人民政府批准。

国有资产监督管理机构依照法定程序审核、决定国防科技工业领域其所出资企业中的国有独资企业、国有独资公司的有关重大事项时，按照国家有关法律、规定执行。

所出资企业中的国有独资企业、国有独资公司经国务院批准，可以作为国务院规定的投资公司、控股公司，享有《公司法》第 12 条规定的权利；可以作为国家授权投资的机构，享有《公司法》第 20 条规定的权利。

《公司法》第 12 条规定：公司可以向其他有限责任公司、股份有限公司投资，并以该出资额为限对所投资公司承担责任。公司向其他有限责任公司、股份有限公司投资的，除国务院规定的投资公司和控股公司外，所累计投资额不得超过本公司净资产的 50%，在投资后，接受被投资公司以利润转增的资本，其增加额不包括在内。《公司法》第 20 条规定：国家授权投资的机构或者国家授权的部门可以单独投资设立国有独资的有限责任公司。

国有资产监督管理机构依照国家有关规定组织协调所出资企业中的国有独资企

业、国有独资公司的兼并、破产工作，并配合有关部门做好企业下岗职工安置等工作。

国有资产监督管理机构依照《公司法》的规定，派出股东代表、董事，参加国有控股公司、国有参股公司的股东会、董事会。

国有控股公司、国有参股公司的股东会、董事会决定公司的分立、合并、破产、解散、增减资本、发行公司债券、任免企业负责人等重大事项时，国有资产监督管理机构派出的股东代表、董事，应当按照国有资产监督管理机构的指示发表意见、行使表决权。

国有资产监督管理机构派出的股东代表、董事，应当将其履行职责的有关情况及时向国有资产监督管理机构报告。

国有资产监督管理机构决定其所出资企业的国有股权转让。其中，转让全部国有股权或者转让部分国有股权致使国家不再拥有控股地位的，报本级人民政府批准。

所出资企业投资设立的重要子企业的重大事项，需由所出资企业报国有资产监督管理机构批准的，具体管理办法由国务院国有资产监督管理机构另行制定，报国务院批准。

国有资产监督管理机构依照国家有关规定拟定所出资企业收入分配制度改革的指导意见，调控所出资企业工资分配的总体水平。

国有资产监督管理机构可以对所出资企业中具备条件的国有独资企业、国有独资公司进行国有资产授权经营。

被授权的国有独资企业、国有独资公司对其全资、控股、参股企业中国家投资形成的国有资产依法进行经营、管理和监督。

被授权的国有独资企业、国有独资公司应当建立和完善规范的现代企业制度，并承担企业国有资产的保值、增值责任。

五、国有资产管理基础工作监督

1．国有资产管理基础工作的内容

国有资产管理基础工作的内容主要有：

国有资产监督管理机构依照国家有关规定，负责企业国有资产的产权界定、产权登记、资产评估监管、清产核资、资产统计、综合评价等基础管理工作。

国有资产监督管理机构协调其所出资企业之间的企业国有资产产权纠纷。

国有资产监督管理机构应当建立企业国有资产产权交易监督管理制度，加强企业国有资产产权交易的监督管理，促进企业国有资产的合理流动，防止企业国有资产流失。

国有资产监督管理机构对其所出资企业的国有资产收益依法履行出资人职责；

对其所出资企业的重大投融资规划、发展战略和规划，依照国家发展规划和产业政策履行出资人职责。

此外，所出资企业中的国有独资企业、国有独资公司的重大资产处置，需由国有资产监督管理机构批准的，依照有关规定执行。

2. 企业国有资产监督

国务院国有资产监督管理机构代表国务院向其所出资企业中的国有独资企业、国有独资公司派出监事会。监事会的组成、职权、行为规范等，依照《国有企业监事会暂行条例》的有关规定执行。

地方人民政府国有资产监督管理机构代表本级人民政府向其所出资企业中的国有独资企业、国有独资公司派出监事会，参照《国有企业监事会暂行条例》的规定执行。

国有资产监督管理机构依法对所出资企业财务进行监督，建立和完善国有资产保值、增值指标体系，维护国有资产出资人的权益。

国有及国有控股企业应当加强内部监督和风险控制，依照国家有关规定建立健全财务、审计、企业法律顾问和职工民主监督等制度。

所出资企业中的国有独资企业、国有独资公司应当按照规定定期向国有资产监督管理机构报告财务状况、生产经营状况和国有资产保值、增值状况。

3. 法律责任

所出资企业中的国有独资企业、国有独资公司未按照规定向国有资产监督管理机构报告财务状况、生产经营状况和国有资产保值、增值状况的，予以警告；情节严重的，对直接负责的主管人员和其他直接责任人员依法给予纪律处分。

第三节　立法监督

一、立法监督的特点

立法监督是制约国家立法权力的基本途径，也是加强国家法制统一，实现宪政目标的必然要求。新中国成立 60 多年来，伴随着我国政治法律制度的发展巩固，立法监督体系的总体格局和基本制度也已经形成，并且在社会主义民主法制建设中日益发挥出越来越大的作用。

2000 年 3 月 15 日，《中华人民共和国立法法》（以下简称《立法法》）的颁布，标志着我国的立法监督制度进入了一个制度化、规范化的发展时期。《立法法》不仅对我国的立法监督制度进行了总结，并且在此基础上以专章的形式进一步完善了我国的立法监督制度，规定了对各类规范性法律文件进行监督的具体运作程序，从而较好地解决了我国长期以来进行立法监督缺乏具体立法规章制度的状况。

与此同时，一些规范性文件的出台，也具体规定了立法监督的运行程序。如1990年国务院发布了《法规规章备案规定》（2002年又作了修订），详细规定了地方性法规、地方规章、部门规章的备案程序。2000年第九届全国人民代表大会常务委员会第34次委员长会议通过了依据《立法法》制定的《行政法规、地方性法规、自治条例和单行条例、经济特区法规备案审查工作程序》，使法规备案工作有了规范化程序。《立法法》颁布实施后，地方各级人大及其常委会对立法监督工作逐步重视，一些省市专门制定了规章备案审查的地方性法规，其他省市也都在其制定的地方立法条例中对立法监督工作作出了专门规定，使地方立法监督工作有法可依，避免了执法的随意性。这些规范性文件的制定和实施，为立法监督的实际运作发挥了重要作用，对于我国立法监督制度的发展具有积极的现实意义。

1．以人大为中心，其他监督主体相配合

我国宪法和有关法律规定，有权实施立法监督活动的主体主要为国家权力机关和国家行政机关，但国家行政机关只审查、改变或撤销自己所属的机构和下级行政机关的规范性文件，而作为国家最高权力机关的全国人大及其常委会，不仅可以审查、撤销人大自身的规范性文件，还可以审查、撤销国家行政机关的规范性文件；地方人大及其常委会作为地方国家权力机关，不仅可以审查、撤销下一级人大及其常委会的决议，也可以审查、撤销同级人民政府的规章、决定和命令。由此可见，国家权力机关在我国的立法监督体制中处于主导和支配地位。

2．监督内容的普遍性和形式的多样性

我国宪法规定，全国人大及其常委会监督宪法的实施。地方各级人大及其常委会在本行政区域内，保证宪法、法律和上级人大决议的遵守和执行。可以说，人大对一切法律、法规和规章的制定都有监督权，对一切国家机关的规范性文件都可实行监督，它的监督内容最为广泛。监督对象的广泛性和监督内容的丰富性决定了人大立法监督方式的多样性。它既有普通的监督手段，如备案，也有特殊的带有专门性的处理方式，如改变或撤销；既有事前的监督程序，如批准，也有事后的监督形式，如审查。这些多样的监督方式的有机结合，保证了权力机关立法监督目的的实现，构成了人大监督权力的内容。

3．自上而下的单向性

全国以及地方各级人大对其他国家机关的监督权，具有至上的权威性。在我国的立法权限体制中，只有处于高层次立法地位的国家机关，才有权对处于低层次立法机关的立法活动进行监督，而不能相反。在相同层次的国家机关之间，只有权力机关才有权对行政机关等其他有权立法主体的立法活动进行监督，同样也不能相反。因此这种监督在关系上表现为“自上而下”的而不是“自下而上”的，“单向”的而不是“双向”的特点。

国有资产管理的立法监督主要是指国家立法机构（主要是人大）通过制定和颁布与国有资产相关的法律法规来对国有资产进行监督。

二、立法监督的方式

从不同的角度看，我国的立法监督有不同的方式。

1. 按法律级次划分

宪法。宪法是国家的根本大法，由全国人民代表大会制定和修改，具有最高法律效力。国有资产管理相关法律以宪法为渊源，除与其他法律、法规、规章、命令、指示等一样，不得与之相违背外，主要是从中吸取有关国有资产管理的精神，诸如：“中华人民共和国的社会主义经济制度的基础是生产资料的社会主义公有制，即全民所有制和劳动群众集体所有制。”而国有资产是确保生产资料公有制的重要物质基础。宪法第 7 条又指出，国有经济是全民所有制经济。

法律。法律是由全国人民代表大会及其常委会制定的规范性文件，在地位和效力上仅次于宪法，权威性较高。在我国，人民代表大会的地位决定了其在国有资产监督中处于最高层次，人大监督主要是通过立法形式进行监督。以法律形式体现的经济法构成国家经济法体系的主体和核心，如《中华人民共和国预算法》《中华人民共和国税收征收管理法》《中华人民共和国证券法》《中华人民共和国全民所有制工业企业法》等，但在我国，迄今为止还没有专门的国有资产管理法律。

行政法规。行政法规是指作为国家最高行政机关的国务院制定的规范性文件，其地位和效力仅次于宪法和法律。我国经济法主要以该形式存在，这是由经济的社会化和政府对经济的全方位管理和参与的客观条件所决定的。如《国有企业监事会暂行条例》《企业国有资产监督管理暂行条例》等。

地方性法规。地方性法规是由地方国家机关制定的规范性文件，其不得与宪法、法律和行政法规相抵触。全国人民代表大会及其常委会还专门制定了一些授权法，授权有关地方国家机关就经济体制改革和对外开放方面的问题可以制定法规和规章，国有资产管理这方面的法规较多，在此不一一列举。

部门规章。部门规章是指国务院的组成部门及其直属机构在其职权范围内制定的规范性文件。如国务院国有资产监督管理委员会颁发的《中央企业负责人经营业绩考核暂行办法》、财政部发布的《国有资本金效绩评价规则》和《国有资本金效绩评价操作细则》、原国有资产管理局发布的《国有资产评估管理办法实施细则》等。

司法解释。司法解释是指国务院最高人民法院在总结审判经验的基础上发布的指导性文件和法律解释，这也是我国经济法的重要形式。

在实践中，立法监督应与行政司法监督结合起来。行政司法监督主要是指国家行政管理部门站在国民经济管理者的角度对国有资本所有者代表在国有资本政策执行、行政诉讼、国有资本产权纠纷和国有资本流失等方面进行的日常行政监督和司法监督，如工商行政监督、税务监督等。

2. 按监督过程划分

事前监督。事前监督是指在执行某项计划或方案之前进行的监督。在国有资产管理中，事前监督主要是指各级国家立法机关通过制定法律法规的形式对国有资产管理进行指导、规范。事前监督的作用主要是引导国有资产管理向良性方向发展。

事中监督。事中监督是指在国有资产管理的过程之中对其进行的监督，主要目的是为了纠正国有资产管理中发生的偏差。

事后监督。事后监督是指在一项国有资产方案执行完毕，对执行过程中发生、发现的问题进行调查分析，总结经验，并对违法违规行为做出应有的处罚。

3. 按具体方式划分

国有资产立法监督的具体方式主要有备案以及改变或撤销。一般来说，地方政府或各部门在不违背法律的前提下可制定一些地方性法规、地方规章、部门规章等，但一定要报中央备案。上级人大及其常委会可以对下级人大及其常委会或行政机关制定的不适宜的规范性文件进行改变或撤销。

三、立法监督的内容及设想

作为国有资产的终极所有者，全国人民理应对国有资产的运营和管理进行监督。在我国现有的国体和政体下，这种监督的主体应是全国人民代表大会，因为它是民意的代表机构和国家最高权力机关。但人民代表大会在国有资产管理上的监督作用并没有真正发挥出来，具体表现在：（1）在国有资产管理立法上，国有资产基本法尚未出台；（2）在国有资产营运监督上，缺乏相应手段，也无多少实际监督效果；（3）在国有资产管理的重大问题上，基本没有参与进去，这方面的参政议政几乎处于空白状态。

一国经济运行的法制化程度在某种意义上是市场经济发展进程的标志。国有资产监督逐步走向法制化，既是市场经济的内在要求，也是国有资产在市场经济体制下监督方式的必然选择。一般来说，国有资产立法监督体系至少应包括以下几个方面的内容：（1）国有资产监督要涵盖国有资产形成、运营、处理、退出等阶段，构成比较完善的法律监督体系，实现有法可依；（2）构筑比较完善的法律监督机制，各个监督环节和监督主体之间既分工明确，又密切配合，能够及时发现和处理违反国有资产法律的事件；（3）崇尚法制监督，树立有法必依、执法必严的理念，以法律为监督的最高准则，严格依法办事。

我国目前尚未针对国有资产管理和监督立法，对国有资产的监督主要散见于《公司法》《证券法》以及国务院制定的各项法规、规章。一方面，立法监督表现为散、乱、杂，对国有资产的立法监督管理缺乏系统性和条理性；另一方面，立法监督表现为对国有资产监督的法律地位重视不够。加之执法工作的滞后和不到位，国有资产立法监督的实际成效不佳。市场经济是法治经济，在市场经济条件下，政府作为行政管理者的一个重要职能是运用法律手段约束各市场主体的行为，包括约束、规范国有资产的各利益主体的行为，如规范国有资产出资者行为、国有资产经营者行为等。因此，适时出台《国有资产法》是非常必要的，只有有了这部国有资产管理的基本法及其配套法律法规形成国有资产监督、管理的法律法规体系，才能真正做到国有资产的监督管理有法可依、有法必依、执法必严、违法必究，才能从根本上保证对国有资产管理进行有效的监督。

第四节　社会中介组织接受委托监督

一、社会中介机构

所谓社会中介机构，主要是指依法设立的介于政府、企业、个人之间，从事服务、协调、评价等活动的经济组织。它具有独立性、服务性、营利性的特征。社会中介机构就其性质来说，既不是政府机构，也不是政府机构的附属物，而是为市场主体服务、为市场服务、为消费者服务的服务性机构。社会中介机构大部分是营利性质的企业单位、法人实体，独立经营、自负盈亏、自我发展、自担风险。

国有资产管理部门在涉及需要服务、协调、评价等方面的具体事务时，可以委托给社会中介机构，这些中介机构也就是国有资产管理中介机构，但是它们必须具备国有资产管理业务的相关代理资格。

党的十四届三中全会通过的《关于建立社会主义市场经济体制若干问题的决定》明确提出，要发展市场中介组织，发挥其服务、沟通、公正、监督作用。中介组织要依法通过资格认定，依据市场规划，建立自律性运行机制，承担相应的法律和经济责任，并接受政府有关部门的管理和监督。因此，我们要很好地研究社会中介机构与国有资产管理的关系，充分发挥中介机构在国有资产管理中的职能作用。与国有资产管理相关的中介机构有以下几类：

（1）对国有资产管理财务资料的真实性、完整性和可靠性进行验证的中介机构，主要是会计师事务所。

（2）对国有资产的保值、增值情况进行评价的机构，主要是资产评估事务所。

（3）为国有资产管理提供信息咨询、管理预测的咨询机构。咨询服务在现实生活中往往是与其他服务，如信息服务、策划服务等交叉在一起的，其业务范围包括：解答疑难问题，向服务对象传播有关方面的知识；根据委托方的要求，向委托方提供某个问题的专题报告、可行性研究；为委托方提供解决方案；为委托方解决技术难题；为委托方充当一个时期或常年顾问；帮助委托方进行人员培训。咨询服务的类型分为综合咨询、管理咨询、工程咨询、技术咨询、专业咨询。

（4）调节国有资产产权纠纷的中介机构，如律师事务所、公证机关等。

二、社会中介组织接受委托监督的特点

上述与国有资产管理监督相关的中介机构主要是前两种，即会计师事务所和资产评估事务所。在社会主义市场经济条件下，这些社会中介机构接受委托监督具有以下三个特点：

服务的专业性很强。现代市场经济要求中介机构的成员接受较高的文化教育，具有较多的市场经济专业知识以及政策法规知识，拥有进行中介服务的现代技术手段，唯有如此，才能进行有效的中介服务活动。现代的中介机构与过去的“掮客”已不可同日而语，它以高智能、高技术服务于社会。

服务的成本低。中介机构投入的资本只是购买电脑等现代化技术手段和房舍，无须大量投资，它们凭借自身的知识为社会服务。因此，它们的服务成本中绝大部分是客户应付的智力服务费用，而且由于服务面广、快速，成本相当低，大大节约了社会劳动资源。

服务的效率高。由于从事中介服务的人员有丰富的知识，精于业务，善于管理，能够比较熟练地为中介双方提供服务，成功率高，产生的效益也比较高。

三、社会中介组织接受委托监督的方式

1．审计监督

审计监督作为国民经济监督体系的重要组成部分，由于其对各种经济监督的再监督而居于较高层次。现行的审计监督体系分为三个层次：内部审计监督、政府审计监督和社会审计监督。内部审计是由各部门、各单位内部设置的专门机构或人员实施的审计。通常国有企业都要进行内部审计，但内部审计由于受本部门、本单位

的直接领导，因此审计监督的独立性较弱。政府审计是由政府审计机关代表政府依法进行的审计，主要监督检查各级政府及其部门的财政收支及公共资金的收支运用情况，具有强制性的特点。我国《宪法》规定，审计机关对国务院各部门和地方各级政府的财政收支，对国家的财政金融机构和企事业组织的财政收支，进行审计监督。因为非经营性国有资产和经营性国有资产的营运过程分别形成各自的财政收支和财务收支，显然，审计机关的审计内容就是国有资产管理机关、营运机构、经营企业的经济活动。通过对记载这些经济活动的财务资料及其相关资料的审核和检查，特别是对国家财政、税务、金融、国有资产管理部门所执行监督工作的再监督，查错防弊，发现和揭露违法违纪的重大问题，防止国有资产流失，切实维护国有资产所有者权益。同时，更重要的是在宏观层面上发现问题，堵塞漏洞，引导国有资产管理、运营良性运转。

政府部门也可以委托社会审计机构即会计师事务所对国有资产管理进行审计。会计师事务所是注册会计师依法承办业务的机构。纵观注册会计师行业在各国的发展历程，会计师事务所主要有独资、普通合伙制、股份有限公司制、有限责任合伙制四种组织形式。独资会计师事务所是由具有注册会计师执业资格的个人独立开业，承担无限责任。普通合伙制会计师事务所是由两位或两位以上注册会计师组成的合伙组织。合伙人以各自的财产对事务所的债务承担无限连带责任。股份有限公司制会计师事务所是由注册会计师认购会计师事务所股份，并以其所认购股份对会计师事务所承担有限责任。有限责任合伙制会计师事务所是事务所以全部资产对其债务承担有限责任，各合伙人对个人执业行为承担无限责任。它的最大特点在于既汲取了合伙制和股份公司制会计师事务所的优点，又摒弃了它们的不足。有限责任合伙制是为顺应经济发展对注册会计师行业的要求，于 20 世纪 90 年代初兴起的。有限责任合伙制会计师事务所已成为当今注册会计师行业组织形式发展的一大趋势。我国目前规定会计师事务所可以由注册会计师合伙设立。合伙设立的会计师事务所的债务，由合伙人按照出资比例或者协议约定，以各自的财产承担责任。合伙人对会计师事务所的债务承担连带责任。同时还规定，会计师事务所要成为负有限责任的法人需符合下列条件：（1）不少于 30 万元的注册资本；（2）有一定数量的专职从业人员，其中至少有 5 名注册会计师；（3）国务院财政部门规定的业务范围和其他条件。负有限责任的会计师事务所以其全部资产对其债务承担责任。

根据《注册会计师法》的规定，注册会计师执行的审计业务包括：（1）审查企业会计报表，出具研资报告；（2）办理企业合并、分立、清算事宜中的审计业务，并出具有关报告；（3）办理法律、行政法规规定的其他审计业务，如会计报表的某一特殊事项等，并出具相应的审计报告。会计师事务所对出具的审计报告的真实性、合法性要承担相应的法律责任，无须经任何单位和部门的审定，具有法定证明效力。注册会计师审计具有有偿性和非强制性的特点，其独立性较强，表现为双向独立，既独立于委托单位，又独立于被审计单位。

由于政府审计依据的是审计署制定的国家审计准则，而社会审计依据的是中国注册会计师协会制定的独立审计准则，因此，政府审计和社会审计的工作成果很难互相替代，必要时，政府可以委托社会审计机构（即会计师事务所或审计师事务所）进行审计。在审计监督的性质上，政府审计可以根据审计结果发表审计处理意见，如被审计单位拒不采纳的，政府审计部门可以依法强制执行。注册会计师审计则根据其审计结论发表独立、客观、公正的审计意见，以合理地保证审计报告使用人确定已审计的被审计单位会计报表的可靠程度。通过对国有资产经营管理或产权变动等进行审计，可以改善国有资产的管理效益，防止国有资产的大量流失。

党的十六届三中全会通过的《中共中央关于完善社会主义市场经济体制若干问题的决定》指出要“建立健全国有资产管理和监督体制”。审计监督是国有资产监督体制的重要一环。

今后，审计监督的内容和方式主要有以下四种：（1）对国资委进行监督，这种监督不只是一般意义上对其自身预算执行和财务收支的监督，主要是对国资委履行资产收益权、重大决策权和选择经营者权利的监督。再说得明确一点，主要是对国资委的工作绩效进行检查和评价。这种监督需要通过以下两种方式进行：一是直接对国资委进行审计，二是通过审计重点国有企业来检查国资委履行出资人职责的情况。（2）重点企业进行直接审计或审计调查，审计的重点是企业负责人与国资委签订的经济责任的履行情况，即经济责任审计。（3）依照《审计法》赋予的职责，对国有企业经营的合规性进行审计监督，主要是接受国务院和有关部门委托以及社会举报，查处重大违法违规问题。（4）依照《审计法》规定，对接受委托对国有企业财务账目进行查证的社会审计组织的质量进行监督，揭露和查处弄虚作假和舞弊行为。从上述这些监督的内容和方式看，实行新的国有资产监督管理体制后，审计机关对国有资产监督的责任不是轻了，而是重了；不是要求低了，而是要求高了；不是简单了，而是复杂了。审计监督已经不仅仅是过去单一的财务收支审计，更多的是经济责任审计和绩效审计；不仅仅是审计单个企业，更多的是要从总体上把握审计的重点和内容，审计活动更具有整体性、系统性和宏观性。况且，我们还面临着一些新的问题，如对国资委的绩效如何进行审计和评价。因此，审计监督任重道远。

在新的国有资产监督和管理体制下，审计机关仍肩负着对国有资产安全和有效性进行监督的重要职责。审计监督的基本格局是：以监督国有资产监督管理委员会的绩效为龙头，以经济责任审计为中心，以专项审计和审计调查为主要方式，以抽查社会审计组织质量为补充，向国务院并受国务院委托向全国人大常委会报告审计工作，向国资委通报有关国有企业履行经济责任的情况，提出合理的意见和建议，并向社会公告审计结果。

2. 评估监督

在国有资产投资、转让的过程中，必须准确评估其资产价值，以保证其国有资产的权益。资产评估在发现价值、衡量价值方面具有重要作用。

四、社会中介组织接受委托监督的法律规定

为促进企业效绩评价工作深入开展，发挥社会中介机构的鉴证与服务作用，规范企业效绩评价业务委托行为，根据《国有资本金效绩评价规则》和《企业效绩评价操作细则（修订）》的有关规定，我国制定了《委托社会中介机构开展企业效绩评价业务暂行办法》（以下简称《办法》），并于2002年7月起施行。

《办法》适用于各级财政部门委托社会中介机构对国有和国有控股企业的效绩评价。各级财政部门可以根据工作需要，依照《办法》委托社会中介机构开展第4条规定的全部或部分评价业务。《办法》所称社会中介机构是指依法注册、年检合格的会计师事务所（公司）、资产评估事务所（公司）。《办法》所称的企业效绩评价业务是指真实反映企业经营绩效而需要完成的具体工作内容，主要包括：（1）收集与审核指定企业绩效评价的基础数据资料；（2）实施企业效绩的定量评价与定性评价；（3）撰写企业绩效评价报告。

受托的社会中介机构应接受省级以上财政部门或省级以上注册会计师协会（资产评估协会）的企业效绩评价业务知识培训，且在近3年内没有发生违法违规执业行为；对大型国有企业的评价，注册会计师（注册资产评估师）必须在20人以上，专职从业人员在40人以上。

各级财政部门要加强社会中介机构企业绩效评价业务知识培训的组织指导，为全面委托社会中介机构开展企业绩效评价业务奠定基础。

对社会中介机构的选择要坚持公开、公平、择优的原则，有条件的地方可以采取公开招标的方式。

各级财政部门委托社会中介机构开展企业效绩评价业务，应签订评价业务委托协议书。

财政部门作为委托方，负责对受托社会中介机构评价业务进行技术指导，提供有关文件和评价标准，协调评价过程中的有关重大事项，审核企业绩效评价结果和评价报告。

在受托社会中介机构进驻企业开展评价前，财政部门应提前10日向被评价企业下达评价通知书，并同时抄送受托社会中介机构。在评价通知书中要明确受托社会中介机构的名称，要求被评价企业积极支持与配合社会中介机构的评价工作。

受托社会中介机构根据评价业务委托协议书和评价通知书开展工作。

由于评价业务的需要，受托社会中介机构有权查阅被评价企业及其下属公司财务会计资料和相关文件档案，查看业务现场和设备，向有关单位和人员询问、核实。被评价企业有义务配合社会中介机构的调查核实工作。

受托社会中介机构开展企业效绩评价业务，要遵循执业道德规范。

各级财政部门要加强对受托社会中介机构评价业务质量的监督检查，对违背技术操作规范和独立、客观、公正原则的社会中介机构和评价人员，依据国家有关规定进行处罚。

各级财政部门要加强社会中介机构企业效绩评价业务执业质量管理，建立企业效绩评价执业质量与职业道德档案。

对各级财政部门工作人员在委托社会中介机构过程中徇私舞弊或授意社会中介机构作假的，由所在单位给予行政处分。

受托社会中介机构的评价工作费用，由委托方参考其他经济鉴证业务收费标准确定一定比例并结合评价工作质量统一支付。

企业集团(总公司)委托社会中介机构对子公司实施评价，可以参照《办法》执行，各省、自治区、直辖市财政部门可参照《办法》制定具体的实施办法，并报财政部备案。

第五节　社会新闻舆论监督

一、社会新闻舆论监督的特点

在国有资产管理监督中，社会新闻舆论监督起着非常重要的作用。社会新闻舆论监督主要指通过新闻媒体对参与国有资产管理的各个主体形成一种无形的压力和动力，以促进国有资产管理良性发展。当国有资产管理过程中有好的做法出现时，可通过新闻媒体对其加以宣传；当某些单位或部门在国有资产管理方面出现违规操作行为时，对其进行曝光。

社会新闻舆论监督具有信息量大、影响范围广、影响力强、时效性快等特点。当今社会已经进入信息时代，我们每个人每天都接触和传递着大量信息，这些信息有的来自电视电影，有的来自报纸杂志，有的来自网络……总之，信息无处不在。因此，如果国有资产管理中发生了什么大事，消息马上就会在大街小巷中传开，这就在无形中给国有资产经营管理者以巨大压力或动力，监督他们要守法经营，改善经营管理，提高国有资产的经营管理效益，即使是作为国有资产的监督管理者，其本身也处于社会新闻舆论的监督之下，这就有效地制止了某些监督管理者滥用手中职权、损害公众利益的行为。

二、社会新闻舆论监督的方式

社会新闻舆论监督的方式是通过其监督途径体现出来的。在当今社会，社会新闻舆论监督的方式主要有以下几种。

（1）电视广播

如今，电视节目已经成为人们生活中的一部分，它不仅为人们带来很多欢乐，也让人们了解了很多社会问题，甚至在社会中引起强烈反响。如中央电视台的《焦点访谈》就在舆论监督方面发挥了积极而富有建设性的作用。央视《焦点访谈》的主打内容是舆论监督，舆论监督内容在其中所占比例的大小，几乎可以视为中国舆论监督环境变化的晴雨表。十几年来，《焦点访谈》坚持以正确的舆论引导人，坚持贴近实际、贴近生活、贴近群众，宣传党的主张、反映人民意愿、关注社会大事、聚焦新闻热点，制作播出了大量精品力作，成为党和政府推动工作的好帮手，成为密切联系群众的纽带，成为最需要帮助的困难群体的主心骨，成为深受人民群众喜爱的名牌电视栏目。据悉，在中央领导的关怀与支持下，《焦点访谈》将继续加大舆论监督力度，要创纪录地实现舆论监督内容在该栏目中占到 50% 的比例。

尽管电视如此重要，但电视不能取代广播，在现阶段，收听广播的人群仍占很大比重。因为很多情况下，人们可以利用听广播的时间“一时多用”。有些广播节目也能起到非常有效的监督作用。

（2）网络

网络监督的最大特点是开放性，网民可以通过自由论坛的方式发表个人看法，因此，网络有时候在揭露社会问题时比其他新闻媒体更犀利、更深刻，不失为一种有效的现代监督方式。

（3）报纸杂志

随着我国文化事业的发展，报纸杂志也进入了一个繁荣期，报纸杂志种类繁多，在我国的受众面是相当广泛的，因而也是国有资产管理中较强的监督力量。

三、社会新闻舆论监督的地位

建立现代企业制度，探索国有资产的有效实现形式，提高国有资产的管理效益，加强对国有资产管理的监督，都离不开社会新闻舆论监督。在 21 世纪这个网络时代，新闻媒体的信息量大，影响范围广，影响力强，时效性快，因此，必须充分发挥新闻媒体的喉舌作用，加强对国有资产管理的监督，推进国有资产管理体制的改革。

党和政府重视新闻舆论监督，人民群众欢迎新闻舆论监督，推进改革开放和现代化建设事业更需要新闻舆论监督。新闻舆论监督只能加强，不能削弱。要充分认识新的历史条件下加强舆论监督的重要性，进一步解放思想、实事求是、与时俱进，坚持求真务实精神，把体现党的意志与反映人民心声有机结合起来，加强和改进舆论监督。充分发挥舆论监督的积极作用，是党的优良传统。在新的历史条件下，正确开展舆论监督，是维护党和人民利益的需要，是推进社会主义民主政治建设的需要，是实践立党为公、执政为民，提高党的执政能力的需要。

开展舆论监督，要坚持以邓小平理论和“三个代表”重要思想为指导，以推进社会主义物质文明、政治文明、精神文明建设为宗旨。要坚持党的领导，严格依法办事，充分走群众路线，围绕中心，服务大局。要做到有利于党的路线、方针、政策的贯彻执行，有利于问题的解决，有利于社会稳定，有利于党和政府改进工作，有利于人民群众增强对党和政府的信任。要实事求是，准确把握社会生活的本质和趋势，真实反映人民群众的愿望和要求，使我们的报道经得起历史、实践和群众的检验，增强舆论监督的生命力。要以理服人，摆事实，讲道理，分析科学，把握得当，增强舆论监督的说服力。要客观公正，多方核实情况，听取不同意见，增强舆论监督的公信力。要注重社会效果，跟踪报道，有始有终，推动问题的解决，增强舆论监督的影响力。要进一步改进方法，创新手段，不断增强舆论监督的针对性和实效性。

实现正确的舆论监督，监督者首先要提高自身水平。广大新闻工作者要加强学习，提高素质，不断增强政治意识、大局意识、责任意识，深入调查研究，注重制度建设，自觉接受社会监督。社会各方面要大力支持新闻媒体开展舆论监督。要维护新闻工作者的采访权利，保护他们的人身安全，保证舆论监督正常进行。

第九章　战略资源与能源安全

第一节　战略资源安全

一、战略资源安全概述

1. 自然资源分类及特性

自然资源是指一切能为人类提供生存、发展、享受的自然物质与自然条件。自然资源分为可再生资源和不可再生资源。可再生资源是可以凭借自然力保持和增加蕴藏量的自然资源，如森林资源、动物资源、水资源等。不可再生资源是不能运用自然力保持蕴藏量的自然资源，它不具备繁殖能力，且初始禀赋是固定的，今天的任何使用都会减少以后的可供使用量。矿产资源是不可再生资源的典型代表。现实中，也有不少资源是可再生资源和不可再生资源的混合体。如水资源中的深层地下水，它的补给速度非常慢，一般认为深层地下水是不可再生资源。

自然资源能为人类提供某种效用，即使用价值，这是自然资源的内在属性。有限性和稀缺性是自然资源的外在特性。这首先是因为全球人口增加，经济发展所耗用的自然资源与日俱增，自然资源量特别是不可再生资源量迅速减少。其次是人类不合理利用资源所导致的。特别是，人类无节制的耗费与滥用资源，使整个自然资源生态系统受到了恶性破坏，使资源的有限性和稀缺性更加突出，甚至可能给人类带来局部的灾难性后果。

2. 人类资源开发利用观的转变

随着自然资源有限性和稀缺性的加剧，人类对资源开发利用的基本看法也在发生变化，一是对人类与自然资源关系的认识的转变，二是对不可再生资源的认识的转变。

（1）对人类与自然资源关系的认识的转变

在人类社会发展的长河中，自然资源一直处于与人类对立的位置，它一直被动地顺从人类的意志，为人类服务。人类想当然地认为自然资源只是人类生活的外部对象，“人定胜天”，人类可以控制自然。但随着人类对自然资源的破坏性、毁灭性使用，自然界开始以各种资源危机和环境恶化来对人类进行反抗。当这种反抗达到一定程度时，就会给人类的生活和生产带来困难，甚至会威胁人类的生存与发展。目前已有不少人认识到自然界的这种反抗，关于人类与自然资源的关系的新的认识即被提出。其中最为普遍的观点是，认为人类也是自然资源生态系统所包含的一部分；人类和自然资源是这个大系统中相互联系的部分；人类不能再靠控制自然来满足自身无休止的需求，而应在合理满足人类自身需要的同时，积极适应自然资源生存与发展的“生态要求”。

（2）对不可在生资源的认识的转变

人类对不可再生资源的认识也经历了一系列变化。20 世纪 60 年代，一些学者提出了“物质进步论”，认为借助科技手段，人类可以复制任何自然资源。在这种理论指导下，人类加剧了对于自然资源的掠夺式开发利用。20 世纪 70 年代初期，随着人类与不可再生资源之间矛盾的加剧，一些学者提出了“节约使用资源”的观点。

到了 20 世纪七八十年代，随着人类与不可再生资源之间矛盾的进一步加剧，尤其是其间发生的两次石油危机，加深了人类对“不可再生资源有限性和稀缺性”的认识。特别是，罗马俱乐部发表的《增长的极限》发现，如果继续按当时的增长模式和趋势发展下去，人口的指数增长将使地球更加拥挤和污染，资源更趋枯竭，人类的增长将达到极限，人类社会将不可逆转地瓦解，人口和产量将大幅度下降。基于此，该报告提出了“反增长”和“经济增长动态平衡”的概念。

但到了 20 世纪 90 年代，一些矿产资源价格的下降（注：石油除外），以及部分矿产资源储采比的增加，人类又放松了对不可再生资源面临枯竭的警惕。特别是，某些领域科学技术的迅速发展，提高了部分资源的利用效率，甚至提供了一些人工合成产品，似乎缓解了人类对某些不可再生资源的依赖。于是，一些人即误以为“人类知识的增长可以将不可再生资源拉离耗竭区”。然而，进入 21 世纪后，各种不可再生资源价格的飙升及日益严重的全球气候变暖等问题，又再次提醒人们，“不可再生资源的日益枯竭正越来越成为全球经济可持续发展的瓶颈”。人类如何摒弃“高消耗、高污染”的传统工业化道路，进而转向“资源消耗少、环境污染少”的新型工业化道路，成为不可回避的难题。由此，实施不可再生资源的可持续利用，成为世界各国共同面临的亟待解决的问题。

3. 战略资源及战略资源安全

战略资源即在国民经济中具有举足轻重作用的，对当前和未来发展目标的实现具有重要影响的自然及非自然资源，它包括关键前沿技术、高级专门人才、石油、水资源、粮食和外汇储备。战略资源具有四个特性——供给的稀缺性，开发或获得的高成本，广泛的用途，影响的普遍性和深远性。所谓战略资源安全，即一国拥有主权的、或实际占有的、或可得到的各种战略资源的数量和质量，能够保障该国经济当前运行、参与国际竞争以及未来经济可持续发展的需要。

客观地看，“安全研究”总是鉴于“不安全”的现象随时可能发生而提出来的，战略资源安全也是如此。提高资源的利用效率，实现资源的供需平衡，同时维护生态环境的完整是资源利用的核心。战略资源安全问题就是在社会发展过程中逐步表现出来的供需失衡或（和）生态破坏，以及由此产生的各种资源危机和环境问题。战略资源安全研究就是要预计可能发生的各种战略资源安全问题，并在某些问题恶化之前寻求合理的解决办法，进而防范并化解可能出现的难题。

二、矿产资源安全

1. 矿产资源安全的内涵

矿产资源是指经过地质成矿作用，使埋藏于地下或出露于地表，并具有开发利用价值的矿物或有用元素的含量达到具有工业利用价值的集合体。矿产资源是重要的自然资源，是社会生产的重要的物质基础，人类的生产和生活都离不开矿产资源。矿产资源属于不可再生资源，具有有限性和稀缺性的属性。

矿产资源安全是国家经济安全的重要组成部分，是指一国的矿产资源处于对威胁、破坏矿产资源可靠及有效供给的各种因素能够有效防御的状态。这其中，一是强调矿产资源供应的稳定性，即满足国家生存与发展正常需求的矿产资源供应的稳定程度；二是强调矿产资源开发使用的安全性，即矿产资源开发及使用不应对人类自身的生存与发展环境构成威胁；三是矿产资源供应的不中断和价格的稳定合理是矿产资源安全的基本要求。目前人们关注较多的矿产资源安全，往往指一个国家（或地区）所能获取的资源持久、稳定、足量地满足国民经济可持续发展需要的状态，可视为狭义的矿产资源安全，即矿产资源供应的稳定性。

由矿产资源安全的基本内涵可知，矿产资源安全的目标主要有两个，一是要提供资源保障，二是要促进可持续发展。许多自然资源，如水资源和耕地，是人类生存和发展所必需的基本物质资料，没有替代品，再加上这些资源的稀缺性，使这些资源的安全供给成为资源安全的首要目标。此外，全球工业化、城市化的加速以及人口的膨胀，生态环境承受的压力越来越大，在一定程度上已危及到整个人类的生存和发展，诸如矿物燃料大量使用所导致的全球气候变暖，这已成为需要国际社会协调解决的问题。在资源开发使用过程中加强环境建设和保护，实现经济、社会、环境的协调发展，也成为矿产资源安全的重要目标。

2. 矿产资源与国家安全

从人类发展的历史来看，经济和人口的不断增长，依靠的是不断扩大对各种矿产资源的开发利用。矿产资源是一个国家能源、制造、通信和建筑工业及现代农业的基础。矿产资源的不可再生性、消耗与枯竭、可供性与可控性等问题始终是各国考虑长期发展问题的重要依据。尤其是工业发达国家严重依赖外部矿产资源供给，关键矿产资源的供应如果中断，即会严重影响这些国家的国防体系和经济体系的安全性，一些国家因此提出了“战略矿产”和“紧缺矿产”的概念。

（1）矿产资源是国家安全的重要保证

经济全球化使世界各国在经济、政治、生态等方面的利益交织越来越紧密，相互依存的领域越来越广泛，程度也越来越深。相应地，确保矿产资源安全已成为世界各国皆为之关心的政策目标之一。矿产资源的保障程度直接关系到国民经济发展和国家安全。矿产资源安全是国家安全的重要基础，以能源、主要金属为重点的矿产资源安全问题已成为国家经济安全的重要组成部分。

矿产资源供应中断是矿产资源安全最为严重的“非安全”状态，意味着一国正常经济生活的阶段性中断，不仅会影响国家经济安全，而且会影响一国的国防安全与政治安全。到目前为止，我国国内矿产资源有力地支持了国内经济发展，也没有发生国际重要固体矿产对我国供给中断的现象。但 20 世纪 90 年代以来，随着全球经济一体化的逐步推进，尤其是我国加入 WTO 后，国际矿产市场起伏激荡对我国经济的影响是不容轻视的。如 2008 财年国际铁矿石基准价大大出乎中国钢铁企业预料，涨了 65%，使中国钢铁企业的成本上升了 100 多亿美元。这对我们是一个重要的警示。

（2）矿产资源问题成为国际及地区争端的根源之一

世界上几乎没有一个国家的矿产资源是可以完全自给自足的。因此，矿产资源即成为国际政治斗争和外交斡旋的重要筹码，矿产资源争夺往往成为国家间战争的根源之一。著名的美国世界观察研究所在其报告《全球预警》中曾经指出，“在整个人类历史进程中，获取和控制自然资源（土地、水、能源和矿产）的战争，一直是国际紧张和武装冲突的根源。”目前全球 40 种主要矿产的地理分布中，有 15 种矿产，3/4 以上的储量集中在 3 个国家；有 26 种矿产，3/4 以上的储量集中在 5 个国家；有 12 种矿产，1/2 以上的储量集中在发达国家；有 13 种矿产，1/2 以上的储量分布在发展中国家。矿产资源分布和消费格局的不均衡性，使矿产消费大国实施矿产资源全球化战略成为必然的选择。同时，这自然加剧了国家之间围绕资源获取所发生的竞争，资源丰富的地区特别是发展中国家即成为发达国家争夺的焦点地区，这甚至加剧了一些地区的紧张局势。

历史地看，对矿产资源的争夺，一直是国际关系紧张和武装冲突的诱因。随着世界人口和经济发展对矿产资源需求的增长，对矿产资源的争夺更易于加剧国家之间的争端和地区性冲突。人类历史上曾为争夺和瓜分世界资源及市场爆发了两次世界大战。为争夺矿产资源产地，还发生了苏联入侵阿富汗、以美国为首的多国部队发动的海湾战争以及其他一些地区和局部战争，这些战争“本质上是争夺矿产的战争”。据统计，20世纪全球一共发生了300多起地区和局部战争，皆与争夺矿产资源有着直接或间接的关系。近几年发生的美军入侵伊拉克的战争、俄罗斯与格鲁吉亚的冲突，其背后皆与争夺石油和天然气等资源有关。目前国际上的潜在热点地区，也多数与矿产资源密切相关。

3. 矿产资源安全评价

矿产资源安全评价即矿产资源供给安全评价，通常需要就每个资源品种来进行评价。

（1）评价指标

在短期指标中，消费较为集中的行业，也就是供给短缺情况下受影响较大的行业。这些行业如与其他某些行业的技术经济关联较大，就可能使整个国民经济遭受较大损失。近年来，国际矿产资源市场价格波动较大，呈上升趋势，且由于矿产资源总体上是“卖方市场”，故对矿产资源需求大国而言，供给安全是一个需要高度关注的挑战。近年来我国从境外采购大量铁矿石，国外三大铁矿石公司疯狂涨价即是例证。对自国外进口矿产资源较多、对外依存度大的国家而言，境外供应地集中度高，即反映该国的矿产资源供给安全在一定程度上受到少数国家的“掌控”。前者指一国当年某种矿产资源总体上的实际短缺量，“年短缺量 = 年消费量 –（国内年产量 + 年可动用的储备量 + 年进口量）”，只有这个“短缺量”才会对整个经济造成负面影响。后者（即对外依存度）指当年进口占实际消费量的比例，即“对外依存度 = 年进口量 / 年实际消费量”。如果这个比率高到一定程度，不管境外供货地集中与否，都反映一国的矿产资源安全受制于国外。

在远期指标中，“特定矿产消费强度”往往是个很难降低的指标，与一国经济对该种矿产的“消费增速”一起，最为根本地决定着该国未来对该种矿产资源的需求总量。“资源储量、储采比、勘查投入强度”决定着“未来国内年产量”。“境外资源控制力、国际市场价格趋势、境外运输距离及其可靠性”决定着一国从国外实际获取资源的综合能力，且这一能力受“本国资源储量占全球份额”的调节。另外，一国累积的“矿产品储备量”“相关资源可替代趋势”，也会对未来一国矿产资源的供求关系即安全态势起到一定程度的补充作用。

（2）评价方法

在测算前述指标基础上，要综合分析、评判一国的矿产资源安全态势，揭示其中对矿产资源整体安全影响较大的品种，揭示对整个国民经济影响较大的品种，可以采用的评价方法有：主成分分析法、聚类分析法及投入产出分析法。

1）主成分分析法

主成分分析法是通过研究指标体系的内在结构关系，将多个指标的问题简化为少数指标问题的多元统计分析方法。即把原来多个指标转化为一个或几个综合性指标，要求该少量的指标能够包含原来多个指标的绝大部分信息（80% 以上），进而揭示变量间的关系。主成分分析法的显著优点在于由此确定的权重是基于原始数据系统分析的,反映的是指标之间内在的结构关系,基本不受分析人员主观因素的影响,在此基础上筛选出的综合指标之间相互独立。

主成分分析法的基本步骤如下：

设 s_j 为第 j 年某一矿种的资源安全值，也就是通常所说的资源安全程度；v_i 为第 i 个指标 c_i 的权重，c_{ij} 为第 j 年第 i 个指标。

通过确定 v_i 和 c_{ij} 来计算 s_j。在一定时期内，通过资源安全值（s_j）的总体趋势变化，即可分析该矿种资源安全的长期演化趋势，并与确定的基年安全程度进行比较，给出资源安全程度的相对变化量值。

其中，v_i 是通过主成分分析法来确定的。将指标体系的数据输入 SPSS 软件，通过主成分分析（因子分析），可以得出各主成分的贡献率 Rk，以及正交旋转后的主成分载荷矩阵，载荷矩阵中包含各指标的载荷 Lk_i。

$$V_i = E\,Rk \times Lk_i / E\ E\,Rk \times Lk_i;\quad S_j = E\,v_i \times c_{ij}$$

2）聚类分析法

聚类分析法是一种将性质相近的对象归为一类，将性质差别较大的对象归为不同类，从而直接比较各事物之间性质接近程度的方法。这种方法的显著优点在于可以对大量的数据对象，找出其中性质相近的对象，同时划分出不同性质的对象，便于分析数据内在的关联。为了进一步判定一国矿资源的安全级别，可采用 SPSS 软件对指标体系进行 Q 型分层聚类分析。

3）投入产出分析法

投入产出分析法是研究经济体系（诸如国民经济、部门经济）中各个部分之间投入与产出的相互依存关系的分析方法。投入产出分析法的理论基础主要来自于瓦尔拉斯的一般均衡模型，是由美籍俄裔经济学家瓦西里·列昂惕夫创立的。列昂惕夫较大地改变了瓦尔拉斯的以论证全部均衡理论为目的的模型体系，使投入产出模型成为一种以技术联系为基础，研究经济系统中各部分之间相互依存数量关系的分析方法。

投入产出分析的基础工具是投入产出表。投入产出表反映了不同生产部门之间的技术经济联系。其中，表中第一部分是投入产出表的核心部分，既反映部门之间的生产技术联系，也反映部门之间的经济联系。借助一国各年度编制的投入产出表，建立相应的线性代数方程体系，即可综合分析和确定国民经济各部门之间错综复杂的联系，分析重要的宏观经济比例关系及产业结构等基本问题。

在前述基础上，将矿产资源短缺的数据引入到投入产出模型的相关变量，就可能测算出这些矿产资源短缺对整个国民经济的影响，从而得出需要优先加强哪些矿产资源安全管理的判断。借助相关工具软件，也可简化投入产出分析的工作量。

三、水资源安全

1. 水资源安全与短缺

（1）水资源安全的内涵

水资源安全是指一国所拥有主权的、或实际占有的、或可得到的各种水资源，其在数量和质量上能够保障该国经济当前的需要、参与国际竞争的需要，以及可持续发展的需要。具体来说，就是保障水资源的供需平衡及生态环境的健康完整。对世界上绝大多数国家来说，水资源短缺和水生态破坏是主要的水资源安全问题。要解决这些问题，关键是要实行有效的水资源管理，包括水资源供给的保护与调配，以及水资源需求的管理与控制。提高一国既有水资源的利用效率，是水资源安全的核心问题。

水资源与粮食生产有着非常紧密的联系。农作物通过两种基本途径——降水与灌溉获取必需的水分。自然降水及灌溉可使地球上阳光最充裕、最肥沃的土地变成重要的农作物生产区。目前，占全球农田面积 16% 的灌溉田生产着 36% 的农作物。在中国，灌溉面积占全部农田的47%，农业生产高度依赖这些可灌溉田。1984 年以来，世界粮食生产平均每年下降 1%，其中灌溉面积的下降是粮食生产下降的主要原因之一。

全球耕地灌溉面积下降的根本原因，是水资源的短缺。虽然地球大部分表面被水所覆盖，但咸水占水资源总量的 97.5%，淡水中 68.7% 以冰雪形式存在，有 30.97% 储存在地下含水层和永久冻土层中，人类所能利用的淡水量只占地球水储量的极小部分。地球上有少量可再生的水，可以通过太阳能的作用进行循环，变成淡水。如每年从海洋输送到陆地的水约为 4×10^5 亿立方米，按目前的人口算，每人每年可拥有的水量约为 7400 立方米，比 3000 立方米 / 人的缺水上限要高很多。但这些水中有 2/3 伴随洪灾流掉了，剩下的分布又极不均匀。在国际上，年人均供水量少于 1000 立方米的国家，通常被列为缺水国家。据估算，目前全球共有 2.32 亿人口所在的 26 个国家被列为缺水国家。而部分水源充足国家的某些地区也出现了缺水的征兆。如中国人均水资源量为 2304 立方米 / 人，其中北方地区人均水资源仅为 995.4 立方米/人，属于缺水地区。目前，全世界有12亿人口严重缺少饮用水，且世界人口的继续增长将使水资源短缺问题进一步加剧。这就是人类需要关注水资源安全的根本原因。

（2）水生态破坏

在那些目前供水并不紧张的国家和地区，水资源危机的问题仍可能存在。这往往源于地下水位下降和严重的水污染，已严重影响人类的生存与发展。目前已有不少国家靠抽取地下水来补充水源供给。但如果地下水的使用量超过了补给量，则必将引起地下水位下降，特别是已储存了几百年或几千年的古蓄水层目前已很少得到补给，抽干这些水将给后人留下无水可用的局面。目前地下水过度开采在北非、中东、中国、印度和美国西部等国家和地区普遍存在。

水资源污染则使水资源原本短缺的某些国家雪上加霜，也使水资源比较充裕的国家陷入"有水不能喝"的尴尬境地。例如，在我国某个地区，河水哗哗地从当地居民家门口流过，但当地居民却不得不买昂贵的"纯净水"，因为河水是黑的。更为严重的是，人类的肆意开发造成了不少国家或区域生态系统的破坏。例如，苏联在20世纪60年代建造的咸海流域灌区，虽然整个灌区生产了苏联1/3的水果和葡萄、90%的棉花和40%的稻米，却切断了咸海的补充源泉，使咸海表面下降了40%，容量下降了60%，含盐量上升了3倍，每年至少卷起4000万吨干燥河床的有毒盐分和尘土，且倾注在周围农田里。咸海中24个鱼种已经消失，原来的年44000吨渔业捕捞量下降为零，而且该地区居民的食道癌和肝炎发病率分别增加了15倍和7倍。而要恢复该地区的生态系统，则需要极大的财力与人力投入。咸海灌区的类似事件在世界各地不少发生，从中亚到非洲、从美洲到东亚，这种现象并不鲜见。可见，人类在努力提高自身生活水平的同时，也需要理性考虑有效保护人类赖以生息的生态系统。

（3）水文政治

国家之间如有同一条河流经过，相关国家围绕水资源的使用，在某些情况下即可能发生政治和外交上的摩擦，甚至是军事上的冲突。早在20世纪90年代，在美国《时代》杂志上，即有人撰文写道："水，下个世纪战争的根源。"其基本论据是，随着全球人口压力增大，以及对有限供给的水资源的需求压力的增加，国家之间的水资源需求冲突必将升级。早在1990年，约旦国王侯赛因即宣称：水资源问题未来将是使他卷入与以色列战争的唯一原因。在一段时间里，国际上也流行着"19世纪争煤，20世纪争石油，21世纪可能争水"的说法。全世界有一半人口生活在与邻国分享河流和湖泊系统的国家里，有214个河流和湖泊系统跨越一条或多条国界，其中148个水系统经过两个沿岸国家，31个水系统流经3个国家。由此，国家之间发生水资源争端也不为怪。

例如，印度1961年在其境内切断了原本巴基斯坦可以用于灌溉农田的两条运河，曾将两国置于战争的边缘。以色列与叙利亚发生过“六五”战争：1967年6月5日以色列占领叙利亚戈兰高地，也是争夺水资源的典例。当日，以色列空军倾巢出动，通过对埃及、叙利亚和约旦三国空军基地的闪电式袭击，迅速掌握了制空权。此后，以色列军队兵分三路入侵埃及西奈半岛，同时向约旦河西岸进军。6月7日，约旦首先接受联合国停火要求。9日，埃及接受停火要求。尽管9日叙利亚同意停火，但以色列为完成既定目的，仍然集中10个旅的兵力分三路进攻叙利亚，直到10日夺取叙利亚戈兰高地和库奈特拉省首府库奈特拉城。戈兰高地位于叙利亚西南端，面积1860平方公里，北起谢赫山，南到雅尔穆克河谷，俯瞰太巴列湖和约旦河，具有极其重要的战略地位。约旦河的支流雅尔穆克河流经戈兰高地，太巴列湖是戈兰高地地区最大的淡水湖，南北长约23公里，东西最宽处约14公里，总面积约165平方公里，平均水深50米左右，储水量约40亿立方米。以色列每年从太巴列湖抽水约6亿立方米，占以色列全国淡水用量的40%左右，以色列人把太巴列湖视为“生命水源”。因此，以色列强烈要求拥有整个太巴列湖。另外，前些年已有学者指出，中国西南地区流入东南亚的几条河流在用水紧张的时候，也可能发生流域国家之间的冲突。

再如，中亚地区90%的水资源集中在吉尔吉斯斯坦和塔吉克斯坦两国，乌兹别克斯坦和哈萨克斯坦是最主要的水资源消费国。因占源头之便，吉、塔两国大力发展水电，塔吉克斯坦甚至决定升级努列克水电站。然而，中亚地区人口最多的乌兹别克斯坦则坚决反对塔吉克斯坦的水资源开发计划，两国几乎陷入冷战中。在南亚，印度与3个国家（巴基斯坦、孟加拉国、尼泊尔）有过用水争端。印度河发源于印度、下游经过巴基斯坦，是世界上最大的灌溉系统之一。1960年印巴两国签署《印度河水使用协议》，缓解了两国的用水争端，但没有解决关于乌拉尔大坝问题上的分歧。巴基斯坦一直认为印度修建乌拉尔大坝违反了《印度河水使用协议》，因为协议规定“禁止任何一方进行可能改变河水流量的人工工程”。更重要的是，巴方认为印度可由此截住河水，不让其流往巴基斯坦。

在国际上，一般认为，上游国家对其境内的河水拥有“绝对主权”，可以任意处置，而下游国家则往往持有异议，如果他们认为上游国家的水资源利用过度，威胁到了下游国家的生存，冲突即不可避免。目前，国际上也有学者提出，要消除“水紧张”局面，即需要在流域国家中制定双方可以接受的水资源分享条约。一般而论，“双方协作”一定会比“双方争夺”要好些。因为争夺只能是“零和博弈”，即我抢到的，一定是你失去的。但双方协商却可能通过节水、高效用水、循环用水等方式增加可供用水量，再加上技术共享等措施，就可能减少“水资源供给紧张”的局面。不过，这需要各国之间的相互信任与交流。

2．水资源供需预测

一国或地区的水资源供给渠道主要有：地表水、地下水、区域间调水和开发利用其他水资源，例如污水处理利用和海水淡化等。一个地区的水资源需求主要有以下方面：工农业用水、居民生活用水、环境和生态系统用水（即为改善生态环境或维持生态环境质量不至于进一步下降时生态环境系统所需要的水量）。

由于各国、各地区的水资源供求状况差别很大，进行水资源供需预测时首先要根据水资源供需情况将一国分成几个地区，然后再进行进一步的分析预测。例如，我国就可以根据河流流域分成松辽、海河、淮河、黄河、长江、珠江、东南、西南、内陆九个区域。水资源供需预测是从社会经济发展目标开始的。首先，分析一国社会经济发展的总体目标和远景目标，细化到各个地区，逐步分析各个地区需水部门的发展规划，预测它们对水资源的需求状况；然后，再分析各个地区的供水能力；最后，进行水资源供需平衡分析。

3．水资源管理

目前，水资源危机问题在很多国家和地区已经非常严重，水资源供给缺口将长期存在。不少国家的实践表明，实施有效的水资源管理是解决水资源供给缺口问题的根本出路。水资源的自然供给有其自身的规律，短期内不会有大的改变，过多地使用水资源可能对整个生态系统造成破坏。因此，水资源的供给管理主要是充分地保护和合理地调配，一方面要防止可供水量的减少，另一方面要在不同区域内进行水资源的合理调配。同时，人类应对水资源需求进行有效的管理和控制，而不是去迎合自身无限制的水资源需求。对水资源需求进行管理和控制是水资源管理的核心内容。

（1）水资源供给的保护与调配

1）水利工程对水资源供给的保护与调节作用

自然降水是水资源供给的唯一来源。但在多数国家，自然降水在时间、空间上分布很不均匀，造成不少地区一年内水灾与旱灾并存，或者不同地区间有的是水灾，有的是旱灾，这都会严重影响一国社会经济的稳健发展。各种水利工程是调节降水时空分布不均匀的有力措施。目前全球已经修建了 5 万多座大坝，每年动工的大坝平均有 320 座，很少有河流未经人工改造而无拘无束地流入大海。这些大坝为人类用水量的增长提供了有效的保障。

但水利工程对水资源供给增加的作用是有限的：人们自然而然地选择最容易施工、造价最低的地点建设水利工程。而随着时间的推移，现在的水利工程变得越来越复杂，造价也越来越高，对生态环境的破坏也日趋严重。造价的升高无疑会阻止资本的投资。例如，美国加利福尼亚输水工程计划从阿拉斯加东南部输水，据估算，20 世纪 90 年代时输送成本为 2.4 ~ 3.25 美元 / 立方米，这使政府和其他投资者对此犹豫再三。人类对生态环境的日益重视也会影响水利工程的建设。如美国环境保护署否决了图福克斯大坝的建设,因为这个大坝建成后会淹没风景秀丽的奇斯蔓峡谷。因此，依靠水利工程保证水资源供给，还需要考虑某个工程所提供的水资源在经济价值和环境代价上是否值得，也许推广节水技术和措施比建设水利工程有更好的经济效益和环境效益。

2）植被对水资源供给的保护作用

“森林是天然的水库”，保护好一片森林相当于建了一个水库。人类对森林植被的破坏不仅会妨碍水资源的调节，还会造成水土流失、河道淤积等生态环境问题。因此，森林植被的保护既有保障水资源安全供给的作用，还有重要的生态保护价值。但保护森林植被也会发生一定的成本，甚至还会影响某个地区的经济发展。一般情况下，森林植被保护的成本基本发生在水源区，而森林植被保护的收益多发生在用水区。如果没有建立合理的经济利益调节或补偿机制，森林植被保护就很难得到“成本承受人”和“收益享受地区”的主动配合，由此必然影响森林植被保护的实际效果。例如，上游地区护林蓄水，可使下游地区免受水灾，且下游地区会有充足的水资源供应，但上游地区的经济发展会遭受一定损失，这就要求建立相应的利益调节或补偿机制。客观地看，上游地区如能得到下游地区的经济补偿，他们才会有保护上游森林植被的积极性，由此才能保证各地区的均衡发展，维持整个社会的稳定与繁荣。

3）水资源供给的调控与分配

水资源是一种公共资源。在特定水资源流域，上游国家和地区具有很大的用水优势。而上游肆意用水可能导致下游产生极大的经济损失，甚至会威胁下游居民的生存。例如，若干年来，我国黄河上中游地区盲目引水，造成了水资源的极大浪费，结果导致黄河频繁断流。1995 年黄河断流 133 天，仅山东省就减产粮食 270 万吨。1997 年断流 226 天，造成的损失更大。水资源的地区分配需要国家进行适度的宏观调控，如对特定的水资源流域，应规定各地区的用水配额，根据用水量收取一定的费用，以促进水资源供给的合理配置。当水资源供给涉及多个国家时，水资源供给的调控与分配就更加复杂，涉及国家间的政治、外交甚至军事关系，这需要不同国家间进行充分的交流与协调，制定出合理的水资源分享条约，保证各国的水资源安全。

（2）水资源需求的管理与控制

需求管理是水资源管理的重点，需求管理的核心是提高水资源的利用效率，保持水资源的供需平衡。

1）节水灌溉

农业用水占国外总用水量的绝大部分，全世界约有2/3的水用在农业生产上。在我国，农业用水占总用水量的62%左右，如果能减少1/10的农业用水，即可为居民用水提供一倍以上的增量。然而，目前全球大部分农业灌溉方式与5000年前差不多，多数是大水漫灌，大量的水在漫灌过程中浪费掉了。全世界平均灌溉效率不足40%，我国更低，且灌溉区多在干旱地区，蒸发作用又消耗了大量水分。因此，提高农业灌溉效率，推行节水灌溉必然能“解放出”大量的水资源。

工业革命以来，人类已发明了不少新的灌溉技术。如美国的“涌浪式”灌溉技术，至少可以节约15%～50%的用水量。以色列的滴灌技术，使水资源利用效率提高到95%。采用这些技术改造现有的低效率灌溉系统，就能大范围、大幅度地提高有限水资源的利用效率，大量减少农业灌溉的用水量。不过，采用这些技术改造现有的低效率灌溉系统，还需要政府相关政策的诱导和扶持，需要靠一定的经济利益来刺激农民改变原来的灌溉方式。

2）工业用水的循环使用

全球工业用水占总用水量的1/4，我国约占24%。与农业相比，工业用水中实际消耗量仅占很小一部分。工业用水主要用于冷却、加工等污染但不吸收水资源的工业活动，这就使工业用水的循环使用成为可能。如日本在过去的30年中，工业用水生产率提高了3倍多。美国1950年以来工业用水量下降了36%，而工业产值则提高了近4倍，其大多数是靠工业用水循环使用实现的。

要使工业循环用水得到较大力度和范围的推广，同样需要一定程度上的政府激励，如制定适当高的工业水价，严格执行污染控制法规，严格废水排放收费等。采取这些政策的目的在于促使工厂将“购水成本和污水排放成本”与“安装废水处理设备的成本”进行比较，从中发现循环用水的企业利益，并乐意循环用水，从而大规模减少工业用水。

3）城镇生活用水节约

虽然这部分用水不足全球总用水量的1/10，但这些用水量集中在较小的地区（主要是大城市），且往往会给特定地区造成极大的供水压力。目前，国际上不少城市都采取了各种各样的城镇节水措施。如墨西哥城在1991年把35万个原来为16升的马桶更换为6升的马桶，每年节水近2800万立方米。在美国的波士顿，政府在10万个家庭安装了节水装置，找出并修理了漏水的旧管道，结果用水量下降了16%。另外，提高水价，更好地反映水的经济价值，也是很多城市的普遍做法。显然，因地制宜地采取不同节水措施，是每个城市最好的选择。因为节水成本远比距离调水的成本要低得多，尽管这些节水措施可能不及那些大型水利工程辉煌耀眼。

4）节水技术、市场与政策

要发挥节水技术的潜能，关键在于加大推广力度和范围。推广的动力主要来自于两个方面，一是市场激励，二是政府行政推动与政策激励。如果某项节水技术能够形成有形的商品，则市场力量即会推动这类技术的进步。但如果某项技术进步是非市场经济的产物，则只能靠政府来推动。

需要特别说明的是，合理的水价是形成水资源市场、推动节水技术推广的重要因素。低价或无偿的水供给必然会增大人类对水资源的需求和浪费，而合理的供水价格才可能使用户真实地感受到水的价值，增强节约用水的意识，形成公众节水响应，促进节水技术的推广。但确定合理的供水价格，需要考虑众多因素的综合影响。例如，相同的水量，在工业领域形成的价值会比农业领域多得多。相应地，农业领域的水价承受能力远远低于工业。因此，确定供水价格时，需要综合考虑这些因素，并适当加以调整。改造原有的灌溉系统可能是市场力量无法承担的，这时就需要政府投资和政策支持，以促进灌溉工程与设施的改进、改造，进而还需要采用适当的管理方法来维护灌溉系统的高效运行。

（3）水资源污染管理

近年来，水污染问题已使各国普遍紧张的水资源供给问题雪上加霜。在我国总长5万公里的河流中，80%的水资源水质退化，一些流域甚至恶化到鱼类无法生存的程度。在黄河某些河段，由于严重的重金属污染，一些河水已无法用于农田灌溉，更不用说饮用食用。水污染管理已成为一项重要的水资源管理工作。

从国际经验看，各国的水污染管理主要有两类措施：一类是政府指令；另一类是市场激励。就前者看，政府可直接关停一部分过量排污单位。尽管这种方法并不能从根本上解决水资源污染问题，因为一项政令实施之后，往往会出现已关闭排污单位的“反弹现象”。但另一方面，政府政令具有很强的“公众效应”，可以较快地提高公众的污染防范和治理意识，这是目前很多国家政府经常使用的污染控制方法。就后者看，市场激励办法可以通过“排污者付费”，让排污者承担排污成本，由此也可以减少部分污染排放。有效的污染管理需要将这两类措施结合起来，针对不同的情况有所侧重。

四、粮食安全

1. 粮食问题与粮食安全

近年来，全球粮食生产能力总体上高于粮食消费水平。而且美国还有2500万公顷闲置耕地，阿根廷还有3000万公顷闲置耕地，巴西还有6000万公顷闲置耕地。

只要在粮食生产上有利可图，这些耕地就可能投入粮食生产。但人们对粮食安全的担忧一直没有消失，这主要根源于西方的极度悲观主义思潮，即马尔萨斯主义及其以后的各种变体，再就是一些国家确实存在粮食供给困难。

1798年马尔萨斯发表了《人口原理》，这本书在西方甚至在整个世界都产生了巨大影响。著名的“马尔萨斯人口论”认为：在没有障碍的情况下，人口以几何级数增加，而人类的生活资料是以算术级数增加的，两者增加的不平衡性最终将使人类陷入“贫穷、饥饿、瘟疫、罪恶和战争”。马尔萨斯还把人口与生活资料的关系限定为单纯的人口与粮食的关系问题。他认为，“总的趋势是粮食增长总赶不上人口的增长；粮食增长落后于人口增长的根源在于土地肥力递减，即在技术水平一定的情况下，土地的投资收益率递减”。于是，马尔萨斯认为，人口越增加，要求土地生产的粮食就越多，而土地肥力却随着土地生产力的提高而下降，土质越来越坏，在土地上投资所可生产的粮食将越来越少，最终人类将出现粮食供应短缺的问题。

继马尔萨斯之后，西方社会出现了多种多样的马尔萨斯人口论的变体，提出了各种反增长和增长动态平衡的概念，以期解决马尔萨斯所阐明的人口问题。如罗马俱乐部《增长的极限》的报告，就是这些变体的集大成者。《增长的极限》的研究者用系统动力学模拟方法进行大量研究后认为：人口的指数增长导致对粮食需求的指数增长，要求粮食供给有相应的增长；而粮食供给不仅取决于耕地与淡水，还取决于农业投资；土地肥力下降则要求更多的投资储备，增加投资储备依赖于不可再生资源，如燃料和金属。因此，扩大粮食生产最终依赖于可以得到的不可再生资源的数量，但世界上不可再生资源是有限的，而且用一点少一点，于是世界粮食生产最终会陷入困境。

1994年，美国世界观察研究所所长莱斯特 R. 布朗在《世界观察》杂志上发表了题为《谁来养活中国》的文章。布朗认为，由于人口增长，即使人均粮食消费量不变，中国的粮食需求到2030年也将达到4.79亿吨。同时，耕地的减少、灌溉水的缺乏和土地肥力的下降，将导致中国的粮食供应下降20%，那时中国将面临2.07亿吨的粮食缺口，相当于1994年的世界粮食出口总量。如果人均粮食消费量上升到400公斤，中国的粮食需求将达到6.41亿吨，缺口为3.69亿吨。由此，布朗认为，谁也无法供应中国所需的粮食。布朗除了继承马尔萨斯的人口增长、土地肥力下降等基本假设外，还把以前马尔萨斯问题的“世界范畴”转化为“中国范畴”，带有明显的“中国威胁论”的偏见。但客观地看，尽管布朗的观点存在这样那样的偏见，但他的文章也有助于提高我们的粮食安全意识，其研究方法也有着值得推敲与借鉴的成分。

1983年4月，联合国粮农组织以“粮食安全的最终目标”的形式提出了关于“粮食安全”的最新定义，认为“粮食安全的最终目标是保证任何人在任何时候都能够买到并能买得起他们为了生存和健康所需要的基本食品”。这个定义包含了三层涵义：第一，确保生产足够的粮食；第二，最大限度地稳定粮食的供给；第三，确保所有需要粮食的人都能获得粮食。这个新定义已得到全世界的认同。粮食安全也可分为“短期安全”和“长期安全”。短期粮食安全是指保证粮食的短期供需平衡和粮食价格的稳定，这主要通过粮食储备和国际贸易进行调节；长期粮食安全是指农业资源的合理配置和可持续利用，保证国家有稳定的、充裕的粮食供给能力，主要表现为耕地和农业生态环境的有效保护。下面将对粮食的供需预测和粮食安全的测度进行叙述。此外，还将对粮食安全的重要子问题，如粮食储备和粮食国际贸易问题作一些分析。

2. 粮食的供需预测

（1）预测方法

不少人不屑一顾于长期的定量经济预测，认为它极不准确，因为许多轰动一时的长期预测几乎没有得到兑现。但在国家经济安全研究中，长期的定量预测又是必需的，至少它可以为政府的政策设计提供相关信息。值得注意的是，许多严格推理的长期预测没能兑现，其中一个重要原因是预测者本身害怕这些预测结果的出现，同时政策制定者采取了有关措施，从而阻止了预测结果的出现。

在粮食预测中，布朗采用的是“实证类比推理”的方法，用“在工业化之前就有很高人口密度的日本、韩国和中国台湾地区”的资料，预测中国未来将走与前者类似的“东亚模式”；根据这些东亚国家和地区的耕地变化、粮食单产变化、粮食进口趋势等数据，说明中国也将面临耕地减少、粮食单产增长乏力和需要大量粮食进口等问题。虽然布朗的结论应进一步推敲，但其基于“重演律”的预测方法却有着一定的借鉴意义。

“重演律”是由生物学家提出的，认为个体的发育过程重演种系的进化历史。这也符合人们的日常经验：同类事物遵循同样的发展规律。对粮食问题，布朗的“重演律”就是“后来国家”必将重演“先行国家”的“历史过程”。评判“先”“后”的标准可以选择某种经济指标，如人均收入水平等。但我们认为，不同国家受不同的资源条件、消费习惯等因素的影响，重演律的相似程度是很难判断的，这也是布朗的类比结果值得怀疑的主要原因之一。但换一个角度看，我们可以假定：那些人均收入水平不同的国家，可以等同于处于不同发展阶段的同一国家。这样，就可以用某一时刻的各个国家的横向资料“替代”任一国家的纵向时间序列资料，进而得到某种拟合结果。将这种横向拟合结果同纵向时间序列拟合结果相对比、相综合，预测结果也许会有更高的可信度。

（2）需求预测

1）横向拟合

可以选择世界上大部分国家作为样本，采用“人均收入”作为判断国家“先”、“后”的标准，具体数值可以采用世界银行确定的国际比较项目“人均 GDP 估计数”。用这些国家的“人均粮食消费量”和“人均 GDP 值”拟合出一条曲线，不同人均收入的国家就可以在这条曲线上定位，即可根据一国未来的人均收入水平求出某个国家未来的粮食需求量。

2）纵向拟合

可以选择与被研究的国家具有较大相似性、发展水平较高的某些国家作为样本，判断被研究国家处于“样本国家”的什么历史阶段。历史阶段的判断也可采用“人均 GDP 值”。可用这些历史阶段的数据来预测被研究国家的发展趋势。

3）结果综合

对前面两种从不同角度出发的“类比预测结果”进行比较、综合，判断各自的优缺点和可信度，进而得出综合预测结果。当然，综合过程具有较多的主观性，需要参考多方面专家的意见。

（3）供给预测

1）粮食生产预测的陈氏系统综合因素预测法的理论认识

一国粮食供给的主要来源是本国的粮食生产。国际上预测粮食产量主要有三种方法，即气象产量预测、遥感技术预测和统计动力学生长模拟预测。但三种方法精度都不很高，发达国家的预测精确度一般在 5% ~ 10%，而且只能提前 2 ~ 3 个月。因为目前气象预报对 1 个月以上的天气情况还难以作出较为可靠的预测；遥感技术必须等作物生长到抽穗前后才能观测；统计动力学的变数更多所以更难以做得准确。为此，中国科学院数学与系统科学研究所陈锡康院士提出了“系统综合因素预测法”。

陈锡康院士认为，农业是典型的复杂巨型系统，具有多层次结构，各子系统之间以及系统与环境之间都存在复杂的互动关系，具有很强的非线性、随机性和动态特征，故必须综合考虑社会经济技术因子，如政策、价格、良种、化肥、灌溉、机械等因素，还要考虑自然因子，如土壤、气候等。其中的社会经济技术因子在粮食生产中起主要作用，中国并不完全是靠天吃饭。基于这一认识，陈锡康院士把投入占用产出技术、非线性预测方程以及最小绝对和方法三者结合起来，建立了 20 多个预测方程和模型，将预测结果的平均误差控制到 3% 以下。

2）粮食产量预测的原理性模型

根据农业的复杂巨型系统的特点，借鉴陈氏系统综合因素预测法和其他人构想的相关方法，预测中国的粮食年产量至少需要关注以下两点。

必须全面系统地考虑各种因素的作用。影响粮食产量的因素主要有四类：一是社会经济因素，如政策因素、管理因素、价格因素等；二是生产技术因素，如良种、化肥、农家肥、灌溉、农机、农药、地膜、农民受教育程度等；三是自然因素，包括气象因素和非气象因素；四是随机因素。为提高粮食年产量的预测精度，必须根据不同时期的重点，全面考虑各种因素的作用。

社会经济技术因素不仅决定年粮食产量的长期趋势，而且会造成年度间的产量波动。但气象产量预测法认为，社会经济技术因素决定着粮食生产的长期趋势，而作物产量的年度间波动主要是由气象因素决定的。

相应地，有以下的原理性预测方程：

$$Y=f(X^1, X^2, X^3)$$

其中，X^1，X^2，X^3 分别表示各种社会经济因素、生产技术因素和自然因素。

3）粮食产量预测的关键技术方法

为提高预测精度，陈锡康院士等专家提出，这需要采用投入占用产出（分析）技术、考虑边际报酬递减的非线性预测方程、最小绝对和方法。“投入占用产出（分析）技术”是对美籍俄裔经济学家 Wieontief 创立的“投入产出分析方法”的改进。投入产出分析方法反映了投入与产出之间的紧密联系，但没有反映占用与产出之间的联系，如占用的自然资源（耕地等）、固定资产、不同熟练程度的劳动力对产出的作用。为改善“投入产出分析方法”的这一缺憾，陈锡康院士于 1990 年提出了“投入占用产出（分析）技术”。利用该技术方法可对农业生产进行深入分析和预测。例如，分析农作物生产过程中的投入，如化肥、种子、动力、农业服务和占用，分析耕地、水、劳动力等对农作物产量的影响。特别是，在农业投入占用产出表基础上，可以计算两组重要指标：一组是各种农作物的亩纯收益、每个工日纯收益和资金利润率；另一组是各种农产品对各种投入品的完全消耗系数。

3. 粮食安全的测度

在技术层面，粮食安全本质上是粮食供给与需求的平衡问题。如果出现短期的粮食供给缺口，通常需要通过国家的粮食储备来进行调节；如果出现长期的粮食供给缺口，则需要通过国际粮食贸易来予以补充。有关粮食储备和国际贸易的问题，本书将在下文进行讨论，这里先讨论粮食安全的相关指标。一国的粮食安全状况可以通过一定的数量指标来测度。目前各国测度粮食安全状况的指标体系尚不统一，但有五个指标是经常会用到的，即一国的粮食自给率 a（或用贸易依存度 β）、粮食总产量波动系数、粮食储备水平、人均粮食占有量，以及低收入群体的粮食保障水平。

1）粮食自给率 a（或用贸易依存度 β）

粮食自给率表示一国粮食生产占消费量的比重。一般来说，粮食自给率与粮食安全水平的高低成正比。a=S/D，β=1–a，其中S表示国内粮食供给量，D为粮食总需求量。

考虑到一国的主食用谷物基本是刚性的，而饲料用谷物的弹性较大，因此，这里还需要考虑采用“主食用谷物的自给率”作为“粮食自给率”的补充指标。国际上不少经济学家认为，如果一国的粮食自给率大于95%，即表明该国已基本实现了粮食自给，或者说达到了足够高的粮食安全水平；只要粮食自给率大于90%，即可认为一国达到了可以接受的粮食安全水平。对于那些农业资源紧缺的国家来说，要追求100%的粮食自给目标，通常需要付出较为高昂的代价，这不一定是明智的选择。

2）粮食总产量波动系数 V_i

一国的粮食总产量波动系数 V_i 可用下式计算：$V_i=(Y_t-Y_t)/Y_t$。

其中，V_i 为粮食总产量波动系数，Y_t 为t年的实际粮食产量，Y_t 为t年的趋势粮食产量。

3）粮食储备水平

测算一国合理的粮食储备水平，除了需要考虑储备总量外，还需要考虑储备仓库分布、储备的机动能力和系统的运转效率，设立储备有效系数指标。但这个系数通常较难估计，只能参考有关专家的意见。

4）人均粮食占有量

一国的人均粮食占有量也可以在一定程度上反映一国的粮食安全水平。显然，一国的人均粮食占有量越高，则其粮食安全水平也就越高。

5）低收入群体的粮食保障水平

低收入群体通常指“生活在贫困线以下、尚未解决温饱问题的群体”。如果一个国家总体上的粮食供给有余，但一部分低收入群体却吃不饱或营养不良，则增加低收入群体的粮食供给，即可显著提高一个国家的粮食安全水平。但在实际计算时，低收入群体的粮食保障水平往往难以具体化，故较妥的做法是用“贫困人口数量占总人口数量的百分比”来衡量低收入群体的粮食保障水平。

4. 粮食储备

粮食储备是指一国在新的作物年度开始时，可以从上一年度收获的作物中得到（包括进口）的粮食储备量，也称作“结转储备量”。粮食储备可以调节一国短期的粮食供需平衡关系，因而它也是反映一国粮食安全水平的非常重要的指标，以至于联合国粮农组织（FAO）通常直接用粮食储备水平来衡量一个国家甚至全球的粮食安全水平。该组织甚至认为，“从狭义上来说，粮食安全是指粮食的库存和有关建立及使用库存的种种安排，其目的是作为粮食歉收和粮食进口不足时的一种保护手段。”FAO 在 20 世纪 70 年代提出了“确保全球粮食安全的最低储备水平”，认为世界谷物的储备量至少要达到世界谷物年需求量的 17% ~ 18%，其中周转储备占 12%，后备储备占 5% ~ 6%，这才是合理的。

粮食储备的合理运用，不仅有助于平抑年度季节性市场价格的大幅波动，也有助于应对突发事件，减少这两类问题对一国粮食安全的影响，起到调节供求、平抑粮价、济贫救灾的作用。但粮食储备也具有局限性，例如，增大储备量，调控的范围和力度自然会增大，因而储备成本也会相应增加。

粮食储备不仅有储备总量多少的问题，还有储备的机制和效率问题。例如，目前我国的专储粮主要分布在产粮区，这种布局常常影响储备粮的实际效能。当出现“卖粮难”时，产区往往会受仓容限制，难以敞开收购；而粮价波动一般是从销区引发的，当销区粮价迅猛上涨时，又要从产区紧急调运粮食，如果粮食储备调用的机动能力差，就会贻误粮食储备的调控时机与绩效。

5. 国际粮食贸易

在国际贸易环境较为和谐的情况下，一国可以考虑通过国际粮食贸易来调节供需平衡关系。这一般有较好的经济性，但也有相应的风险。目前全世界的可耕地大约有 32 亿公顷，已开发 13.7 亿公顷，垦植系数不足 50%，即使全球粮食单产不变，粮食总产量还会有很大的增长余地，尚且一国的粮食单产还会随着科技的发展而逐年增加。但因为各国的耕地资源禀赋程度不同，想主要靠增加耕地数量来提高一国的粮食产量又是不现实的。例如，我国只占世界 7% 的耕地，却要养活占世界 22% 的人口，耕地资源非常紧张。况且我国的“后备耕地”经过多次大规模开发已严重不足，且开垦难度大、成本高，为保护生态环境，客观上又提出了“生态退耕”的要求，同时工业发展和居民生活水平的提高还会继续占用更多的耕地。在这种背景下，借助国际粮食贸易来缓解我国的粮食供给不足、弥补粮食供给缺口，已成为提升我国粮食安全水平的现实选择。

一国要发展国际粮食贸易，往往不得不考虑可能出现的各种形式的粮食禁运，以及粮食禁运对一国经济的影响。要判断可能发生的粮食禁运给一国带来的风险，至少应当研究四个层面的问题：一是未来针对一国的粮食禁运发生的概率；二是万一发生禁运，禁运发起国能否成功地实现其战略意图，即粮食禁运的有效性如何；三是万一发生有效的粮食禁运，它对被禁运国粮食安全将构成怎样的影响；四是这些影响的形成取决于哪些因素，有无可能通过预案设计来抑制相应的负面影响。但客观地看，要对粮食禁运的可能性进行度量是非常困难的，因为它受到国际政治、外交、甚至道德方面因素的影响，故这通常需要借助专家的经验进行判断。另外，粮食禁运的有效性可以通过以下两个指标来进行度量。

（1）出口国粮食出口的集中程度

这可以用“国际粮食市场中比重最大的三个国家的粮食出口量占世界粮食出口量的比例”来测度。该比例越高，说明大部分的粮食出口集中在少数国家，粮食禁运的有效性越高。特别是，与一国有意识形态冲突的国家的粮食出口比重越大，则对该国发生粮食禁运的概率也就越大，且这时的粮食禁运越易形成有效禁运。

（2）世界粮食生产能力超过需求的程度

这通常用“某个时点世界粮食生产能力和粮食消费水平的差值”或“该差值占消费水平的比例”来表示。该值越高，说明发生粮食禁运的可能性越小，因为某些国家发起的禁运可以通过其他国家过剩的粮食生产能力来平衡。而且全球过剩的粮食生产能力也会使粮食出口国的禁运行为受到来自国内农民的压力。

粮食禁运对一国经济的影响程度及禁运的有效程度与禁运持续的时间有关。粮食禁运的影响程度可用四个指标来进行间接度量：一是粮食自给率。一国的粮食自给率越高，则国外针对该国的粮食禁运的负面影响越小。二是粮食储备水平。一国的粮食储备水平越高，可进行调节的余地越大，则针对该国的粮食禁运的负面影响越小。三是一国粮食进口中主食用粮的比率。通常，一国的主食用粮基本上是刚性的。如果发生禁运，而且进口粮食中主食用粮比例过大，则其后果将是严重的。四是耕地还原的可能性。该可能性可用“被占用耕地中可还原的比例”来表示。粮食进口可以缓解一国的耕地压力，使一部分耕地转化为非农用途，但如果在粮食禁运时这些被占用的耕地能够还原为农业耕地，则针对该国的粮食禁运的有效性就会大大减小。

第二节　能源安全

一、能源安全概述

1. 能源安全的概念及其演进

能源安全是指保障对一国经济社会发展和国防至关重要的能源的可靠而合理的供应。这一般包含三层意思：一是减少供应中断所带来的负面影响；二是在可承受的价格下保证能源供应；三是应对可持续发展所带来的挑战。

能源进口国和出口国对能源安全的概念不同。进口国认为“能源安全”是指以合理的价格和可靠的渠道获得稳定的能源供应；出口国则认为“能源安全”是指保障稳定的市场需求。换言之，前者是指能源供应安全，后者是指能源出口市场安全。

能源安全涉及矿物能源安全和电力系统安全。由于石油是当代工业的血液，石油资源分布相对集中，且在未来二三十年内不可能被其他矿物燃料大规模地代替，因此一般讲的能源安全多指石油安全，但广义的能源安全还应包括其他能源品种的安全问题。

能源安全问题由来已久。自19世纪末以电力、化学工业和内燃机为特征的产业革命以来，能源消费不断增加，供需矛盾日益凸显，由此引起了人们对能源安全问题的关注。在经济全球化、科技进步日新月异的今天，能源安全进一步成为世界各国普遍关心并致力解决的重大问题。

能源安全概念的明确提出源于20世纪发生的石油危机。由于西方发达国家对石油的高度依赖，20世纪70年代两次石油危机使发达国家的经济遭受重创。1973年秋季爆发中东战争，一些国家对石油进行了短期禁运，使依靠进口中东石油的国家经济受到不同程度的影响。典型的是，日本经济从年增长率11.9%下降到5%，其他西方国家经济年增长率也由4%下降到2%。为了防范和减轻可能再次发生的类似冲击，西方发达国家纷纷制定新的能源战略，积极开展维护能源安全的多边合作，同时采取节能、改善能源结构，实现石油供给多元化等一系列战略性保障措施。国际上也于1974年成立了国际能源署（IEA），正式提出了以稳定原油价格为中心的国际能源安全概念。近年来特别是“9·11”事件之后，西方发达国家的能源安全体系中又加入了新的内容，即防止能源设施（例如核电站、输油气管道等）受到外来恐怖袭击。例如，一些美国学者的研究中将“美国在外国及本土的能源设施遭受破坏”作为十大能源安全隐患之一。

与能源安全相对应的概念是能源危机。能源危机通常指石油供应中断、短缺或价格飙涨而对经济产生重大影响的事件，这也会涉及煤炭、天然气、电力的供应中断和短缺。能源危机通常会使经济瞬间休克，很多突如其来的经济衰退常常起因于能源危机。第一次能源危机发生于1973—1974年。1973年10月6日第四次中东战争爆发后，阿拉伯产油国决定削减石油产量，并对美国等支持以色列侵略的国家实行石油禁运。由此导致原油供应不足，原油价格从1973年的每桶不到3美元涨到超过13美元，原油价格暴涨引起了西方发达国家的经济衰退。据估算，此间美国经济下降了4.7%，欧洲下降了2.5%，日本下降了7%。第二次能源危机发生于1979—1980年。1978年秋，石油出口量占当时世界第二的伊朗国内政局动荡，国际石油供应再度出现紧张。1979年年初，伊朗采取抑制原油出口的政策，其他阿拉伯产油国也相继采取行动并大幅提高油价。1980年，世界石油价格从每桶13美元猛增到34美元，1981年2月达到了39美元。第二次能源危机也引起了西方工业国家的经济衰退，据估算，美国经济大约下降了3%。

2. 能源与战争

近一个世纪以来，能源与战争特别是石油的争夺与战争的关系日益紧密。石油不仅是一种重要的民用物资，也是现代不可缺少的军需物资，军用飞机、战车、军舰等战争工具所需的燃料大部分都要从石油中提取，石油资源的主权、占有权、控制权、开发利用等已成为引发战争的重要因素。

“一战”期间所使用的飞机和坦克等新式战争武器都是用石油来发动的，内燃机和石油改变了海陆空作战的机动性，甚至改变了战争的进程。与此同时，石油供给安全也成为引发战争的重要因素。协约国对主要国家的石油供应实施了政府控制；英国建立了石油供应委员会，同时控制英国石油公司 51% 的股权；美国建立了石油顾问委员会，还建立了国家燃料局；德国在 1917 年恢复潜艇战，几乎切断了英法两国的海外石油供应，而战争末期德国对罗马尼亚和阿塞拜疆油田占领的失败，则沉重打击了德国必胜的信心。值得关注的是，“一战”期间协约国为保障石油供应安全所建立的相关体系为后来的国际能源安全提供了思路，诸如“国内应急控制”“国际合作”和“物资储备”等。

“二战”更是“一场发动机和油气的战争”。20 世纪 30 年代的经济危机使西方列强的战略重点集中在能源问题上。日本、德国的作战计划中很大部分涉及石油安全，如日本偷袭珍珠港、占领东印度；德国意图占领高加索油田，南下占领伊朗和伊拉克，通过潜艇打击盟国的大西洋运输路线，给盟国造成灾难性的后果等。盟国也通过石油武器打击了轴心国，如美国对日本的石油禁运；苏军占领罗马尼亚的普洛耶什蒂油田，切断了希特勒的主要石油供应来源。

到了 21 世纪，全球唯一的超级大国——美国为了自身的能源供给安全，同样是不惜发动战争。典型的是，美军 2003 年 3 月 20 日入侵伊拉克，到 2010 年 8 月撤出全部战斗部队，历经七年零五个月，发动战争的理由是“伊拉克前总统萨达姆发展大规模杀伤性武器并串通恐怖分子”。参战美军最多时达到 16.6 万人。截至 2010 年 8 月 16 日，驻伊美军死亡总数达到 4415 人，另有约 3.2 万人在战斗中受伤。截至 2010 年 8 月 19 日，美国用于伊战的开支达到 7423 亿美元，超过越南战争和朝鲜战争的费用。按照从开战到撤军约 2700 天计算，平均每天耗费 2.75 亿美元。但打了七年零五个月，美国指控萨达姆的两大罪状至今查无实据。事实上，谁都清楚，美国是要借机控制伊拉克丰富的石油资源。伊拉克石油出口收入占其国家财政收入的 95%。2010 年 10 月 4 日，伊拉克石油部长沙赫里斯塔尼宣称，伊拉克已探明石油储量从先前的 1150 亿桶（世界第三，约占全球总储量的 10%）升至 1431 亿桶（跃居世界第二），仅次于沙特。伊拉克拥有 7 个超级大油田，每个油田储量在 50 亿桶以上。伊拉克计划今后 6 ~ 7 年内将其石油日产量从目前的 250 万桶提高到 1200 万桶。由此，美军入侵伊拉克的缘由即昭然如揭。

3. 有关国家的能源安全战略与政策

美国是世界头号石油消费国和进口国，历届政府都对石油供应安全问题十分关注。美国不仅设有能源部在制定能源安全战略中起主导作用，国会两院也设有能源问题专门委员会，关注和讨论能源问题。美国能源协会更是积极研究国家能源安全，不定期给国会提交新的国家能源安全战略建议。

美国 2001 年 5 月公布了《国家能源政策报告》，强调美国能源形势不容乐观，提出解决能源危机的对策是：在国内，加强国内油气（包括阿拉斯加禁区）的勘探和开发利用，重视煤炭和核能的作用，强化应急反应能力。2009 年，刚刚上台的美国总统奥巴马推出能源新政，突出“绿”与“新”，着重强调提高能源使用效率、发展新能源和可再生能源、引领能源技术发展新潮、推动能源结构转型，突出了摆脱化石能源依赖的想法与追求“能源独立”的理想。

日本的国家经济安全战略明确指出：“确保重要物资（能源等）的稳定供应在经济安全保障方面具有生死攸关的重要性。”日本在外务省中专门设有能源管理局，与经济产业省共同负责对外及国际组织中的能源协调工作。在经济产业省设立了自然资源与能源委员会，负责制定和实施对外能源措施。日本政府于 2000 年 9 月出台了当时的能源政策，提出将战略重点由节能转为开发。决定推行能源来源分散化，减少对中东的过分依赖，加强与中东以外石油生产国的关系，进一步开拓海外市场；推动能源结构多样化，进一步降低对石油的依赖，大力开发新能源和替代能源，重点发展天然气。

亚洲新兴工业经济体和欧盟诸国也非常重视海外能源的稳定供应问题。这些国家和地区普遍认为，国家安全的主要威胁已由国内转向国外、由陆上转向海洋，今后国家的经济安全和经济发展，一要保障海外能源资源的供应和市场的获得；二要向海洋开发资源；三要保障海上战略通道通畅。欧盟新能源政策的重点是确保外部能源供应，首先积极抢占外部油气资源，其与俄罗斯建立了战略性能源伙伴关系，加强了与亚洲、拉美等地区的能源合作；同时，大力开发生物燃料、天然气和氢气等替代能源，争取上述替代能源到 2020 年能占到市场的 20%。

二、矿物能源安全

1. 石油安全

（1）石油安全的基本内涵

所谓石油安全，即一国拥有主权、或实际可控制、或实际可获得的石油资源在数量和质量上能够保障该国经济当前的需要、参与国际竞争需要和可持续发展的需要。依据考虑的时间长短，可将石油安全分为短期安全和长期安全。短期石油安全主要关注世界石油市场可能发生的重大事件，判断石油价格的短期趋势，考虑石油价格波动对经济的冲击和影响，并寻求减少由石油价格波动所产生的经济代价的方法。长期石油安全主要考虑如何提供多渠道的石油供给，减少石油供给的风险，保证具有持续稳定的石油供给，同时提高能源利用效率，积极开发和使用替代能源，减轻国民经济对石油的依赖性，最终解决国民经济对石油的脆弱性问题。

石油最基本的特性是稀缺性和不可再生性。石油在世界上的储量虽然还会增长，但石油的世界地质蕴藏总量变化一定是减少的。同时，人类社会又表现出对于石油的高度依赖性。经济增长与石油消耗（消费）有一定的比例关系，这可以用“经济增长对石油需求的弹性系数”来表示。石油地质蕴藏总量变化是负值，石油需求增量是正值，两个相反的趋势持续下去，终将导致石油供应紧张或供不应求。石油是国民经济不可缺少、不可替代的重要能源和工业原料。在美国，自20世纪两次石油危机后，政府把调整能源结构，减少对石油的依赖作为其石油安全战略的重要组成部分。美国能源部认为，美国经济对石油危机的冲击是脆弱的，因为石油占到美国能源消费的38%以上，特别是，石油占到整个运输部门能源需求的97%，而且运输部门目前还没有经济的替代能源，美国无法改变整个经济对石油的依赖。

石油的稀缺性和不可再生性，以及国民经济对其的高度依赖性，使石油成为保障国家经济安全和政治安全的重要战略物资。同时，石油行业又是一个高投入、高风险的行业，只有大量的资本和丰富的经验，一国的石油企业才能在这个行业站稳脚跟，这决定了石油行业具有很高的行业壁垒。目前只有为数不多的几大石油公司能占领世界石油市场。石油资源分布的集中性和石油行业的高壁垒，决定了石油行业的垄断性。纵观石油工业150多年的历史（从1859年美国宾州第一口用机械钻出的油井算起），从洛克菲勒家族的标准石油公司到石油七姊妹，到各国成立国家石油公司，再到欧佩克，石油行业一直是高度垄断的。

从石油工业发展的历史来看，垄断促进了国际石油行业的发展，使石油公司凭借其雄厚的资本和技术实力，集中进行石油勘探与开发，拓展世界石油市场。同时，垄断者可以在一定程度上控制市场，维持市场稳定，保证市场有序发展。但垄断也带来了一些负面影响，这主要表现在石油价格上。目前世界石油生产能力已超过石油需求水平，现在的石油价格根本是异化于供需平衡的人为垄断价格，这增加了石油进口国的支出。

当然，石油垄断集团也不是铁板一块。当垄断集团内部出现较大分歧时，部分产油国就可能放手增产石油，过剩的石油生产能力即可能很快压低石油价格；当石油价格过低时，共同的利益又会使石油垄断集团重新团结起来提高油价，这又会使全球石油价格产生较大的波动。石油价格波动会使石油生产国和消费国都处于两难境地，甚至是两败俱伤。石油的稀缺性、垄断性决定了石油价格的波动性。而各国经济对于石油的依赖性，则使国际石油价格波动必然对全球经济产生极大的影响。自 20 世纪 50 年代以来，世界上发生过十多次大大小小的石油供应中断，其中 1973 年和 1979 年两次中断构成了石油危机，给石油消费国的经济造成极大冲击。接踵而至的则是石油出口国出口不畅，石油收入下降。由此，减少石油危机和石油中断对经济发展的影响，已成为世界上不少国家都关注的重大问题之一。

（2）石油价格的影响因素

合理的石油价格和稳定的石油供应是石油安全的核心问题，油价的任何波动对世界政治经济都会产生重大影响。但石油的稀缺性、垄断性最为根本地决定了石油价格的波动性。更为具体地看，一方面，石油供需关系的基本面、政府干预、石油期货市场和科技发展共同决定着石油价格的走势；另一方面，随着国际石油期货市场日趋成熟，石油期货市场的运作和投机都强化了基本供求因素对石油市场和石油价格的影响；此外，一些短期因素如当年的气候变化，突发性政治及军事事件，也会引起国际石油市场的价格波动。

1）供需关系

从需求方面看，经济增长是影响石油需求的主要因素，世界经济增长的快慢决定了石油需求的增长速度。从供给方面看，欧佩克国家拥有 76% 的已探明剩余石油储量，提供了约 45% 的世界石油产量，他们对于国际石油生产有着很强的调节能力，目前的机动产能大致为 3600 万桶 / 日，相当于 17 亿吨 / 年。而且欧佩克国家的石油生产成本很低，大多低于 5 美元 / 桶，有的甚至不足 1 美元 / 桶。这些产量和成本优势可以使该组织在必要时通过降价增产的方式扩大市场份额，使世界更加依赖于欧佩克的石油供给。非欧佩克产油国以不足 1/4 的储量生产着占世界总产量 55% 的石油，这是七八十年代高油价期的后果。非欧佩克石油生产能力的升降，在很大程度上受制于国际油价的波动，市场效应较小。尽管欧佩克和非欧佩克在争夺市场份额上存在矛盾，但在石油收益最大化问题上有着共同的利益，在一定条件下，这些国家即由竞争者转化为合作者。例如，非欧佩克国家通常会配合欧佩克国家的减产协议，适当减少产量。

2）政府干预

虽然欧佩克等产油国在原油供应上具有垄断性，但他们只是控制原油生产和输出的国家联盟，不是控制石油产供销的纵向一体化的卡特尔，他们的对手是以美国为首的西方消费国联合阵线，即国际能源机构成员国和国际大石油公司——他们拥有比欧佩克强大得多的经济和技术优势。当国际油价波动触及到他们的根本利益时，石油消费国就会毫不犹豫地入市操纵油价。其中，最为常见的操纵手段是动用石油库存和储备，短期内调整市场供需，调整油价。如在海湾战争期间，美国动用了战略石油储备 3000 万桶，成功地控制了油价的上涨。消费国对市场的操纵，不仅表现在直接调节市场供需上，更多的是从政治、经济甚至军事方面施加影响。例如 1999 年 3 月—2000 年年初，油价飙升 3 倍多，这很大程度是美国政府操纵的结果。

在国际上，由于强权国家政府的干预，欧佩克对国际市场油价的操纵往往受阻。例如，在 1998 年 3 月和 1998 年 6 月，欧佩克在两次减产共计 310 万桶 / 日的情况下，也未能提高油价，甚至 1998 年 12 月油价跌破了 10 美元 / 桶。1999 年 7 月初，《石油经济学家》杂志曾载文透露，美国能源部长里查森 1999 年 2 月到利雅得访问“有一个渐为人知的目的”，即美国政府的目标是保持国际油价的稳定，并使之维持在不损害美国国内石油生产者利益的水平上，以确保西南部各州的选票”。美国政府官员也明确提出：“我们一定会采取我们力所能及的措施来保持市场的稳定。”而欧佩克国家由于政治上的需要和经济上的好处，他们很快响应了美国的提议。可见，国际石油市场上各种力量的博弈既存在竞争与对抗，也存在合作与协调，并且各种力量之间的关系会因为政治经济因素的变化而变化。

3）石油期货市场

由于国际石油市场的金融化，近几年石油期货交易和投机商对油价的影响越来越明显。期货市场状况一定程度上反映了现货的供求情况，期货价格基本上随现货市场的供求关系而变化，正是这种趋同性使期货具有规避风险的功能。并且期货市场的预期性和连续性使它具有发现价格的功能，从而对现货市场产生影响。当石油市场疲软时，投机者认为油价将下跌，他们将作大量的空头交易，任何利空消息在经过众多投机者后将得到放大，导致油价进一步下跌。例如，1999 年 3 月之前的两次石油减产并不足以使油价升高，但由于投机商暗中作祟，油价还是上升了。当石油需求旺盛时，投机商的多头交易又会抬高油价。例如，1999 年 3 月油价开始回升的半年里，投机者已在期货市场上购入了至少 2.6 亿桶甚至 5 亿桶的原油。这样，大量的投机活动至少把油价抬高了 6 美元 / 桶。目前，国际石油期货市场吸引了众多的参与人和资金，交易量不断增加，期货市场和投机商对油价变动的步伐和幅度的影响力越来越大。因此，研究石油价格问题就需要认真研究石油期货市场，分析期货价格对现货价格的影响。

4）科技发展

科技发展对石油价格有着更加深远也更为长久的影响。首先，石油地质理论创新可以更好地指导石油勘探开发，缩小勘探目标，加快勘探速度，减低勘探成本。其次，采收率理论的突破有助于挖掘老油田的增产潜力。目前的石油开采率一般只有 50%，地下仍有 2/3 的原油没有采出，所谓油田枯竭仅仅是相对现有技术手段及能力而言的。如果在新的开采理论指导下能使石油开采率提高五个百分点，就相当于发现了若干个巨型油田。第三，世界石油工业已由 20 世纪 70 年代的规模取胜、80 年代的成本取胜发展到现在的高技术取胜。技术创新与管理的进步已使石油的发现成本与生产成本在近 20 年来下降了 40% 多。第四，科技进步促进各国实施节能工程，提高石油利用效率，相对减少了对石油的需求。第五，科技的发展也使其他能源不仅在技术上，而且在经济上能部分地代替石油。

（3）石油价格的预测方法

石油价格预测是石油安全研究的重要内容。油价预测方法很多，传统方法是对油价进行时间序列分析，或根据油价和供求关系的相互影响进行推理。由于这种方法没有考虑政府干预、期货市场和短期因素的影响，得出的价格常常很难准确，目前已很少有人使用。

近 10 年来，学术界基于传统推论方式提出了“通过石油市场情景分析进行油价预测的模式”，即由分析家们考虑油价波动市场情景的短期构成因素和长期构成因素，对这些因素变化进行评价，对一些关键因素进行综合分析，进而得出油价波动范围。这些市场情景构成因素主要包括市场供需态势、政府和石油组织干预的力度、气候变化、石油库存变化等因素。预测结果用随时间变化的油价变化曲线来表示，最高价和最低价形成了油价变动的通道。短期油价波动最大幅度由通道高度决定，长期油价波动最大幅度由通道高度和通道本身的波动来表示。

由于影响油价波动的因素很多，可选择的市场情景构成因素也很多，故这种方法预测的准确性取决于关键构成因素的选择，以及对其之分析。20 世纪 80 年代后期，一些分析家预测 90 年代油价在 12 ~ 25 美元 / 桶，与实际波动情况接近，故人们认为这种方法具有一定的可参考性。情景分析对于长期油价预测大多得出的是上升的曲线，因为预测者还是基于“自然资源必将日趋稀少”的论证依据：世界石油总量随着耗用将不断减少，寻找新的石油将更加困难，而石油消费随着经济的增长会日益增加。由此，石油必将日趋稀少，最终会供不应求，油价总是要上升的。

（4）石油的供需平衡

根据预测时间的长短，石油供需预测模型可以分为近期预测（周期为 1 ~ 5 年），中期预测（周期为 5 ~ 10 年）和长期预测（周期超过 10 年）。近期预测时间较近，国民经济的可能发展及其变化比较清晰，能源结构也不可能发生很大变化，故预测结果较为准确；中期预测需要考虑的因素较难把握，预测时总要带有各种假设，但这种预测可以表明预测期内的供给量能否适应经济发展的需要；长期预测虽然粗略，准确度较差，但通常会发现需要关注的战略性问题，例如能源结构应如何调整才能适应整个经济发展之类的问题。

按预测技术性质，石油供需预测可分为定性预测和定量预测。定性预测主要是根据事物的性质、特点、过去和现在的延续状况等，对事物进行非数量化的分析，对未来发展趋势作出预测。定量预测是利用大量数据，借助数学、统计学等理论和方法，通过建立数学模型进行预测。如美国的国家能源模型系统（National Energy Modeling System，NEMS）采取的就是数据模型定量系统。

NEMS 用宏观经济子模型预测整个模型系统的宏观经济背景。在能源供需预测时分成各个子领域，子领域再细分下去，最后对所有子领域、子模块进行综合集成，得出完整预测结果。进行需求预测时，可将整个经济分为居民、工业、商业、交通四部门；每个部门又可细分下去，如工业部门可分为制造业和非制造业，制造业又可分为能源密集型行业和非能源密集型行业；其后可根据各行业的发展目标和规律预测各行业的能源需求；最后再进行综合。这种先用还原方法、再用综合方法的预测模型，要求有详细的数据支持，如果对各子领域不能得到需要的数据，则整体模型系统将无法运行。

对一些无法建立复杂预测模型或无法获得充分数据的研究来说，用定性加定量的方法，综合其他专家的预测结果是一个恰当的选择。改进型德尔菲预测法即是一种较为流行的方法。德尔菲预测法（Delphi 预测法）是 20 世纪 40 年代末由美国兰德公司创立和使用的一种预测方法，50 年代在西方盛行。其主要过程是：首先，预测主持机构选定与预测目标有关的领域专家 10 人，与他们建立适当的信件联系，将需预测的问题及必要的资料分别提供给各位专家（专家们之间无任何联系）；接着，专家们凭借自己的经验和主观判断，对问题提出自己的判断，继而以书信形式反馈给预测组织者；然后，预测组织者将专家意见经过整理、归纳，再匿名反馈给各位专家，再次征求意见。由此反复多次，逐渐使专家们的意见趋于一致；最后，预测组织者将趋于一致的意见作为预测结果。

该方法排除了“长官意志”和“权威意见”影响，得出的结论有相当高的准确度。但耗时较长，通常要花数月。故后来有人提出了“改进型 Delphi 法”，即“趋势判断法”。改进型 Delphi 预测法的主要改进，一是体现在预测程序上，变多次反复为一次成功；二是体现在专家选定上扩大了数量，且不再限于与预测目标有关的专家，还聘请科技工作者、经济工作者和管理工作者，人数可增加到 20 ~ 30 人；三是在预测结果处理上，变趋于一致为加权平均，根据参加预测的人员对预测目标的重要性不同，确定各自的权重。计算方法如下式：

$$Y = E\,WiXi / E\,Wi$$

式中：Y—预测结果，Wi—加权数，Xi—专家预测值，n—专家人数。

基于此，可选择一些权威机构或组织的研究成果作为改进德尔菲预测法的专家预测，确定各个专家的权重，最终得出预期的石油供需水平。

（5）石油危机及其测度

1）石油危机的危害

石油禁运及油价剧烈波动都可能导致石油危机。以油价为例，油价过高或过低对石油消费国和石油出口国均是不利的。

对石油进口国而言，低油价时，企业通常会大量使用石油，由此可能导致整个经济对石油的依赖程度增加。高油价时，必然直接导致进口国支出增加，由此可能使进口国的国际收支恶化；同时，进口国企业为减少成本，必然会减少石油消耗，进而导致产出减少并影响经济的持续增长；如果高价油持续时间较长，企业即会被迫将燃油设备转换为利用其他能源的设备，将耗油大的设备提前淘汰，技术系统更新的转换成本有可能对国民经济造成一定损失。相应地，高油价给一国经济造成的直接损失，可以表示为石油涨价幅度与石油进口量的乘积，即 $Sd=\Delta P\times QI$，其中 Sd 为直接损失，ΔP 为涨价幅度，QI 为石油进口量；高油价对一国经济造成的间接影响可以用石油消费弹性系数 K 进行估算：$\Delta g=\Delta e/K$，其中 Δe 为石油消费量减少的百分比，Δg 为经济增长率降低的百分比，K 为弹性系数，$K=e/g$。

对石油出口国而言，高油价虽然在短期内可以增加收入，但这将会导致进口国的石油消费需求萎缩，从而使出口国的石油生产能力大量过剩，况且维持过剩的生产能力，石油出口国还要付出很大的维持成本。例如，沙特的剩余生产能力通常为 1000 万桶 / 日，每年的维护费要 5 亿美元。另外，高油价冲击之下要重新刺激进口国的石油消费需求往往是困难的。如第二次石油危机之后，整个 80 年代石油价格和石油需求持续走低即是一个教训。而当低油价时，产油国为增加石油收入，就可能大量开采石油，由此会促使油价进一步下降，引起国际石油市场新的混乱。

2）石油危机的指标评价

基于前述，石油进口国和出口国都希望石油价格能相对稳定，但石油价格波动又不是一个国家所能控制的。要减少由于油价波动所引发的石油危机对一国经济的影响，首先要评价发生石油危机的可能性，再评价石油危机对一国经济的影响程度。

发生石油危机的可能性，一是可通过“全球石油生产的集中度”来测度，这可用“中东（或欧佩克）占全球石油产量的比重”来表示。该比重越高，即说明石油产量集中于民族或宗教关系复杂地区，则发生高油价危机的可能性较大。二是可通过“全球石油生产能力超过需求的程度”来测度，这可用某个时点“全球石油生产能力和石油消费水平的差值占消费总量的比例”来表示。该比值越高，说明发生低油价危机的可能性越大。

石油危机对一国经济的影响，可用四个指标来测度：一是一国经济的石油密集度，可用该国石油消费量与 GDP 的比值表示。该值越低，则石油危机影响的经济份额越小、程度越低。二是重要石油消费部门对石油的依赖程度。例如，与其他经济部门相比，运输部门基本没有可替代的能源，如发生石油中断，则对它的影响可能是致命性的。这可用这些部门的石油消费占整个石油消费的比重表示，也可用该部门产值占 GDP 的比值来表示该部门的重要程度。三是一国石油的储备水平。包括战略石油储备和商业石油储备，二者可供一国消费的天数越多，则一国抵御石油危机的能力越强。四是一国经济对石油进口的依赖程度。一国所进口的石油占石油总消费量的比例越高，则一国经济对石油危机的脆弱性越强。

3）石油危机的防范

据发达国家经验，防范石油危机最为可靠的方法是建立有效的石油储备制度。如 1973 年爆发的第一次石油危机引发了西方国家的经济社会动荡，美国作为世界头号石油进口国和消费国深感“石油武器”之痛。于是，1974 年年底经合组织理事会决定成立“国际能源机构”（IEA）。该机构成立后实施了一整套改变国际石油市场供求关系的战略性措施，其中之一就是规定各成员国有义务保有相当于 90 天净进口量水平的战略石油储备。石油储备对稳定石油市场价格、调整短期供求关系具有巨大的作用。如在海湾战争时期，一些国家曾动用了战略石油储备 3000 万桶，这对稳定当时的国际油价和供应发挥了重要作用。同时，石油储备对石油出口国的威慑作用和稳定市场心理也有重大的作用。但石油储备要发挥其最佳作用，还需建立有效率的储备管理机制；尤其应明确何时可以由谁决定动用石油储备，可动用量多少为宜。

目前各国的石油储备大体由三方面组成：一是由政府或指定机构管理的战略储备；二是石油公司的库存；三是销售者和消费者持有的库存。后两者合称为民间库存。IEA 大多数成员国主要通过《储备法》对民间企业赋予一定的应急储备义务。例外的是，美国认为民间库存基本属于商业周转库存范畴，政府难以有效控制和调度，要提高石油储备的应急实效，必须提高国家的战略石油储备水平，由此，美国采取了全由国家承担应急储备的制度。

2. 煤炭安全

（1）煤炭的供给安全

煤炭在全球一次能源消费总量中位居第二，仅次于石油。尽管在应用方面并不像石油那样不可替代，且多数发达国家通过能源结构调整已使煤炭在本国能源消费中的比重减少，但大多数煤炭资源丰富的国家的能源消费仍以煤炭为主。例如，2008 年煤炭消费在印度占能源消费的 53.4%，在波兰占 61%，在哈萨克斯坦占

51.9%，在南非占 77.7%，在澳大利亚占 43.3%，在我国占 70.2%。故对于这些国家而言，煤炭的供给安全十分重要。

以我国为例，我国的能源禀赋与消费结构均以煤炭为主，煤炭短缺对我国经济造成的影响与石油短缺所造成的影响同样严重甚至更大。虽然在世界范围内目前人们普遍将能源安全与石油安全联系起来，但对我国而言，煤炭供应安全作为一个不可忽视的能源安全问题已日益凸显。长期以来，我国形成了以煤炭为主的能源消费和生产结构，政府控制着煤炭的开采和生产。随着我国经济的快速发展，近年来煤炭消费始终以 10% 左右的速度增长，相应地要求煤炭生产以同样的速度增长。当煤炭消费需求基数较小时（如改革开放之前），扩大煤炭生产较易满足新增需求。但当煤炭消费需求基数较大时（如 2008 年消费量达到 27.4 亿吨），即便很小幅度的需求增长都可能给煤炭的供给安全带来极大的压力。

（2）煤炭供给安全的运输瓶颈

煤炭运输瓶颈是不少国家都会遇到的问题。为确保煤炭安全供给，就必须化解煤炭运输的瓶颈制约，即煤炭的请车满足率不足。例如，我国跨省区煤炭调运量约占煤炭消耗总量的 1/3，煤炭运输占铁路货运能力的 45% 以上，近年来铁路请车满足率仅在 35% 左右。我国煤炭产量主要集中在晋、陕、蒙地区，工业化先行地区煤炭需求不断增长，铁路运输瓶颈成为制约我国煤炭供给安全的重要因素。在其他国家，港口吞吐能力不足导致的装船不足往往是煤炭运输的瓶颈。例如，澳大利亚纽卡斯尔港口的 DalrympleBay 港，2004 年以来的运输瓶颈现象已严重影响了澳大利亚的煤炭出口。在一段时间内，南威尔士各港口的待装船只数量达到了 50 艘左右，大大影响了其他地区的煤炭供给安全。

煤炭运输的另外一个问题是运费。如果运费上涨幅度高于煤炭企业产品价格的上涨幅度，这就必然造成终端用户所承受的煤价涨幅较大，进而导致煤炭产销价格存在较大的价差。以山西煤炭销往浙江电厂为例，2004 年 6 月每吨计划内煤炭出矿价为 169.2 元，但到浙江海港的价格则达到了 373.9 元。除铁路及海运费用外，铁路运输还需要交铁路建设基金、中转作业费用等，港口要交港杂费、化验费、过磅费等，中间环节的流通费用超过了出矿价，约占煤炭到港价格的 55%。特别是现行的铁路运输管理体制和垄断经营，效率低、服务差造成了煤矿生产企业和用户利益在铁路运输企业的流失，制约了煤炭工业的健康发展。

（3）煤炭的生产安全

相对于煤炭的供给安全而言，煤炭的生产安全更是世界性问题。煤炭的安全生产与煤炭采掘技术设备及工艺技术水平、人才专业化程度、自然条件、政府规制等密切相关。以我国为例，采煤的机械化程度不到 50%，主要技术装备陈旧，与发达国家相比这一指标落后 10 ~ 15 年，多数乡镇和私营煤矿仍旧采用原始的开采方法，百万吨煤产量的人员死亡率大大高于发达国家。煤炭生产事故主要为顶板、瓦斯（含煤尘）、机电、运输、火药放炮、水害、火灾七类事故，其中以瓦斯煤尘爆炸及水火等灾害在各国最为严重。无论是哪个国家，一旦发生煤炭安全生产事故，则在影响煤炭正常生产的同时，还必然造成人员伤亡和财产损失。例如，仅 2005 年，煤矿安全事故造成的死亡人数即占我国整个煤矿事故死亡人数的 74%。有业内专家测算，我国每年因煤炭生产安全事故造成的直接经济损失至少在 1000 亿元以上，如果加上间接损失，可能在 2000 亿元以上。为防范煤炭行业生产安全事故的频繁发生，需要加强煤炭安全生产的政府规制。前些年我国成立了国家安全生产监督管理局，就是加强政府规制的举措之一。国际能源署成员国的实践则表明，要想成功解决煤炭行业的生产安全问题，还必须将立法、监察、罚款、培训、文化、责任和权利对称等方面措施结合起来。

三、电力系统安全

1．电力系统

在人类历史上，电力系统的出现使高效、便捷、易于调控的电能得到了广泛的应用，推动了社会各个领域的发展。电力系统即由发电、变电、输电、配电和用电等环节组成的电能生产与消费系统。电力系统的主体结构有电源、电力网络和负荷中心。其功能是将一次能源通过发电装置（锅炉、汽轮机、发电机及电厂辅助系统等）转化成电能，经输变电系统及配电系统将电能运送到负荷中心，再通过用户的设备转换成动力、热、光等能量形式。在现有技术条件下，电能生产必须与消费随动平衡，再加上电能的集中开发与分散使用，以及电能的连续供应与负荷的随机变化，这都制约着电力系统的有效运行。据此，电力系统要实现其功能，就需在各个环节和不同层次设置相应的控制系统，以便对电能的生产和输运过程进行测量、调节、控制和调度，进而确保用户获得安全、经济、优质的电能供给。建立有效的电力系统不仅便于电能生产与消费的合理调度，减少全国总装机容量，节省电力设施投资，而且有利于一国能源资源的开发利用，最大限度地满足一国日益增长的用电需要。

2．电力系统安全

电力是国民经济的基础，关系到国民经济的发展和社会的进步。传统的能源安全仅指石油的供给安全，但随着能源技术进步及全球能源市场供求关系的变化，能源安全的范畴已大大拓宽，电力系统安全成为能源安全的重要领域。在工业化和新兴工业化国家，电力系统的规模和技术水准已成为一国经济发展水平的重要标志之一，相应地，电力系统安全成为这些国家能源安全的重要内容，越来越受到各国的高度重视。电力系统安全至少有三个含义：一是一国的电力供给能够满足国民经济和社会运行的需要；二是电力系统没有出现重大事故，没有给电力用户造成重大损失；三是在战争条件下，交战方需要将电力系统作为免受破坏的重要的防御目标（因为在战争条件下，电力系统常常成为交战双方相互破坏、重点打击的目标）。

一国经济越发达或发展较快，电力供给对于国民经济和社会运行的满足程度越应受到高度关注。以我国为例，进入21世纪以来，在国民经济迅速发展的同时，全国不少地区出现了电力供应大量短缺的现象。2003年我国有22个城市因电力短缺而拉闸限电，到2004年又增加到24个，严峻形势贯穿全年。

一国经济越发达或发展较快，电力系统安全一旦受到破坏，其对一国经济造成的损失也就越大。近年来，电力系统出现问题造成的重大事故已屡见不鲜。仅在2003年，美国、加拿大、英国等国相继出现大面积停电事故，其中2003年8月14日美国及加拿大出现的大面积停电事故，波及24000多平方公里，受影响居民达500万。同时造成了很大的经济损失，仅美国纽约地区即停电29小时，经济损失高达120亿美元。在我国，2002年12月23日，为包钢提供电力和高压蒸汽的包头一电厂3号锅炉的下降管与连接箱接口处炸裂，导致包钢四座高炉同时停产，损失达数亿美元。

3. 电网运行安全

在电力系统中，用来联系发电和用电设备、输送和分配电能的设施即为电网。电网包括联结成网的输电线路、变电所、配电所、配电线路等。通常可以按电压等级将电网划分为超高压电网（500千伏及以上）、高压电网（220千伏、110千伏）、中压电网（35千伏、60千伏）和低压电网（10千伏及以下）。电网运行安全在电力系统安全中居于特殊的地位。相应地，电网规划、设计、建设和维护，皆应把电网稳定运行和可靠供电作为第一目标。

通常导致电网运行安全受到破坏的主要因素或问题有三个：一是电源与电网配置的不合理，或者输变电设备陈旧。例如，近年来我国经济发达地区用电量和用电负荷强劲增长，对电力系统的安全供电能力提出了越来越高的要求，但目前我们的电网发展水平又不能适应这种要求，这就可能导致电网因为超负荷而受到损害。二是冰冻等自然灾害往往会破坏电网的正常输电。电网是由带电的架空线路组成的，具有量大、面宽的特点。500千伏铁塔高约40～50米，1000千伏铁塔高达72米，过江铁塔高达140米，抗冰冻灾害能力十分脆弱。典型的是，2008年1月起，我国南方大部分地区和西北地区东部出现了建国以来罕见的持续大范围低温、雨雪和冰冻的极端天气，电网系统大面积受损。贵州、湖南的输变电线路结冰直径达到30～

60毫米。由于电网不能正常输电，受灾地区因此而遭受的直接经济损失达400多亿元。三是电网往往是战争中交战双方破坏对方的目标。例如，20世纪90年代末期美国轰炸前南联盟期间，曾多次动用碳纤维炸弹打击前南联盟的输变电系统。道理很简单，碳纤维炸弹爆炸后会散落在并行的电线上，从而导致电网因短路而迅速断电。

第十章　产业安全

第一节　产业安全概论

一、产业安全的基本内涵与特征

1. 产业安全的基本内涵

产业是指具有相同特征或从事同类生产经营活动的企业的集合。其中的“相同特征”和“同类生产经营活动”可以从多个角度去定义，于是就产生了不同的产业分类方法。如按三次产业分类，可将产业划分为第一、第二和第三产业；如按对要素的依赖程度分类，可将产业划分为资源密集型产业、资金密集型产业、劳动密集型产业和技术密集型产业；如按发展趋势分类，可将产业划分为朝阳产业与夕阳产业；如按技术密集程度分类，可将产业划分为高新技术产业（高科技产业）和传统产业。但客观地看，不少传统产业实际上也是与时俱进的，具有很高的技术密集程度，如现在的轿车产业。此外还有其他一些产业分类方法。

各类产业都是一国经济系统的重要组成部分，故产业安全也就成了一国经济安全的重要组成部分，且一定程度上是一国经济整体安全的基础。因为如果一国的重要产业出现了安全问题，则其经济整体安全可能面临一定程度的挑战。一般来讲，产业安全指的是产业与国家共同的利益不受伤害。更为准确地讲，产业安全指的是产业利益与国家经济利益的交集部分不受伤害。

2. 产业安全的主要特征

产业安全至少有以下特征：一是战略性。产业安全关系到国计民生和一国经济的长远发展，是实现国家总体经济安全的基础。因此，国家必须从战略高度重视、研究和把握产业安全问题。二是行业性。各个产业既存在一些共性的安全问题，也会面临本行业特有的安全问题。例如，即便在同一国家，农业和制造业面临的产业安全问题通常也会大不一样。三是系统性。产业安全涉及一个复杂的系统，既涉及系统内部因素，也包括系统外部因素。内部因素主要有相关的制度结构、技术问题与管理问题；外部因素主要有国际市场条件、国外相关产业竞争力与国际组织相关制度安排等。内外部因素交织构成复杂的系统，共同决定着一国的产业安全态势。

二、国外的产业安全思想

1. 国外产业安全思想的演化

在国外，人们对产业安全问题的关注最早可以追溯到15世纪的重商主义，早期重商主义的代表人物是英国的约翰·海尔斯和威廉·斯塔福，其主要观点是从国外输入商品是有害的，要保证国家的贸易顺差，国家必须干预经济；晚期重商主义的代表人物是英国的托马斯·孟，他在早期重商主义的基础上提出要促进本国工业发展并使之具有竞争力，应降低出口关税。这种从贸易角度出发强调保护本国产业，提升产业竞争力的思想可以说是产业安全思想的萌芽。

亚当·斯密首次提出了对攸关国家安全的制造业加以保护的思想。在其巨著《国民财富的性质和原因的研究》（即《国富论》）中，亚当·斯密指出，如果某一种制造业确实是国防所必需的，则靠邻国供给这种制造品未必是聪明的办法。亚当·斯密是最主张自由放任，反对政府干预经济的。然而，他关于应对国防相关工业提供政府保护却一反其一贯的主张。

美国首任财政部长亚历山大·汉密尔顿和德国经济学家弗里德里希·李斯特首先提出了“幼稚产业保护论”。美国和德国作为后起资本主义国家，其国内产业在当时相对于英法等国竞争力低下，基于这种情况，汉密尔顿和李斯特认为，国家（具体讲是政府）应对本国幼稚工业加以保护，而不能采取自由放任的贸易政策。

此后，相关领域的学者进一步发展了前人的产业安全思想。一些发展经济学家发现，发展中国家根据比较优势理论参与国际分工，生产和出口初级产品的策略反而会使其贸易条件恶化，进而随着资源枯竭，经济增长失去动力，即可能出现贫困化的增长现象。相应地，国际贸易发展的现实也表明，比较优势战略不仅不能改变发展中国家经济的落后面貌，而且也无法改变国际贸易中利益分配不公的格局。其中一个重要的原因，是因为比较优势是本国产品间的比较，因此在国内具有比较优势的产品在国际上不一定具有竞争优势，一国产业的比较优势要通过竞争优势才能体现出来。因此，比较优势是产业竞争力的基础性因素，而竞争优势是直接作用因素。

20世纪90年代，美国经济学家迈克尔·波特明确提出了“竞争优势论”，指出必须采用竞争优势理论来解释产业竞争力问题，认为国家竞争力最终取决于产业竞争力，并创建了竞争优势的“波特六因素”模型。因此竞争优势理论在一定程度上揭示了产业安全的源泉即产业竞争力。

2. 产业保护理论的核心思想

在亚当·斯密曾经提出“一国需要对涉及国家安全的国防工业进行必要的保

护和扶持”，以及汉密尔顿、李斯特提出了较成体系的“幼稚产业保护论”的基础上，国外一些学者近年来又提出了“战略产业保护论”的思想，由此便形成了对“国防工业、幼稚产业、战略产业”皆应给予保护的“强调产业保护的产业安全观”。

强调产业保护的产业安全观认为，国防工业、战略产业是国家利益所在，幼稚产业是国家未来发展的希望所在，故在开放的市场条件下，政府必须对这些产业提供适当的投资与贸易保护。当然，这种保护并不是排斥竞争，而是在引入竞争的基础上的动态保护。保护的目的是培育产业的国际竞争力，以使被保护产业不断增强参与国际竞争的能力；保护的对象应是在全球产业链中具有重要地位的产业和具有强外部性的产业；保护的手段应该是在国际商法允许的范围内，灵活运用多种保护方法；保护的难点是对开放度和保护度的恰当结合，在国家层面上应是开放的，在产业层面上应是适度保护的；而要为这些产业发展的同时提供开放的成长环境和良性的保护措施，二者之间的关系是很难恰当把握的。另外，强调产业保护的产业安全观认为，产业保护的政策措施不仅应包括相应的贸易保护和救济措施，还应包括产业扶持政策、产业调整政策、产业组织政策、产业技术政策等。

强调产业保护的产业安全观有两个理论依据：一是国家利益理论。认为国防工业、战略产业是国家的根本利益所在，幼稚产业是国家未来发展的希望所在。二是产业损害理论。认为在国际经济活动中，出口国的产品倾销等会对进口国的产业造成损害。相应地，进口国需要通过实施政府补助和反倾销措施，特别是通过反倾销税的征收，平衡外商在华倾销对国内产业造成的损害，最终达到维护本国产业安全的目的。

三、国内关于产业安全内涵的几种观点

在我国，“产业安全观”经历了建国初到改革开放之初的“建立独立完整的产业体系”，改革开放之初到2001年加入WTO前夕的“借助国际资源发展本土产业、开放与保护并重”，加入WTO后多种产业安全思想并重的三个阶段。加入WTO后，国内出现了多种思想并重的产业安全观：一是强调本国控制力的产业安全观；二是强调国际竞争力的产业安全观；三是强调创始权、调整权和发展权的产业安全观。

1. 强调本国控制力的产业安全观

强调本国控制力的产业安全观，其核心是强调本国对本土产业的控制能力。但因为对于“本国”二字的不同理解，关于“本国对本土产业的控制能力”又分为三种认识：一是强调国民为主体的产业控制力；二是强调民族资本对本土产业的控制力；三是强调国家对本土产业的控制力。

就强调“以国民为主体的产业控制力”而言，国内学者赵世洪认为，谈论产业

安全不能脱离“国民”这个主体，一国国民具有共同的利益，故产业安全的准确提法应为“国民产业安全”。国民产业安全指的是一国的国民产业在国际产业竞争中达到这样一种状态：该国国民得到由对外开放带来的产业权益时（既有的或潜在的）所让渡的产业权益最小，或在让渡一定的国民产业权益的条件下，其由对外开放引致的国民产业权益最大，即在国际竞争中达成国民产业权益总量和其在国内份额的最佳组合。进而认为，尽管投资国际化、制造全球化不可逆转，但产业的国家归属之说仍然是现实的和必要的；关注产业安全，归根结底是要使以国民为主体的产业权益在国际竞争中得到保证并不受损害。

就强调“民族资本对本土产业的控制力”而言，国内学者王允贵提出，产业安全是指本国资本对影响国计民生的国内重要经济部门掌握有控制权；国民经济各行业的发展主要依赖于本国的资金、技术和品牌，支柱产业具有较强的国际控制力。杨公朴、夏大慰等人认为，产业安全是指在国际经济交往与竞争中，本国资本对关系国计民生的国内重要经济部门的控制，本国各个层次的经济利益主体在经济活动中利益分配的充分程度，政府产业政策在国民经济各行业中贯彻的彻底程度。张立认为，产业安全是指在对外开放的条件下，一国在国际竞争的发展进程中，具有保持民族产业持续生存和发展的能力，始终保持着本国资本对产业主体的控制。

相应于强调以国民为主体的产业控制力，以及强调民族资本对本土产业的控制力，一些学者认为，产业安全问题主要是由经济开放过程中外资直接投资引起的。国内学者吴兴南、林善炜认为，产业安全主要是由外商直接投资引发的，外商利用其在资本、技术、管理、营销等方面的优势，通过合资、直接收购等方式控制东道国企业，甚至控制东道国某些重要产业，抢占东道国市场，由此便形成对东道国经济特别是产业的威胁。

就强调“国家对本土产业的控制力”而言，本质上强调的是“国家资本对本土产业的控制力”。由于政府代表着国家，政府控制着国家资本，故国家资本对本土产业的控制力，实际上就转化为政府对本土产业的控制力。

但无论是将“本国对本土产业的控制力”中的“本国”理解为“本国国民”，还是理解为“民族资本”，或者理解为“国家”，凡谈到本国对本土产业的控制力，一般都会涉及三方面内容：一是本国资本对产业运行的控制，诸如本国资本对国内产业的控制和对市场的占有程度；二是本国政府对国内产业的影响力和产业政策效应；三是本国经济主体对产业收益的控制，其实质是强调本国国民、民族、政府在经济生活中的主导作用。

在强调本国控制力的产业安全观看来，大量外资企业的进入会侵蚀本国资本的产业控制力，产业安全需要高度关注外国直接投资（FDI）通过股权、技术、品牌、经营权、决策权的控制而对东道国产业产生的不利影响，以及东道国应采取的应对措施，以求维护和提高本国资本对国内产业特别是重要产业的控制力。

2. 强调国际竞争力的产业安全观

在三种产业安全观中，目前最为流行的是“强调国际竞争力的产业安全观”。这一产业安全观认为，由于产业保护的有限性，竞争力匮乏的产业即便受到政府的较多保护，未来也不一定能够成长并强大起来，中国不少产业前若干年的情况就是例证。故从长远来看，持续提升产业国际竞争力才是维护产业安全的治本之策。换言之，产业国际竞争力是产业安全的核心。

产业内企业的国际竞争力相互联系、有机整合，构成了该产业的国际竞争力。当某个产业凭借自身的竞争力，在国际市场中能够形成某些方面、某种程度上的竞争优势时，这种程度的竞争力才有意义。否则，其所言的竞争力就是虚无的。从竞争力的形成来看，在全球化时代，产业国际竞争力更多地依赖于产业内企业的创新能力、商业模式和竞争战略。

基于“产业国际竞争力是产业安全的核心”的认识，国内有学者提出，过分强调本国资本对国内产业的控制权，会在一定程度上延迟一国经济的开放步伐，延长该国融入世界经济体系的过程；限制外商投资不利于东道国产业竞争能力的培育，因而也就不能从根本上提高东道国产业的安全程度；在全球竞争日益加剧的今天，以国际竞争力为核心的产业安全已成为关系国家安全的战略问题。

如杨公朴指出，产业安全是指一国对国内重要产业的控制能力，以及该产业抵御外部威胁的能力，主要体现为产业的国际竞争力气。在该定义中，尽管他首先提及产业控制能力，但强调的是“产业的国际竞争力”。夏兴园、王瑛认为，产业安全是指一国产业对来自国内外的不利因素具有足够的抵御和抗衡能力，能够保持各产业部门的均衡协调发展。其中的抵御和抗衡能力，本质上说的是竞争力。许铭认为，产业安全是一国产业抵御外来干扰或威胁，并不断获得持续发展的状态，在很大程度上体现了本国产业的主导地位与竞争力，是一国产业综合素质在不同发展阶段的集中反映。

总体上看，强调产业国际竞争力的产业安全观认为，产业安全的本质是形成并保持产业的国际竞争力。但同时强调抵御外部威胁的能力，以及维护民族产业可持续生存与发展的能力。

3. 强调创始权、调整权和发展权的产业安全观

持这种观点的学者认为，产业安全即一国对某一产业的创始、调整和发展拥有相应的自主权或称控制权。相应将创始权、调整权和发展权看作是衡量产业安全与

否的标准。例如，国内学者于新东提出，一国对某一产业的创始、调整和发展，如果拥有相应的自主权，即可认定该产业在该国是安全的。

在这类学者看来，所谓创始权，即国家对某个产业的出现或生成以及形成规模的相应权利。如果某个产业是一国自主、自行发展起来的，并使该产业形成了适当的规模，即可认为该国拥有了该产业的创始权。所谓调整权，是指为适应本国社会、经济、技术的变化，或者为适应世界经济、国际贸易和国际技术的变化，而对某个产业做出相应调整的能力与由此拥有的权利。如果一国对该产业的升级换代拥有调整和引导的能力，即可视为拥有这一权利。所谓发展权，是指当一国某个产业被放到国际竞争背景中去考察时，是否拥有相应的发展机会与空间。各国在一定时期拥有相同的产业，特别是该产业水平又大致相似时，如果某国能在未来发展中使本国这一产业较大程度地领先于别的国家,并由此取得该产业在国际竞争中的优势地位，即可认为该国拥有该产业的发展权。

持这一产业安全观的学者认为，在创始权、调整权和发展权中，发展权是最关键、最重要的。因为即使一国不具备对某一产业的创始权，也缺乏调整权，但只要能通过从别国引进相关资源，达到拥有该产业的目的，创始权和调整权问题也就基本解决了。进而这些学者认为，在这种情况下，问题的关键就转化为一国引进技术后能否消化和吸收各项技术，并由此通过自身的努力而掌握对该产业及其技术进行升级换代所需要的创新能力，从而掌握引导该产业发展的主动权，进而在国际竞争中取得优势地位。一些学者甚至认为，日本的产业发展史就是这方面的例证。

持这一产业安全观的学者还认为，需要动态地认识产业发展权，即发展权是在不断演变的，没有一劳永逸的发展权，对它的争取和获得必须坚持不懈，而且发展权本身的发展性意味着它因时间因素而存在风险性，故对完全丧失创始权和调整权的产业来说，完全靠引进而拥有该产业是有风险的。这就意味着，对发展中国家来说，发展权的存在既是风险和挑战，又是机遇和希望。固然从历史起源看，在创始权和调整权上，发展中国家对现代产业是缺失的，但与发达国家相比，发展中国家存在“后发优势”，即通过向发达国家学习，发展中国家可以缩短在“某些产业拥有”上与发达国家的距离，从而弥补自身是非创始者的不足；进而，发展中国家通过进一步努力，也可能形成对某一产业的竞争优势。

第二节 基于中国国情的产业安全观

一、基于国情的产业安全观的界定原则

要合理界定适于我国国情的产业安全观，需要明确以下几个原则。

1. 要充分考虑我国产业发展的现实基础和环境

建立基于国情的产业安全观，目的是由此出发设计相应的政策体系，以维护我们的产业安全，这就需要充分考虑我国产业发展的现实基础和环境。客观地看，共和国建国至今,我国多数产业已获得了巨大发展,基本建立起了较为完备的产业体系，不少产业已具备一定程度的国际竞争力。但也应注意到，第一，我们不少产业还缺少起码的国际竞争力。第二，改革开放特别是我国加入 WTO 以来，随着国内外竞争环境的变化，我国一些产业的市场份额、竞争地位、发展空间对政府政策的响应程度皆发生了较大变化。第三，更为深入地融入全球经济是我们坚定不移的改革开放方针，但在复杂的国际政治、经济、科技环境中，机会与挑战并存，市场与壁垒同在。建立基于国情的产业安全观，必须考虑这些现实情况。

2. 要反映我国产业未来生存与发展的内在要求

更为深入地融入全球经济是我们坚定不移的改革开放方针，维护我国的产业安全是我们坚定不移的立场。在激烈的国际竞争中，一个产业只有先生存下来，置身有利的发展空间之中，才可能有所发展。因此，界定基于国情的产业安全观，必须反映我国产业未来生存与发展的内在要求。所言的“内在要求”，一是民族资本对于重要产业进行控制的需要。显然，如果民族资本对于我国产业缺少一定程度的控制力，我们就很难具有产业的发展权和发展的调整权，政府关于产业发展的政策信号就很难得到企业的回应。二是培育我国产业国际竞争力的需要。如果竞争力匮乏，我国的产业就难以在激烈的国际竞争中生存与发展。而要培育产业的国际竞争力，在一定时期内，就需要对幼稚产业、战略产业、国防工业等给予适当的保护。三是为产业发展营造良好的内外部环境的需要。显然，如果缺少良好的内外部环境，我们的产业生存与发展就会缺少相应的空间条件。

3. 要服从于我国经济社会发展的整体利益

产业安全是产业利益与国家利益交集的部分，是国家经济安全的重要组成部分。在产业利益中，只有那些与国家整体利益相一致的部分才能构成产业安全的具体内容。因此，界定基于国情的产业安全观，必须服从于我国经济社会发展的整体利益。

参考我国国民经济和社会发展第十一个五年规划的有关内容，在“十一五”期间，我国经济发展的整体利益至少应包括保持经济平稳较快发展、加快经济增长方式转变、提高自主创新能力、促进城乡区域协调发展等方面内容。正如温家宝总理所言，保持经济平稳较快发展是要始终把握好的重大原则；加快经济结构战略性调整是要紧紧抓住的一条主线；大力转变经济增长方式是要切实抓好的关键问题；不断提高全国人民的生活水平是要坚持实现的根本目的。界定基于国情的产业安全观，我们必须充分考虑我国经济发展的这些整体性要求。

4. 要有助于引导企业和政府的行为

产业安全与否既是客观存在的经济现象，又与一个国家的主观战略追求有很大关系。在中国不被认为是产业安全的问题，在美国可能是；反之亦然。概念体系决定思想体系，思想体系决定政策体系，政策体系又会引导企业及政府的价值取向和行为方式。因此，界定基于国情的产业安全观，也要有助于引导企业和政府的行为。

就引导企业行为而言，一是要有助于使企业认识到在经济全球化背景下，企业只有奋发图强，所在产业才不至于被国外产业所击溃。片面强调政府要给予本产业以保护是没有出路的。二是要有助于使企业认识到只有那些与国家整体利益相一致的产业利益才能构成产业安全的内容，不能借维护产业安全之名，要求政府对某些贸易或投资活动进行不适当的干预。三是要有助于使企业认识到各个企业都从国家最为根本的经济利益出发来考虑自己的经营活动，自觉维护国家整体经济利益，这才有助于为本产业培育安全的发展环境。

就引导政府行为而言，界定基于国情的产业安全观，一是要提供一种易于达成共识的产业安全概念，以便相关政府部门在共识的概念之下来研究和讨论产业安全的相关问题。二是要建立一种既体现国家整体经济利益，又内涵具体产业安全概念，以便政府相关部门从这一概念出发去设计相关的战略与政策。

二、基于我国国情的产业安全概念

1. 我国产业安全概念应包含的要点和基本界定

从前述四个原则出发，借鉴现阶段国内外关于产业安全的基本思想，特别是国内外较为盛行的四种产业安全观，即强调产业保护的产业安全观，强调本国控制力的产业安全观，强调国际竞争力的产业安全观，强调创始权、调整权和发展权的产业安全观，我们认为，基于我国国情的产业安全观至少应包括四个要点：一是以实现产业的稳健增长、可持续发展为产业安全的目标。二是以保持对国内主要产业一定程度的控制力、发展权为接纳跨国公司在华投资与贸易的底线。三是以在国际经济生活中拥有一定程度的自主性和竞争力为融为国际经济生活的底线。四是对内以促进各产业的协调发展为维护产业安全的主要力点；对外以规避、化解国外对我国的产业损害为维护产业安全的主要力点。

基于这些考虑，我们认为，基于我国国情的产业安全可以界定为：在经济全球化背景下，对国内重要产业拥有必要程度的控制力和发展权，在融入国际经济生活中拥有一定程度的自主性和竞争力；借助 WTO 原则下的政府规制及政策调节和产业救济措施，使我国主要产业不会因为源自国内外的重大冲击而发生行业范围、国家层面的利益损失，而使绝大部分产业处于稳健增长、可持续发展的状态。

2. 我国产业安全概念要义的具体阐释

第一，关于对国内重要产业拥有必要程度的控制力和发展权。所谓重要产业，一是指直接服务于国家安全的产业（诸如核工业、航空航天业、常规兵器业、通信装备制造业和通信服务业、船舶制造业等）；二是指事关国民经济目前和未来发展的战略性基础产业（诸如钢铁工业、稀有金属工业、基础元器件工业、工业母机制造业、能源资源产业等）；三是未来对于我国国民经济发展、国家安全具有重大价值的幼稚产业（诸如高性能计算机产业、生物制品产业等）。对于这些产业，我们必须拥有必要程度的控制力和发展权。控制权决定发展权，我们要在获取控制权的基础上谋求更大程度的发展权。

第二，关于在融入国际经济生活中拥有一定程度的自主性和竞争力。中华民族是由 56 个民族组成的民族群体，面对经济全球化的历史性趋势，我们必须更为主动地融入到全球经济生活之中。但也必须看到，经济全球化是西方经济列强主导的全球化，是西方列强经济利益的全球化，是西方意识形态全球扩散的全球化。从经济上看，一些西方势力并不真正希望中国经济强大起来，即便愿意看到中国强大，也是为了他们拥有足够大的境外市场；从政治上看，中国是一个社会主义国家，一些西方势力并不乐于接纳中国进入所有国际俱乐部；从利益博弈的战略和策略来看，在确保我国经济主权的前提下，遵循国际规则、参与国际经济生活，我们才可能获得长远的生存与发展利益。因此，在国际经济生活中，我们必须拥有一定程度的自主性和竞争力。

第三，关于借助 WTO 原则下的政府规制及政策调节和产业救济措施。我国于 2001 年已经成为 WTO 成员国，我们必须履行成员国的责任和义务，同时也应该充分享受成员国本该享有的权力和利益。世界上没有哪个国家会因为自己是 WTO 的成员国，就放弃本属于自己的权力和利益。就此而言，借助 WTO 原则下的政府规制及政策调节和产业救济措施来维护我们的产业生存与发展，是我们本该享有的权力和利益。因此，在坚持主权原则的前提下，在遵循 WTO 原则的基础上，我们必须精心设计可行的政府政策框架和政策工具，在与国外产业竞争中有礼有节地设计、采用可行的政府规制、政策调节和产业救济措施，以维护我国产业生存与发展的权力和利益。

第四，关于不会因为源自国内外的重大冲击而发生行业范围、国家层面的利益损失。只有行业范围、国家层面的利益损失，才属于产业安全领域的利益损失。所谓源自国内的重大冲击，一是指国内重大自然灾害；二是指国内市场供求关系的重大失调；三是指国内发生的公共危机类突发事件。所谓源自国外的重大冲击，一是指国外对我国实施的投资与贸易限制及其他重大产业损害；二是指与我国贸易或投资关联度较高的国家发生的公共危机、骚乱与战争；三是指全球性或区域性资源、能源、稀缺原材料供给及金融危机。所谓发生行业范围、国家层面的利益损失，即在前述某种或某些重大冲击之下，我们某个产业发生了整体性损失，而且相应的损失对整个国民经济具有重要甚至重大影响。这样的损失和影响自然是我们应予以努力规避的。特别是，加入 WTO 以来，随着我国对外贸易的迅速增长，来自国外的贸易技术性壁垒、知识产权争端、倾销与反倾销、补贴与反补贴等一系列不公平贸易对我国产业造成的损害日益增多，我们必须尽快完善产业损害预警机制，提高我国政府和企业处置源自国外的产业损害的危机处理能力。

第五，关于使我国主要产业处于稳健增长、可持续发展的状态。产业的稳健增长、可持续发展是整个国民经济健康运行、持续发展的基础。所谓产业处于稳健增长、可持续发展的状态，前者指国内主要产业特别是重要产业不会出现大起大落的情况，后者指在现有资源、能源条件下实现产业的可持续发展。由此也不难看到，产业发展要符合科学发展观，关注节能降耗、环境友好、自主创新、结构协调、规避国际经贸矛盾等深层次问题。

三、基于国情的产业安全概念的内在逻辑

在前述基于国情的产业安全的定义中，五个要点之间存在十分紧密的内在逻辑关系。即控制力和发展权是产业安全的基础；自主性和竞争力是产业安全的关键；政府规制、政策调节、产业救济是维护产业安全的惯例做法与重要手段，目的都在于维护全球化下我国产业的生存与发展利益。

1. 产业安全目标分为基本目标和终极目标两个层次

一国的某个产业及整个产业体系是否安全，既有客观的尺度，又与我们的主观战略追求有关。因此，我们必须有自己明确的产业安全目标，并应分为基本目标和终极目标。理性地看，确保我国不会因为源自国内外的重大冲击而发生行业范围、国家层面的利益损失，这应作为我国产业安全的基本目标；而确保主要产业稳健增长和可持续发展，这应作为我国产业安全的终极目标。客观地看，确保我国不会因

为源自国内外的重大冲击而发生行业范围、国家层面的利益损失，才能使我国主要的产业存续并发展；确保我国主要产业稳健增长、可持续发展，我国经济整体上才能有较为理想的增长与发展。近年来美国、俄罗斯等国的经济安全政策（包括产业安全政策）应对我国有着这方面的启示。

2. 控制力和发展权是产业安全的基础

对国内重要产业拥有必要程度的控制力和发展权是整个产业安全的基础。无疑，如果我们对直接服务于国家安全的制造业和服务业、有关国民经济未来发展的战略性基础产业、未来对于我国国民经济及国家安全具有重大价值的幼稚产业等缺少一定程度的控制力，在全球化背景下，我们就会缺少对这些产业的发展权。而如果缺少对重要产业的控制力和发展权，在国际经济生活中的自主性和竞争力也就失去了根基。因此，控制力和发展权无疑是我国产业安全的基础。

典型的是，如果对直接服务于国家安全的制造业和服务业缺少控制力和发展权，在全球化背景下，这些产业的发展就必然受阻，进而我们的国家安全特别是国防安全就会受到影响。而国防安全受到影响，我们在国际政治、经济生活中的自主性就可能大大降低，更谈不上足够的产业竞争力。如果我们对有关国民经济未来发展的战略性基础产业缺少必要的控制力和发展权，钢铁工业、稀有金属工业、基础元器件工业、能源产业、工业母机制造业等的发展就可能受阻，进而必然会影响到我国整个产业体系的发展权和竞争力。如果我们对诸如高性能计算机、生物制品产业等对国民经济未来发展有重大价值的幼稚产业缺少必要的控制力和发展权，未来在这些领域我们就很难拥有足够的竞争力。而高性能计算机领域竞争力的缺失，又可能影响我们在直接服务于国家安全的某些产业领域（诸如核工业、航空航天业、通信装备制造业和通信服务业、船舶制造业），以及在战略性基础产业（诸如钢铁工业、工业母机制造业）等领域的控制力、发展权和竞争力。

3. 自主性和竞争力是产业安全的核心和关键

在国际经济生活中拥有一定程度的自主性和竞争力，是产业安全的核心和关键。自主性一定程度上就是一个国家的经济主权。在全球产业竞争中，如果我们对某些重要产业失去了自主权，可能我们在法律意义上并没有失去经济主权，但事实上却可能在一定程度上失去某些方面的经济主权；而维护我们对重要产业的自主性，也就是维护我们的经济主权。因此，在国际经济生活中拥有一定程度的自主性，是产业安全的核心和关键之一。

产业国际竞争力是一国某个产业或整个产业体系在全球市场中的竞争能力。近若干年来，全球竞争日益进入了白热化程度，一是竞争不再是单个企业之间的竞争，而是演变为某个核心企业携其“外部价值网络中的所有企业”与另一个价值网络之间的竞争。二是竞争不再是仅仅围绕个别类别的产品，而是更多地表现为不同国家的企业围绕某个产业链的竞争。而且在同一产业链上，发达国家企业多数处在较为有利（市场空间较大、利润率较高等）的产业链环节上。三是竞争不再是同一产业内水平相近企业之间的竞争，而往往表现为同一产业内头脑企业（来自发达国家）、躯干企业（来自新兴国家）、手脚企业（来自落后国家）之间彼此依存、相互博弈、前强后弱的竞争。在这种情况下，我们的产业竞争力如果达不到某个程度，就很可能影响我国某些产业在全球产业体系中的生存与发展。基于此，产业国际竞争力自然就成为我国产业安全的核心和关键之一。

特别是，尽管2005年我国已成为仅次于美国、德国的世界第三贸易大国，但我国产业整体上处于国际分工和全球产业链条的低端，高附加值产品少，产品技术含量低，缺乏具有自主知识产权的品牌产品，企业管理模式、运行机制、营销方式等与发达国家企业相比有较大差距，总体上缺少比较优势，“产业整体竞争力与发达国家相比差距更大”已成为现阶段我国经济发展中极为突出的问题。由此我们更应该将产业国际竞争力视为我国产业安全的核心和关键之一。

4. 政府规制、政策调节和产业救济是维护产业安全的惯例做法与重要手段

在市场经济中，政府最为重要且最为基本的职能之一是维护本国的经济安全（含产业安全）。在国际上，政府维护本国产业安全的惯例做法就是政府规制、政策调节和产业救济。一般而言，政府规制和产业救济的目的是实现产业安全的基本目标，即确保我国不会因为源自国内外的重大冲击而发生行业范围、国家层面的利益损失。政府规制、政策调节、产业救济三者的相互配合、形成合力，才有助于实现产业安全的终极目标，即确保我国主要产业稳健增长、可持续发展。

所谓政府规制，在投资与贸易领域，即政府从维护我国产业生存与发展的利益出发，制定相关法律法规，规范企业的经营活动，从而维护产业整体利益和国家利益。最为典型的政府规制就是产业准入制度。通过产业规制的相关规范作用，有助于为我国企业、产业整体上营造更为有利的生存与发展空间。

所谓政策调节，即政府从维护我国产业生存与发展的整体利益出发，相机制定相关政策，调整企业的经营行为，从而维护产业整体利益和国家利益。最为典型的政策调节就是当某些产品出现较大的供求矛盾时，政府及时出台相关政策，以缓解市场供求矛盾；当在某些领域的产业投资出现阶段性过剩时，政府及时出台相关政策，以抑制企业过度的投资冲动。

所谓产业救济，即根据国外对华贸易对国内产业发展带来的不利情况，政府可以对国内产业采取适当的救济措施。诸如其他国家的产品以低于正常价值的倾销方式进入我国市场，进口产品将直接或间接地享受出口国政府给予的专项补贴，对已

建立的国内产业造成实质性损害或产生实质性损害威胁，或对建立国内产业造成实质性阻碍，政府即可以通过采取反倾销、反补贴等措施，以消除或减轻这种损害或损害的威胁；因进口产品数量大量增加，对生产同类产品（含服务）或与其直接竞争的产品的国内产业造成严重损害或者严重损害威胁的，政府也可以采取必要的保障措施，以消除或者减轻这种损害或者损害的威胁，并可对国内该产业提供必要的支持。凡此等等，都是国际上的惯例做法，我国政府也要积极借助这些救济办法来维护我们的产业安全。特别是，尽管我国加入WTO以来，政府对WTO的规则已较为熟悉，但不少企业对WTO的规则还很生疏，对国际市场特别是国际资本市场的惯例还极不熟悉。鉴于这种情况，我国政府就极有必要在积极引导企业熟悉国际惯例的同时，在WTO框架下，通过规制外商在华的投资与贸易活动，通过对国内产业的适当救济，通过适当的政策调节，更为有效地扶持国内企业的成长，维护我们的产业安全。

第三节　产业安全的评价方法

一、产业安全态势评价指标体系的设计原则

产业安全态势评价是产业安全研究的重要内容，指的是基于一定的产业安全思想和判断标准，通过体系化的科学指标，运用定性与定量相结合的方法对产业安全的现状与趋势进行判断性评价。产业安全态势评价的目的，是对一国产业安全的实际情况进行监测预警，以期及时发现一国产业安全已经面对或者有可能面临的重大问题和挑战，以便政府和业界适时或提前采取有利的战略、政策和措施。

产业安全评价指标体系是根据一定原则建立起来，并能反映一个国家产业安全态势的指标集合，基于不同的产业安全观，评价指标体系也有一定的差异；同时要注意数据的可得性与可控性，指标与产业安全之间的相关性，在具体指标选取上要注意过程指标与状态指标相结合，在分析方法上要注重综合应用定性与定量的研究手段。如以我国为背景，设计一国的产业安全态势评价指标体系，则应坚持以下原则。

1. 科学性原则

科学性原则即所构想的产业安全态势评价指标体系，一是要与基于国情的产业安全观的基本内涵相一致；二是要对一国产业安全的实际情况进行监测预警，以便及时发现一国产业安全已经面对或者有可能面临的重大问题和挑战的需要。

2. 可操作性原则

可操作性原则即所构想的产业安全态势评价指标体系，一是要尽可能地采用现

行国民经济统计口径数据、外资及外贸数据，以及海关数据；二是对于迫切需要测算的指标，如果现有统计口径数据难以支持，也应是可以借助行业组织获取的，或通过对各行业典型企业的调查可以获取的，或通过对典型事件的调查可以获取的。

3. 与时俱进原则

随着我国各产业的发展，以及产业发展国内外环境的变化，我国产业安全已经面对或者有可能面临的重大问题和挑战势必发生某些变化。因此，所构想的产业安全态势评价指标体系也应是与时俱进的，一是要通过基于既有指标的评价来发现可能的变化；二是要及时对整个指标体系进行调整，或是剔除未来不需要关注的问题对应的指标，或是增加未来需要关注的问题对应的指标，或是调整对于某些指标的关注程度。

二、关于我国产业安全态势评价指标体系的构想

1. 总体构想

基于前述产业安全态势评价指标体系的构想原则，在对国内相关机构、相关学者构想的产业安全态势评价指标体系进行分析、归纳、调整的基础上，我们设想，我国产业安全态势评价指标体系应重点关注四方面问题：一是产业中本土资本部分的控制力；二是整个产业（含本土资本与境外资本产业）的国际竞争力；三是整个产业（含本土资本与境外资本产业）的成长性；四是产业的发展环境。这套指标既可用于对某个产业进行评价，又可在考虑各个产业之间关联性的基础上，对我国整个产业安全态势进行评价。

2. 产业中本土资本部分控制力的评价

产业控制力是产业安全的基础之一，一定程度上包含了产业发展权，因此，对我国产业安全态势进行评价，首先应对产业控制力进行评价。基于目前国内关于产业控制力的三种认识，即强调国民为主体的产业控制力、强调民族资本对本土产业的控制力、强调国家对本土产业的控制力，我们认为，应主要关注“产业中本土资本部分的控制力”。相应地，具体应主要关注产业中本土资本部分的市场控制力、技术控制力、股权控制力、对外依存度这四个方面。其中，为观察“产业中本土资本部分的市场控制力”，应主要评价内资企业市场占有率；为观察“产业中本土资本部分的技术控制力”，应主要评价内资企业专利占比、技术依存度、自主品牌占有率；为观察“产业中本土资本部分的股权控制力”，应主要关注本行业前十强企业中本土资本部分的股权比例，这可以通过测算本行业前十强企业中外资的股权比例来实现；为观察“产业中本土资本部分的对外依存度”，应主要关注产业中本土资本部分的进口依存度，以及全行业的 FDI 依存度、出口依存度。

3. 整个产业国际竞争力的评价

产业国际竞争力是一国某个产业或整个产业体系在全球市场中的竞争能力。产业竞争力如果达不到某个程度，就很可能影响某些产业在全球产业体系中的生存与发展。关注我国产业的国际竞争力，即需要将产业中本土资本部分与境外资本部分视为一个整体来观察。因为产业中本土资本部分与境外资本部分都是“中国法人企业”；在国外市场上，这些企业的产品都被视为“原产地为中国的产品”；无论我们怎样看待产业中境外资本部分（在华外资企业），在国外市场上，他国法人企业都会将这些企业视为中国企业而与之展开竞争。因此，关注我国产业的国际竞争力，应将产业中本土资本部分与境外资本部分视为一个整体来观察。

4. 整个产业成长性的评价

产业增长与发展，核心涵义是成长。因此，关注产业安全态势需要评价、分析产业的成长性。产业成长性是一国某个产业或整个产业体系在全球市场中的成长性。如果我们的产业成长性达不到某个程度，就很可能影响我国某些产业在全球产业体系中的生存与发展。关注我国产业的成长性，也需要将产业中本土资本部分与境外资本部分视为一个整体来观察。同产业竞争力评价中的相关论述，产业中本土资本部分与境外资本部分都是“中国法人企业”；在国外市场上，这些企业的产品都会被视为“原产地为中国的产品”；无论我们怎样看待产业中的境外资本部分（在华外资企业），在国外市场上，他国法人企业都会将这些企业视为中国企业而与之展开竞争。因此，关注我国产业的成长性，也应将产业中本土资本部分与境外资本部分视为一个整体来观察。

5. 产业发展环境的评价

产业发展环境对于产业生存与发展有着极为重要的影响。尽管目前本土资本企业与境外资本企业在华“享受”的发展环境（如政府政策）是有差异的，在本土资本部分中，国有企业与民营企业“享受”的发展环境也是有差异的，但在产业发展环境评价中，我们没有必要分别对各类企业进行发展环境评价，而只需对产业发展的整体环境进行评价。

从产业经济学的角度看，产业发展环境主要表现为国内外市场竞争环境、国际组织规制环境、国内政府规制与政策调节环境、行业组织规制环境（行业自律也是一种规制），以及资源与生态环境。鉴于国内市场竞争环境在产业中本土资本部分的控制力、全部产业的竞争力及成长性三者中已有所反映，为避免所评价要素的重叠性，故在产业发展环境评价中，对国内市场竞争环境之外的有关环境因素略做归纳分组，仅需要对国际竞争与规制环境、国内规制与政策调节环境、资源与生态环境三者进行评价，且这些评价大多只能是定性的。

其中，关于国际竞争与规制环境，一应关注国际市场竞争环境，特别是主要贸易伙伴国家对国内产业的损害；二应关注国际组织规制环境，重点是国际组织有哪些新的规则不利于国内产业的生存与发展。关于国内规制与政策调节环境，一应关注政府产业政策环境，重点是我国政府有哪些政策不利于国内产业的生存与发展；二应关注政府的监管能力，诸如与产业安全相关的制度建设的完备程度，政府对相关政策的执行力，以及政府职能部门的监管效果和效率；三应关注产业内部的自律性，特别是行业组织的组织协调能力，企业对于政府政策的响应程度。关于资源与生态环境，一应关注产业发展的矿产资源约束；二应关注产业发展的生态环境约束。

6. 相关数据处理方法

对产业安全相关指标进行计算之后，需对其进行适当的处理，以得到客观的评价结果。一般而言，这个过程涉及三项内容：一是对指标数值进行处理，未经处理的不同类型指标很难进行综合，例如年产量是一个数量指标，而市场份额是一个比例指标，二者有很大差别；再如市场占有率指标越高，说明产业安全状况越好，而对外依存度指标越高，则说明产业安全状况越差。因此，必须对得到的指标进行必要的数学处理，常见的处理方法如归一化法、指标分数映射法等。二是对不同的指标设定不同的权重，常见的方法包括基于德尔菲法的专家打分法、因子分析法、层次分析法等。三是对指标进行综合处理得出定量的评价结论，常见的方法有回归分析法、数据包络分析法和模糊综合评价法等。

三、关于某个产业安全与否的判断

要借助某种评价方法对某个产业是否处于安全状态作出恰当的判断，是十分困难的。这主要是有以下几个原因。

1. 产业安全判断的客观性与主观性并存

某个产业是否处于前述的安全状态，安全程度如何，有其潜在的客观尺度，但又与产业主导者、监管者的主观追求有关。所谓产业安全有其潜在的客观尺度，是指本土资本对于某些产业（诸如直接服务于国家安全的制造业和服务业、有关国民经济未来发展的战略性基础产业、未来对于我国国民经济及国家安全具有重大价值的幼稚产业等）应有足够高的控制力和发展权；要在国际经济生活中拥有足够程度的自主性和竞争力，产业整体竞争力与发达国家的差距要尽可能的小。其中的“足够”“尽可能”十之八九存在一个“数量区间”。所谓某个产业是否安全，又与产业主导者、监管者的主观追求有关，是指如果我们追求某个产业的安全水平达到某个程度，而现实中该产业又没有达到这个安全程度，我们就必然会认为这个产业是不安全的。其实，即便发生这种情况，该产业也不一定会遇到生存与发展危机。因此，关于某个产业是否安全，其之判断依据是客观性与主观性并存。

2. 产业安全与否具有相对性

本土资本的产业控制力是产业安全的基础之一，但控制力的大小是相对的，是随特定产业的竞争结构而变的。这类似于股份公司的控制力问题，对股权集中的公司，绝对控股才会有控制力；但对股权分散的公司而言，相对控股就可以有控制力。产业国际竞争力是产业安全的核心与关键之一，但一国某个产业的国际竞争力是强是弱，是相对竞争对手而言的。我国各产业可能面对发达国家同行企业的竞争，就此而言，多数国内产业的竞争力是不够的；也可能面对落后国家同行企业的竞争，就此而言，多数国内产业的竞争力又可能是“过剩”的。因此，一国的产业安全程度具有相对性。

3. 同一领域的安全判据在不同国家、不同行业是有差异的

同一领域的安全判据在不同国家、不同行业是有差异的，即如果将同一领域的安全判据用在不同国家或不同行业，主观上可能得出不同的判断，客观结果也可能不尽相同。例如，国际上普遍认为商业银行的核心资本充足率如果低于 8%，这个银行就可能发生危机。但在我国，前些年不少商业银行的核心资本充足率远低于 8%，但这些商业银行并没有发生危机。原因就在于国情不同，在我们的商业银行身后，有强大的国家信用的支持。再如，就研究开发投入占销售收入的比例而言，在电子信息行业，可能这个指标达到 5%，一国该产业才可能有基本的国际竞争力；而在采掘业，可能这个指标达到 1% ~ 2%，一国该产业就可能有很强的国际竞争力。

4. 重在发现产业已经存在或将发生的非安全问题及其影响程度

既然某个产业处于安全状态既有其潜在的客观尺度，又有其主观性与相对性，同一领域的安全判据在不同国家、不同行业是有差异的，这就导致我们很难对某个产业的安全程度作出十分恰当的判断，故在产业安全评价中就没有必要企求对某个产业的安全程度给出十分准确的判断。事实上，只要能够对某个产业的安全程度给出大致的判断，就足以引发业界和政府进行“后续的思考”。当然，要使业界和政府的后续思考转变为“跟进的行动”，还需要我们将产业安全评价的重点放在“发现某个产业已经存在或将发生的非安全性问题及其影响程度”上。因为只有发现了“非安全性问题及其影响程度”，才有助于政府去设计、推动相关的法律规制、政策调节和产业救济措施，才有助于业界通过更为理性的经营决策和行为去维护产业利益与国家利益的交集部分。

第四节　外商直接投资对产业安全的影响

一、外商直接投资

在开放经济中，外商直接投资是东道国产业安全最为重要的影响因素之一。故不少发展中国家对产业安全问题的关注，也正是源于市场对外开放后外资给本土企业带来的冲击。进入21世纪以来，国际直接投资愈发活跃。联合国贸易和发展会议2008年和2009年发布的《世界投资报告》显示，全球外国直接投资流入量在2007年达到历史巅峰水平，为19790亿美元；之后受全球金融危机的影响，2009年流入量下滑至1.2万亿美元，预计到2011年将重回1.8万亿美元左右的水平。这其中，流向发展中经济体和转型经济体的投资比例激增至43%，广大发展中国家正在逐渐成为外国直接投资的主要流向。

随着国际投资的不断发展，跨国公司在其中发挥的作用也越来越大，现已成为外国直接投资的主体力量。20世纪90年代以来，跨国公司的数量和规模剧增。一方面，大型跨国公司及其分支机构已遍布全球（据统计，全世界共有约8.2万家跨国公司，其国外子公司共计81万家）；另一方面，越来越多的跨国公司通过兼并、收购等方式不断扩大规模，甚至大型跨国公司间的合并也时有发生，超大规模的行业巨头不断涌现。大型跨国公司已成为全球投资市场上不可小觑的力量。2008年，按照《财富》500强公布的数据，年营业收入超千亿美元的企业有58家，排名第一的美国零售业巨头沃尔玛年营业收入近3800亿美元；而同年国内生产总值不足1000亿美元的国家尚有118个，年国内生产总值超过3800亿美元的国家也仅有26个，这些跨国巨头真可谓“富可敌国”。现今，大型跨国公司在全球化的舞台上扮演了生产的组织者和投资主体的角色，其投资总额已占全球累计直接投资总额的90%以上。它们以世界市场为舞台，整合全球资源开展经营活动。例如美国可口可乐公司，在近200个国家和地区拥有160多种饮料品牌，市场占有率达到48%，全球平均每一秒钟有近万人在享用可口可乐公司的产品。沃尔玛公司在全球拥有近8000家各类店铺，建立了世界上最先进的电脑管理系统、卫星定位系统和电视调度系统，甚至发射了自己的卫星。随着全球化的发展，跨国公司在国际贸易中越来越显示出巨大的作用，其对外直接投资对东道国的政治、经济、军事都产生了重要影响。

一般来讲，外商直接投资有助于弥补东道国的资金缺口，促进东道国产业结构、技术和管理水平的升级，推动东道国的经济增长，提高东道国人民的生活水平，故世界各国大都积极吸引和利用国外资本。然而，利用外资也会给东道国的产业安全带来潜在威胁，即使像美国、日本这样经济实力和产业基础都十分雄厚的国家，利用外资时也会加以引导和限制。在美国，任何外资进入与并购都须经过严格的反垄断审查和国家安全审查，其中国家安全审查主要是产业准入方面的监管。美国《综合贸易与竞争法》中有专门针对外国兼并的管制条款，并将有关行业分为四类，分别规定了外国资本的可介入程度。日本也有完善的反垄断监管和产业准入制度，以防止外资通过并购垄断日本的关键产业，并对日本竞争力较弱的产业严格限制外资股权比例，一些行业甚至禁止外资进入。然而，一些发展中国家由于迫切需要外来资金和技术，反倒在引进外资上限制过少，甚至给外商以“超国民待遇”，加之本国经济发展水平和产业竞争力较低，相应由外商直接投资引起的产业安全问题也就比较突出。

二、外商直接投资控制东道国产业的途径

引进外资影响东道国产业安全的突出表现，是相关产业完全被外资企业所控制，本土企业因而丧失健康生存、发展和参与国际竞争的条件和能力。而外资企业从自身利润最大化角度出发，必然试图控制其所投资的产业，以建立垄断地位。外商直接投资主要通过四种途径实现对东道国产业的控制：一是并购或控股东道国某些行业的龙头企业；二是尽可能多地占领东道国的市场，挤压东道国本土企业的生存空间；三是挤压东道国的民族品牌，或将东道国企业的品牌并购后予以“雪藏”；四是垄断和封锁关键技术，以严防东道国本土企业在技术上的学习与追赶。

1. 外商直接投资对东道国企业股权的控制

近年来，跨国公司在一些工业化程度较高，产业基础较好的国家更倾向于采用并购投资的方式。2007 年，跨国并购交易金额达到了创纪录的 16370 亿美元，远高于其他类型的外国直接投资。同时，跨国公司的并购重点逐渐转向东道国各个行业的龙头企业，并且并购条件越来越苛刻，通常要求必须控股。对于并购难度较大的企业，跨国公司往往采用分步到位的策略，先利用自身优势让并购对象亏损，迫使其低价出让股权，进而想方设法增资控股，有些最终成为外商独资公司。这一特点恰好印证了海默的观点，即国际资本对与东道国创办合资企业不感兴趣，而更乐意创办独资企业，以保持其垄断优势。外国资本兼并或控股东道国行业龙头企业的做法，一方面避免了其投资创办新企业的高成本和高风险，另一方面使其获得了价值不菲的基础设施、专业设备和人力资本，同时还直接消灭了竞争对手。而作为投资对象的发展中国家，特别是转型经济体的地方政府，常常为了短期的利益和显赫的政绩，主动迎合跨国公司的恶意并购，甚至还给予政策上的优惠，客观上也就助长

了跨国公司的并购，愈发提高了其在并购谈判中的价码。此外，跨国公司的并购还具有整体性、战略特点，即不是针对单独企业进行并购，而是往往以行业龙头企业为突破口，全行业“通吃”，甚至针对产业中的上、中、下游各个阶段的产品进行纵向并购，并对产业链进行整合。这样一来，东道国某些产业的产业链可能被外资所控制。

2. 外商直接投资对东道国市场的控制

控制东道国市场是外商投资的重要目的，也是其在东道国建立垄断地位、实现超额利润的根本途径。市场集中度是反映市场控制力的重要指标，市场集中度越高，则市场竞争程度越低。外资进入一国市场初期，短期内可能会降低东道国相应行业的市场集中度，但一段时间之后，因为东道国本土企业竞争力通常较弱，外资企业一般具有更高更强的生产能力与效率，凭借优质的产品、服务和成熟的营销技巧，可能逐渐占领东道国某些行业的市场，从而提高外资企业在这些市场上的集中度，甚至建立外资企业的垄断地位。而一旦这样，外资企业即可凭借其市场控制力，向上游供货商和下游用户提出苛刻的交易条件，进而谋求超额利润，甚至可以通过掠夺式定价进一步挤压东道国企业，打击以至消灭竞争对手。在全球化条件下，控制企业和控制市场通常被外资作为控制一国产业的“组合拳”来使用。兼并或控股东道国龙头企业，有助于消灭东道国竞争对手，进而巩固外资企业在东道国市场上的垄断地位；控制市场，外资即可凭借自身在成本、质量、营销等方面的优势，打压竞争对手，进而最终将其吞并，为实现外资企业一家独大创造条件。

3. 外商直接投资对东道国企业品牌的控制

外资排挤东道国企业，抢占东道国市场的另一个重要途径是控制东道国既有的品牌。近年来，发展中国家越来越重视对国内产业的保护，对外资并购的审查也越来越严格，例如，2005 年美国凯雷国际投资机构集团收购中国徐州工程机械集团 85% 股权的方案未获我国商务部通过（按照新协议，凯雷持有徐工 45% 的股份，放弃了 85% 的控股权）。再如，2009 年我国商务部经过漫长的审查后宣布，根据反垄断法，禁止可口可乐收购汇源。在此背景下，不少外资企业往往通过先与东道国企业建立合资企业，然后“软消化”东道国本土品牌，进而实现其市场份额扩大甚至独占市场的目的。常见做法包括：外资公司利用其资本和技术优势，特别是东道国希望引进外资的迫切愿望，以合资企业使用他们的品牌为前提，迫使东道国企业既有品牌退出市场；或在合资时要求东道国企业将品牌纳入合资企业，但日后合资企业并不使用本土品牌，而是全力推广外资品牌；或是一次性买断东道国本土品牌若干年使用权，然后将其“束之高阁”；或对纳入合资企业的本土品牌产品恶意定价，使这些品牌被市场自然淘汰；或是利用合资企业强大的销售网络和促销工具，打压本土品牌在消费者心目中的地位。例如，中国“熊猫”在20世纪90年代曾是我国知名的洗衣粉品牌，但该企业与美国宝洁成立合资公司后，即被以1.4亿元的价格买断了50年的品牌使用权。之后，宝洁控股的合资公司将熊猫洗衣粉的价格在原有基础上提高了50%，致使其产销量逐年下降，从而为宝洁旗下的洗衣粉品牌占领中国市场扫除了障碍。

4. 外商直接投资对自身技术转移的控制

跨国投资是技术跨境扩散、转移的重要途径，许多发展中国家正是基于此目的而向来自发达国家的跨国公司开放市场，以期学习对方先进的技术和经验，即“以市场换技术”，力图借此促进本土产业的长足发展。然而，发达国家跨国企业深知，其最大优势就是技术优势，日后如能控制东道国的产业和市场，要依靠的只能是在关键技术上的垄断力。因此，进入发展中国家的跨国公司往往在产品研发、制造流程、质量控制、物流配送、营销管理等各个环节巧设障碍，严防其核心技术外溢。尤其是在实现对东道国企业控股之后，外资企业会将涉及关键技术的生产流程严格剥离，仅在东道国保留低技术含量的部分。不仅如此，在兼并或控股东道国企业之后，外资企业还会以优厚的待遇吸引东道国的高科技人才，从而导致逆向技术扩散。这样一来，发展中国家开放了市场，出让大量市场份额，但通常换来的只是发达国家二、三流的技术，甚至是行将淘汰的陈旧技术，同时自身原有的关键技术也被外资所控制，最终可能既失去了市场，也失去了技术。

三、外资控制东道国产业的负面影响

外商在发展中国家投资首先有促进这些国家经济发展的一面，这是毋庸置疑的，我国改革开放30多年即是例证。但如果外商直接投资对东道国产业形成了控制的局面，则必然不利于东道国的产业发展，甚至会危及东道国产业的生存。这主要体现在以下三个方面。

1. 弱化东道国本土资本的竞争力和控制力

跨国公司通过并购、控股和独资化，在某些情况下，有可能动摇东道国相关产业发展的根基，甚至使之丧失产业创新发展的能力，弱化其本土产业的竞争力。首先是造成东道国相关产业直接利益的损失。外资控制了东道国相关产业的关键企业和市场，也就控制了东道国相关产业乃至产业链的利润，即可在市场上牟取暴利。其次是东道国相关战略资源的流失。外资并购过程中往往与东道国相关产业签订上下游通吃的“一揽子”协议，东道国出让的不仅仅是某些企业的股权，还包括原材料供应、生产设备以及专门人才，但这些恰恰都是东道国相关产业发展所必需的战略资源。三是极易造成东道国相关产业对外资的技术依赖。外商通过控股或独资，可严格封锁其先进技术外溢的通道，从而导致东道国企业对其技术依附性的加强，甚至造成对东道国企业的技术锁定，从而使东道国产业未来发展也难以摆脱对外资的技术依赖。

更为严重的是，如果前述现象发生在一些关系东道国经济命脉和国家安全的关键产业，如基础设施、装备制造、通信电子、新型材料等，则东道国本土产业竞争力的减弱不仅影响产业安全，而且会给东道国的国家安全带来威胁。而事实上，许多发展中国家恰恰是这些产业迫切需要引进外资和外来技术。《2008 年世界投资报告》显示，目前发展中国家对基础设施（包括电力、电信、能源、给排水、机场、公路、铁路和海港）投资的需求远未得到满足，据估计，发展中国家平均每年将国内生产总值的 3% ~ 4% 用于基础设施投资，但它们需要将国内生产总值的 7% ~ 9% 用于这类投资才能实现广泛的经济增长和减贫目标。因此，这些国家的政府迫切希望外国直接投资来弥补这一缺口，从而常常开出很多极为优惠的股权或投资回报条件，由此即导致发展中国家基础设施产业被外资所控制，也进而给发展中国家整体上的经济安全带来极为不利的影响。

2. 加剧东道国产业结构和区域发展的不平衡

近年来，跨国公司对外投资日益呈现明显的产业和地域趋同性。在产业方面，跨国公司倾向于选择投资回收期短、见效快，能够保证获得稳定投资收益的产业进行投资；在地域方面，跨国公司倾向于选择基础设施完备、配套政策制度健全的地区进行投资。这就导致东道国原本具有一定发展基础的产业和工业化程度较高的地区更容易受到外商的青睐，而东道国迫切需要发展的产业和相对落后的地区则很少获得外商的投资，这就势必加剧东道国产业结构和区域发展的不平衡。

以中国为例，近年来的外商直接投资绝大多数流向了第二产业，其中以制造业为主。2008 年的数据显示，在当年总计 924 亿美元的外商直接投资中，有 498.9 亿美元流向了制造业，占 53.99%；而流向农林牧渔业的投资仅有 11.9 亿美元，占比竟不到 1.3%。从区域流向上看，改革开放以来，外商在华累计投资中近 85% 集中在东部地区，尤其集中在长三角、珠三角、环渤海三大经济区；中西部地区发展长期受到资金瓶颈的制约，但恰恰又很少获得外商的投资。

再以阿根廷为例，20 世纪后期阿根廷试图以对内私有化和对外大量引资为手段调整其产业结构。然而，由于其对外开放的速度过快，相关政策措施也不到位，由此导致阿根廷一方面企业外资化进程大大加快，另一方面外资的产业流向极不合理，多数集中在自然资源采掘业和加工业，而很少流向加工制造领域，这既增加了阿根廷对外资的依赖性，又未能使其制造业的国际竞争力得到改善。在此形势下，阿根廷的产业结构呈现出越来越明显的集中趋势，少数外资企业和其控制下的产业迅速做大，而多数阿根廷本土企业和产业则萎靡不振，进而严重影响了阿根廷经济的整体发展，为不久后严重的经济危机埋下了伏笔。

3. 影响东道国政府的调控能力和社会文化的传承

跨国公司对外投资以占领东道国市场，在东道国建立垄断地位和谋求超额利润为目的，投资时一般不会顾及东道国整体的经济利益和社会效益，其投资行为有时甚至会与东道国的产业调整思路及政策相悖。同时，跨国公司往往具有雄厚的资金实力，其投资行为往往会对东道国相关产业产生巨大的影响，有时其资金的快速流入、流出甚至会引起或加剧东道国的经济波动。经济学中著名的“蒙代尔三角”理论（又称三元悖论或三难选择）认为，一国货币政策的独立性、汇率的稳定性、资本的完全流动性三者不可能同时实现，最多只能同时满足两个目标。随着全球化的深化，尤其是在 WTO 框架下，一国政府对国民经济的调控能力必然相应减弱。而根据“蒙代尔三角”理论，当跨国资本完全流动时，一国政府用来调控产业的货币政策和汇率政策就难免失效，从而极可能导致其对本国产业的控制力下降。典型的是，20 世纪后期拉美国家为了吸引外资和抑制通货膨胀，在“三元悖论”中选择了资本自由流动和汇率的稳定性，而放弃了货币政策的独立性。这期间，当拉美国家国内经济形势变坏时，其央行即失去了采取降低利率或放松银根等货币政策进行宏观调控的能力，而只能听任经济不断恶化。

除此之外，与产品、资本、技术输出相伴随的是价值观的输出，跨国公司在全球大行推销他们产品的同时，也将其母国的文化带向世界各地。可口可乐、麦当劳、阿凡达所代表的不仅是饮料、汉堡和电影本身，而更是一种文化。随着跨国公司在东道国建立起产品市场的垄断，这些文化象征也强势地入侵到了世界各地，尤其是发展中国家，由此也给这些国家的民族文化带来了巨大冲击。

第十一章　金融与财政安全

第一节　金融与财政的功能

在一国经济体系中，金融与财政两个系统对资源配置及经济运行都发挥着极为重要的作用。这由经济运行的货币流程决定。进而，金融与财政两个系统对国家经济安全具有重要影响，同时，金融系统与财政系统也存在着自身的领域安全问题。

一、一国经济运行的货币流程

这里需要先阐述的是“实体经济”与“虚拟经济”的概念。其中，虚拟经济是指证券、期货、期权等虚拟资本的交易活动，是以金融平台为依托所进行的各种交易活动，简单地说，就是直接以钱生钱的活动。实体经济是相对虚拟经济而言的，是指虚拟资本交易之外的其他社会经济活动，即物质资料的投资、生产、交易等。一国经济实际上是实体经济与虚拟经济的融合体。一国企业部门要通过要素市场和商品市场与居民部门发生联系，这是一国最为基本的经济活动，且国内商品市场与海外商品市场共同构成“实体经济”。企业通过银行贷款、股票市场、发行企业债券等方式筹集基金。这些市场的资金主要来自于居民。部分居民通过对保险或其他投资基金的投资，分散个人风险，实现专家理财，由股票、保险、基金投资等在金融市场上实现居民资金的保值增值。另外，企业和国内金融市场也与海外商品及资本市场发生联系。在此过程中，外汇市场是不可或缺的环节。在此，可以把商业银行、股票市场、债券市场、保险和其他投资基金以及外汇市场，统称为金融市场或金融系统。

在一国经济运行过程中，政府通过对企业和居民征税和发放补贴，来实现社会收入的再分配。政府通过货币发行、税收政策、财政投资与采购等来调节经济运行，通过企业部门或政府投资来向社会提供公共品，通过在国内外债券市场发行政府债券来弥补国家财政赤字。在这里，我们可以把政府与各个经济部门发生的联系及其作用的机制和市场都视为财政系统。

二、金融系统及其功能

金融是货币流通和信用活动以及与之相联系的经济活动的总称。广义金融泛指一切与信用货币的发行、保管、兑换、结算、融通有关的经济活动，甚至包括金银的买卖，狭义金融专指信用货币的融通。金融的内容可概括为货币的发行与回笼，存款的吸收与付出，贷款的发放与回收，金银、外汇的买卖，有价证券的发行与转让，保险、信托、国内及国际的货币结算等。

金融的基本功能是配置社会资源。从事金融活动的机构主要有商业银行、信托投资公司、保险公司、证券公司、投资基金、财务公司、金融资产管理公司、邮政储蓄机构、金融租赁公司以及证券、金银、外汇交易所等。各类金融机构互为补充。其中最典型的是商业银行、投资银行、保险机构等二类机构。

商业银行的主要功能，是在中央银行和银行监管部门监控下创造货币，提供信用、促进消费和投资，为商业交易活动提供支付和结算服务；通过在金融市场交易金融产品，提供金融服务，实现资金从供给者向需求者的转移；进而通过为工商企业提供信贷及交易服务，实现商业银行自身资本的保值增值。

投资银行的主要功能，是通过发现企业内部或企业之间的潜在价值，协助企业寻求多样化的融资手段和途径，通过并购、重组、IPO 等方式帮助企业挖掘潜力；通过向企业提供集成化的资本市场信息和商品市场信息，降低企业间的沟通成本和交易成本；通过为工商企业提供融投资服务，实现投资银行自身资本的保值增值。需要说明的是，在一个社会中，投资银行往往是专门从事并购投资、企业重组投资、IPO 投资的金融机构的统称。

保险机构是第三类金融机构，其主要功能是针对经济社会生活中的不确定性，将风险和收益在不同的风险偏好群体之间或不同时期之间转移和分摊。在保险业中，人寿保险和失业保险还兼有提供社会福利的性质，对维护社会稳定起着十分重要的作用。

三、财政系统及其功能

财政是伴随着国家的产生而产生的，是以国家为主体的经济行为，是国家为了实现国家职能的需要，参与社会财富分配和再分配，以及由此而形成的国家与各有关方面之间的分配关系。

从经济学角度看，财政是一个经济范畴，是政府集中一部分国民收入用于满足公共需要的收支活动，以达到优化资源配置、公平分配及经济稳定和发展的目标。

相应地，资源配置、收入分配、稳定和发展是财政三项基本的职能。

财政具有资源配置的职能。市场机制也有失灵的时候，市场自发形成的资源配置不可能时时处处都是最优的，这就需要政府的介入和干预。财政配置即通过财政收支为政府提供公共物品和资金，以弥补市场的失灵和缺陷，实现全社会资源的最优配置。财政配置的机制和手段，一是根据经济发展水平和政府履行职能的需要确定财政收入占 GDP 的比例，实现资源总体上的最优配置；二是优化财政收支结构，合理安排政府投资规模和结构，实现提高资源配置的结构效率；三是通过政府投资、税收政策、政府采购和财政补贴等政策工具，调控经济运行与增长。

财政具有收入分配的职能。在市场经济中，由于不同利益主体所提供的生产要素不同，同时受非竞争性因素的干扰，不同利益主体获得的利益会出现较大的差距，甚至与所投入的要素不相对称。基于此，政府就需要借助相关财政政策来调节不同利益主体之间的利益分配。财政实现收入分配职能的主要机制，一是通过差异化的税收政策，使每个社会成员能够维持起码的生活水平和福利水平；二是转移支付，基此不同地区之间的利益分配；三是通过非平均的直接投资，使不同地区居民、企业等享受相近水平的政府公共服务。

财政具有稳定与发展经济的职能。经济增长、充分就业、稳定物价、外汇收支平衡是宏观经济四大目标，其中共同的内涵是经济的稳定与发展，发展的目的是满足广大人民群众不断增长的多样化的物质与文化需求。财政实现稳定和发展职能的主要机制，一是借助相关财政政策和政府投资，努力实现社会总供给和社会总需求的大体平衡；二是可以通过一系列制度安排和调控措施上的权变决策，实现经济运行与发展过程的“自稳定”；三是通过投资补贴和税收等多方面安排，加快并增加公共设施等公共品的供给，为经济社会发展创造日益改进的基础条件；四是借助相关财政政策、政府投资、权变决策等，促进产业结构的及时转型，进而促进经济稳健增长与可持续发展。

第二节　金融安全

一、金融安全的要义

1997 年亚洲发生的金融危机，使金融安全迅速成为全球关注的问题。所谓金融安全，即一国金融系统能够借助相关机制和手段，抵御以至消除来自内部或外部的各种威胁和侵害，进而确保金融系统的正常功能和秩序。

金融系统是一国经济的血液体系，故一国的金融安全对整个经济安全有着至关重要的意义。历史上，几乎所有国家发生过的经济危机，都与金融危机有着这样那样的关系，或是股市、债市、汇市崩溃，或是银行挤兑。近 20 年来国际上两次大范围的金融危机（1997 年的亚洲金融危机和 2008 年的美国金融危机）甚至引发了全球经济动荡，大量金融机构破产，一些国家的经济甚至濒临崩溃的边缘，是这方面最为典型的例证。

在现代经济生活中，金融活动渗透于国民经济的各个方面，且由于金融市场的杠杆效应，用少量资本即可控制几十、几百倍的资金，因此，无论一国的经济实力如何强大，在大规模金融危机面前都可能显得十分脆弱。例如，在 1997 年的亚洲金融危机中，日本、韩国都遭受了巨大损失，其国内金融市场结构也因此而不得不做出重大变革。一年之后，LTCM（一家私人对冲基金）发生了 1.25 万亿美元的潜在损失，使美联储不得不放弃自己一贯强调并喜欢强加给别人的自由市场原则，并亲自出面组织救助，以免引发更大的金融动荡。发端于美国的 2008 年的金融危机，则更是金融衍生品市场过度膨胀、杠杆效应滥用与市场监管缺失等种种因素积累到极致后的集中爆发。

二、现代金融系统的特点

现代金融系统的特点包括以下几方面。

1．影响广泛

在发达的市场经济中，几乎所有经济主体都通过金融系统发生着这样那样的联系，甚至是相互作用。因此，金融系统能否健康、稳定地运行，直接关系到众多人的利益。与此同时，全球经济一体化和信息技术的迅速发展，愈加使各国金融体系的相互影响越来越显著。每当美国股市“感冒”时，香港股民便不会过得很自在。这是各国金融体系相互影响的典型例证。

2．市场交易有放大功能，并且投资组合日趋复杂

这与金融工程——采用各种工程方法（如数学建模、优化设计、近似设计、仿真模拟等）设计、开发和实施金融产品，包括新型金融商品和金融服务，创造性地解决金融创新和衍生工具的广泛应用有很大关系。例如期货交易，如果保证金是 5% 的话，那么用 5 美元就可以完成 100 美元的交易。金融工程的所谓“无风险套利”设计，往往同时涉及不同市场上种类繁多、数额巨大的金融衍生工具。金融机构可以用少量的资金达成大宗交易。如前面提到的 LTCM 事件中，该基金的资本金只有几十亿，但利用自己的资信（更确切地说是“名人效应”），在欧洲、美国、日本等股市、汇市和国债市场设计了一系列错综复杂的所谓“无风险套利”交易，最终

由于突发性因素（俄罗斯推迟偿还外债），出现了超过万亿美元的潜在损失。而一旦这些潜在损失对应的交割发生，就没有哪个市场能够承受得住这巨大的冲击。

3. 高流动性

在信用货币时代，货币并不需要实物支持，变成了一种符号，金融交易主要采用记账式交易。在现代通信和信息技术的帮助下，巨额资金的国际间转移瞬间即可完成。与实体经济不同的是，金融资本不需要经过任何实物形式，是真正意义上的“来去无牵挂”（房地产除外），决定其流动性与否、流往何处的唯一动机是资本的“趋利性”。因此，金融市场是最具流动性的市场。

现代金融系统的这三个特点，决定了现代金融市场的虚拟化倾向。今天的金融市场，无论是交易量还是资金数量，都已远远超过了实体经济。可以说，“泡沫经济”正是由现代金融系统本身的虚拟化特点决定的。在诸多因素中，“信心”和“信用”对金融市场具有至关重要的作用。因为金融资产定价主要考虑未来的赢利能力，“信心”也就意味着对该资产未来收益的预期，所以，“信心”是决定金融市场价格的直接因素，其他因素都是通过改变市场“信心”来影响投资者的“心理预期”的。炒作高流动性金融市场的最好武器不是资金，而是传达让大多数投资者相信的信息，包括正面信息或负面信息。因此，健全的外部审计制度和足够的透明度是股市、汇市存在和健康发展的前提条件。

现代金融系统的虚拟化，决定了金融系统的稳定和安全具有自我实现的特点。也就是说，金融安全状况的恶化和改善，都是一个正反馈的过程。我们可以通过一个简单的“博弈模型”来理解这一过程。

三、影响金融安全的主要因素

客观上，许多外来因素和内在因素都会对金融系统的安全产生重要影响。

其中，内在因素主要是经济体系本身的原因引起的金融形势恶化，包括一国的实体经济和金融体系本身。外来因素主要是经济体系以外的因素导致的金融形势恶化，包括一切非经济原因。如果研究某一地区的金融安全，外来因素还包括来自外部的经济的或金融的侵害。当然，对一个经济体而言，金融形势恶化，内因往往是主要的，这不仅因为内在因素是金融系统长期稳定的根本和基础，还在于当出现外来侵害时，只有具备健全的防范体系和化解能力的金融体系才能够防范金融形势恶化甚至大规模的金融危机，或者较早地使一个经济体从危机中摆脱出来。有两方面的因素可能促成金融系统从“安全”到“不安全”甚或“危机”。从经济系统内部来看，如果一国的金融系统基本合理，具有较强的竞争力，则引发不安全原因的将主要是实体经济运行的恶化。因为工商企业经营业绩下降会直接增加商业银行的不良贷款，降低股票和企业债券价格，进而影响以这些市场为主要投资领域的其他金融业的安全。国内实体经济形势恶化，还会减少政府财政收入，如果政府通过举借外债来弥补财政赤字，加上企业外债偿还能力下降，这都会增加国家的外债风险。

从经济系统的外部因素来看，来自一国经济外部的冲击，特别是国际游资的冲击，都会成为引发金融系统不安全的直接原因。通常，这些外部势力都会选择已经出现明显内部缺陷的经济体系进行攻击。特别是攻击那些短期外债过多，汇率偏离平价关系过多的经济体系。所谓攻击，一般是通过同时攻击汇率和股票或债券市场，"战胜市场"，实现盈利。这种攻击或称冲击很容易造成市场短期内的剧烈波动，从而影响投资者的市场预期和投资信心。如果市场出现恐慌，即会出现资本大量外逃，造成股市、汇市和债市全面下跌的局面。目前，大多数国家的中央银行都以稳定本币汇率为主要目标，如果央行为了捍卫本币汇率，用提高利率的方式来吸引外资，则会进一步打击国内投资，恶化实体经济局势，从而使本国经济进入恶性循环。1997 年亚洲金融危机时东南亚诸国的情况即基本符合这一过程。

当然，如果一国金融系统本身存在重大缺陷。例如，缺乏基本的盈利能力和竞争能力，风险管理不力，违规犯罪猖獗，这也会直接造成该国金融的不安全。另外，从目前网络技术和信息技术的发展趋势来看，网络犯罪和黑客也将成为金融安全的重要威胁之一。

四、考察金融安全应关注的重要问题

基于上述问题，考察一国宏观金融安全态势，应重点关注以下几方面问题。

1. 实体经济健康与否

金融系统是一个社会资源流通和配置的中介，它的利润最终来源于实体经济部门的绩效。因此，一国的金融安全，最终必须以强大的实体经济为保障。换言之，金融安全最终来自于实体经济的健康运行与发展。在理论上最先深入揭示这一现象的美国哈佛大学教授格鲁德曼早在 1997 年亚洲金融危机发生之前，即深刻地指出，"东南亚国家迟早要发生金融危机，因为他们的实体经济缺少创新，经济虚胖。"这正说明了实体经济对金融安全的重要性。

2. 金融系统自身的竞争力

除了一国整体上的经济实力，特别是实体经济的健康运行与发展之外，金融系统自身的竞争力也是决定一国金融长期稳定的直接因素。有活力的金融系统至少有以下特征。

必要的盈利能力。金融业是经营金融产品的行业，在当今激烈竞争的金融市场中，只有那些具备较强盈利能力的金融企业才能在竞争中生存与发展。因此，盈利指标是反映一国金融竞争力的首要指标。

金融系统内部的竞争环境。健康的竞争环境可以保证市场的参与者都是具有竞争力的守规经营的市场主体，同时也有助于实现资源合理、有效的配置。反之，要么会造成恶性竞争，要么会使无序的市场环境愈加无序。

多样化的融资渠道。金融是资金需求者和供给者的桥梁。在金融市场上，直接融资和间接融资都是必要的。多样化的融资渠道有助于促进资金及时合理地流向效率最高的行业与企业。与之同时，融资渠道多样化，还有助于防范、规避某一领域的风险对整个金融和经济体系产生过大的影响。

适度的金融创新。金融创新包括金融制度、金融业务和金融工具的创新。在全球竞争中，传统业务领域的盈利空间逐渐缩小，利用金融创新创造新的盈利领域和空间将是金融机构生存的基本途径。当然，过度且监管不到位的金融创新也会给金融市场带来新的风险，这就要求金融监管当局相应提高监管技能，并加强对金融创新产品的监管。例如，2008 年肆虐全球的金融危机，一个重要的根源就是美国金融市场上的创新过度而监管不力。在当时的美国金融市场上，大量金融衍生产品通过巨大的杠杆作用，在成倍放大利润的同时，也成倍放大着某些金融产品的风险，加之监管机构的监管效率低，以至于美国整个金融衍生品市场上充满了虚假信息，最终酿成了金融危机。

有效的市场监管。金融是人性最为张扬的行业。因此，政府也有必要对市场进地适当的监管。有效的监管有助于规范市场、保障市场健康有序的运行。有效的市场监管主要表现在两个方面，一是监管适度，二是监管到位。适度的监管有利于增强金融系统的活力；到位的市场监管有助于防范和规避市场竞争的无序。客观上，监管有时表现为政府对金融市场的适当干预。从学理上讲，我们可以通过建立相关计量经济模型来分析政府干预对金融市场运行的影响。

3. 金融系统自身的安全保障能力

一般而论，金融系统自身的安全保障能力主要由以下因素决定。

（1）经营策略的稳健性

在市场经济中，风险无处不在。因此，经营风险是金融机构首先需要考虑的问题。这不仅是因为“风险收益比”是评价金融机构经营业绩的指标之一，而且金融系统具有广泛的渗透性，一家金融机构的经营风险往往会扩散到整个金融系统，甚至整个经济领域。因此，稳健经营是对金融企业的首要要求。

（2）风险隔离机制的有效性

一旦一国金融系统的某一部分发生较大的问题，该国金融系统的其他部分能否迅速做出反应，将前者的负面影响限制在尽可能小的范围之内，这就依赖于金融系统是否建立了有效的风险隔离机制。建立了这类机制，一国金融系统才能有效防范局部风险因素引发的连锁反应。就“风险隔离”而言，市场化国家的常规机制是“存款保险”加上“破产或重组”。所谓存款保险，即对储户利益采用“存款保险保护”，以避免市场恐慌引发银行挤兑。所谓破产或重组，即对某些金融机构进行破产清算，对某些金融机构实施重组。

（3）金融机构内部管理机制的完善程度

这主要涉及金融机构内部的财会制度、内部控制制度及对相关人员的权利限制。从一国整个金融体系来说，要衡量金融体系管理体制的完善程度，首先应看金融违规的数量和规模。另外，整个系统的审计和信息披露也应是重要的考察内容。

4. 金融系统消除侵害的能力

完善的金融安全保障体系还包括发生金融危机时，整个金融系统能够及时进行调整和补救，以求尽快消除危机造成的不良影响，恢复金融的正常秩序。这主要涉及以下几个方面。

经济实力。在消除金融危机负面影响的过程中，金融机构的资产实力是最后的防线。因为资产实力不仅决定着各项“消险措施”能否真正得到实施，能否真正行之有效，而且对市场信心和居民、企业的心理防线起着决定性作用。

富有经验且高效的金融监管。近些年来一些国家及地区的实践证明，在防范和化解金融风险过程中，金融监管当局的监管措施及防范措施对危机事态的发展方向和规模有着重要的影响。通常，如果政府监管有效，就可能将较大的风险因素抑制在萌芽状态；反之，如果政府监管低效或无效，则可能使小的风险演变成大的事态。

社会心理承受能力。在市场经济中，“信心”和“信用”在维护金融稳定方面起着十分重要的作用。如果整个社会的心理防线被风险或危机所突破，则一国的金融系统可能进入恶性循环，投资者会竞相退出，大规模的金融危机在所难避。如果一个社会有着坚定的信心和良好的信用基础，即便遇到很大的风险，一国也可能迅速走出风险或危机的阴影。

高级专门人才的拥有程度。一国保障自身金融安全的能力强弱，除制度性因素外，还取决于该国高级金融人才的多寡程度和对先进金融技术的掌握程度。特别是，先进的金融技术是要靠人来掌握的。基于此，金融人才于是维护一国金融安全的核心要素。尤其是在信息技术高速发展的今天，金融安全往往受到“高技术犯罪”的侵袭，因此，金融系统拥有掌握先进信息安全技术的高级专门人才也是十分重要的。

五、金融安全状况恶化的主要表现形式

同其他经济领域一样，金融系统从“安全”到“不安全”甚或“危机”，也是一个量变到质变的过程。某些程度的金融不安全演化的最终结果是金融危机，多数情况下很可能引发一国全面的经济危机。金融安全状态的转化或是“渐进式”的，或是“跳跃式”的。具体是哪种形式，主要取决于一国的经济体制。

在市场化程度较高的国家，金融安全状态恶化的典型表现形式是“金融机构发生支付危机——客户挤提存款、抢购外汇——部分金融机构倒闭——大规模的兼并重组——金融资本重新集中”。其后果多数是本币贬值、资产贬值，风险的主要承担者是相关的经营不善者。当然，由于金融系统的影响极为广泛，金融监管当局一般不会让大型金融机构破产，而会采取某些重组和改造措施（例如，在 2008 年美国金融危机中破产的金融机构表面看是破产了，实际上更多的是被其他机构兼并重组了）。这其中的风险我们称为“市场性风险”。

相反，在市场化制度不尽完善或经济体制转轨的国家，金融安全状态恶化的典型表现形式是“金融机构发生支付危机——央行增加货币供给——形成通胀压力”。其结果往往是通货膨胀压力的巨大累积，最终承担巨额损失的还是广大的老百姓（例如，俄罗斯休克疗法时期发生的金融危机）。这其中的风险我们称为“制度性风险”。

在金融危机演化过程中，与“制度性风险”相比，“市场性风险”恶化的速度更快一些，因为个别或部分金融机构抵御风险的能力都是有限的。在这一背景下，金融危机的演化过程往往是“跳跃式”的。当然，在某些情况下，“市场性风险”的影响程度可以被控制在有限的范围内，而且调整、补救的速度很快，损失主要由相关企业承担。而在“制度性风险”条件下，金融安全状态的恶化是一种渐进累积的过程，金融系统的风险抵御能力相对较强，危机爆发得不如市场性风险下频繁，但损失要由全社会承担。而且各种不良因素在渐进累积过程中很难得到及时纠正，甚至始终得不到及时纠正，一旦累积到整个金融系统无法承受的程度，就会引发严重的金融危机和社会后果。

客观地看，市场性风险较多的国家虽然遭遇的大大小小的金融危机麻烦较多，但在金融危机酝酿以至发生的过程中，所影响的范围和程度比制度性风险较多的国家要小得多。因此，转轨国家金融监管当局必须在防范金融危机爆发的同时，加强对金融机构、资本市场的常规监管，避免制度性风险的累积和发作。

六、金融安全态势的监测预警

由于金融安全对一国经济整体安全具有极端重要性，因此，目前不少国家都在投入大量资金和人力建立本国金融安全态势的监测预警系统。但由于其中的难度较

大，目前这方面的理论研究成果并不多见。具体方法大致有信号分析法和概率分析法两类。

1. 信号分析法

这种方法主要是从金融安全状态转化的机理入手，研究影响金融安全的各种因素，考察其变化规律，分析究竟是哪些因素可能或实际导致了一国金融的不安全以致危机，以为提前制定相应的防范策略提供依据。

在这类方法中，典型的做法是建立计量经济模型。该类模型试图将金融安全状态的转化解释为一组变量变化的结果，并且认为可以找到不同的安全状态和这些变量之间的量化关系。典型的模型有 Frankel 等人的 probit 模型或 logit 模型，以及 Sachs、Tomell 和 Velasco 等人的横截面回归模型。但金融系统本身的复杂影响关系以及经济结构的不断变化，使传统计量经济模型在预测方面的作用十分有限。就实际预测效果而言，这两套模型对其后不久发生的东南亚金融危机都没有做出任何预警。此外，21 世纪以来几次全球或区域性的金融危机之前，也没有学者或机构基于传统计量经济模型发出过有效的预警。目前理论界已基本达成一种共识，即用传统计量模型预测金融危机的思路是无效的。

2. 概率分析法

这种方法并不考虑促成安全状态转化的具体因素和机理，而只是根据历史上各种安全状态下某些经济指标的表现和变化设计一套指标，并通过一定的方法构造出度量总体风险程度的综合指标；或者利用模糊类比的方法，通过与历史数据相比较，对现实经济及金融运行情况进行监测和预警。前者的代表是 Kaminsky 等人的“信号法”，后者有刘遵义的模糊类比法（或称主观概率法）。“信号法”同样没有对东南亚金融风暴做出明显反映，而刘遵义的模糊类比却因成功预测而名声大噪。完整的概率分析模型指标体系的构建有多种方法，常见的一种是分别针对“外向性金融”和“内向性金融”业务部分构建指标。下面介绍一组典型的预警指标。

（1）外向性金融预警指标

这主要考察分析以下指标：①经常项目对外依存度，如外贸进出口总额 /GDP。②资本项目对外依存度。③外债总量风险程度，如负债率、债务率（外债余额与当年外汇收入之比）、偿债率、债储率（外债余额与外汇储备之比）。④外债结构风险程度，如短期外债率（短期外债 / 外汇储备）、短期外债比（短期外债 / 外债总额）。⑤外资结构风险程度，如外国非直接投资 / 外国直接投资。⑥外汇储备保障程度，如外汇储备余额 / 月进口额。⑦国际收支经常项目赤字率，如经常项目赤字 /GDP。⑧官方汇率与黑市汇率之比，特指实行固定汇率或有管制的浮动汇率制。⑨国内外利率比，习惯上考察“国内贷款利率 / 美国贷款利率”。

（2）内向性金融预警指标

这主要考察分析以下指标：①财政赤字比、国债比。②国内信贷增量比、金融机构各项贷款余额 / 上年 GDP、广义货币供应量 M2 增长率。③贷款结构风险、贷款流向房地产及证券的比重、国债结构风险程度、短期国债 / 国债总余额。④金融资产流动性比率，还包括短期资产与短期负债的匹配（（短期负债 – 短期资产）/ 短期资产 ×100%）。⑤金融衍生产品的收益比率，如金融衍生产品交易所得利润 / 总利润。⑥币值稳定率，以通货膨胀率度量。⑦汇率稳定度，股价稳定率。⑧金融机构资本充足率、不良资产比率。⑨其他，包括金融腐败指数、黑色金融规模扩张速度、社会信用意识等。

建立成功的概率分析预警系统的关键是选择合适的指标。这些指标必须能对各种会造成金融不安全的因素做出迅速、准确的反应。传统的概率分析只借助可以量化的指标，所以在具体应用时，一般是与情况较为接近并且发生过金融安全问题的国家进行比较。例如，刘遵义教授就是在比较了亚洲国家和墨西哥发生危机时的 10 项指标（实际汇率、实际 GDP 增长率、相对通货膨胀率、国际国内利率差、国际国内利率差变化、实际利率、国内储蓄率、国际贸易差额、经常项目差额，以及外国组合投资与外商直接投资比例）之后，成功地预测了亚洲 1997 年发生的金融危机。实际上，“情况相似”包含了大量定性描述的信息。

3．两类方法的比较

客观地看，信号分析法和概率分析法各有优劣。

信号分析法能够在事后判断对一国金融安全形成威胁的主要因素，这当然有利于管理者制定相应的对策。但信号分析法没有且很难给出量化的标准，无法预测危机何时发生。另外，正如前文所述，市场信心在决定金融安全状态转化过程中扮演着十分重要的作用。同样的金融事件，由于人们市场预期的差异，在不同国家很可能形成截然不同的结果。因此，信号分析法用于预测的作用是十分有限的。

相对而言，概率分析法可以明确指出在何种情况下，发生危机的概率有多大，可以及时发出预警信号。但其缺点是，不能直接给出引致某些指标恶化的原因，难以据此提出制定对策的方向。而且比较的标准是历史数据，对于新问题缺乏敏感性。不过，由于在量化研究方面的优势，概率分析法目前仍是应用最为广泛的方法。

从现代金融市场的发展趋势来看，为维护一国的金融安全，需要更为先进的监测预警系统。因为金融市场日趋复杂，金融企业和监管者都很难从错综复杂的金融现象中理出对整个局势有决定性影响的因素、因素间关系及其脉络。但目前的概率分析技术过多地依赖量化指标，不能包含足够的市场信息。在对金融安全产生重要影响的诸多因素中，还有许多因素是无法直接量化的，例如文化、心理承受能力等因素。东南亚国家由于经济发展阶段和开放程度与某些拉美国家有很多相似之处，很多定性指标可以用参照物替代，故刘遵义的预测取得了较好的效果。但如果研究对象比较特殊且找不到在各方面都很相似的参照国，例如，对于经济体制及结构都处于转型阶段的中国经济，单纯用量化指标很难有效地对金融危机做出预警。因此，我们有必要在金融安全监测预警指标体系中引入更多的定性描述信息。

4. 一种新的设想

这里提出一种新的金融安全监测预警系统的设计思路。这种方法有赖于计算机技术的支持，特别是神经元网络和模糊类比技术的使用，目的是建立融合量化数据和定性指标的预警系统。在这一系统中，我们将建立一个案例库，可以将金融领域的客观现实与有关历史事件的定性及定量指标相比较，从而判断目前这个阶段某个经济体系的金融安全状态。客观上，如果该系统收集的案例足够充分，选取的指标较为合理，就可以实现更好的监测预警效果。不过，这种方法也是建立在历史资料基础上的。从本质来看，是一种融入了定性描述的概率分析法。

我们的初步设计思路是：将一国的金融安全状态分为安全、基本安全、潜在不安全、显在不安全和危机五个阶段。

首先，我们可以建立有关的指标体系。为建立这一指标体系，需要收集各国历次金融安全事件前后整个经济体系的实际表现，包括金融系统的表现（这应该是重点），以及其他经济领域的相应变化，例如GDP增长、进出口情况，甚至社会治安等。针对这些共性特点，可以建立一套达到一定敏感度的指标，包括量化指标和定性特征描述。在理论上，这一指标体系应涵盖前文论及的对金融安全有重要影响的所有因素，如政治人文环境（政局的稳定性、政府对市场的干预、社会文化道德基础），宏观经济结构（经济结构、金融体系的发育程度、资本市场的开放程度、外汇储备、外汇管制方式、政府能力、银企关系），宏观经济状况（经济增长、国内储蓄投资率、产品结构及科技含量、净出口、实际通货膨胀率），金融体系竞争力和安全性（金融资产/本利润率、直接融资与间接融资量的比重、资本市场规模、金融创新数量及创新工具的交易量、中间业务比重、实际汇率、国际国内利率差的实际水平和理论水平的偏离），金融系统抵抗的风险能力（金融体系流动性、负债率、呆坏账比率、信息的准确迅速传导能力），以及金融监管当局的应变能力等。

其次，我们需要确定有关的“可比权重”。所谓可比权重，是指有关国家的指标对于研究对象的可参照性，这通常与国家之间的“基本国情”的相似程度有关。例如，反映金融资本盈利性的指标——资本利润率，欧美、日本、东南亚国家和拉美国家的警戒值不尽相同。如果研究对象是中国的金融安全，借用其他国家的相关指标时，就需要对不同国家的相应指标给予不同的权重。假设根据银行结构或者银企关系的相似度，则对日本就应赋予最高的权重（如 0.5），对东南亚和拉美均应赋值 0.2，对欧美则应赋值 0.1。这里需要指出的是，可比权重只对具体指标而言，不同指标的权重分配可能差距较大。为确定可比权重，可以采用专家意见法（如 Delphi 法、头脑风暴法等）。

按照我们的基本设想，将这些指标及其相应的金融系统和经济体系的特征表现同时输入模糊类比模型，有了足够的案例之后，就可以初步建成一国金融安全态势监测预警系统中的模型体系了。

在考察一国金融安全态势时，将观察到的有关指标输入所建立的系统模型，则可以得到这组指标所反映的安全状态。在建立这样一套模型的过程中，除了程序设计之外，决定预测效果好坏的另一个关键是指标体系的设置，即是否包含预测所需要的信息。另外，有关案例的代表性和及时更新，也会对预测效果产生较大影响。不过，该模型最主要的优点在于，它是一个不断自我学习和完善的系统，能够及时适应新的变化并做出调整，其监测预警效果也会随着案例库的逐步丰富而不断提高。

当然，目前还没有一个实际的金融安全监测预警系统是严格按照这种思路设计的。原因在于，处理案例信息的神经元技术本身还不尽完善，有待于新的发展。另外，如果实际案例收集过少，则该方法不能充分显示其优越性。尚且，有关指标特别是定性指标的选择以及可比权重的确定，也没有专门的研究可供借鉴。因此，这种设想短期内还不能充分显示其优越性。但在理论上，只要研究者付诸更多的努力，则这类方法必有更好的应用前景。

第三节　财政安全

一、财政安全的要义

从财政学的角度看，财政的主要功能是社会收入的再分配，维护社会公平；从经济管理学角度看，财政是政府从宏观层面调节经济活动的主要途径之一；从社会管理学角度看，财政是国家政权建设的直接资金来源。因此，财政安全直接关系着一国经济的健康运行，影响着一国上层建筑的生存。如果按照关于“国家”的狭义定义，则财政安全是一国最为基本的经济安全问题。

所谓财政安全，即一国财政体系处于稳健增长的收支平衡状态，不存在引发财政危机的财政机制，不存在引发财政危机的整体经济问题，财政可以支持一国社会经济的可持续发展。究其本质，所谓一国财政处于安全状态，就是一国财政基本处于稳健增长和能够持续支持本国经济社会发展的状态。

财政安全与一国整体经济安全有着极为密切的互动关系。所谓互动，就是一国的财政安全状态与整体经济安全状态是互为影响和决定的关系。客观地看，没有一个国家的财政是不安全的，而整体经济是安全的；相反，也不会有任何一个国家整体经济是不安全的，而财政是安全的。从国内外的实践来看，财政安全和整体经济安全的实际态势几乎总是一致的，财政不安全和整体经济不安全几乎也是同时发生的，危机亦同。

二、研究财政安全的理论基础：财政收支理论

财政的基本功能决定了一国财政的运行需要满足以下基本要求。

（1）兼顾效率与公平，即通过税收筹集政府可支配的资金，并对困难的个人或企业发放补贴，以实现社会收入相对公平的再分配。

（2）合理安排各项财政支出，即在提供非生产性公共品（如国防）和执行财政政策的基础上，尽量维持一国财政的收支平衡。

（3）在一国财政出现收支缺口时，通过举借国债弥补相应的财政赤字。

关于财政赤字问题，一般有两种理论。传统计划经济国家的财政理论认为，一国财政应该坚持“量入为出”的原则。即政府应根据实际收入情况决定财政支出的规模，严格控制财政赤字。中国在20世纪50 ~ 70年代奉行的即是这一原则。现代市场经济的财政理论则认为，适当的财政赤字并不可怕。重要的是财政必须发挥其对经济的调控功能。这一理论主张首先根据政策的需要决定财政支出，一旦出现财政赤字，再通过发行国家债券来弥补财政赤字。一般情况下，奉行凯恩斯主义和积极的财政政策的国家，都信奉这一财政思想。

这里需要注意的是，虽然目前大多数国家都出现过不同程度的财政赤字，特别是在金融危机背景下，各国政府都通过扩张型的财政政策来刺激经济，但从长期来看，一国必须维持基本的财政收支平衡。因为财政收支平衡是维护国家财政安全的基本前提，只有在各年财政收支基本平衡或者略有盈余的基础上，才能维持一国财政的长期稳定，维持一国的国家能力。如果一国总是依靠举债来实现财政平衡，则必然导致该国债务的过度累积，最终必然对国人的信心和国家在国际上的信用产生负面影响。同时，国家主权信用的等级降低，本身就是财政不安全的表现。而且过多的国家债务，也会使政府在选择宏观调控手段时顾忌重重，从而必然削弱一国的国家能力。

另外，国家债务增加，还可能造成国家债务还本付息的恶性累积，很可能造成

赤字与债务双高的局面。最严重的后果是政府无力偿债，如果是中央政府，就可能选择延迟偿还或者拒绝偿还，这必然会带来更为恶劣的后果：政府以至国家信用下降，社会恐慌，局部或全局性的金融危机，引发国外经济制裁，甚至会连带引发战争。例如，21 世纪初的阿根廷危机造成了巨大的经济社会动荡，其重要根源就是阿根廷政府外债过于沉重，最终由债务危机演变成了经济危机、政治危机和社会危机。近两年来，在国际金融危机背景下，长年奉行赤字财政以刺激经济的冰岛、希腊等国纷纷陷入主权债务危机，甚至整个国家都到了“破产”的边缘。

由前述不难推理，尽管财政赤字是国际上极为普遍的现象，但多数国家政府都把“控制财政赤字在可接受的范围内”作为重要的政府目标。换言之，在经济形势需要政府积极干预的时期，实行一定规模的赤字财政；在经济形势好转之后，即采取措施适时减小财政赤字。例如，美国克林顿政府中后期曾一度消灭了财政赤字，而小布什上台后，美国的财政赤字又逐年大幅上升。

三、分析财政安全问题的基本出发点

在没有重大天灾人祸的情况下，威胁一国财政安全的直接因素是国家债务累积过高，甚至超过其清偿能力，进而导致政府无法正常履行职能。客观地看，一国的债务清偿能力与其整体经济安全态势和经济实力是一致的。因此，分析一国财政安全问题时，必须重点关注一国国家债务情况，以及导致该国国家债务过度积累的主要成因。

另外，财政一般分为中央财政和地方财政，两级财政的根本目的是一致的，且在经济生活中发挥着互为补充的作用。但在实际运作中，两级财政又代表着不同的利益主体。在其他条件给定的情况下，地方财政比例过大，则必然削弱中央的财政能力。这里，鉴于本书所讨论的是国家经济安全下的国家财政安全，因此，我们只能站在中央财政的立场，将其与地方财政的关系也列入影响国家财政安全的重要因素来予以考虑。

四、财政收入

财政收入是国家能力的直接来源，只有筹集到足够的资金，政府才能履行其职能，维持国家的正常运转。从理论上看，财政收入反映了一种社会的“委托—代理”关系，即公众通过缴税向政府提供资金，政府通过使用财政收入来向公众提供公共品，个人和企业等微观主体从公共品消费中获得利益。因此，财政收入必须是为了满足公共支出的需要，最终受益者必须是整个社会。在市场经济国家，税收是国家财政收入的主要来源。在计划经济国家，财政收入主要来源于企业上缴的利润。在转轨

国家，财政收入则是通过税收和非税收入共同实现的。

1. 税收对国家财政安全的影响

税收之所以成为一国主要的财政收入来源，是因为国家可以用立法的形式来保障其无偿性、合法性和稳固性。从根本上看，一国特定年度能够实现的税收首先取决于其整体经济规模（如GDP）。在此基础上，税收主要取决于税收结构的合理性和有效性。所谓“有效”，一是指税种、税目、税率、央地分配比例等制度性安排，要有利于培育财政赖以生存的“税基”的扩大；二是指税收制度安排、征收管理等环节性设计，要有利于税的实际上缴；三是指税收在中央和地方间的分配比例，要有利于两者共同对国家财政安全负责。

合理的税收政策在保障政府财政收入的同时，还应兼顾社会公平。因此，目前大多数市场经济国家的税收结构中，所得税均占有很大比重，并且实行累进税制，对高收入者征收较高的所得税。为了获取足够的财政收入，税基的设计应做到：（1）征收对象广泛，涉及经济活动的各个方面；（2）提高所得税在税收总体中的比重。当然，所得税的征收也要有利于刺激微观经济主体追求盈利的积极性。税收的执行情况对征税结构有直接影响。因此，成熟的征税体制应该能够：（1）杜绝偷税、漏税、骗税、抗税现象，保障法定税收的实际上收；（2）税收在中央和地方之间的分配，要能够激励地方政府关心国家整体财政收入，实现地方财政利益与中央财政利益的统一。这是因为，能否保证中央政府有足够的财力维护国家能力，对于国家财政安全有着决定性的意义。

2. 非税收入对国家财政安全的影响

广义的非税收入指所有税收以外的政府收入。狭义的非税收入指“政府为了公共利益而征收的所有非强制性的、需偿还的经常性收入”。在法制国家，这两个概念的范围是基本一致的，因为在有完善的外部审计和社会监督机制的情况下，非税收入的收取基本是专款专用，政府收费很难超过狭义范围。而在法制不尽完善的部分发展中国家，非税收入的外延被无限扩大，各级政府或部门往往出于局部利益会随意收费，这势必会扰乱一国正常的财政秩序，违背社会公正原则，给人民生活带来很大的负担，甚至导致社会的不稳定。

除此之外，不少非税收入并非完全流入到了中央财政。事实上，由于非税收入多数不受中央政府直接控制，当然就不可能完全形成中央政府的财政能力。其结果是，如果大量征收非税收入，在加重社会负担的同时，也会削弱中央政府的财政能力。

在不少国家，非税收入管理混乱是常见的现象，这会严重削弱政府财政政策的实际效果，甚至会导致某些政策失效。这里不妨举例略作说明：假设中央政府希望通过减税（例如将税率降低 a%）刺激私人消费和投资，又假设税率对生产的弹性是 k。在这种假设下，中央政府会认为，经济将增长 ka%。这时，如果非税收入没有相应减少，反而所占比重很大，因此假设是 50%。对微观主体来说，实际税率只降低了 a/2%。那么，该国最终的经济增长最多只能达到 ka/2%。显然，由于政府的非税收入比重过大，财政政策效果被削弱了。如果政府非税收入不降反增，则更会削弱政府财政政策的作用，甚至会使某些税收政策失效。如在上例中，非税收入只要增加 a%，就可以使政府 a% 的减税政策完全失灵。

五、财政赤字与制度性债务积累

从世界多数国家来看，造成财政不安全的根本原因是生成财政赤字的财政收支机制，直接原因则是国家债务的过度积累。例如，在转轨国家，往往会发生超过国家财政能力的财政支出，由于经济中不存在弥补这部分支出的收入因素，故必然导致财政赤字。如果不对生成这种赤字的体制进行改革，即必然导致制度性债务积累。所谓制度性债务积累，即国家债务的生成不是由于自然灾害、军事冲突或其他突发事件的影响形成的，而是体制因素长期积累的结果。由于这种赤字是内生的，如果经济中不存在消除它的因素，这部分债务就没有偿还的来源，而只能靠发新债来偿还，从而形成“借新债、还旧债”的恶性循环。因此，从根本上看，这种赤字或债务的累积是威胁一国财政安全最大的内生性因素。

要弥补一国的财政赤字，主要有两种方式，或是向央行透支，或是多发新的国债。在前一种情况下，央行只能通过发行货币来解决赤字，但这会形成通货膨胀压力，或者形成虚置的信贷能力，进而直接形成金融风险。因此，目前多数国家都明确规定不允许财政向央行透支。理论上，如果财政政策的实施主要靠发行国债来维持，这必然会部分失效。因为财政支出的目的之一是刺激消费与投资，但发行国债又将社会资金集中到了政府手中，这就部分地削弱私人消费和投资的能力，从而自然会影响政府财政政策的效果。这可称为国债的“挤出”效应。另外，国债也是调整货币供应量、执行货币政策的工具，过多筹资性质的国债势必会影响市场利率，因而会加大政府货币政策效果的不确定性。因此，用发行国债的办法来弥补赤字也不是长久之计。固然财政赤字可以用下年的财政盈余来弥补，但从长期来看，对存在体制性缺陷的财政不安全的经济体系来说，这样弥补财政赤字的效果又将是十分有限的。

从财政结构上看，中央财政与地方财政的关系和力量对比，也是影响国家财政安全的重要方面。财政过于分散到地方，即便政府财政收入总量很大，也不能形成强大的国家能力，因为两级政府在支出方面无法作出迅速一致的决策，这就无法实现中央财政的意图。现实地看，在产生债务特别是隐性债务过程中，地方政府的作用不可小视，但最终偿还时，中央政府又可能成为最后偿债人。财政结构对财政安全同样会产生重要影响。由于各国的体制差异很大，因此在具体研究不同国家的财政安全时，还需要对财政体制产生的不安全因素结合国情而分别加以考虑。

六、财政安全的监测预警指标与系统

财政安全的影响因素比较明显，目前国内外已形成了较为全面的反映一国财政安全态势的指标体系。其中一些指标从形成赤字的收入与支出的流量方面考察财政安全的内在原因；一些从债务和政府的偿债能力等存量方面考察财政安全的相关问题，并且适当考虑财政与货币政策或其他市场之间的关系。具体有以下几个指标。

1. 宏观经济总体指标

经济增长率。即实际 GDP 比上年增长的幅度，该指标反映了该国的经济增长速度，也反映了该国的经济总体态势。

失业率。指失业者占全部劳动力的比重，反映一国的充分就业情况。

通货膨胀率。通常用物价指数（CPI）来表示，反映一国物价波动情况。

2. 财政安全总体指标

宏观税率。即财政收入占 GDP 的比重。在早期市场经济国家，财政收入基本等于税收收入，故称前述比例为宏观税率。宏观税率因一国所处的阶段和社会福利政策不同而有较大差异。各国的宏观税率大致是：福利国家一般为 40% ~ 60%，英、法、美、德等发达国家一般在 30% ~ 40% 左右；发展中国家一般在 20% ~ 30% 之间。宏观税率直接反映一国中央财政对经济的影响力。

债务依存度。即国家债务收入占当年财政支出的比重。它反映一国财政支出中有多少是依靠发债支持的，直接说明财政赤字在政府总支出中的比重。显然，较高的债务依存度是引发财政安全问题的根源之一。目前，国际公认的债务依存度的警戒线是 25%。

债务负担率。即累积债务余额占当年 GDP 的比重。该指标从存量角度反映一国的财政安全状态，是长期积累的结果，它直接影响一国政府的融资能力和履行政府职能的选择余地。客观地看，一国的财政危机通常是直接从债务负担过重开始的。目前《马约》（即《欧洲联盟条约》）规定这一安全线是 60%。

财政赤字占当年 GDP 的比重。这一指标主要用于衡量一国财政赤字的相对大小。《马约》规定该指标不应超过 3%。

中央财政收入占全国财政收入比重。这一指标反映中央政府财力大小，以及中

央政府承担财政风险的能力。国际上这一比重平均为60%。

财政支出对财政收入的弹性。即财政支出增长率与财政收入增长率之比。该指标与财政赤字联系密切，该指标值若长期大于1，政府就会面临长期的财政赤字，面临较大的政府负债风险。因此，这个指标对于预警财政风险具有非常重要的作用。然而，在运用这个指标时，还应该把它与经济增长周期联系起来，因为财政支出的增长和财政收入的增长在经济增长的不同时期有不同的特点。

3. 外债管理指标

外债关系到一国的主权信用，且偿还外债通常要动用国家外汇储备。因此，国家的外债偿还能力以及该国的外汇储备往往成为国际投机资本攻击其金融市场的诱发原因。外债管理不当往往有可能直接引发一国的金融危机，因此，对外债问题的监测需要一些特殊指标。

短期外债率。即一国一年之内需要偿还的外债占全部外债的比重。该指标考察的主要是一国的债务期限结构。显然，在短期债务率较高的年份，需要十分关注当期的债务偿还能力与流动性，以确保到期债务能按时偿还。目前国际公认的短期外债率的安全线是20%。

外债偿债率。即一国的外债还本付息额占商品劳务出口外汇收入的比重。它主要说明一国外汇收入对所需偿付外债的支持能力。如果该比率过低，则只有靠借新债偿还旧债。目前国际公认的外债偿债率的安全警戒线是20%。

外债率。即一国的外债余额占外汇收入的比重。它与外债偿债率一起，分别从流量和存量上考量一国的偿债能力。目前国际公认的外债率的安全警戒线是100%。

负债率。即一国外债余额占GDP的比重。它主要用于衡量一国所承受的外债相对其经济实力的大小。目前国际公认的负债率的安全警戒线是25%。

需要指出的是，以上两组指标都只是考虑国家对显性债务的偿还能力，实际中一国还会有一些隐性债务。例如，国家或政府担保的企业负债，一些政府部门发行的建设债券，如果当事人没有清偿能力，这些债务最终都会变成国家负债。因此，在具体考察国家财政安全状况时，还需要充分考虑这些隐性负债，包括数额和第一当事人的偿还能力。

4. 财政与其他市场或经济政策的关系

建立完善的财政安全监测预警指标体系，还必须考虑财政与其他市场或经济政策的关系，相应需要考虑以下几项指标。

呆坏账/GDP。这一指标本来属于金融安全领域的指标，但对财政系统与金融系统独立性不强，二者交叉程度较高的国家来说，银行相当部分的呆坏账是由财政支出信贷化引起的，银行呆坏账的结果也必须由财政来承担。因此，在财政安全监测预警指标体系中就必须考虑这类指标。类似的指标还有“呆坏账占信贷资金的比重”。

银行资金利润率。同上面一样，也适用于财政、金融独立性差的国家。

货币流动性比（M_1/M_2）。该指标主要反映货币的流动性和交易的活跃程度。一般而论，货币流动性较低的国家，多宜于实行扩张的财政政策，以刺激消费和投资。

货币乘数。也称为货币扩张系数或货币扩张乘数，是指在基础货币基础上通过商业银行创造存款货币的功能，产生的派生存款的信用扩张倍数，是货币供给扩张的倍数。

国际储备（外汇储备）。该指标主要反映一国对于进口和外债的清偿能力，特别是外债清偿能力。

税收弹性。即一国税收增长率与 GDP 增长率之比。多数情况下，一国财政支出的增长往往快于 GDP 的增长。合理有效的税收弹性是保证国家财力增长、增强抗风险能力的重要因素。税收弹性过低，只会不断增加国家财政赤字和债务风险。一般来说，税收弹性应保持大于 1 的水平，最低也不能低于 0.8。

需要说明的是，具体研究某国的财政安全状况时，还需要更多更具体的指标以丰富监测预警内容，如财政支出结构、财政支出绩效等方面的指标。

5. 建立财政安全监测预警系统的基本思路

目前，学界提出的建立财政安全监测预警系统的思路主要有两类。

一种思路是建立类似宏观经济模型的计量经济模型，即找出决定财政收入总量、财政收入增长率、财政支出总量、财政支出增长率、预算外收入总量及其增长率、预算外支出总量及其增长率等经济指标，并用计量经济模型求出这些变量的函数关系，即可以较为准确地预测各年的财政状况，甚至可预测一国发生财政危机的大致时间。

但该思路的假设前提是，一国的财政体制和收支结构不会发生较大变化。然而现实情况往往是，在许多国家特别是发展中国家，财政体制多会发生重大变化。即使在发达国家，在不同的经济发展阶段，也会有不同的财政支出要求或收入决定因素。也就是说，决定财政收支的因素会不断变化，各因素的影响程度也会发生变化。特别是，财政与金融等其他经济系统联系紧密，则很难用简单的数学模型来表示财政变量之间的关系。因此，从 20 世纪 70 年代起，计量经济模型已很少被用于财政安全态势预测。正是基于这一点，本书的财政安全监测预警系统研究不再对计量经济模型作过多描述。

这里需要特别描述的是另外一种思路，与金融安全监测预警相类似，我们倾向于通过建立一套合理的指标体系，来对一国的财政安全态势进行监测预警。我们认为，一国财政安全状态的实际判断，可以用一组指标与警戒线的逼近程度来衡量。目前，关于财政安全态势的预警指标和警戒阈值，国际上也已形成了一套较为成熟的看法。另外，评价一国的财政安全态势，更应注意造成一国财政不安全的内在机制，而不应单纯用存量指标来评价一国的财政安全水平。同时，即使前述存量指标或者某些时期的短期流量指标很健康，也不能认为该国的财政状况一定是安全的。只有一国的财政系统与国民经济形成了良性的互动关系，不存在制度性债务积累，才可以说该国的财政系统从长期来看是健康而稳定的。

第四节　金融安全与财政安全的相互影响

一、两个系统及两类政策的相互影响

现实中，几乎所有市场经济国家的政府都同时运用财政政策和货币政策调节宏观经济。事实上，这两种政策本身就是一对相互影响、互为补充的矛盾统一。因为两种政策都试图通过改变微观主体的某些行为，从而影响一国整体经济的走势。相互冲突的财政政策与货币政策的效果有可能相互抵消，这就不免造成社会资源的浪费。在不少国家，在经济发展的不同阶段，财政政策和货币政策都有失灵的时候。因此，有必要加强两种政策的相互协调，以促进经济的健康发展。

现实中，某些财政政策工具同时也是金融市场工具。例如前文提到的国债，原本属于财政筹资的手段，但国债一、二级市场已成为金融市场重要的一部分。国债的规模和利率对其他金融市场的价格和资金量也会产生直接影响。同时，国债也是央行控制货币供应量的重要货币政策工具，今天的国债已不再单纯是政府弥补财政赤字的应急手段。如在美国，即使在出现盈余的情况下，政府也仍然没有减少短期国债的发行量。因此，现实中还应注意两类政策工具的互用。

在两类政策的具体制定和实施过程中，财政体系也需要借助于金融体系。例如，银行账户可以作为确保企业和个人所得税顺利上收的保障手段。合理运用金融系统的这一功能，就可能降低财政运作的成本。因此，现实中还应注意两类政策及其体系的功能互补。

二、两类政策的密切联系决定了二者可能互为不安全因素

客观地看，财政体系与金融体系的密切联系决定了二者之间任何一方的不安全，都可能成为对方不安全的直接诱因。例如，处于转轨阶段的经济，往往会借助“信贷资金财政化”来弥补政府财政能力的不足，一旦“信贷资金财政化”超过某个规模，

就可能直接造成金融系统的不安全。又如，如果财政资金过度困难，过度收费就可能造成企业成本普遍上升。如果过度用信贷资金来弥补财政资金的不足，银行产生的呆坏账的积累就可能影响一国的金融安全。

在市场经济国家，市场间的影响和调整较为迅速，因为资本总是流向利润更高的地方。某个市场的任何微小变动，都可能引起其他市场的资金量、价格等方面的变化。因此，一方安全的变量，就可能转化为另一方安全的变量。在建立金融安全监测预警系统时，可以将对一国财政安全态势的总体评价作为一个参量编入金融安全的指标体系之中。从前述金融安全和财政安全的监测预警指标体系也可看出，不少指标是两种安全体系共用的，即是基于这个道理。

另外，我们还可以构造反映各类市场之间的流动性和相互影响程度的指标。一种思路是考察市场间资金流动对利率的弹性。例如，货币市场利率上升1%，在一定时期内，吸引外汇市场或资本市场资金流出的百分数。或者用这些市场的价格变化代替资金流动，以反映市场间的相互影响。对市场间影响较为显著的国家，在研究财政安全问题时，往往需要更多地考虑其金融市场安全的影响。如果弹性足够大，说明市场间的影响显著，即需要将对一类安全的评价纳入另一类安全的指标之中。如果弹性很小，这种影响就不必用数量指标来描述，而只需采用定性描述或机理分析方法。

三、其他系统的安全问题也会对财政与金融安全产生影响

除了金融与财政两个体系之间相互作用外，其他经济系统的安全问题与状态，也会对财政与金融系统安全产生重要影响。例如，信息的可靠性、及时性与准确性，都会对金融和财政系统的正常运作产生影响，也会对在特殊情况下政府采取的应对措施的实施效果产生影响。完备的市场信息是金融市场健康发展的前提之一。在信息不完备的情况下，金融市场的运作多数是低效率的。

在某些情况下，某些领域对财政、金融安全的影响甚至会非常显著。例如，石油价格波动对实体经济的盈利水平有着直接的影响，范围和程度较大的石油危机同样会引发金融与财政的不安全。但在多数情况下，这些因素不一定引发金融危机或财政危机。因此，一般不将这些因素纳入金融安全、财政安全的监测预警指标体系之内。但考虑到诸如石油问题也会对金融安全、财政安全产生间接作用，因此，完善的金融安全、财政安全监测预警系统也应把这些影响作为特殊或者突发性因素考虑其中。

第十二章　生态环境与经济安全

第一节　生态环境对经济安全的影响机制

一、研究生态环境与经济安全问题的基本出发点

生态环境对经济安全的影响研究是建立在生态环境与经济发展之间协调统一关系理论基础上的。国家经济安全问题在生态环境问题上的直接反映，是在自然价值基础上生态环境问题对经济发展的制衡；间接反映是在环境外交等领域，一国的生态环境问题会对自身经济发展形成的外部影响。

就生态环境问题的直接影响而言，我们可以从生态破坏和环境污染两个方面来研究制约经济发展的生态环境问题。其中，生态破坏问题包括自然资源破坏问题，环境污染损失包括环境公害问题。环境安全问题研究则是在综合生态环境对经济安全的直接影响的基础上，来分析环境外交的间接外部影响。

中国大百科全书《环境科学卷》对资源、环境的定义为："自然环境是指客观存在的物质世界中同人类、人类社会发展相互影响的自然环境因素的总和，主要是指大气、水、土壤、生物和阳光等。"自然资源是自然生态环境中可用于生活和生产的物质，是自然生态环境的重要组成部分。资源是环境的组成因素，二者本身处在紧密联系的资源环境系统之中。

人类自身也是环境的产物。人类社会的经济活动对资源环境施加了广泛而深刻的影响，加速了资源及环境系统的演变，反过来，资源和环境又对社会及经济系统产生强烈的影响。经济活动是人类开发利用自然资源，以满足物质和文化需要的活动。它以自然环境为场所，以自然环境中的"有用"物质即自然资源为物质基础和劳动对象。在经济活动中，人类除要生产出自身需要的产品外，还会生产出"三废"物质。在一定程度上，环境可以容纳和净化一定的废弃物，但如果超过了环境的自净能力，就会导致资源破坏、环境污染，乃至生态系统的恶性循环，这反过来又会制约一国社会经济的健康发展；同时，经济的发展又是资源与环境保护和生态良性循环的保证条件之一。

资源、环境与经济三者是相互依赖、相互影响的统一体关系。就维护一国的经济安全而言，自然资源尤其是战略资源具有极其重要的意义。同时，生态环境恶化对经济发展的制约如果达到一定程度，也会直接影响一国的经济安全，而且由于生态环境的改善远非一时之功，因此，这种影响就更具有潜在性和顽固性。

二、生态破坏与经济安全

生态破坏的主要表现形式有植被破坏、物种濒危、土地资源损失、矿产资源损失等。其对国家经济安全的影响是多方面的。

1．植被破坏对国家经济安全的影响

（1）森林资源锐减

以中国为例，根据第五次森林资源普查结果显示，2003 年我国森林面积为 1.6 亿公顷，居世界第 5 位；森林蓄积量 112.7 亿立方米，位列第 7 位。森林覆盖率为 16.55%，只相当于世界森林覆盖率的 61.3%。全国人均占有森林面积相当于世界人均占有量的 21.3%，人均森林蓄积量只有世界人均蓄积量的 1/8。

中国是一个林业资源缺乏的国家，森林资源总量严重不足，森林生态系统的整体功能还非常脆弱。经过中国政府和人民的长期努力，已连续 20 多年实现森林面积和蓄积量“双增长”。目前，中国人工林保存面积达到 5300 多万公顷，占世界人工林总面积的近 1/3，居世界首位，中国人工林年均增长占全球年均增量的 53.2%。“三北”防护林体系建设工程，累计造林保存面积 2374 万公顷，工程区森林覆盖率由 1977 年的 5.05% 增加到 2008 年的 10.51%。截至 2008 年，中国森林面积达 1.75 亿公顷，全国森林覆盖率为 18.21%。但我国生态状况局部改善、整体恶化的趋势尚未根本扭转，林产品供需矛盾突出，一些制约林业发展的体制机制障碍依然存在，建设满足经济社会可持续发展需求、实现人与自然和谐发展的林业体系仍任重而道远。

据不完全测算，中国森林生态环境的价值仅有 3 项功能十分可观：森林涵养水源的价值，每年为 2526.9 亿元；森林保护土壤的价值，每年相当于 2691.32 亿元；森林固定二氧化碳和供给氧的价值，两者合计每年为 1842.3 亿元。因此，生态价值对于国民经济发展的重要意义不容忽视。

（2）草地资源的退化

草地普遍退化是当前我国草原利用及保护中的突出问题。一是草群变稀疏低矮、产草量降低；二是草质变坏，草群中优良牧草减少，杂草毒草增加；三是生活环境条件劣化。2003 年，全国天然草原近 4.0 亿公顷，占国土总面积的 41.7%，居世界第二位，但人均占有草原只有 0.33 公顷，仅为世界平均水平一半。2008 年，全国草原面积 4 亿公顷，约占国土面积的 41.7%。西藏、内蒙古、新疆、青海、四川、甘肃、宁夏、陕西、贵州、云南、广西、重庆等十二省（直辖市、自治区）草原面积约 3.3 亿公顷，占全国草原面积的 84.4%；辽宁、吉林、黑龙江三省草原面积约 0.17 亿公顷，占 4.3%；其他省市 0.45 亿公顷，占 11.3%。

2. 生态环境破坏造成物种趋于濒危

由于人口激增，人类活动对生物圈的影响加剧，过度开发利用生物资源，对动物的滥捕滥猎和森林的乱砍滥伐，必然引起物种稀缺或消失；采伐森林，施用农药，工业、城市和各种建筑设施的增加或扩大，则使大量物种生存和栖息的环境恶化，甚至逐渐失去了其生存的条件，从而也会直接或间接地导致物种濒危或灭绝，使一些珍贵生物受到威胁。当然，这种价值损失是不易估量的。

随着我国经济的快速发展，经济与环境的矛盾日益突出，生物多样性在生态系统多样性、物种多样性及遗传多样性三个方面都受到了严重威胁。2004 年出版的《中国物种红色名录》对我国 10211 种动植物（其中动物 5803 种、植物 4408 种）的灭绝危险程度进行了新的评估。评估认为，我国的物种濒危情况远比过去评估的比例高，各类生物物种受威胁的比例普遍在 20% ~ 40%，特别是植物的受威胁物种比例远远超出了过去的估计，如野生大豆、野生稻等。

3. 土地资源报失

同样是以中国为例，根据《中国环境状况统计公报》，2008 年我国耕地为 122 亿公顷，园地 0.12 亿公顷，林地 2.36 亿公顷，牧草地 2.62 亿公顷，其他农用地 0.25 亿公顷，居民点及独立工矿用地 0.27 亿公顷，交通运输用地 0.02 亿公顷，水利设施用地 0.04 亿公顷，其余为未利用地。与上年度相比，我国耕地面积净减少 1.93 万公顷（其中，建设占用 19.16 万公顷，灾毁耕地 2.48 万公顷，生态退耕 0.76 万公顷，因农业结构调整减少耕地 2.49 万公顷，四项共减少耕地 24.89 万公顷与新增耕地相抵后为“净减少”1.93 万公顷）。我国土地资源损失的主要原因包括以下几方面。

（1）水土流失

水土流失除了水、土、肥流失外，还明显有河床抬高、河流含沙量增加、水库淤积、水利工程效益和通航能力降低等问题。我国的土壤侵蚀可分为水蚀、风蚀和冻融侵蚀等主要类型。目前全国除 356.92 万平方公里的水蚀和风蚀区外，还有 127.82 万平方公里的冻融侵蚀区。若把冻融侵蚀也计入水土流失总面积内，则全国水土流失总面积为 484.74 万平方公里，占国土总面积的 50.5%。

据统计，我国每年流失表土总量达 50 亿吨，相当于全国耕地每年被剥去 1 厘米的肥土层，经济损失 100 亿元。占国土面积 38.2% 的水土流失区域内的河流以高含沙著称世界，黄河下游河床以每年 10 厘米的速度抬升，已高出沿线部分地区地面 3 ~ 10 米，成为地上悬河。长江每年输入泥沙 5 亿吨，已超过黄河入海泥沙的 1/3。由于淤积，全国水库库容损失累计 200 亿立方米，相当于废弃库容 1 亿立方米的水库 67200 座。水土流失导致湖泊减少，1949 年，洞庭湖面积为 4350 平方公里，到 1984 年洞庭湖总面积只有 2145 平方公里。鄱阳湖由于造田和淤积，50 年中湖面缩小了 1/5 以上。湖北省素称“千湖之省”，1949 年时面积超过 0.5 平方公里的湖泊达 1066 个，经过 50 多年的水土流失和围垦，只剩下 300 多个。

（2）土地荒漠化以及土地沙化退化

中国是世界上荒漠化面积大、分布广、受荒漠化危害最为严重的国家之一。有关部门 2005 年公布的统计数字表明，我国荒漠化土地总面积为 263.62 万平方公里，占国土总面积的 27.46%，其中沙化土地面积为 168.9 万平方公里，主要分布在西北、华北、东北 13 个省市区。一些地区沙化土面积仍在扩展，因土地沙化每年造成的直接经济损失高达 540 亿元，全国有近 4 亿人受到荒漠化沙化的威胁，贫困人口一半生活在这些地区。据中国地质调查局组织西安地质矿产研究所等单位共同完成的《北方荒漠化环境地质调查评价》项目成果披露，仅我国北方地区就有荒漠化土地 175.81 万平方公里，相当于新疆维吾尔自治区与辽宁省国土面积的总和。新中国成立以来，全国共有 1000 万公顷耕地出现不同程度的沙化，造成粮食减产损失每年高达 30 多亿公斤。

更为严重的是，我国国土整体治理速度赶不上自然破坏的速度。土地荒漠化面积每年仍以 2460 平方公里的速度扩展。荒漠化成为长期以来制约中西部干旱地区经济社会发展的重要因素之一。与此同时，退化、沙化草地面积逐年增加，程度日益严重。现阶段全国约有 0.87 亿公顷草地沙化、退化、盐渍化，这是沙尘暴灾害和黄河频繁断流的重要原因之一。

（3）次生盐渍化、水稻土潜育化

次生盐渍化主要是由于不合理灌溉造成的。在我国，由于忽视农业排水，使得地下水位上升，因而常常导致次生盐渍化。如在甘肃、新疆、四川、山东等省（区），次生盐渍化问题已造成耕地资源的大量破坏。水稻土潜育化是指在稻田土层的 50 ~ 60 厘米深处，形成一个不利于水稻生长的青灰色的还原层，这主要是土壤管理不善或灌排不当引起的。在南方各省，水稻土潜育化造成的土地损失均较为严重。

（4）城乡建设占用大量耕地

这是人为直接影响耕地的主要方式之一。随着农村经济的迅速发展，人们生活水平的不断提高，城乡建设对耕地的侵占现象也不断加剧，由此必然造成耕地资源的大量占用。这由不少省市依靠土地财政维持地方经济发展的财政投入，2009 年全国土地出让金收入相当于同期地方财政总收入的 46% 左右及见一斑。

4. 矿山开发对生态环境的影响

矿山开发不仅占用一定量耕地，而且在生产过程中对整个生态环境造成的损害也是不能低估的。其对植被的大面积破坏，对地表土的挖掘，以及由此造成的水土流失，都会对自然生态造成较大影响。特别是，随着我国工业化、城镇化的进程加快，矿产资源供求矛盾日益尖锐，矿产资源开发秩序混乱的局面日渐严重，资源开发和使用中的问题日益突出，对于生态环境的影响也日益加重。

从开发模式上看，滥采乱开对于环境的当期破坏：一是对矿山及其周围环境造成污染并诱发多种地质灾害，导致水土流失、山体缺损和植被破坏等。二是废水中富含重金属，严重影响水环境。据 2008 年相关数据显示，我国资源能源相关行业排放的重金属汞占全行业总排放量的 42%，镉和铅都占到 90% 以上，六价铬占 50% 多，砷 62%。三是露天开采带来的大气污染特别严重。在我国目前技术经济条件下，矿井瓦斯的利用率仅占 15% ~ 20%，其他的排出也可污染大气。这些恶性开发模式对于环境的滞后性破坏，一是损害大量土地资源。截至 2008 年年底，我国采矿业破坏的土地面积约有 157 万公顷，并以每年 4 万公顷的速度增加。截至 2005 年年底，全国因采矿引起的塌陷有 180 多处，塌陷坑 1600 多个，塌陷面积 1150 多公顷。全国发生采矿塌陷灾害的城市 30 多个，造成严重破坏的有 25 个。二是探矿、采矿、出矿、运输等均会引起植被剥离及采矿废石，对周围生态环境的影响十分直观和显著。一般来说，露天开采的剥离表土量比硐采大，金属矿产的废石量比非金属矿产大，这就可能破坏原有的自然景观，掩埋地面植被；造成水土流失，产生有害废水，引发地质灾害，造成水土污染。在煤矿开采中有大量的煤矸石堆放，降水对其淋滤产生的大量硫酸则会污染地下水源和周围土壤。三是对矿产资源的过度开发也易诱发地质灾害。尤其是乱轰乱炸，开山挖石，可能引发地面沉降、诱发地震、地面塌陷、地压迅速释放、滑坡、水土流失、地表及地下水流向改变，如过量开采地下水则会引发城镇地面沉降等地质灾害。现阶段我国的煤炭约 94% 为井工开采，由此引起的地表塌陷已成为煤炭开采对环境影响的主要方面。

5. 生态破坏对战略性资源的影响

一个国家的生存与发展需要种类繁多的自然资源。其中对一国某一历史阶段生存与发展起着重大作用的自然资源，可以称为战略性自然资源。在战略性自然资源中，有几类对人类生存和发展一直起着主要作用，如土地、淡水、森林等；有几类则会随着人类利用自然能力的提高而在具体内容上发生较大变化，如能源、矿产资源等。由于不同战略性自然资源的稀缺程度相异，人类对其进行利用、加工的能力及需求程度也不同，由此便在各国之间导致了争夺资源的角逐。那些国家能力强、需求程度高的国家，即千方百计地用铁与火、用不等价交换等手段，疯狂地掠夺资源利用能力弱、需求程度低的国家。

目前科技界对于战略性自然资源的研究，主要集中在淡水、能源、矿产资源三类上。这三类战略性自然资源关联程度大，几乎涉及每个行业，关系到国民经济生活的方方面面。淡水直接支持着人们的基本生存条件；能源是现代文明生存和发展的动力；矿产资源则是现代工业的粮食。因此，任何国家都不能忽视眼前的资源状况和由此而来的政治、军事状况。特别是，在重要战略性自然资源供给方面存在天然缺陷的国家，无论如何都不能称为具有健全的安全结构的国家。

从保障战略性资源安全来看，生态破坏对资源的摧残无疑会加重一国经济的不稳定性，弱化一国经济安全体系中能源及原材料的供应，动摇一国经济发展的基础。因此，生态破坏对一国经济安全的负面影响是不可忽视的。如在我国，如何珍惜淡水资源，防治水土流失等生态破坏，防治水体污染等环境问题，如何保障能源和矿产资源不被滥采破坏，已成为保障我国经济安全必须关注的问题。

6. 气候变化问题

气候变化正在成为全球密切关注的问题，居全球十大环境问题之首。在全球变暖大背景下，中国近百年的气候也发生了明显变化，变化趋势与全球总体趋势基本一致。近 50 年变暖尤其明显，地表气温年均升高 11℃，增暖速率为每 10 年 0.22℃，突出体现在冬季增温、连续出现全国性暖冬和西北、华北和东北地区气候变暖；沿海海平面年平均上升速率为 2.5 毫米，略高于全球平均水平，海岸带的极端天气事件造成的灾害更为明显。

然而在可预见的未来，我国经济发展对于能源的需求将有增无减。2000 年到 2008 年间，我国消费的标准煤当量以年 11.74% 的速度增长。如以此增长速度，到 2020 年，我国的能源消费量将达到 68.7 亿吨标准煤。在我国现有能源结构中，煤炭所占比例自 2000 年后基本稳定在 67% ~ 69%，若保持此比例不变，则煤炭消费量将达到 46 亿吨标准煤，由此排放的二氧化碳量也会随之增加。应对气候变化，我国作为发展中国家面对着巨大的国际压力。在联合国气候变化峰会开幕式的讲话中，胡锦涛主席提到，我们将“争取到 2020 年非化石能源占一次能源消费比重达到 15% 左右”。但即使达到非化石能源占 15% 的比例目标，按照煤炭和石油现有消费比例计算，到 2020 年，我国煤炭消费量也将达到 45.78 亿吨标准煤，石油消费量将达到 12.59 亿吨。由此不难看到，我国将长期面临二氧化碳减排与能源需求的矛盾。

三、环境污染与经济安全

1. 环堆污染的研究范畴

环境污染对经济安全的冲击突出地体现在环境损失上。当一国的环境保护投资远远小于环境损失时，环境安全的维持体系即不同程度地处于恶化状态，该国的经济安全便会逐步失去生态环境的支点。环境污染包括水体污染、空气污染、固体废弃物污染（包括危险废物污染）、噪声污染等方面，它们对经济安全的影响差异性较大。对于经济安全研究比较有价值的研究领域集中在水资源、土地资源和危险废物等环境污染对资源的破坏等方面。另外，水体、空气严重污染或者危险废物泄露等环境公害也会给一国经济造成巨大损失。

2. 影响经济安全的环境污染因素

（1）大气污染造成的经济损失

《2004年中国绿色国民经济核算报告》显示，2004年，我国大气污染造成的环境退化成本为2198.0亿元，占总环境退化成本的42.9%，占当年地方合计GDP的1.31%，其中大气污染造成的城市居民健康损失为1527.4亿元，农业减产损失为537.8亿元，材料损失为132.8亿元。

1）健康影响。影响人类健康的大气污染物主要总悬浮颗粒物（TSP）和二氧化硫（SO_2）。无论在国外还是国内，在环境污染的健康影响评价研究中，大气污染中TSP和SO_2产生的影响一直是最为重要的内容，也一直是城市大气环境监测的重要指标。在我国北方，由于气候干燥、植被覆盖低，土壤颗粒物已成为城市大气污染最主要的贡献者。近年来，由于城市基础建设处于高峰期，建筑和交通扬尘已成为城市大气污染的主要贡献者。采暖季节，燃煤烟尘在北方城市大气污染总量将提高30% ~ 40%。城市SO_2污染是局部环境问题，主要是当地的工业生产、能源消耗及居民日常生活造成的，主要排放区域集中在华北、华中、华东西南和华南地区。

目前，室内空气污染给人类健康造成的影响也正被越来越多的人所关注，这主要表现在近年来有关研究显著增加。尽管目前我国城市烟尘型室内污染随着城市燃料清洁化呈下降趋势，但“新型室内污染”，如新型装饰材料产生的挥发性有机物影响正在迅速增加。另外，在人口稠密区，公共场所的生物性污染传播，也正引起人们的重视。特别是，铅污染对人类健康的影响愈演愈烈。一些案例显示，儿童智力与学习成绩有随血铅增高而呈现下降的趋势（虽然还不呈明显相关）。更值得重视的是，一项对某些地区妇女人口及婴幼儿血铅动态的研究表明，在中国某些城市地区，可能已有10% ~ 40%的婴儿在胎儿期就受到了铅污染的威胁。虽然我们尚不能将这些影响货币化，但这种影响可能是最值得注意的。

2）酸雨。我国是目前世界三大酸雨区中唯一降水酸度仍在升高、面积迅速扩大的国家。全国年二氧化硫排放量从 2001 年的 1947.8 万吨上升至 2008 年的 2321.2 万吨，涨幅近 20%，年平均增长率高达 3%。其中工业废气二氧化硫排放量平均占总量的 84%。我国二氧化硫排放的一半来自燃煤，目前燃煤在我国能源消费中占比接近七成。“十五”规划中提出 2005 年将二氧化硫排放量控制在 1800 万吨的目标，然而仅仅工业二氧化硫排放总量就已超标 10%。有关研究显示，考虑到从医疗成本到酸雨对建筑物的损害等多种因素，我国每排放一吨二氧化硫所造成的经济损失约两万元。

酸雨造成的经济影响主要有三个方面：一是对农作物的影响。由于酸雨对蔬菜等农作物的酸蚀作用，致使大量农作物减产，甚至无法食用。有专家估算，在 20 世纪 90 年代中期，我国在这方面的损失值约为 45 亿元。二是对森林的影响。严重的酸雨现象会导致大面积森林枝叶脱落，林木枯死。因此，酸雨污染是造成一些国家林业资源损失的重要原因之一。一项 1995 年的估算是，我国每年因酸雨造成的森林经济损失（只计算木材和薪材）大约为 50 亿元。三是对建筑材料的影响。酸雨的酸蚀作用会加快建筑材料的老化，增加维护频率和维护用料，这也会造成较大的经济损失。这一损失在我国每年约为 35 亿元（按 1995 年价）。

3）清洁费用。一项研究认为，在我国，每年因城市大气污染增加的家庭或汽车清洗费用为 60 亿 ~ 160 亿元。尽管学术界对这一数据尚存争议，但这一损失的存在是一种现实。尤其是在大气污染严重的城市，由其引申的经济损失更大。

（2）水污染造成的经济损失

目前，在计算环境污染造成的经济损失中，所涉及的水污染仅指人类生产活动中产生和排放的废弃物进入自然界水体所造成的水体污染，而不考虑因地理物理原因形成的水污染。然而。水污染无疑给人类造成了巨大的经济损失。2004 年，我国水污染造成的环境退化成本为 2862.8 亿元，占总环境退化成本的 55.9%，占当年地方合计 GDP 的 1.71%。

1）健康损失。这一损失主要体现在水体污染物导致的水体传染病（多为消化道疾病）的治疗费用等方面。目前，学术界的研究主要是核算治疗费用、工作日损失、早逝损失三方面损失的合计。根据相关绿色国民经济核算报告，其中，水污染对农村居民健康造成的损失为 178.6 亿元，污染型缺水造成的损失为 1478.3 亿元。

2）工业损失。水污染对工业造成的损失是多方面的。如污染物对工业生产设施的腐蚀，工业用水污染造成的水质性缺水，即供水难以达标而导致的供水不足等。目前，考虑主次影响以及核算难度，在核算这方面损失时，一般只考虑因水污染引起的供水不足对工业生产能力的损害。在我国，水质性缺水造成工业 GNP 减少约占实际 GNP 的 1/4 左右。水污染造成的工业用水额外治理成本约为 462.6 亿元，水污染对农业生产造成的损失约为 468.4 亿元，水污染造成的城市生活用水额外治理和防护成本约为 274.9 亿元。我国是个水资源严重匮乏的国家，污染更加剧了缺水的严重程度，工业缺水造成的经济损失是各项损失中最为重要的一项。一些研究表明，工业缺水对污水浓度的敏感程度强于对污水数量的敏感程度；工业缺水的严重程度与污水排放浓度呈密切的正相关关系；加强污水排放管制是缓解工业缺水紧张局面，减少工业损失的重要途径。

3）农业损失。水污染问题给我国农作物带来的经济损失尤为明显。污染水源灌溉引起农作物减产，并导致农产品质量下降。污水中的重金属、化学或有毒物质导致农作物中污染物超标，降低营养物质含量。因此，水污染对农作物造成的经济损失核算对象为污水灌溉造成的农作物减产损失和因农产品质量下降引起的经济损失。如果粮食减产的损失按 1997 年粮食混合平均价格 1.32 元 / 公斤计，我国污水灌溉区每年损失粮食 103.6 亿元；蔬菜损失，污水灌溉区蔬菜面积占有粮食面积的 8.4%，则损失约 4 亿元。污水灌溉区农作物质量下降的损失，如按污水灌溉区内农产品价格下降 10% 计，则受污粮食总产量 1882 万吨，损失 24.8 亿元，合计损失 42.4 亿元。

4）渔业损失。水污染造成的渔业经济损失分直接损失和间接损失。直接损失指急性污染事故造成的损失，间接损失指慢性或间歇性污染造成的损失。急性污染事故损失包括水产品直接死亡损失、渔民补偿费用、污染处理处置费用等慢性或间歇性污染损失（包括渔业资源损失、渔业生境破坏损失、可渔面积缩减损失、水产品质量下降损失和污染防御支出等）。根据《中国渔业生态环境状况公报》，2007 年我国共发生渔业水域污染事故 1442 次，污染面积约 8.23 万公顷，造成直接经济损失 2.98 亿元。因环境污染造成的可测算天然渔业资源经济损失 53.9 亿元，其中内陆水域天然渔业资源经济损失为 11.2 亿元，海洋天然渔业资源经济损失为 42.7 亿元；全国共发生海洋渔业水域污染事故 73 次，污染面积约 2.35 万公顷，造成直接经济损失约 1.31 亿元。其中，特大渔业污染事故（经济损失在 1000 万元以上）4 次。

（3）固体废弃物及其他因素造成的经济损失

2004 年，我国全国工业固废的新增堆放量为 1762 万吨，约新增侵占土地 617.7 万平方米，丧失土地的机会成本约为 1.26 亿元。城市生活垃圾的新增堆放量为 2987.7 万吨，农村生活垃圾的新增堆放量约为 6458 万吨，生活垃圾侵占土地约新增 2553 万平方米，丧失的土地机会成本约为 5.21 亿元。两项合计，2004 年全国固体废物污染造成的环境退化成本为 6.5 亿元，占总环境退化成本的 0.1%，占当年地方合计 GDP 的 0.004%。

（4）环境公害造成的经济损失

环境公害问题主要是指由于某些区域性环境污染的恶化，往往会造成对人们生产及生活的严重危害。世界上由于环境事故造成的大规模环境公害问题并不鲜见。如 1986 年前苏联切尔诺贝利核泄漏污染事件，1952 年英国伦敦烟雾事件，1943 年美国洛杉矶光化学烟雾事件，1955—1972 年日本富山县神通川流域的“骨痛病”事件等。这些公害不但涉及上千人的死亡，而且还造成大规模移民以及粮食减产等恶性经济问题。

要测算环境公害造成的经济损失，需要注意的是，对不同形式的公害，需要采取不同的核算方法。目前，体现在公共健康方面的指标受到了较多重视。如农药中毒事故是一种基于医疗费用和赔偿金额的核算，以 2005 年 11 月发生在吉林省中石油吉林石化公司双苯厂苯胺车间的爆炸事件为例。事故造成直接经济损失 6908 万元。形成的硝基苯污染带流经吉林、黑龙江两省引发松花江水污染事件。由于饮用水源受到严重污染，哈尔滨市被迫停水 4 天，居民用水紧张，生活、工作受到了极大影响。又如 2007 年 5 月太湖蓝藻暴发，无锡市城区大批市民家中自来水水质突然发生变化，且伴有难闻的气味，无法正常饮用。湖区周围多家化工企业大量排污影响了自来水水源地水质。截至 6 月 20 日，无锡市取缔了 21 家废品加工厂，停产整顿 127 家。还有 71 家污染严重的企业被责令停业或关闭。

第二节　生态环境价值量分析方法和模型

一、生态破坏价值量分析方法和模型

长期以来人类并没有正确认识自然资源的价值，这就导致了对自然资源的无偿占有、掠夺性开发和浪费性使用，造成了资源损毁、生态环境恶化，极大地削弱了一些国家或区域的经济发展基础。特别是，在不少国家和地区，经济的迅速发展给自然资源和生态环境造成了愈来愈大的压力，自然资源的进一步匮乏以及生态环境的日益恶化已警告人类：人类不能再无偿掠夺资源了；盲目的资源消耗只会给人类的生存环境造成更大的压力，给人类未来的发展增加更多更大的阻碍。因此，树立正确的资源价值观，科学认识自然资源的价值，合理确定自然资源的价值量，已成为当前经济研究的重要课题之一。

这里需要说明的是，自然资源与生态环境的破坏经济损失核算与其破坏前后的

影响评价，以及生态恢复的费用效益分析是紧密相关的。因此，在分析、测算生态破坏经济损失时，必须将物质性价值损失和生态环境性价值损失皆考虑在内。

1. 生态破坏经济报失估值技术

在估计生态环境破坏造成的经济损失时，通常会用到以下几类方法。

市场价值法（即生产率法）。市场价值法是费用—效益分析的一种基本方法，应用在生态破坏经济损失分析中，重点是解释人类的开发活动对自然生态系统的影响，以及人工生态系统影响的经济损失的估值评价。这种方法把生态环境看成是生产要素，认为生态环境质量的变化会导致生产效率和生产成本的变化，从而导致产量和利润的变化，而产量和利润是可以用市场价格来计量的。换言之，就是利用生态环境质量变化引起的产量和利润的变化，来计量生态环境质量变化造成的经济损失。其主要计算思路是：设“生态破坏造成的产品损失的价值量”等于“几种产品中各自的市场价格与其产品由于生态破坏造成的减少量的乘积的总和”。其中，首先是确定某种生态破坏造成减产的产品种类及其减少量，然后根据相应的市场价格进行累加，最终求得总的生态损失价值量。

替代市场价值法。在某些情况下，生态环境质量的变化并不会导致商品和劳务产出量的变化，但很有可能影响商品及其他替代品或补充物和劳务的市场价格。如果真是这样，就可以利用市场信息间接估计生态环境质量变化的价值和效益。

恢复费用法。这也称为环境恢复和防护费用法，目的是全面评价某个国家或区域生态环境质量改善的效益，但这在很多情况下是十分困难的。一种粗略的做法是，估计生态环境质量改进的最低效益，这一数据通常可以从为了消除或减少某些有害生态环境的问题所需的经验费用中获得。即如果某一资源被破坏了，我们可以通过投入一定费用而使其得以恢复甚至保护，则这一费用即可被视为该环境资源被破坏所造成的经济损失。这里的基本思路是：假设“恢复前的经济损失”等于“几种为恢复生态环境质量所做出的努力所花费的费用总和”。

影子工程法。这是恢复费用法的一种特殊形式。即假设在生态环境被破坏后，可以人工建造一个工程来代替原来的环境功能，进而可以此工程的投资来表示生态破坏所造成的经济损失。

机会成本法。要开发利用任何一种自然资源，都会有不少互相排斥的可行方案。为了有效利用稀缺的资源，人类必须找出经济效益最大的方案。这样，如果选择了所谓的最优方案，就必然放弃其他可行的方案，从而也就必然失去其他的机会收益。其中，人们习惯上把“次优方案可能获得的收益称为该资源选择方案的机会成本”。机会成本法的基本计算思路是：假设“资源损失的机会成本价值”等于“几种资源中各自单位机会成本与其相应的资源损失数量的乘积的累加”。

调查评价法。在缺乏价格数据时，就不能采用市场价值法来测算生态环境损失。但在这种情况下，可以向有关专家或环境资源使用者、破坏者进行调查，来获得有关数据，特别是获得人们的环境支付愿望数据。据此，就可以测算有关的环境损失。

土地价值法。这种方法主要用于测算耕地损失，特别是测算当年的作物生产损失。一般是从垦复基金、土地补偿、土地占用税等方面进行考虑。

2. 生态破坏经济损失分析方法

生态破坏造成的经济损失大体可以分为两类，即直接损失和间接损失。区分两类损失的目的，在于防止经济损失计算中出现遗漏或者重复计算。

二、生态破坏对经济安全的影响评价

1. 生态破坏经济损失结果分析

（1）分析范围

生态破坏经济损失结果分析除了对估值结果的分析以外，还包括对生态破坏经济损失值与人文社会经济比值的分析。在这一分析评价中，要计算的几个主要数据有：年损失值、每平方米损失值、每亩耕地损失值、平均每县（市）损失值、人均损失值、农业人口人均损失值、占单元或省区社会总产值的比例、占单元或省区国民收入的比例、占单元或省区工农业总产值的比例、占单元或省区农业总产值的比例情况。在这里，各种价格均以年度现行价格来计算。

（2）常用方法

在生态破坏经济损失结果分析中，常用的方法包括聚类分析、结构分析、分区结构分析、综合评价等。由其分析结果可以得到最终的综合分析归类结果；主要生态破坏形式及其占总损失的比例情况；地理区划各地区间的生态破坏损失及其生态破坏损失形式的对比；可采用的主要生态破坏强度综合评价指标，如社会生产的生态效率指数、区域生态破坏损失密度和单元基建投资生态损失值等。

2. 生态破坏与经济开发的相关模式

一国社会经济发展的规模与生态资源之间的关系，一方面体现在经济开发对生态环境造成的压力上；另一个方面体现在国民收入的实现程度上。换言之，生态破坏的价值损失直接影响着国民收入的实现程度。过度的经济开发对生态环境的影响如果形成了恶性循环，则对后续几年甚至几十年的国民收入都将形成巨大的负面影响，从而必然影响一国整体的经济安全。

3. 生态破坏经济损失的诊断模式

为了在总体上把握某个地区（或全国）的生态破坏经济损失，通常需要建立生态破坏经济损失的诊断模式。换言之，利用这里所称的诊断模式，通过调查某个地区（或全国）各类生态破坏的指标值，就可以计算出某个地区（或全国）总体的生态破坏经济损失值。其基本的线性模式结构为，某个地区（或全国）整体上的生态破坏经济损失值 Y 与各类生态破坏指标值（破坏量）X_j 之间存在如下关系：

$$Y=\Sigma nj=1a_jX_j（j=1，2，3，\cdots，n）$$

其中，a_j 为各个指标经济损失值系数。

根据对各类生态破坏分指标破坏量与损失值的考察，通过线性诊断模式的检验和返回计算，我们即可应用该模式对某个地区（或全国）的后天破坏经济损失值来进行计算。这类方法可以大大减少指标的进一步分解及各类指标估价计算的繁杂过程，帮助决策者和管理部门掌握一定的经济开发活动所造成的生态破坏经济损失代价。

4．生态破坏经济损失多目标动态系统模拟

生态破坏经济损失是一种随着经济开发活动方式、强度和生态环境保护强度而变化的动态过程。生态破坏经济损失多目标动态系统模拟的基本思路是：为实现其动态过程的模拟，可进行生态破坏经济损失趋势分析，预测未来生态破坏的经济损失，为进一步实现生态保护控制系统的最优规划、设计、运行和管理提供依据。具体过程是，在一系列生态破坏经济损失计算公式基础上，可以构造生态破坏经济损失的多目标动态模型。

该类模型主要由两部分组成：第一部分是各项生态破坏经济损失的算式，由基本算式和特异算式组成。其各项参数都可以根据相应的区域取值，经过模型运算，得到评价区域的生态破坏经济损失结果。第二部分是主要生态破坏因子的时间动态模式。即选择有代表意义的生态破坏因子，建立这些因子随时间变化的关系式，然后取定一定的时段对这些因子的生态破坏强度进行预测，进而分析它们的经济损失变化情况。该模型还有一个重要部分，即在第一部分的基础上，进行多目标决策分析，进行同一区域各种生态破坏类型的相互比较和同一生态破坏类型在不同时段的强度比较等。

5．一国整体生态破坏经济损失的总体推算与评价

这一般是在计算一国某些区域生态破坏经济损失的基础上，结合全国各地的生态环境、社会经济特点，采用各种方法推算全国范围内生态破坏的经济损失值。其中主要的推算方法包括以下几种。

加权平均法。通常以辅助参数为推算权重，结合某些区域的生态破坏经济损失值，求得全国平均的生态破坏强度，进而推算全国的生态破坏损失值。

专家归类法。即请有关专家根据各个区域的自然生态环境、人文社会经济等，

将未进行生态环境损失分析的区域与已进行分析的有关区域归类；在同一类区域中，设破坏强度一定，求出各个区域的生态破坏值，进而推算全国的结果。通常可以采用多方案求均值的方法推算。

多因子相关归类法。在一国范围内，各个区域的生态破坏强度之间有着一定程度的内在联系。比如，单位面积人口越多，其破坏强度也就越大。本方法就是假设某一区域的生态破坏强度决定于某两个特定因子与其他区域对应因子的接近程度，进而来分析、推算一国整体上的生态破坏损失。辅助数据通常选取与评价年度相对应的年度的社会总产值、国民收入、总人口、乡村人口、农业总产值、土地面积等。

这里需要说明的是，根据以上三种推算方法，可以得到三种不同的全国范围的生态破坏经济损失推算值。在三个结果的基础上，可以进行加权平均，取其均值，最终得到一国整体上的生态破坏经济损失值。

三、环境污染价值量分析方法和模型

环境作为一种难以替代的可再生资源，其价值核算，特别是污染的价值损失估价，已成为环境经济学研究的主要问题之一。目前随着环境问题在全球范围内得到越来越广泛的重视，环境污染价值量分析的有关方法和模型也得到了长足发展。

1. 环境污染经济损失核算

目前，国际上已有不少可供借鉴的科学测定环境污染经济损失的方法与技术。在中国，部分城市和地区也积累了极有推广意义的典型案例。据有关资料披露：我国每年由于水污染造成的水资源缺乏造成了大约 2862.8 亿元的经济损失；固体废弃物历年累积达 60 多亿吨，占地 400 多平方公里，根据所占土地资源的不同功能，大体可以测算出固体废弃物占用土地造成的经济损失；根据目前测得的耕地荒漠化面积和扩展速度，也可以大致估算出荒漠化造成的经济损失值；借助有关方法，通过准确的监测和卫生部门的有关资料，也可估算出环境污染所导致的人体健康受损产生的环境损失值等。

2. 环境污染造成的生态危害经济损失的基本评估模式

定量评估环境污染造成的生态环境危害的经济损失，是环境科学研究的重要课题之一。通常，进行这类估算可以采取以下评估模式。

（1）健康风险评价

健康风险评价主要是有害因子对人体的危害发生的概率进行估算。通常评估的主要因素有：①可能产生健康效应类型的特征；②产生健康效应的可能概率；③发生健康效应的人数；④空气、水、食物中某种污染物可接受的推荐值。确定评价分为危害鉴定、剂量反应评价、接触评价和风险特征四个步骤。

（2）环境污染危害的经济损失估算

定量估算环境污染危害的经济损失，主要是估计由于环境污染危害所造成的劳动生产力损失，以及医疗费用、肥料消耗、能耗等费用的增加。这可以分为直接损失和间接损失。

1）健康经济损失估算。在这里，直接损失指为使患者恢复正常体能而进行预防、诊断、治理等所发生的人力物力消耗，主要是计算必要的医疗费用。间接损失为永远失去生产力的价值，包括早死、继发性疾病丧失劳动力的损失，这方面的计算方法较多。

2）生态经济损失估算。这里主要是估算直接的经济损失，包括污染区的劳力消耗、能源消耗、种子消耗和减产价值等。

（3）环境污染损失估价的索洛方程办法

在现行环境价值核算的技术体系中，基本思路是分解求和，即利用结构分解，把环境价值分为若干部分，分别寻找各部分的市场替代品，用市场替代品价值之和作为环境价值。但由于进行结构分解时很难贯彻"穷尽性原则"和"独立性原则"，这时的计算结果既可能包含某些方面的重叠，也可能存在对某些构成成分的疏漏。因此，值得推荐的是"环境污染损失估价的索洛方程办法"。

客观地看，环境污染损失估价的索洛方程办法隶属于环境污染损失估价的剂量反应关系技术体系。它主要是从区域环境质量变化入手，借助包含环境因素的索洛方程来度量环境资源对区域经济增长的贡献，其进步在于分析经济增长时将环境资源的贡献包括在内。

1）确定环境资源对经济增长的贡献率 C。通常，从经济增长因素分析出发，我们即可得到资本、劳动和技术进步对经济增长的贡献率。同样，根据环境污染损失估价的索洛方程，我们也能够得到环境投入对经济增长的贡献率 C，即 $C=We\cdot(e'/e)\div(q'/q)$。其中 e 体现环境投入变化，q 体现经济贡献变化。

2）环境污染损失的计算。这里计算的是环境价值流量。可以首先定义可持续发展条件下的生产率：总产值（P）扣除环境投入（即环境价值损失 E）后与同期劳动投入总量之比，其计算式为 $\eta=(P-E)/L$。这里，按照传统理论计算的生产率变化（经济增长）扣除环境要素的贡献部分之后，应该与可持续发展理论模式下的生产率变化相对应。可构造表达这一思想的数学计算式，即

$$(1-C)\cdot(\partial_1-\partial_0)/\partial_0=(\eta_1-\eta_0)/\eta_0$$

由于我们所测算的污染损失是流量，所以有 $\eta_0=\partial_0$。等式变形后可以得出

$\eta_1=\partial_1-C(\partial_1-\partial_0)$。其中 η_1 为可持续发展模式下的末期生产率，∂_1 为传统模式下的末期生产率，∂_0 为传统模式下的基期生产率。把 $\eta_1=(P_1-E)/L_1$ 代入前式，即可得到关于 E 的表达式为 $E=L_1C(\partial_1-\partial_0)$。这样就可得到一定时段内环境污染损失的货币表示。

四、环境污染对经济安全的影响评价

1．环境污染经济损失结果分析

客观地看，“环境污染经济损失”与“生态破坏经济损失”对一国国家经济安全的影响在机制上是相似的。人类在生产、生活中漫无节制、非理性的污染活动，必然导致生态环境的恶化，这一方面将造成自然生态退化，另一方面也将造成严重的环境污染。

在环境污染经济损失分析中，除了要进行估值结果分析，还要将这一估值结果与国民生产总值或国内生产总值进行比较，这一评价结果是评价环境因素对一国经济安全的影响的重要指标。如以中国为例，根据《中国绿色国民经济核算研究报告》，据不完全统计，在 2004 年，利用污染损失法核算的我国总体环境污染退化成本为 5118.2 亿元，占地方合计 GDP 的 3.05%。其中，大气污染造成的环境污染退化成本为 2198.0 亿元，水污染造成的环境退化成本为 2862.8 亿元，固废堆放侵占土地造成的环境退化成本为 6.5 亿元，污染事故造成的经济损失为 50.9 亿元，分别占总退化成本的 42.9%、55.9%、0.1% 和 1.1%。而当年环境污染治理总投入则不到 GDP 的 1.2%。这一对比结果表明，中国生态环境的非治理部分仍在扩大，其造成的经济损失无法得到正常的补偿，而且潜在的影响具有长期性，其对我国国家经济安全的负面影响在未来必将进一步激化。

在对环境污染经济损失的估值分析中，主要采用聚类分析、结构分析、分区结构分析、综合评价等方法。这与生态破坏经济损失的估值分析雷同。从其分析结果可以得到：最终的综合分析归类结果；主要环境污染因素造成的经济损失及其占总损失的比例；各地区间的环境污染损失及其对比程度；环境污染损失对地区经济发展的制约指数等。

2．环境污染经济损失与经济发展的耦合模型

环境污染经济损失与反映一个国家或地区经济增长的 GDP 的增长之间存在一定的耦合关系，其基本的耦合机理是：环境污染损失价值量越大，即必将制约 GDP 的增长；反过来看，随着 GDP 的增长，如果每年环境保护投资占 GDP 的比例稳步增长，则必会逐步减少环境污染损失占国家或地区经济总量的比例。

3．环境污染经济损失的总体推算与评价

根据不同的核算分类，可以分别通过两个途径来进行环境污染损失的总体推算。一是在分别计算多个省区环境污染经济损失的基础上，考虑各省区之间社会发展、经济建设、环境治理的相似程度，再进行全国范围内的综合推算；二是在分别计算各类环境污染要素造成的经济损失的基础上，再进行总的综合推算。在第一类综合推算过程中，可以采用与生态破坏经济损失总体推算相同的加权平均法、专家归类法、多因子相关归类法。

其中，加权平均法即以辅助参数为推算权重，结合各省区环境污染经济损失值，求得全国平均的环境污染强度，进而推算出全国环境污染损失价值量；专家归类法即请有关专家根据各省区的自然生态环境、人文社会经济等方面状况，尤其是各省区的环境保护意识强弱、环境治理力度等，将未进行经济损失分析的省区与已进行分析的有关省区进行归类；在同一类省区中，设其环境污染强度一定，求出各省区的环境污染损失值，进而推算全国的结果。多因子相关归类法即根据各省区环境污染强度之间有一定的内在联系，假设反映特定省区生态破坏强度的某两个特定因子与其他省区对应因子的接近程度，辅助数据通常选取评价年度的社会总产值、国民收入、总人口、环境保护投资、乡镇企业产值等。

根据前述三种推算方法，可以得到三种不同的全国范围的环境污染经济损失推算值。在这三个结果基础上进行加权求和，即可得到最终评价的全国范围内的环境污染经济损失值。

第三节　环境安全

1．环境安全的概念、内容与实现机制

（1）环境安全的概念

“环境安全”是在环境与安全的交叉领域产生的概念，是国家安全、国际安全的重要组成部分，也有人称为“绿色安全”或“生态安全”。一般来说，“环境安全”可视为与人类生存息息相关的生态环境及自然资源基础（特别是可再生资源）处于良好的状况或不遭受不可恢复的破坏。对环境安全的理解包括两个方面，一是免于因环境恶化而造成对人类生存的威胁；二是免于因环境争端或冲突而形成对国家间关系或群际关系的威胁。

环境安全对于一国的社会稳定与国际关系稳定有着重要的意义，对于整个人类的生存与发展具有深远的影响。当然，基于不同的研究需要，可从不同地域范围层次来观察环境安全问题，如从一国各区域之间、国与国之间来观察环境安全问题，也可以从多国构成的地区或全球范围来观察环境安全问题。

（2）环境安全的基本内容

环境安全是一个社会最为基本的安全问题之一，因为它直接与人类的生命、健康相关。环境安全与军事安全、政治安全及经济安全等相互联系、相互作用。目前，环境安全问题已引起各国政府和国际社会的广泛关注。从全球范围来看，目前主要的环境威胁包括人口问题和气候变化、臭氧层耗损、生物多样性减少、水资源危机等全球环境问题。

（3）国际环境安全的实现机制

环境问题有可能直接或间接地引发区域之间或国家之间的冲突。有人预计，未来在全球范围内，因争夺可再生性资源而引发的冲突必将增加，跨国环境问题也可能引起新的国际纠纷，环境恶化给经济造成的损害也可能引发某个国家国内的社会动荡。但人类无法借助军事手段来实现自己的环境安全，而只能采取国家间合作、地区性合作、全球性合作的方式，通过外交和法律的途径来实现自己的环境安全。

二、环境外交与环境安全

1. 环境安全已成为国际政治的新热点

伴随着冷战结束和全球环境危机的加深，世界各国逐步将环境安全作为国家整体安全的重要组成部分。从国际范围来看，将全球环境问题与国际安全问题联系起来，将国际环境保护提高到国际安全的高度，将解决全球环境问题列入国际安全议程，已成为当代国际社会新的发展趋势。

布伦特兰委员会 1987 年提交的著名报告——《我们共同的未来》中明确指出，我们必须扩展“安全”的定义，要超出对国家主权的政治和军事威胁的范畴，把环境恶化和发展条件遭到破坏包括在“安全”的范畴之内。1992 年，联合国环境与发展大会通过《21 世纪议程》又将环境保护与一个“更安全、更繁荣的未来”、一个“安全的多边贸易制度”和“人类对安全稳定的自然环境的需求”等环境问题联系起来，这进一步加深了各国对环境安全的危机感。《欧盟条约》规定，必须将环境保护要求纳入其他欧盟政策，特别是包括在安全政策的制定和实施之中。

环境与安全的相互依赖以及国际社会环境安全观的形成，在很大程度上改变了国家主权、国家安全、国际和平和国际政治的含义。1993 年，国际法院专门设立了环境法庭来处理国际环境事务。1994 年 10 月，肯尼亚等非洲六国签署了《卢萨卡协议》，继而建立了世界上第一支国际野生生物保护特别武装部队，专门负责追捕那些在这些国家进行非法贸易的偷猎者。针对伊拉克入侵科威特造成的巨大环境破坏，联合国安理会第687号决议指出，伊拉克应对科威特任何直接的损失和破坏负责，包括环境破坏和自然资源损耗。可以说，这是联合国有史以来作出的解决环境问题特别是战争引起的环境破坏赔偿问题的第一个决议。

相应地，从国家层次上，1991年8月美国公布了新的国家安全战略，首次将环境安全利益视为其国家安全利益。1993年，美国国会通过了《环境安全技术检验规划》，将环境安全全部纳入到美国的防务任务之中。1996年4月，时任美国国务卿的克里斯托弗宣称，美国政府“决心给予环境问题应有的地位，即将其置于美国主要外交政策之中”。2007年以来，应对气候变化成为许多中阿国际会议的主要议题，如达沃斯世界经济论坛、联合国安理会气候变化专题辩论会、联合国气候大会通过“巴厘岛路线图”、联合国气候变化曼谷会议、2008年亚洲博鳌论坛等。当然，由于国情不同，国家间的经济发展水平也不同，世界各国尤其是发达国家和发展中国家之间在环境保护一系列重大问题上存在着明显分歧，甚至尖锐的利益冲突，环境外交在各国外交工作中的重要性正迅速上升。

2. 中国的环境安全问题不容忽视

首先，我国是一个环境问题十分严重的国家。环境问题引发的地区间纠纷和冲突不断增加。环境问题已成为影响人民生活、经济建设乃至安定团结的突出问题之一，并成为近些年一些重大政策出台的直接诱因。例如，1994年7月淮河流域特大污染事件直接导致了淮河治理“零点方案”的出台，之后同样的政策思路又被应用到了太湖流域。

其次，在国际关系方面，一些国家与我国存在着不可忽视的“环境矛盾”。这一方面可能对我国的经济发展甚至战略目标的实现造成重大的影响。如就控制温室气体排放、防止全球气候变化问题，围绕《联合国气候变化框架公约》的相关谈判可能是中国与一些发达国家环境外交斗争的焦点。中国二氧化硫的排放也可能成为与周边国家发生外交摩擦的成因。另外，席卷全球的环保浪潮正在对国际经贸关系产生新的影响，发达国家利用技术优势对进口商品设置了苛刻的环境标准，这已成为新的国际贸易壁垒，我国在内的发展中国家的产品出口正受到越来越大的环境压力。

当然，环境安全带来的冲击还包括其他方面。我们一方面需要采取有力措施提高全民的环境安全意识，保护自己赖以生存与发展的生态环境；另一方面还需要高度重视环境安全问题可能引发的国际关系冲突。既要积极参加国际环保合作，又要坚决捍卫自己的国家利益，确保中国的环境安全。

三、环境安全中的绿色 GDP

目前不少国家都在推行可持续发展战略，但只利用传统经济及技术手段是不可能实现可持续发展的。客观地看，如果能把人口政策、资源政策、环境政策等融入到一国经济社会发展的总体政策体系之中，建立合理的 GDP 核算框架，从更深层次上体现自然资源价值和环境投入因素，或许才有利于一国的环境安全和经济安全。

自 20 世纪 60 年代以来，人们已经关注到“环境成本外部性”的严重后果，并且逐步接受了这样的看法：资源的超常规利用、生态环境的恶化以及不可持续的发展，相当程度上起因于以往经济活动中的传统导向、偏离健康发展的极端追求、只顾个体成本而不顾公众成本的核算制度；特别是在管理环境、资源等公共财产、处理公众成本的配置、核算、价格、责任等问题上的制度失灵。因此，建立基于绿色 GDP 的新的国民经济核算体系随即被提上了研究议程。所谓基于绿色 GDP 的新的国民经济核算体系，本质上是将生态环境损益概念、内容和估值方法融入到传统的 GDP 体系之中。当然，这种核算体系目前还正处在探讨之中，实际实施还有待进一步努力。

在基于绿色 GDP 的新的国民经济核算体系中要考虑两类环境损失：一类是直接经济损失，即由污染和资源破坏造成的国内生产总值的减少；另一类是污染和对资源的不合理利用，其累积效应会破坏环境资源的自然功能，将使未来的生产受到影响。这两类环境损失，通过价值评估均可折算为货币值，作为流量来计入国内生产总值。需要说明的是，由于这里的价值评估是以当前经济活动为依据的，因此计入国民经济核算体系的主要是第一类环境损失。相应地，在基于绿色 GDP 的新的国民经济核算体系中，也要反映环境收益。固然环境污染和资源破坏将使工农业产值减少和居民健康受损，医疗保健支出增加，这是损失。但实施环保后，污染得到治理或消除，使产量产值增加，居民健康水准提高，医疗保健支出减少，这则构成了环境收益。这也应在绿色 GDP 体系中有所体现。

综上所述，既然环境损失是支出，环境收益是收入，那么，考虑环境损益的国民收入平衡关系即可表示为：绿色 GDP= 其他部门总支出 + 环境支出 = 其他部门总收入 + 环境收入。这里，如其他部门总支出 = 其他部门总收入、环境支出。环境收入，即环境透支，表明环境质量下降，生态资源成本增高，这势必负面影响一国经济的可持续发展。因此，在政策意义上，可将二者的平衡关系视为一国经济发展的约束条件。在环境安全意义上，可将二者的平衡关系视为生态环境因素影响国家经济安全的重要指标。

第四节 国家经济安全评价中的生态环境影响因子

一、引入生态环境影响因子需要解决的问题

在国家经济安全态势评价中应考虑生态环境影响因素。为此，需要将相应的生态环境影响因子引入到国家经济安全态势评价体系之中。在引入生态环境影响因子时，需要解决好两方面问题，一是满足指标因子的数据需求，二是满足指标评价方法需求。

1. 满足指标因子的数据需求

这里需要的主要是影响国家经济安全的生态环境因素的生态数据和价值数据。例如，生态污染中的森林资源因子的生态环境数据包括：全国森林覆盖率，全国林地采伐量、种植量，国家林木蓄积量，以及森林覆盖率和林木蓄积量的年度对照比率等。生态价值数据包括：每亩林地平均的生态价值评价（这可根据已有的研究结果在一定时段内取常量），国家林木蓄积量的总体价值评估值，以及林地生态损失价值评估值等。需要指出的是，在此处的评价中，不少生态环境数据或生态价值数据之间存在一定的数学关系，评价者可以在得到某些数据后求得另一些数据，继而进行相应的评价。换言之，我们并不需要直接得到所有评价需要的数据，而应根据特定评价方法的要求来确定最为基本的数据范围。

2. 满足指标评价方法需求

主要是针对已有的指标因子数据，在进行合理的分类、统计后，通过直接或间接的量化手段形成相应的评价指标，并研究其与国家经济安全状态评价标准之间的关系，从而将数据信息转化为状态评价信息。一些初步研究结果认为，可将“一国总体生态环境损失价值量评估结果”与“该国生态环境维护的资金投入”之间的对比关系，作为“生态环境因素影响国家经济安全”的重要评价标准之一。这里的基本依据是，当这一对比关系之间的差距达到一定极限时，国家生态资源和环境状态就会在逐年恶化并积累的基础上对一国的国家经济安全产生恶性影响，从而威胁该国经济整体上的安全性。

二、反映生态破坏与环境污染因素的指标体系

1. 指标分类方法

从生态环境因素对国家经济安全的影响机制来看，反映生态破坏和环境污染因

素的指标体系大致可分为两种结构、三个层次。这里的“两种结构”是从有关指标的表现形式上划分的，包括指标因子结构和数据结构。其中数据结构针对国家经济安全评价体系对生态环境因素的系统需求又划分为两种形式：一种是生态数据形式；另一种是价值数据形式。“三个层次”则是从具体指标对最终价值评价方法的重要程度，以及数据核算的等级关系的角度考虑的，主要包括细化指标、综合性指标，以及状态评价指标三个层次。需要说明的是，鉴于前面章节中已对生态损失价值和环境价值的核算方法以及相应的指标体系进行了阐述，故这里仅在前述生态损失和环境损失最终核算数据基础上，来讨论国家经济安全态势评价需要直接采用的有关生态损失指标和环境损失指标。

2. 评价指标与评价标准

（1）评价指标

根据学术界目前的研究结果，我们认为，要评价生态环境因素对国家经济安全的影响，采用的主要评价指标应包括生态环境指标和社会经济指标两类。其中，生态环境指标应包括：生态破坏损失价值量、环境污染损失价值量、生态环境损失总体评价价值量。社会经济指标应包括：国内生产总值（GDP）、国家环境保护投资。另外，考虑到有关数据信息的准确性、客观性，这里的评价指标还应包括：有关专家认定的生态破坏状态分级、环境污染状态分级，生态破坏最严重地区（省或县级以上地区）“生态破坏损失价值量与当地 GDP 的比率”，环境污染最严重地区“环境污染损失价值量与当地 GDP 的比率”等。

（2）评价方法与标准

1）评价方法。在前述评价指标基础上，可采取以下评价方法与过程：①在研究时段内，将全国的生态环境损失总体评价价值量与 GDP 进行对比，得到比值 B_1；②在研究时段内，将国家环境保护投资额度与 GDP 进行对比，得到比值 B_2；③将 B_1 与 B_2 进行对比评价，得到比值差值 $C_1=B_1-B_2$；④将 C_1 与国家经济安全状态评价标准进行对照，确定初步的生态环境因素对国家经济安全的影响程度。

这里，还可采取的参考性评价方法包括专家认级法和最值分析法。所谓专家认级法，即请有关环境保护专家、可持续发展研究专家、经济管理专家等，对一国的生态环境进行分级认定。所谓最值分析法，即根据环境污染因素最值评价的原则，考察生态破坏最严重地区和环境污染最严重地区的生态环境因素与地区经济发展的协调性。借助这些方法即可得到：有关专家对一国生态环境破坏状态的认定分级 J_1，对一国环境污染状况的认定分级 J_2，对一国经济发展的生态环境协调度的认定分级 J_3。可以算得：生态破坏最严重地区生态破坏损失值与当地 GDP 的比值 B_3，环境污染最严重地区环境污染总损失值与当地 GDP 的比值 B_4。

2）评价标准。对于不同方法的评价结果，应有相异的评价标准。

①基本分析法

②专家认级法（该方法由于主观性强，为参考性评价标准）

③最值分析法（使用该方法可得到地方经济安全状态评定极值，对国家经济安全状态评价起参考性作用）

第十三章　国际经济关系与国家经济安全

第一节　经济全球化与国家经济安全

理性地看，经济全球化为发达国家和发展中国家提供了不同的发展空间；同时，全球化下新的国际分工趋势将使发展中国家在维护自身国家经济安全方面面临新的难题。

一、全球化为发达国家和发展中国家提供了不同的发展空间

20 世纪中后期以来，经济全球化（又称全球经济一体化）进程日益加快，各国经济越来越相互渗透、相互依存，任何国家都不可能闭关自守地发展经济了。

1. 经济金球化的主要动因

客观地看，经济全球化进程的加快，主要受以下诸因素的推动。

（1）世界统一大市场正在形成，世界贸易加速发展

在一定意义上，经济全球化是从产业革命后开始的。但直到 1945 年的 400 年间，“经济全球化”的范围仍相当有限。直到 20 世纪 90 年代初，苏联解体、东欧剧变后，传统计划经济国家普遍转向市场经济，无所不包的世界统一大市场才逐步趋于形成。进入 21 世纪以来，世界贸易加速发展，到了 2008 年，世界贸易总额第一次超过了 15 万亿美元。

（2）世界统一大市场正在形成，跨国直接投资急剧增加

据联合国贸易和发展会议发表的《2008 年世界投资报告》的数据，2007 年跨国直接投资比上年增加了 30%，达到创历史纪录的 18330 亿美元。全球 7.9 万家跨国公司的 79 万多家子公司或分支机构，已渗透到绝大多数国家的各个产业或部门，跨国公司已成为经济全球化的助推器。

（3）世界统一大市场正在形成，金融市场全球化

全球外汇交易正加速从一个市场转移到另一个市场。在全球外汇市场上，日交易额已从 2000 年的 100 亿美元剧增至 3.2 万亿美元。2007 年全球外汇市场交易额达

到 1000 万亿美元，相当于当年世界贸易总额的近百倍。

2. 经济全球化为不同国家提供的发展机遇与空间

（1）经济全球化并不会自然地促进发展中国家的经济发展

从总体上看，前述变化和发展促使经济全球化进程大大加快。包括发达国家和发展中国家在内的世界各国，都因此而获得了前所未有的发展机遇。在经济全球化大潮中，一些发展中国家通过不懈努力，实现了持续、高速的经济发展，为世界经济发展注入了新的巨大的活力。经济全球化进程的加快、范围的扩大，也为国际合作开辟了更为广阔的空间。但还应看到，在经济全球化进程中，世界范围内的贫富差距仍在继续扩大。经济全球化没有也不可能为所有国家提供并行发展的广阔空间，发达国家凭借强大的国际资本在全球化过程中占据了主导地位，并通过对外投资和跨国经营等手段垄断了更多的利益和发展机会；而全球化对发展中国家的经济发展并不会自然地起到促进作用，有时甚至会威胁到一国经济的健康运行与自主发展。

（2）发展中国家参与经济全球化进程，必将面对三大风险

发展中国家要参与经济全球化进程，首先必须实行贸易自由化、生产一体化和金融全球化政策。因此，他们必须面对由此而来的三大风险，即贸易自由化风险、生产国际化风险和金融一体化风险。在大多数发展中国家，外部影响与内部特定条件所共同带来的经济结构的失衡几乎是普遍现象。因此，三大风险势必在客观上对发展中国家的根本利益构成某些威胁。

1）自由贸易能使参加贸易的各方都获得某些好处，有利于一些国家的经济达到帕累托最优。但对外开放国内市场，即本国市场对外国商品开放，本国一些幼稚的、事关国计民生的产业就可能受到冲击。在这种情况下，就有可能使一国在某些产品领域过分依赖国外。而且贸易自由化完全有可能“打倒”一国某些支柱产业，使该国经济失去独立性。

2）生产国际化意味着对外资开放国内投资领域。但如果允许外资自由进入一国重要的核心经济部门，如金融、公用设施等产业领域，就极可能使该国的货币政策、财政政策等难以发挥应有的作用。另外，如果允许外资自由进入，往往还会使一些不利于经济社会可持续发展的产业转移到东道国。如严重污染环境的产业，严重消耗不可再生资源的产业，对劳动者身心健康产生重大损害的产业。因此，目前不少国家都对外资的进入实行了适当控制的“产业准入政策”。

3）经济全球化过程可能给发展中国家带来一定程度的金融风险。在经济全球化迅速发展的条件下，一些国家某些危机的发生，在相当程度上是整个国际经济体系固有的缺陷在“危机国家”的必然反映，也是“危机国家”竞争力低下的痼疾在全球化趋势下的必然结果。但绝不可轻视经济全球化过程可能给发展中国家带来的一

定程度的金融风险，特别是“国际游资”给发展中国家带来的金融风险。

客观地看，在全球经济一体化下，国际游资具有投资和投机的双重性，对于资金缺乏从而回报率高的地区，游资的介入可以起到投资、促进地区经济发展的作用。但游资的大规模频繁流动，特别是在那些大的投机商操纵的情况下，游资又会给其涉足的国家带来经济动荡和金融风险，甚至引发金融危机。例如，20 世纪 80 年代拉美的债务危机，1994 年年底的墨西哥金融危机，以及 1997 年爆发的东亚金融危机，都留下了国际游资的明显痕迹。

游资又称“热钱”，指在国际市场上游动的短期资本，包括各种短期资金，可进行抵押、贴现的商业和银行票据，以及可随时兑换成现金的债券、股票等。一旦在一国出现投资信心问题，这类资金必然会迅速转移。如在墨西哥危机中，墨西哥政府决定比索贬值原本是为了遏制资本外流，但投资者在受到汇率、证券价格下降双重损失和信心遭受打击的情况下，纷纷抽走资金，最终酿成了金融危机。在东南亚金融危机中，则由美国人乔治・索罗斯所控制的量子基金在泰国外汇市场上抛售泰铢，致使汇率大幅波动。而量子基金在这次事件中却至少赚取了 20 亿美元的利润。难怪马来西亚总理马哈蒂尔指责索罗斯是这次危机的“黑手”。

二、全球化下新的国际分工趋势对发展中国家经济安全的挑战

1. 新的国际分工趋势

20 世纪 50 年代以来，国际上发生了以电子计算机、原子能、宇航工业、生物工程、环境技术等为标志的第三次技术革命。在这次技术革命中，由于科学技术的不断突破，出现了大量新的产品、材料和能源，涌现出了原子能、电子、宇航、生物工程、激光和光纤等新兴产业，推动了化学、飞机、汽车等原有产业部门的升级与发展。这一方面加速了发达国家产业结构的升级换代，导致其将一些制造业向发展中国家转移，以及发达国家跨国公司在更大范围内的跨国经营；另一方面也使发展中国家的产业结构发生了新的变化。相应地，新的技术革命使生产的国际分工出现了新的趋势与特点。

尤其是 20 世纪以来，信息产业迅速发展带动了新一轮经济增长，也给国际分工带来了新的变化。其中重要的一点是知识成为决定新的国际分工及一国在新的国际分工中的地位的主要依据，一个国家在国际分工中的地位越来越取决于该国在知识生产、应用、传播方面的比较优势。谁拥有较多的知识，谁就能拥有经济增长的主动权，谁就能在国际分工中处于支配地位。国际分工体系由工业经济时代“以机器和资本为中心的分工体系”转为知识经济时代“以知识和技术为中心的分工体系”，这已成为不可逆转的趋势。

2. 发展中国家新的分工地位引发的国家经济安全问题

在新的国际分工体系中，一些国家将成为“大脑国家”，通过知识获得“灵感的收入”，而一些国家将成为“躯干国家”或“手脚国家”，通过艰苦的劳作来获得“流汗的收入”。新的分工体系的主要特点，将由“大脑国家”提供知识和技术，由“躯干国家”或“手脚国家”来生产和装配，同时由“大脑国家”来主导利润的分配。

在以知识为中心的国际分工体系中，财富的积累方式也发生了深刻的变化。一国物质财富积累的重要性将大大下降，而知识积累的重要性将逐步上升。从发展角度来看，一方面，由于知识以几何级数的方式增长，越是先进的国家，其知识增长的速度越是会快些；越是落后的国家，其知识增长的速度越是会慢些。因此，随着知识的不断进步，国家间的“大脑”“躯干”“手脚”分工将更为显著和普遍。另一方面，由于跨国公司在进行跨国技术转让与投资时，总是将软件部分和核心技术部分留在母国，而只将与最新知识相关性不大的硬件部分转移到其他国家或地区，这必将进一步强化“大脑国家”“躯干国家”“手脚国家”的国际产业阶梯。这样，新的以知识为中心的国际分工的发展结果，必将是发达国家将积累越来越多的财富，并为发达国家从落后国家掠夺更多的财富提供了新的可能。

由前述不难看到，这种新的国际分工体系必然在根本上危及不少发展中国家的根本利益。因此，在新的国际分工体系之下，发展中国家必将面临新的国家经济安全问题。

3. 少数发达国家通过各种方式对发展中国家进行技术封锁

美国等少数发达国家通过各种方式对发展中国家进行技术封锁。例如，为了限制本国的高科技外泄，美国政府指定了四道相当严格的防线。第一道防线是安全许可证制度。在美国，要接触涉密技术和信息，必须持有不同级别的国家安全许可证。为了能拿到高级安全许可证，非政府部门的雇主必须向美国国防部下属的国防安全服务中心递交申请，而且申请人必须是美国公民。美国的第二道防线是其无处不在的监控机制。美国联邦调查局和国家安全局都把从敏感国家来的技术移民视为重点监控对象，通过海外和国内情报网不断对这些移民进行调查。美国的第三道防线是企业监察机制。美国的高科技公司对外籍员工要求极严，他们的证件颜色与美国人有明显区别；如果在敏感部门工作，其所有邮件都要经过特殊软件过滤。美国的最后一道防线就是严格的商品出口许可证制度。在卫星通信、超级计算机、航空、航天等尖端技术领域，美国公司对华出口控制是相当严苛的。

基础研究成果专利化也是美国等少数发达国家进行技术封锁的常用方式。例如，美国出台有《贝登法案》，将各项基础研究成果通过专利的形式保护起来，其他国家在采用这些研究成果的时候，美国可以通过专利的武器进行要挟和限制。

第二节　国际经济关系中常见的经济安全问题

全球经济一体化是历史发展的必然趋势。在这种趋势下，维护国家综合安全成为维护国家利益的根本思路，同时，国家经济安全作为国家综合安全的重要内容，在国际纷争中得到了充分的表现，尤其明显地体现在国际经济关系之中。在国际经济关系中，常见的国家经济安全问题包括：国家间的经济利益矛盾往往可能引发直接的对抗；国家间的贸易摩擦往往引发相互的制裁；国家间的经济危机扩散会影响有关国家经济的稳健增长；强国往往企图控制弱国的“命脉经济部门”；极少数经济强国的经济霸权主义往往威胁其他国家的根本利益。在国际经济关系中，国家经济安全问题的一个基本特点是，国家间的利益矛盾总是由利益的双方构成的。一方为了维护自己国家的经济利益，维护自己国家的经济安全，就可能侵害另一方的国家利益。下面对上述问题略作说明。

一、国家间的经济利益矛盾往往可能引发直接的对抗

在全球经济一体化背景下，国家间既有共同的利益，又有利益上的分歧，甚至有根本利益上的矛盾。在这种情况下，一国为了维护本国的经济利益，特别是根本性利益，就可能采取对他国经济不利的政策和策略，甚至不遗余力地打击他国的经济利益，以保护自己的经济利益。由此，就可能发生直接的对抗。

最典型的是 20 世纪 90 年代以来，美国为了维护自身的石油利益，多次对伊拉克发动军事打击，并最终推翻了萨达姆政权。在这一系列战争中，美国在客观上维护了自己的石油利益，同时也削弱了其他国家的力量。但这些战争却危及了伊拉克的石油利益，甚至整体经济安全。而且伊拉克的问题已经不仅仅是经济安全的问题，而已使整个国家陷入了深深的内乱当中。可见，国家间经济利益的矛盾引发的对抗后果是很深远的。

我国与一些东南亚国家在南海诸岛归属问题上的争端，也是这方面的另一典例。南海诸岛包括东沙、西沙、中沙、南沙 4 大群岛，有岛、洲、礁、沙、滩 270 多个，分布于南海的中心部位，扼太平洋和印度洋的咽喉，不仅地理位置重要，而且蕴藏着丰富的海洋水产、矿产资源和石油天然气资源。南海诸岛本是我国的领土，但某些国家为了自身利益，特别是为了抢占南海的海洋石油资源，于是千方百计地插足南海事务，甚至派遣武装人员进驻某些海域或岛屿，这无疑侵害了我国的国家利益。

一些国际战略专家预言，南沙问题是目前最有可能引发涉及国家间直接对抗的隐患之一。

近年来，我国与东盟国家的睦邻友好关系进一步发展，南海形势总体上较为缓和，但周边国家谋求控制南海诸岛的努力并未放松，联手对我国施压的态势不断巩固，某些周边国家企图使南海问题国际化的活动也愈演愈烈。我国维护南海海洋权益的斗争形势相当严峻。其中的起因，除了历史遗留问题外，南海资源丰富是另一个重要原因。

南海诸岛自古以来就是中国领土，但20世纪70年代后，一些周边国家对南海诸岛提出了主权要求，并抢占了部分南沙岛礁。周边一些国家还先后发表声明，单方面宣布海洋专属经济区和大陆架，肆意分割属我国管辖的海域。一些国家甚至多次“重申”对南沙拥有“主权”，并加紧开采南海石油和油气资源。南沙海域的大量鱼类资源也遭到一些国家的掠夺，年偷捕量和掠捕量相当于我国年渔业生产量。一些国家扩军备战，加强了对南沙海区的军事控制，驱赶我国在南沙作业的勘探船编队，撞沉我国在南沙作业的渔船，多次发生抓捕和打死、打伤我国渔民的事件。近期，东盟国家在南海问题上集体对抗中国。东盟国家内部成立了所谓的“南海国家集团”组织，要求以东盟名义集体对抗中国的南海主权诉求。此外，东盟各国在国际上组织开展所谓南海权益问题学术研究活动，意图突破国际海洋法公约的限制，寻求占有南海的国际支持与法理基础。

另外，美国为维护其在亚太地区的战略利益，确保其在亚太地区的主导地位，进一步加强对我国的战略遏制，也改变了在南海问题上的“中立”和“不介入”立场，声称自己在南海有重大战略利益，要在南海争端中发挥“应有”的作用，而且明显偏袒与我国有争端的国家。据有关资料，美国将进一步推动南海问题的国际化，使南海问题始终处于“争而不议、久拖不决”的僵持状态，从而坐收渔人之利。由于美国政府将南海问题纳入其防范、制约我国的战略企图之中，南海问题就有可能成为中美斗争新的焦点。

此外，日本等国也追随美国，以所谓“确保海上航行自由”“反对使用武力”为借口，不同程度地涉足南沙事务。周边一些国家更是在南沙问题上大做文章，极力渲染“中国威胁论”，多次在国际会议上鼓动讨论南沙问题，竭力拉拢美国和日本，企图将南沙问题多边化和国际化。有的甚至要求联合国关注南沙问题，还要将南沙问题提交国际海洋法法庭。

对于我国与周边一些国家围绕南沙问题的争端，我国政府从维护地区稳定的愿望出发，奉行“主权归我、搁置争议、共同开发”的政策，主张通过双边途径以和平协商方式解决问题。但也应看到，随着世界各沿海国对海上资源争夺的加剧，南海周边各国围绕海洋权益的斗争必将日趋激烈。一些国家为维护和扩大其在南沙的实际利益，必将继续加强针对南沙的各项活动，并通过内部联合、借助大国等方式与我国抗衡，在南海问题上对我国相对不利的局面短期内难以改变。

二、国家间的贸易摩擦往往引发相互的制裁

在全球经济日趋一体化的今天，国家间的贸易关系是否协调，对于一国的国家经济安全有着举足轻重的影响。如果两国间的贸易关系出现了这样那样的摩擦，双方国家就极可能为了本国的贸易利益甚至其他方面的利益，而损害他国的贸易利益，甚至是整体经济利益。目前国家之间发生贸易摩擦的主要方式是：（1）寻找机会，对另一方提出利己的贸易条件；（2）设置敌意的非关税贸易壁垒，如设置另一方很难逾越的技术壁垒、环境壁垒、质量壁垒、知识产权壁垒和反倾销壁垒等。贸易摩擦的结果总是落后国家遭受损失，而强国则保护了自己的国家利益。

历史地看，贸易摩擦即使在战略同盟国家之间也是难以避免的。例如，美国一直是与世界各国发生贸易摩擦最多的国家之一，即便与欧洲、日本等美国的盟国之间的贸易摩擦，也存在着至今仍没有解决的矛盾。以日美贸易为例，日本汽车、家电曾经风靡美国市场，并在日本形成了巨额贸易顺差，这件事成为美国国内难以接受的政治问题。为了保护美国的经济及政治利益，平息国内纷争，于是，美国政府对日本大施压力，终于迫使日本政府对美国产品在日销售提供了优惠条件和政策。当然，客观地看，日美之间的贸易摩擦是不可能从根本上解决的。

另一个典型的例子是中美贸易之间的摩擦。早在20世纪90年代，中美之间的贸易摩擦就经常不断。当时，美国国会每年都要讨论“对中国的最惠国待遇问题”，不断提出一些问题刁难我国，使中美贸易关系不能走向一条正常的道路。中国加入WTO后，中美之间的贸易摩擦非但没有停止，反而有愈演愈烈的趋势。美国多次在汇率问题上为难中国，要求人民币升值以解决中美之间的贸易逆差问题。2010年3月15日，美国逾百名议员呼吁奥巴马政府，主张把中国列为汇率操纵国，并对中国输美产品征收反补贴税。之后，美国商务部又宣布，将对用于油井和天然气井的中国制钢管课反倾销税。

再一个典型的例子是，2000年夏季，韩国政府基于国内压力，为了压制我国向韩国出口大蒜，作出了对中国大蒜进口征收315%关税的决定。基于过去两年里中国从韩国进口的移动电话与聚乙烯迅速上升的事实，中国政府迅速作出反应，随即宣布暂停进口韩国的移动电话与聚乙烯。此间，在韩国股市上，从事手机制造的三星、LG和德尔森的股票纷纷下跌。香港投资银行一分析家指出，中国巨大的市场对韩国如此重要，以至于他们不得不为其产品寻找新的买主。我国股市也作出了快速反应。尽管此间深沪股市下跌，但我国最大的手机制造商东方通信股价逆市走强，涨了 0.64%；另一家南京熊猫也上涨 0.70%。由此不难看到，国家间的贸易摩擦至少会使一方的利益受损。

当然，总体上看，在国际贸易摩擦中，摩擦的结果一般是综合国力强的一方通过各种途径对另一方施加压力，而由此试图得到一些从正常市场竞争中不能得到的利益。而如果一方的施压强到一定程度，就势必损害弱方国家的经济利益，甚至根本性的经济利益。

三、国家间的经济危机扩散会影响有关国家经济的稳健增长

在经济全球化趋势下，国家之间在经济上的相互依赖逐渐加大，为一国内部的危机向其他国家扩散提供了条件。一个国家发生了经济危机，往往很快扩散到其他国家。而且越是对外依存度大的国家，越是容易遭受其他国家危机的“感染”，往往形成一个国家“感冒”、若干个国家跟着“咳嗽”的局面。甚至某些情况下少数国家的危机很可能使全球多数国家跟着遭殃。

例如，1997—1998 年先是东南亚发生金融危机，其后发展到更多的亚洲国家。亚洲发生金融危机后全球经济受到影响，一些国家经济陷入深度低迷状态，巴西、南非未能幸免，也遭危机冲击，以致美国也未能不受影响。我国外贸也因此受到较大冲击，1998 年外贸同比增长明显慢于 1997 年。1998 年，俄罗斯发生财政及金融危机，其结果导致苏联地区的 GDP 下降了 3.4%。

东南亚金融风暴横扫本地区的同时，也冲向世界其他地区，引起全球金融波澜起伏。特别是 1997 年 10 月下旬，全球股票、债券、黄金市场剧烈波动。10 月 27 日，在全球股市神经中枢的华尔街证券市场，交易所的开盘铃声敲响后，当天道琼斯 30 种工业股票指数下挫 554.26 点，创有史以来最大单日跌幅纪录。防范崩盘的电子程序自动限制交易系统使用 10 年内首次两度启动。当天交易被迫提前 30 分钟结束。此次大跌所造的损失约为 6000 多亿美元。受纽约股市影响，世界其他地区的股市（德、法、澳、墨、巴等）也大幅下挫。

股票价格大幅下降使股票持有者损失惨重。在绝对数上赔得最多的当然是那些亿万富翁们。当时微软公司董事长比尔·盖茨正沉浸在乔迁之喜之中，但股灾给他迎头泼了一盆冷水，当天“失血”17.6 亿美元，成为美国亿万富翁里损失最多的一个。其他亿万富翁也遭重创，百货业巨子沃尔玛家族损失 16.4 亿美元，投资家巴菲特损失 7.67 亿美元，耐克公司总裁奈特损失 2.69 亿美元，英特尔公司主席摩尔损失 2.62 亿美元。

这次金融危机甚至波及到海湾国家。首先，导致海湾国家的石油价格下降，

1997年还是每桶18.7美元的全年平均价，1998年1—6月份就平均降至每桶12.2美元，石油收入大幅降低。固然其中原因是多方面的，但由于东南亚国家和地区进口的原油占世界石油进口总量的25%，前些年东南亚各国经济迅速发展，每年对石油需求的增长率达5% ~ 10%，金融危机使东南亚经济遭受了打击，经济增长下降，这就必然大大减少对海湾国家的石油需求。其次，由于东南亚金融危机的影响，海湾国家的其他出口商品，如铝锭、钢材、石化产品和化肥等商品的价格纷纷下跌，出口收入明显减少。第三，由于石油和其他出口商品收入大幅下降，给这些国家的财政金融带来了新的问题。1998年这些国家的政府财政预算赤字大大高于此前的估计，经常账目赤字也有较大增长。

在亚洲金融危机第二个年头（1998年），该次危机导致的国际市场需求疲软和急剧升温的国际竞争使美国的制造业也受到了影响，企业盈利水平继续下降，使就业增长放慢。进而，导致1999年美国企业的投资增长比1998年急剧减速。同期，受亚洲需求萎缩的影响，意大利的商品出口也出现了萎缩局面，同时其国内消费需求增长也明显放慢。由于亚洲危机国家的进口急剧下降，引起工业化国家的经常项目收支由1997年的640亿美元的顺差，转变为1998年约90亿美元的赤字。

继东南亚之后发生的巴西金融危机，尽管其对全球经济的影响是有限的，但由于拉美国家与巴西的直接贸易联系极为紧密，这次危机对拉美国家的经济造成了极大影响。仅巴西进口下降一项即导致阿根廷的GDP下降了0.3% ~ 0.5%。又因巴拉圭和乌拉圭48%的出口到巴西，因此巴西危机对其影响严重。拉美地区发展需要大量资金。1998年该地区经常项目按国际清算银行的统计赤字为870亿美元，当年欧洲国家对巴西和拉美地区的贷款分别为610亿美元和2050亿美元，占其银行资本的比例分别为7.3%和24.7%。美国对拉美国家的贷款余额为810亿美元，占其银行资本金的比例为23.2%，其中对巴西的贷款余额为170亿美元，占银行资本金的比例为4.8%。但自巴西爆发金融危机起，各国商业银行即不愿再为拉美国家提供贷款，且借贷成本上升。只有几个经济状况较好的拉美国家可以得到商业银行的贷款。

这前后，受东南亚、俄罗斯和巴西金融危机影响，世界贸易增长率急剧下降，1997年还在9%以上，1998年即降为4.8%，这是20世纪90年代初以来最低的。一些发展中国家1999年的经常项目收支状况恶化，净流入到发展中国家的长期资本从1997年的3380亿美元减少到1998年的2750亿美元。这些金融危机还导致发展中国家的总需求大幅度下降，1998年发展中国家总需求下降了3% ~ 4%，GDP仅增长1.9%，GDP增幅比1997年下降2.9个百分点。

2008年，以雷曼兄弟公司破产为标志，美国爆发华尔街“金融海啸”并引发全球金融危机。雷曼兄弟公司是美国第四大投资银行，已有158年历史。2008年9月

15 日，该公司由于股价下跌近 95%，严重资不抵债，收购谈判破产，美国政府拒绝救援，不得不宣布破产。随后，华尔街主要投资银行在两周内或被收购、或转型为银行控股集团。美国花旗集团曾经是全球市值最大的银行，在金融危机中也损失惨重，股价累计下跌 93%。其后，与美国政府就债转股达成协议，花旗集团被“临时性国有化”。

金融危机爆发还使“麦道夫骗局”浮出水面。在过去 20 年时间里，纳斯达克股票市场公司前董事会主席伯纳德·麦道夫以高额回报引诱投资者，同时用后来投资者的资金偿付前期投资者，吸纳客户投资超过 500 亿美元，制造了历史上最大的“庞氏骗局”。从 2008 年 12 月开始，投资者要求其返还资金，骗局终于走到尽头。最终纽约南区联邦法院作出裁决，麦道夫因证券欺诈等罪行被判 150 年监禁。

金融危机导致美国股市剧烈震荡。2009 年 3 月 9 日，美国道琼斯工业平均指数跌到 6547 点，创 10 多年来新低，如果从 2007 年历史最高点 14000 点计算，市值蒸发了 53%。由于股市触底后开始逐步反弹，截至 9 月 14 日，道指已回升至 9600 多点。此后，由美国次贷危机引发的这场金融风暴迅速席卷全球。与美国有着“相同语言”的英国成为这场风暴的首位“受害者”。英国民众不得不人均每月要从储蓄中拿出 41 英镑（约合人民币 489 元）弥补平时的生活不足。中国、欧盟等受美国金融动荡影响，股市皆下跌不少。不难看到，在经济全球化的今天，已无一个国家可以成为美国金融危机之外的绝缘体。

四、强国往往企图控制弱国的“命脉经济部门”

全球经济一体化背景下，国家之间在经济领域的交往是常规的活动。从表层来看，这些交往主要是企业在全球范围内配置资源，而很少考虑“国家”的影响，甚至跨国公司有规避本国政府规制的倾向。但从深层来看，国家利益作为企业共同利益在宏观层面上的代表，企业所得资源及其实力在全球的有效配置必然为一国维护自己的经济安全提供了新的手段。由于经济全球化在客观上为强国提供了更多的生存机会和发展空间，提供了更多的维护强国国家经济安全的手段，因此，无论是出于经济目的，还是政治或军事目的，一些强国企图控制某些弱国的“命脉经济部门”，就必然成为经济全球化下一个十分突出的问题，甚至可以说成为经济全球化的显著内容之一。

一般来讲，一国的命脉经济部门主要包括电力、通信、石油、钢铁、军工，以及一些目前正在全球兴起且在未来具有重大影响力的高新技术领域。客观地看，一些命脉经济部门具有丰厚的现实利润或利润前景；一些命脉经济部门是国家其他经济部门所依赖的产业，对国民经济的发展具有重大的关联度；一些命脉经济部门则要为维护国家综合安全、推动经济发展提供关键技术、设备和装备。可以说，一些经济部门之所以可以被称为“命脉经济部门”，就在于它们的强弱、归属决定着一国的命运。

在经济全球化下，国际资本可以相对自由流动，如果弱国缺少必要的“产业准入政策”，没有对来自强国的资本流入进行必要的产业限制和产权限制，一些强国就可能在一定程度上控制弱国的某些“命脉经济部门”。而一旦一国不能控制自己的命脉经济部门，该国在政治、经济、军事等领域即可能被迫依附于“施控国家”，成为强国的附属国。

当然，一国的命脉经济部门被某个强国所控制，并不是经济全球化的“专利产品”，而是“古而有之”。只不过是，在经济全球化下，强国控制弱国“命脉经济部门”的企图将会更加强烈，甚至会更加容易。目前，一些发达国家凭借其强大的企业实力、技术实力、资本实力等，千方百计地企图控制一些落后国家的通信产业、军事工业等，即是一类典型的例证。

再如，粮食是一国的命脉经济部门，中国大豆行业也面临着经济安全问题。我国大豆在20世纪90年代初一直是自给自足，但随着市场的开放，情况发生了变化。在全国97家大型油脂企业中，64家被外资控制，比例高达66%。随之而来的是，1996年，中国变成了大豆净进口国；到了2007年，中国大豆净进口量为3036万吨，是1996年的10倍，是2000年的3倍。目前，中国是世界最大的大豆进口国，且每年进口大豆数量占全世界大豆贸易量的1/3以上。中国大豆的进口依存度日渐提高。到了2008年，中国大豆进口量大幅增至3300万吨，进口依存度高达71%。

五、极少数经济强国的霸权主义往往会威胁其他国家的根本利益

在当今世界，极少数经济强国的经济霸权主义也是危害弱国经济安全的重要力量。在国际经济生活中，一些强国完全可能将自己的经济利益凌驾于弱国的经济利益之上，而危害弱国的根本利益即危害其国家经济安全。

历史地看，极少数经济强国的经济霸权主义主要表现在，借助经济的、政治的、甚至军事的政策或手段，挟迫弱国：（1）提供优惠的贸易条件和（或）投资条件，而接受苛刻的贸易条件和（或）投资条件；（2）出让本土自然资源开发权；（3）完全放弃或部分放弃公共空间（如太空、公海）的资源开发权；（4）承诺会损害本国根本经济利益的双边或多边条约；（5）接受强国强加给弱国的“经济制裁”。

国家间的经济关系是国家力量较量的结果。在多数情况下，某些国家的经济霸权主义本质上是靠他们相对于弱国有更强的经济、技术实力实现的，有时甚至是靠军事实力实现的。如在20世纪90年代中期，美国政府即在其国家经济战略中，提

出要“借助”军事手段来维护美国的国家利益。

另外，在某些情况下，由于发达国家和发展中国家之间存在较大的“经济势差、技术势差”，发展中国家为了获得发达国家的某些技术和经济能力，以加快发展自己国家的经济，往往也不得不忍气吞声，被迫接受发达国家强加给自己而自己并不愿意接受的某些双边或多边经济条约。理性地看，这种客观存在的技术上及经济上的“势差”，也为发达国家谋求经济霸权提供了现实的能力空间。

少数发达国家的经济霸权主义，常常是借国际组织之手或通过干扰国际组织事务实施的，甚至是通过“将经济问题政治化”实施的。一个典型的例证是，2000年7月，美国公然反对世界银行给予我国扶贫贷款，这是美国与我国在世界银行事务中爆发的最为严重的冲突，也是世界银行罕见的冲突。美国坚持反对世界银行贷款给我国青海省西部扶贫项目，世界银行总裁沃尔芬森主持24位执行董事会议，终协调无效。为维护国家尊严，我国愤然撤回了贷款申请，决定动用自己的资源来执行这项扶贫计划。

当然，经济霸权主义并非仅仅发生在强国对弱国的关系上，它有时也会发生在较强的发达国家和较弱的发达国家之间，甚至发生在在某件事上处于强势与弱势的发达国家之间。前者如，俄罗斯改革开放之初，一些西方国家指出，俄罗斯要想得到西方国家的美元援助，就必须接受他们提供的改革方案。在一定程度上说，西方发达国家之所以向俄罗斯提供改革急需的援助，主要是想通过此举能够达到他们一些以前在军事对抗中所没有达到的目的，包括政治目的和经济目的。从国家综合安全角度来看，西方的这种援助是他们经济安全战略在国际经济关系中的成功运用。后者如，美日之间不时发生的一方向另一方施压。这类施压，有的是因为贸易摩擦，有的则纯粹是一方对另一方的经济霸权主义。由此不难看出，在当今世界，极少数经济强国的经济霸权主义是无处不在的。

例如，美国曾经强迫日元升值，就是经济霸权主义的真实体现。1985年9月，美国、日本、联邦德国、法国、英国五个发达国家的财政部长和央行行长在纽约广场饭店举行会议。五国政府决定联合干预外汇市场，使美元实现有序贬值。这就是后来所说的“广场协议”（Plaza A ccord）。“广场协议”后，日元的升值受到西方的钳制，在短短两年半时间内迅速升值近1倍。对于经济强烈依赖出口的日本来说，日元的升值导致国内经济面临大幅下滑风险。当时的日本政府不得不将精力更多地投放到刺激内需上，他们选择的方式是减息。结果在日元迅速升值不到两年时间里，日本央行将利率从1985年的5%降至1987年3月后的2.5%。

日本在本币升值的同时减息，也是不得已而为之。实际上，最初日本也曾经尝试过升值的同时加息，但由于日本承诺的升值幅度过大，导致经济下滑。同时，当时的高利率环境决定了即使日本央行加息，其空间也非常有限。被迫减息，加之正值金融管制放松的大环境，最终导致日本国内信贷大幅膨胀，很多资金流入房地产市场和股票市场，泡沫放大。“广场协议”后，日本主要城市的房地产价格飞快上涨，包括东京、大阪、名古屋、京都、横滨和神户等城市在内的土地价格都以两位数的惊人速度飞升。同期，企业大量负债以追求扩张速度，股市更是一日千里，快速上涨。

当日本政府意识到资产泡沫膨胀过大时，问题已经相当严重。20 世纪 80 年代末 90 年代初，日本央行开始了痛苦的“挤泡沫”过程。从 1989 年 5 月末开始，短短一年多时间，日本央行将基准利率从 2.5% 上调至 6.0%，足足提高了 3.5 个百分点。但这为时已晚，巨大的资产泡沫破灭，令日本政府的所有努力都徒劳无功。

第三节　伤害弱国利益的因素在国际经济关系中的传导机制

即便在经济全球化的背景下，各国仍存在各自独立的国家利益。不同国家之间利益上的矛盾构成了新的国际经济关系中国家经济安全的核心内容。尽管国家利益是一个十分抽象的概念，具有时代特色和国情特色，且在许多情况下很难落实到具体的内容，但至少可以肯定：国家利益最终是由许多具体要素构成的，且这些具体要素会在国际经济关系中传导。从维护一国国家经济安全的角度来看，搞清国家利益要素在国际经济关系中的传导机制具有“标本兼治”的意义。这主要包括全球市场一体化中的传导机制、信息传递国际网络化中的传导机制、由生态环境问题衍生的传导机制、WTO 规则中不利发展中国家的利益传导机制、国家信用关系中不利发展中国家的利益传导机制。这些国家利益要素传导机制的存在起因于现存的国际经济关系，并会催生新的国际经济关系。

一、全球市场一体化中的传导机制

1. 金球市场一体化中的利益传导

全球经济一体化主要体现在要素市场、商品市场、信息传递的全球一体化上。市场的全球一体化具有极强的两面性：一方面，全球化可能给整个世界带来更大的福利；但另一方面，这种福利在各国间的分配又是极不公平的。由于发展中国家目前处于能力劣势和基础劣势，故在全球化下，发展中国家将处于更不平等、更为不利、经济安全压力更大的境地。另外，国家间更加密切的市场联系，为发达国家维护自身的经济安全提供了更大的可选择空间、更多的可选择手段，而对于发展中国家则未必如此。

在全球化市场中，最常见的维护本国经济安全的手段，就是通过市场对“敌对”国家施加压力。在全球化的市场中，基于国家之间的利益矛盾，一国可以在更多的市场领域，通过更多的市场“管道”对另一国实施“制裁”。商品市场中的贸易矛盾，可通过要素市场（资本市场、技术市场）“管道”对另一方施加压力。政治领域或军事领域的矛盾，可以通过市场“管道”向另一方施加压力，迫使对方接受己方政治或军事上的要求。

特别是，在全球市场一体化下，一些强国的经济霸权主义在全球化市场中得到了更大的“膨胀空间”。霸权主义者可以通过市场力量对“不听话者”实施“经济制裁”。尤其是，一些强国如果控制了弱国的“命脉经济部门”和“高利行业”，一旦国家间发生较大的利益矛盾，强国就可以不战而屈人之兵，使弱国就范。这一切或许是在“国际投资的一般准则”下“公平”进行的，但事实上却具有一定的侵略性和欺骗性。从根本上看，这种维护强国国家安全的手段不仅成了维护军事安全的传统手段强有力的“替代品”，而且从根本上依赖于政治力量和军事力量作为后盾和保障，这种相得益彰的状况是经济霸权主义存在且不断发展的客观原因。

2．全球市场一体化对发展中国家经济安全的不利影响

客观地看，全球市场一体化已经成为影响一国国家经济安全的国际经济关系机制，其中一国经济的对外依存是这种机制的本质内容。全球化的进程加大了国家之间在经济上的相互依赖，任何国家的经济发展首先要对外开放，由此，对外依存的增长即不可避免。但对外依存作为国家间的经济联系机制，既有利于一国经济的发展，又可能传导对一国国家经济安全不利的国际经济关系因素，进而加大国家之间在政治关系上的相互依赖。这种在经济上及政治上的相互依存有着新的特点，它在某种程度上并不利于发展中国家的经济安全。

（1）相互依存对发展中国家的负面影响远大于对发达国家的影响

客观地看，发展中国家的综合经济实力远弱于发达国家，抵抗各类风险的能力也远差于发达国家，一旦国际上发生了不利于国家经济安全的问题，落后国家将首当其冲，遭受其害。而且一旦形成这种局面，对外依存度越大的落后国家，其遭受的危害也将越大。可见，相互依存对发展中国家经济安全的“非利性”远大于对发达国家经济安全的“非利性”；相反，相互依存对发展中国家经济安全的“有利性”远小于对发达国家经济安全的“有利性”。

（2）发展中国家在相互依存中将处于竞争劣势

由于与发达国家的能力势差、基础势差，以及全球化经营的经验势差，尽管发展中国家在某些商品交易上可能存在个案的比较优势，但总体上相对于发达国家无

疑处于竞争劣势地位。在全球化中，发达国家更容易占领发展中国家的市场，而发展中国家却很难占领发达国家的市场，特别是在发达国家过高的非关税壁垒之下更是如此。因此，同样是对外依存，但其对不同国家具有不同的具体内容，“有利性”及“非利性”在发达国家和发展中国家之间也有着差异极大的“资源配置”，发达国家可以依赖发展中国家的市场获取更多的利润，而发展中国家则没有这种“福分”。

（3）相互依存不可避免地影响某些发展中国家的经济自主权

历史地看，多数发展中国家没有完成工业化的任务，与发达国家存在较大的综合势差。为了完成工业化，追随国际发展潮流，建立完善的经济格局，弥补在国家竞争力上的缺陷，发展中国家不得不大量从发达国家引进资金和先进适用技术。在这一过程中，相互依存往往表现为发展中国家对发达国家资金和技术上的单方面依赖，这种依存就不可避免地影响到某些发展中国家的经济自主权。特别是，近年来发达国家大大加快了发展知识经济的步伐，发展中国家与发达国家之间的综合差距特别是技术差距将越拉越大。而一旦这类差距大到某种程度，某些发展中国家就很难摆脱成为发达国家“技术殖民地”“资本殖民地”的命运。另外，如果某个发展中国家在技术及资本上过度依赖于某个经济霸权主义强国，那么该国的国家利益就极易受到经济霸权主义的危害。

二、信息传递国际网络化中的传导机制

当今社会已成为信息社会，信息技术的开发、信息的获取、信息的利用三者已成为当今经济生活的主体内容之一。特别是，信息传递的国际化、网络化给发展中国家维护自己的经济安全带来了新的难题。

1. 信息系统的国际化、网络化加剧了信息流动的不平等

在获取全球经济技术信息方面，发达国家和落后国家处于信息不对称的状态。发达国家政府和企业凭借其先进的信息技术手段，能够比落后国家政府或企业更快地获得更多的信息。基于此，面临国际上的重大经济及技术变化，发达国家政府和企业“知己知彼”，能够及时作出更为利己的决策，采取更为有效的对策；而落后国家的政府和企业则“很难知彼”，这就只能被动地接受前者的决策、应对前者的对策。这种国家之间信息的不对称，必然导致国际经济关系中的新的不公平，从而使发展中国家处于新的劣势地位。

2. 信息系统落后很可能导致落后国家做出远离实际的心理预期

在全球化市场中，心理预期对于一国的宏观经济运行及微观经济运行都有着越来越大的影响。如果一国政府、企业、居民的心理预期过于悲观，则可能导致股市下跌、汇市动荡、投资萧条、内需不足的局面。如果一国政府、企业、居民的心理

预期过于乐观，则可能发生股市爆升、汇市动荡、投资过热、内需过旺的局面。不论哪一种情况出现，只要预期不客观，就都不利于一国经济的健康运行、稳健增长、持续发展。可见，一国政府、企业、居民较为客观的心理预期对于维护一国的经济安全是至关重要的。但在信息系统国际化、网络化的条件下，发达国家政府、企业、居民凭借其先进的信息手段，可以进行更为客观的心理预期。而落后国家因为信息系统落后，政府、企业、居民却难以做到这一点，甚至做出远离客观实际的心理预期，这对落后国家维护自己的经济安全无疑是一个挑战。

3. 发达国家过于乐观或悲观的预期通过信息系统可能误导落后国家

即便是发达国家，他们也很难时时、事事、处处都做出较为客观的心理预期。这样，发达国家一些过于乐观或过于悲观的预期信息，即可能通过国际化、网络化的信息系统迅速传播到落后国家，从而误导落后国家政府、企业、居民的心理预期，进而误导落后国家政府、企业、居民的经济决策和行为，这同样不利于落后国家经济的健康运行、稳健增长和持续发展。而要改变这一局面，只能靠落后国家加快建设自己的信息系统，从而在足够采集信息、理性分析数据的基础上做出较为客观的判断。但落后国家要做到这一步，实践中要走的路还很长。

三、由生态环境问题衍生的传导机制

生态环境恶化是全球性问题，它的恶化、扩散和破坏力的增长，给不少国家维护自身的经济安全带来了新的困难。这就导致国际经济关系中新生了基于环境问题的“互找麻烦”。特别是近些年以来全球气候变化问题突出，国家之间因为碳排放问题发生的摩擦日增不减，甚至一些国家藉此对邻国进行经济制裁，而发展中国家遇到的这类麻烦正与日俱增。

1. 生态环境问题催生了新的国家利益

环境污染问题是流动的，从而是扩散的。一个国家的环境污染有可能跨国扩散，甚至对全球产生影响。环境污染的流动性特点会产生两种后果：一是可能直接导致国家间的利益矛盾，污染流入国将会要求流出国强化治理，而流出国基于自身利益、自身能力、自身困难，往往未必愿意付出足够的治理努力。特别是，在某些情况下，一些国家的污染外流有可能大大降低本国受害、受损的程度。二是为了治理某个国家流出的环境污染，往往需要流出国、流入国共同承担治理费用，这又产生了新的国家利益关系，流入国往往希望流出国单方面承担治理费用，而流出国则可能作出利己的决策和对策。

2. 发展中国家面临更大的环境压力和治理难度

历史地看，一国经济的工业化往往是以牺牲一国甚至邻国的生态环境利益为代

价的。即便在目前的发达国家，历史上在工业化发展的初中期，都曾不同程度地“制造”过环境污染。目前发展中国家仍在某种程度上沿袭着早期工业化国家的老路。但一个共同的新趋势是，无论是发达国家还是发展中国家，目前都在努力从技术手段和经济结构上摆脱工业发展中的环境污染问题。差别仅仅在于，发展中国家的这类趋势要弱一些，发达国家的这类趋势要强一些。但正是由于这一差距，发展中国家就更多地受到了来自发达国家的种种责难。客观地看，发展中国家本身工业化的底子薄、基础差，缺少环境污染治理、控制技术，缺少相应的资金支持。面对“害人不利己”的污染问题，发展中国家何尝不想治理和控制污染。但一方面，发达国家严厉指责发展中国家制造和传播污染；另一方面，又不愿意提供发达国家本可提供的技术支持和资金支持。

3. 环境问题已成为新的国际斗争武器

一国要治理自生的环境污染，必将形成巨大的治理成本；要抵御他国输出的污染，必然要形成巨大的控制成本。但在现阶段，发展中国家普遍缺少治理和控制污染的资金能力和技术能力，其承受治理成本、控制成本的能力大大低于发达国家。在这种情况下，环境问题成为新的国际斗争武器。首先，在全球化的市场上，发达国家可以借助环境保护主义在全球的发展，在商品市场上加大对发展中国家的控制力度与制裁力度。特别是一些发达国家设置的“绿色壁垒”，已成为发展中国家对外贸易中难以逾越的障碍。其次，发展中国家必须承受来自发达国家施加的“排放配额”的压力。在污染排放上，美国等发达国家坚持按“经济总量”分配排放配额，而广大发展中国家则坚持按“人均排放量”决定“排放上限”。显然，如果按照发达国家的主张，则对发展中国家无疑是极为不利、又不公平的，发展中国家的工业化进程必将被迫大大放慢。不难看到，“排放配额”已成为一些发达国家制约发展中国家经济发展的又一“有效手段”。

4. 全球气候变化引发新的国家间贸易争端

全球气候变化使得国际贸易面临新的挑战。国际贸易的发展优化了资源配置，增加了社会财富，提高了人类社会的生活质量，同时也不可避免地带来了环境、生态的破坏和气候的变化。国际贸易政策必须考虑环境因素才是可持续的。为了有效抑制全球气候变化，有效保护环境，实现国际贸易的可持续发展，需要采取适当的国际贸易限制措施，但如果限制措施要求太高，就会造成贸易摩擦，阻碍国际贸易发展，进而对世界经济发展产生不利的影响，达不到可持续发展的目的。为有效抑制全球气候变化，现阶段不少国家提出发展低碳经济，这固然有利于全球经济社会的可持续发展，但又会加大各国政府和企业对于低碳环保新技术和新替代能源开发的投入，改变传统贸易产品的成本结构，提高产品成本，进而影响国际商品市场的供求关系。比如欧盟在这方面的多项指令（如 WEEE 和 RoHS）就是突出的例证。欧盟制定的高强度环保措施，不仅会增加成员国企业的生产成本，而且会影响其贸易伙伴对欧盟的进口，削弱化学品生产企业及下游企业在国际贸易中的竞争力，减少企业在欧盟发展的机遇，抑制相关国家对欧盟的贸易。

四、WTO 规则中不利发展中国家的利益传导机制

1．WTO 相关机制并不能保障为发展中国家提供足够的机会和空间

尽管 WTO 相关规则规定了贸易救济机制、贸易摩擦解决机制和非贸易措施三个方面的规则，但实践中这些规则并不能有效保护发展中国家的利益，并不能为发展中国家提供足够的国际发展机会和空间。例如，尽管 WTO 背景下的贸易自由化为发展中国家提供了扩大对外经贸、发挥产业比较优势的条件，但由于发展中国家长期经济欠发达且公共教育水平偏低，加之在国际贸易中面临名目繁多的贸易壁垒，这就大大限制了发展中国家出口潜力的发挥，其国民产业也会遇到国外激烈竞争，甚至被剥夺了发展现代工业的机会。例如，发展中国家低成本、低价格的产品出口，常常会遇到来自发达国家的反倾销；发展中国家一旦转变为新兴工业化国家，如要在海外投资，特别是开采国外矿产资源，又会遇到发达国家早已划分了势力范围的残酷现实；社会主义背景的发展中国家如要购买西方国家的先进技术，又会遇到西方政治上的歧视所引发的限制购买式的技术遏制。

2．WTO 背景下的贸易保护主义影响发展中国家的经济安全

在经济全球化的今天，国际范围内贸易保护主义又有所抬头，反倾销、反补贴、保障措施作为合法的贸易保护手段正在被一些国家所滥用。尤其是，国际竞争加剧和西方国家经济的普遍不景气，助长了主要源自发达国家的贸易保护主义。再加上众多发展中国家日益崛起，以成本价格优势为基础，不断挤入国际市场，加入国际竞争行列，打破了原有国际分工和市场竞争格局，这更加剧了贸易保护主义的兴起。在这种背景下，贸易保护主义还出现了新的动向，标准类措施或技术壁垒措施在非贸易措施（非关税壁垒措施）中的地位迅速上升，所占比例已超过 60%，成为日益占主导地位的贸易保护手段。这种标准类措施或技术壁垒措施主要包括技术标准、环境标准、健康卫生标准、动植物检疫标准、产品安全标准以及劳工标准等。这类贸易保护措施具有广泛性、隐蔽性、灵活性和高效性等特点。

特别值得注意的是，根据我国加入 WTO 的多边协议文件规定，各成员国在我国加入 WTO 后若干年内，可以对我国出口产品的反倾销、反补贴调查实行“非市场经济待遇”。这种规定无疑将使我国出口企业在遭受国外反倾销时处于极为不利的地位。事实也正是如此，1995—2005 年间，WTO 若干成员国向我国发起的“两反两保”

（即反倾销和反补贴，保障措施和特别保障措施）贸易摩擦案件总数为716起，我国已连续10年成为遭受反倾销调查最多的国家，每年涉案损失高达300亿~400亿美元。2006年共有25个国家和地区对我国发起“两反两保”调查86起，同比增长37%，涉案金额20.5亿美元，与2005年基本持平。其中，反倾销63起，涉案金额142亿美元；反补贴2起，涉案金额1.2亿美元；保障措施16起，涉案金额4.4亿美元；特保调查5起，涉案金额0.6亿美元。贸易摩擦频发不仅使我国若干产业蒙受巨额损失，而且损害了“中国制造”的国际形象，不利于我国出口贸易的可持续发展。

3. 发展中国家还没有有效利用WTO的争端解决机制来保护自身利益

贸易争端解决机制是GATT、WTO有别于其他众多国际多边组织最具个性的机制，它源于《1947年关贸总协定》第22条和第23条，并经过GATT几十年的改进，尤其是乌拉圭回合的重大改进，形成了现行的WTO争端解决机制。乌拉圭回合达成的《关于争端解决规则与程序的谅解》（DSU）已成为WTO规范成员间争端解决的详细、明确和统一的核心规则。DSU不仅细化了已有的程序规则，还增添了新的程序且规定了各项程序的期限，此外，还加强了监督与执行。更为重要的是，它以统一的形式纳入了WTO这一比GATT更为强大的多边体制架构，成为WTO多边贸易体制最重要的构件之一。统一强大的WTO争端解决机制在化解成员间贸易摩擦中扮演着极为重要的角色，这一机制具体由磋商机制、专家组机制、上诉机制、执行机制（包括补偿机制和报复机制等）及仲裁、斡旋与调停调解机制等组成。以中国为代表的发展中国家在利用争端解决机制保障自身贸易利益方面面临着诸多问题，其中关键是能力建设问题，发展中国家普遍缺乏有效利用这些机制保护自身贸易及投资利益的能力；多数企业甚至对一些利我的机制不甚了解，更谈不上充分利用相关争端解决机制来保护自身正当的商品出口利益或对外投资利益。基于此，发展中国家和企业必须加强这方面的意识和能力建设。

五、国家信用关系中不利发展中国家的利益传导机制

1. 国家信用与国家信用关系

国家信用通常是指一国的财政信用、银行信用和外贸信用。国家信用关系通常是指国家之间在国家债务、银行、外贸领域的信用关系。在经济全球化背景下，国家信用关系对于维护一国的国家经济安全日显重要。客观地看，一国的财政资信不仅取决于它的财政能力、国家负债，还取决于它的国际地位；一国的银行信用不仅取决于其银行本身的资产状况、经营实力，也取决于其国际地位，以及其银行的国际交易能力；一国的外贸信用不仅取决于其商品的国际竞争力、对外贸易的交易规模、经常项目的支付能力，还取决于其外贸机构的国际经营能力。从根本上看，国家之

间的信用关系不仅是实力的关系，还是国家间债务、银行、外贸交易的关系，甚至是相对国际地位的关系。基于此，经济化背景下国家信用关系对于维护一国经济安全的重要性也就不言而喻了。

2．发展中国家面临的国家信用问题和派生问题

在全球化下的国际经济生活中，由于发展中国家的财政能力普遍弱小、国际地位低下，不少国家甚至有巨额的国际债务，故其被国际社会认可的财政信用、银行资信普遍低于发达国家。而财政信用低的结果，则是不少发展中国家政府为了获得经济发展所需的国际资金支持，需要付出更多的努力，承受更大的经济成本，甚至要承担“经济问题政治化”的压力。与之同时，发展中国家银行普遍实力较弱，商业银行的现代化水平低，甚至资产质量偏低，同时缺乏国际化金融业务经验。基于此，发达国家机构对发展中国家银行认可的银行信用也普遍偏低，他们甚至将一些他们不甚了解的发展中国家的银行列入需要“负面关注的对象”。这样，发展中国家银行要在国际上融资，就得付出比发达国家银行更高的代价，甚至在境外开展业务也会遇到障碍。另外，发达国家在商品竞争力上的优势，以及在国际上的不公平竞争地位，也抑制了发展中国家商品走出国境的机会和空间。

特别是，发达国家不断加高的非关税壁垒，尤其是“环境壁垒”，必将给发展中国家的对外贸易造成新的困难。特别是，西方信用评级机构对发展中国家财政、银行、企业信用的评级多数带有强烈的“制度墨镜”。凡是社会主义国家、非西方认可的市场经济国家，西方信用评级机构对这些国家的信用评级就很低，从而对这些国家的财政、银行、企业的评级就不可能高起来，这对发展中国家的国家利益无疑是一大侵害。

第十四章　经济安全监测预警的对象与前提

第一节　经济安全监测预警与经济景气监测预警

一、监测与预警的方法论差异

在一定时期内，准确把握一国国家经济安全的总体状态，正确预测一国国家经济安全状态的变动趋势，及时预报可能出现的危险，是国家经济安全监测预警的主要内容。进行国家经济安全态势的监测预警，有助于为政府及时采取危机防范措施，避免可能遇到的风险和危机提供依据。故其对保证一国经济的安全发展具有重要的现实意义。

通常，所谓监测，基本是指对于某一经济系统目前的运行状态进行实时性评价，以发现系统运行的非正常之处及其成因，为及时进行某些调控决策、采取某些调控措施提供依据。它更多的是面对经济系统目前状态的。而所谓预警，基本是指对于某一经济系统未来的演化趋势进行预期性评价，以提前发现特定系统未来运行可能出现的问题及其成因，为提前进行某些决策、实施某些防范措施和化解措施提供依据。

二、经济安全监测预警与经济景气监测预警的方法论差异

经济景气的监测预警研究最早可以追溯到20世纪初，主要是西方经济统计学界对宏观经济波动问题的监测研究，目的是使政府经济管理部门能够根据经济周期性波动的特点和各种先行特征，对经济运行的未来趋势作出超前的判断，以便适时、适度地采取某些有效的措施加以调整，并保证经济的持续稳定运行和增长。

当今社会，欧美主要发达国家及一些国际组织已先后建立和形成了一整套研究分析预报经济景气状况的方法体系，以及一套比较完善的调查研究体系，以为本国政府经济政策的制定、实施和调整提供有效的依据。在我国，对宏观经济景气监测预警的研究开始于20世纪80年代，如有关部门的“我国宏观经济动态的监测预警

体系”，有关大学的“国民经济动态监测及预警研究”等。

这里需要说明的是，一些人常将经济安全态势的监测预警与经济景气状态的监测预警理解为一回事，这不免失之合理。客观地看，两者之间固然有一定联系，但差异却是很大的。

首先，经济景气的监测预警立足的是“状态”，更多关心的是对目前经济状态的监测，是较短期地审视经济问题。严格地看，经济景气的监测预警称为状态监测更为合理。而经济安全态势的监测预警则立足于“态势”，更多关心的是对今后趋势的预警，是较长期地观测经济问题。

其次，经济景气的监测是从宏观经济运行波动的角度来看问题，更多关心的是目前经济运行是“热”是“冷”。通常主要关心工业生产增长是否稳定，产销是否衔接；社会需求规模是增是减，市场物价涨幅是高是低，固定资产投资增长速度是快是慢；财政、金融形势是否正常，存贷款余额增长是高是低等。而经济安全态势的监测更多关心的是目前一个时期经济中是否有危害国家整体经济安全的问题发生，是否存在发生“不安全”以至“危机”的隐患，近期是否会发生经济“不安全”甚或“危机”的现象，但要做到这些回答往往是十分困难的。

第三，经济景气状态预警更多关心的是如果目前经济过“热”或过“冷”，是否会给其后一个时期的经济运行带来新的问题，如新的过“冷”或过“热”。而经济安全态势预警更多关心的是某个时期之后或某个时段之中，是否会发生国家经济“不安全”甚至“危机”的现象及其成因。

第四，在监测预警的内容上一个重大的区别是，经济景气状态的监测预警并不关心重大冲突对一国经济的影响。而经济安全态势的监测预警则极为关心国家之间的战争、经济制裁及关联经济体的经济突变，以及对一国经济正常运行或持续发展造成重大损害的国内社会动荡或重大自然灾害等重大冲突对一国经济安全的影响。特别是关心重大冲突背景下的国家经济安全问题。

三、经济安全态势监测预警与经济景气状态监测预警的联系

如前所述，经济安全监测预警与经济景气监测预警有较大差异。特别是由于二者监测预警的立足点、对象、目的、时间区间等不同，在具体监测预警问题、因素、指标设置上也有较大区别。但也不应忽视二者存在的内在联系。

第一，从根本上说，两类监测预警的出发点，都在于维护一国经济的健康运行、稳健增长和持续发展。

第二，两类监测预警的目的，都在于为政府在“适当的时候进行适当的决策、采取适当的政策”提供分析的依据。

第三，在具体方法上，二者之间可以相互借鉴。如在建立国家经济安全态势监测预警系统的具体方式上，也可以从经济景气监测预警中借鉴一些经验。如经济景气监测预警指标体系中，通常是设立先行指标、同步指标、滞后指标，采取直接法、剩余法等数学方法对有关指标进行加工处理，编制扩散指数和合成指数，设立以红灯、黄灯、绿灯等多色灯表示的监测预警信息的形象化表示，这些方法对于经济安全态势监测预警系统的建立也有着重要的参考意义。

反之，在进一步完善现有经济景气监测预警方法体系时，国家经济安全态势监测预警的一些预测和评价方法，也可供经济景气监测预警来借鉴。如国家经济安全态势监测预警常用的类比推理预测方法、因果关系建模预测方法、灰色预测方法、人工神经元网络预测方法等。这些方法中某些或许在经济景气监测预警中已有一定程度的引入且已对这些方法进行了较大改进。

第二节　经济安全监测预警的对象

一、总的描述

国家经济安全态势监测预警的具体对象是一国整个经济系统，该系统是由多个多级子系统构成的复杂经济系统，其中每个子系统又是由更低一级的子系统构成的。一般认为，系统是由相互关联、相互制约、相互作用的部分组成的具有某种功能的有机整体。而复杂系统则是子系统数目众多、各子系统内部层次复杂、相互关联的系统。复杂系统内部通常存在着非线性的多重反馈结构，由此也导致了其不同于简单系统叠加的行为特征。对国家经济安全态势进行监测预警，即需要研究复杂系统中各个子系统的行为，以及各个子系统之间的相互作用及其对一国整体经济安全态势的影响。

如前述，对一国的经济安全可以从三个方面进行考察：一是国内经济领域，二是国际经济领域，三是一国经济在整体上的抗风险能力。故对一国的经济安全态势进行监测预警，也应主要考察这三个方面的安全态势。首先应对影响一国经济安全的国内经济领域，特别是关键领域和重要相关领域的安全态势进行监测和预警，并对国际经济领域的安全态势进行监测和预警；然后对一国经济在整体上的抗风险能力进行监测和预警；最后综合三方面的相互作用，才可能得出对一国整体经济安全监测预警的综合结果。

二、对国内经济领域安全态势的监测预警

这主要指对影响国家经济安全的国内经济关键领域和重要相关领域安全态势进行的监测预警。就维护一国的经济安全而言，国内经济领域最需要关注的是战略资源、关键产业、财政金融的现状、趋势及其存在的问题。

在影响国家经济安全的国内相关领域，最需要关注的是人口与就业，科技发展对经济的支持力，基于经济安全的信息安全及生态环境问题。尽管这些领域对一国经济安全态势的影响不及战略资源、关键产业、财政金融等领域那么显著，但也会不同程度地影响一国整体的经济安全态势。因此，对事关国家经济安全的重要相关领域进行监测预警也是十分必要的。

需要说明的是，发生在国内的重大冲突对一国经济安全的影响，也应置于监测预警的内容，但基于其特殊性，我们将在本节“五”中集中讨论。

三、对国际经济领域安全影响的监测预警

这主要是对影响一国经济安全的国际经济因素的现状、趋势、问题及其影响的现状、趋势的监测预警。主要涉及国际经济关系、国际市场参与程度、国际资本影响、国际负债影响等方面。

四、对一国经济整体抗风险能力的监测预警

这主要是对反映在经济发展阶段、市场体系完善程度及政府宏观调控能力等方面的经济整体抗风险能力进行监测和预警。

五、重大冲突对国家经济安全的影响的监测预警

这主要是对发生事关国家经济安全的重大冲突的可能性，以及如其发生即可能对经济安全态势产生的影响的监测预警。必要时，也可附带监测如第三方国家发生重大冲突，有可能对本国经济带来的机遇、挑战和风险。

需要强调的是，国家经济安全态势的监测预警，除了需要前述四个方面外，还需要准确分析和把握这四个方面的相互联系和作用机理，从而实现对一国经济安全的整体监测和预警。这就需要研究各领域的风险因素是如何相互作用的，风险与抗风险能力的矛盾运动，从而准确分析和把握影响一国经济发展基础稳固性的问题、经济健康运行的问题、经济增长稳健性的问题、经济发展可持续的问题，以及影响一国在国际经济生活中的自主性、自卫力和竞争力的问题。

第三节　经济安全态势监测预警的前提条件

国家经济安全态势监测预警的基本目的，不外乎是为了防止一国经济中某些问题的演化使该国整个经济受到过大的打击和（或）损失过多的国民经济利益，进而防范、避免或化解可能发生的局部性或全局性的经济危机。为此，一国要正确进行国家经济安全的监测预警，客观上必须先解决五个前提性问题。

一、搞清影响国家经济安全态势的主要风险因素及其作用机理

重点是考察一国国家经济安全态势主要受哪些风险因素影响，以及各领域之间、各类主要风险因素之间的相互联系和作用；从机理上分析各类风险因素对国家经济安全态势的显在或潜在影响；重点分析国内经济系统各类风险的相互作用，区分潜在影响和显在影响、直接影响与间接影响。

需要特别注意的是，国家经济安全问题属于复杂经济社会大系统问题，子系统数目众多，各子系统内部层次复杂、相互关联，系统内部存在着非线性的多重反馈结构。因此，要搞清系统内部各类风险因素之间的相互联系和作用机理，存在着较大的难度，研究者对此一定要有理性的认识和把握。

二、恰当进行国家经济安全的状态界定

要对一国的经济安全态势进行监测预警，无疑需要对国家经济安全的“状态分界”进行明确界定。但实际中往往又很难“准确界定”，而只能进行相对的“恰当界定”。这主要是因为，国家经济安全问题基本上是一类“半结构化问题”。这主要表现在“安全”与“不安全”并无严格的界限，对“安全”与“不安全”的状态进行描述需要建立一个多维的模糊空间，需要采用多重指标。一国经济在整体上必然处于四种状态之一，即安全、潜在非安全、显在非安全以及危机。其中潜在非安全、显在非安全是通向危机的过渡带。不安全并不意味着一国经济陷入危机。局部经济安全与整体经济安全的趋势并不一定是一致的。局部经济安全并不一定能保证整体经济安全，在某些情况下，过分强调某一局部的安全，有时反倒有可能伤害整体经济安全。这就要求各经济领域的局部安全处在某个“均衡域”上，以确保整体经济达到更高的安全程度。经济安全问题中既存在可以明确描述的“结构化部分”，又存在难以准确描述，需要运用知识、经验和直觉来解决的“非结构部分”或“半结构部分”。

因此，国家经济安全问题基本是一个“半结构化问题”。

当然，在实际工作中可以开发出国家经济安全的决策支持系统，如国家经济安全监测预警的决策支持系统、国家经济安全风险防范和化解的决策支持系统等，通过人机交互来进行经济安全态势的评价和预警，进行国家经济安全政策评价等工作，从而支持政府就经济安全管理作出更为满意的决策。

三、搞清国家经济安全状态的转化机制

需要在认真分析各类风险因素的相互联系和作用机理，以及一国经济在整体抗风险能力之间的矛盾运动的基础上，继而分析导致一国经济安全状态的实际变化过程。重点是考察分析局部安全、非安全、危机与整体安全、非安全、危机的联系机理；分析经济安全状态依次由“安全区”进入“潜在非安全区、显在非安全区、局部危机区、全局危机区”的“渐进式转化机制”；特别是要注意分析经济安全状态从“安全”到“危机”的“跳跃式转化机制”。

客观地看，只有在揭示了国内及国际经济领域存在的影响一国经济安全的各类风险因素的相互联系和作用机理，风险因素和一国经济抗风险能力之间的矛盾运动，以及它们所导致的国家经济安全状态转化机制之后，才可能提出符合一国实际的国家经济安全态势的动态评价指标体系、模型体系和监测预警体系的系统结构，进而对一国的经济安全态势进行理性的监测预警。

如前述，国家经济安全问题内部存在着大量非线性的多重反馈。故在对国家经济安全状态转化机制进行描述和分析时，需要引入非线性数学的分析工具。

四、从技术上解决监测预警所需的数据问题

研究国家经济安全问题和对国家经济安全态势进行监测预警，都需要进行大量定量分析，这就需要大量数据。既需要有关领域的统计数据，又需要大量一手的“鲜活数据”。但现实中不少数据往往是难以获得的。即便能够获得不少数据，也难保其中没有荒谬之处。如要进行时间序列分析，还会遇到缺少某些年份数据的问题。而且对某些领域的研究，需要的不少数据并不是常规的“量”的数据，而是一些反映“度”的数据。

为解决前述数据问题，一方面，研究者、监测预警者需要进行大量的数据采集和调研工作及数据处理工作；另一方面，还需要借助方法上的改进，以弥补数据不足、荒谬、断年等方面的缺陷。就后者而言，多数情况下，需要综合专家的知识和经验以及相关数据建立局部的结构化系统模型、整体的半结构化系统模型，来进行必要的分析。同时，还需要采取历史的逻辑推演和统计分析方法，对历史上有关国

家经济安全的案例、事件等进行深入分析，以从中寻找规律性和可借鉴之处。其中的案例研究，既应包括我国的案例，也应包括其他国家的案例；既应包括当今社会的案例，也应包括历史上的案例。

五、理性认识普遍性问题和特殊性问题

固然世界各国都存在着经济安全、不安全甚至危机的问题，但安全、不安全、危机既有各国共性的特点，也具有一国本身的特殊性。理性地看，现实中不存在没有国家特色的国家经济安全理论和国家经济安全监测预警体系。

客观地看，各国间共性的问题主要是：经济全球化是世界各国经济安全、不安全甚至发生危机的共同的大背景；世界各国都将维护本国根本的经济利益作为国家经济安全的基本内涵；世界各国经济安全问题的描述都是半结构化问题；各国都需要研究自己国家的经济安全问题，研究诸多因素交互作用导致一国经济由安全区进入非安全区、由非安全区进入危机区的机理模型，设计旨在维护国家经济安全的风险防范和化解体系。

但就安全、不安全甚或危机来说，各国之间存在差异的问题也很多。特别是在发展阶段、经济总量、经济体制和运行机制、政府收支结构、对外经济依存度等方面，各国间都存在较大差异，这就导致对甲国经济安全不构成威胁的问题，乙国则可能危害该国的经济安全；甚至在不同国家，各种风险因素导致不安全以致危机的形成机理也不尽一致。

因此，研究国家经济安全问题，对一国的经济安全态势进行监测预警，既需要注意国家间经济安全问题构成上的普遍性，又需要特别注意特定国家经济安全问题构成上的特殊性。人们可以去揭示某一领域各国共存的问题与规律，却不可能建立普遍适用的一般意义上的国家经济安全理论和监测预警系统。所能建立的富有解释力的理论只能是符合某国特殊情况的经济安全理论，所能建立的富有效率的监测预警系统只能是符合某国特殊情况的经济安全监测预警系统。

参考文献

［1］魏杰．构建新的国有资产管理体制［J］．新视野，2003（2）：28–30.

［2］财政部．事业单位国有资产管理暂行办法［J］．交通财会，2006（7）：13–17.

［3］荣兆梓．国有资产管理体制进一步改革的总体思路［J］．中国工业经济，2012（1）：16–25.

［4］胡家勇．构建国有资产管理新体制［J］．特区实践与理论，2002（1）：54–57.

［5］张治栋，樊继达．国有资产管理体制改革的深层思考［J］．中国工业经济，2005（1）：47–55.

［6］中国人民共和国财政部制定．事业单位国有资产管理暂行办法［M］．中国财政经济出版社，2006.

［7］刘远航．我国国有资产管理体制的模式选择［J］．经济学家，2003，2（2）：55–61.

［8］杨瑞龙．国有资产管理模式的新探索［J］．现代经济探讨，2003（4）：3–6.

［9］李毅中．深化国有资产管理体制改革［J］．管理世界，2003（9）：1–8.

［10］金碚．论国有资产管理体制改革［J］．中国工业经济，2000（3）：11–15.

［11］梁娟．加强企业固定资产经济安全管理［J］．商场现代化，2014（13）：111–111.

［12］邓宁．浅论加强企业固定资产经济安全管理［J］．赤子，2013（7）：134–134.

［13］洪章欢．论如何加强企业固定资产经济安全管理［J］．建材与装饰，2015（49）.

［14］胡晓芳．论经济全球化中的我国经济安全管理［D］．2000.

［15］余翔，武兰芬，姜军．国家经济安全与知识产权危机预警和管理机制的

构建［J］. 科学学与科学技术管理，2004，25（3）：65–70.

［16］李玮 . 浅谈安全管理与经济效益的关系［J］. 陕西煤炭，2011，30（3）：56–57.

［17］金致强 . 分析安全管理与经济效益的关系［J］. 中小企业管理与科技（中旬刊），2014（11）：3–4.

［18］谢伏瞻 . 宏观管理与中国的经济安全［J］. 管理世界，2001（1）：7–11.

［19］雷家骕 . 国家经济安全［M］. 清华大学出版社，2011.

［20］顾海兵，张安军 . 我国区域经济安全动态监测分析［J］. 经济理论与经济管理，2012，V32（7）：95–103.